1 MONTH OF
FREE
READING

at
www.ForgottenBooks.com

By purchasing this book you are eligible for one month membership to ForgottenBooks.com, giving you unlimited access to our entire collection of over 1,000,000 titles via our web site and mobile apps.

To claim your free month visit:
www.forgottenbooks.com/free968917

ISBN 978-0-260-75849-1
PIBN 10968917

HISTOIRE

POLITIQUE ET LITTÉRAIRE

DE

LA PRESSE

EN FRANCE

AVEC UNE INTRODUCTION HISTORIQUE SUR LES

ORIGINES DU JOURNAL

ET LA

BIBLIOGRAPHIE GÉNÉRALE DES JOURNAUX

DEPUIS LEUR ORIGINE

PAR

EUGÈNE HATIN

—

TOME QUATRIÈME

PARIS

POULET-MALASSIS ET DE BROISE

LIBRAIRES-ÉDITEURS

9, rue des Beaux-Arts

—

1860

HISTOIRE

DE

LA PRESSE

EN FRANCE

Typ de Poulet-Malassis et De Broise

HISTOIRE

POLITIQUE ET LITTÉRAIRE

DE

LA PRESSE

EN FRANCE

AVEC UNE INTRODUCTION HISTORIQUE SUR LES

ORIGINES DU JOURNAL

ET LA

BIBLIOGRAPHIE GÉNÉRALE DES JOURNAUX

DEPUIS LEUR ORIGINE

PAR

EUGÈNE HATIN

—

TOME QUATRIÈME

PARIS

POULET-MALASSIS ET DE BROISE

IMPRIMEURS—LIBRAIRES—ÉDITEURS

9, rue des Beaux-Arts

—

1860

HISTOIRE

POLITIQUE ET LITTÉRAIRE

DE LA

PRESSE EN FRANCE

—

DEUXIÈME PARTIE

—

LA PRESSE MODERNE

1789 - 1860

LA PRESSE
PENDANT LA RÉVOLUTION

—

I

PRÉLIMINAIRES

—

Etat des lettres aux approches de la Révolution. — Le pamphlet tend de plus en plus à se faire journal. — Encore quelques journaux clandestins.

Si l'écrivaillerie, comme l'a dit Montaigne, est le symptôme d'un siècle débordé, jamais époque ne fut plus débordée que celle où nous sommes arrivés. Il y eut, dans les dix ou quinze années qui précédèrent immédiatement la Révolution, une sorte d'éruption littéraire, si l'on pouvait ainsi parler; un flot de lettrés, comme une lave brûlante, avait envahi la capitale, et l'avait remplie de trouble et d'agitation. Les gens de lettres, lit-on dans les Mémoires de Mallet du Pan, n'étaient plus une classe; c'était une multitude désordonnée et affamée, dont

les premiers rangs seuls possédaient considération
et aisance, tandis que tout le reste se débattait
contre la misère. « Académies, musées, lycées, pernicieux établissements, s'écrie l'austère publiciste,
qui multiplient la manie d'écrire et les auteurs !
Paris est plein de jeunes gens qui prennent quelque
facilité pour du talent ; de clercs, commis, avocats,
militaires, qui se font auteurs, meurent de faim,
mendient même, et font des brochures. »

Tout le monde ne partagera pas assurément
l'opinion de l'écrivain genévois sur ces *pernicieux*
établissements qu'il anathématise ; mais on ne saurait méconnaître ce qu'un pareil état de choses
avait d'anormal, et il faut bien compter cette population de demi-lettrés faméliques au nombre des
causes qui ont indirectement contribué à la démo-
ralisation des caractères dans la seconde moitié du
dernier siècle : la nécessité de vivre, et la difficulté
de le faire honorablement avec un talent médiocre,
ou même absolument nul, portaient cette énorme
masse d'écrivailleurs à des extrémités avilissantes.

Le gouvernement n'était pas sans voir le mal,
mais il croyait y remédier par l'asservissement. La
plupart même des ministres poussaient à cette dé-
gradation du métier d'écrire, en payant des brochu-
riers à leur service, et offrant l'appât de gratifica-
tions extraordinaires à la complaisance des écrivains
en renom. « Un certain nombre de gens de lettres

viennent de recevoir le collier de servitude, c'est-à-dire de nouvelles pensions, dues à la largesse de M. de Calonne. Les privilégiés sont, la plupart, les flatteurs, les espions, les intrigants, les protégés. Quel scandale! et que de dissipations! Les gens de lettres de Paris, en général, sont ravis de ces faveurs. Trois cents d'entre eux ont sollicité ces pensions, jusqu'à Mercier. » En retour de ces générosités, les gens en place recevaient de l'encens, que leur jetaient à pleines mains les chantres futurs de la Révolution, et ils s'inféodaient par ce moyen des auxiliaires pour leurs luttes intestines. Le Parlement se vit un jour contraint de renvoyer absous un nommé Lemaître, traduit devant lui pour détention de presses clandestines, sur la déclaration de cet individu que les presses trouvées chez lui servaient à l'impression des libelles de M. de Maurepas contre Necker.

Cependant le danger allait toujours grandissant. Si la plupart de ces soi-disant gens de lettres ne cherchaient autre chose que la satisfaction immédiate de leurs appétits, il en était qui, visant plus loin, aspiraient à une révolution, à un bouleversement, auquel leur patriotisme ou leur ambition espérait trouver son compte. Quelques-uns même y poussaient ouvertement; d'autres dissimulaient leurs projets sous des voiles plus ou moins épais, mais qui ne pouvaient les couvrir bien longtemps :

ainsi nous verrons Brissot aller fonder à Londres un établissement et un journal destinés, en apparence, à la propagation des sciences, mais qui ne tendaient à rien moins, dans la pensée de leur auteur, qu'au renversement du despotisme ; Mirabeau répandait les vérités les plus hardies dans une feuille à laquelle il avait donné le titre inoffensif d'*Analyse des papiers anglais ;* c'est sous le prétexte de chercher des adeptes au magnétisme animal que Bergasse en faisait à la cause de la liberté.

Sur les projets de ce dernier, écoutons Brissot, dans les Mémoires duquel il faut chercher la curieuse peinture de ces premiers apôtres de la liberté, et plus encore celle de cette bohême littéraire de la fin du xvIII° siècle. Le magnétisme absorbait alors l'attention publique et occupait toutes les plumes. Brissot avait d'abord montré, à l'encontre de la nouvelle découverte, une grande incrédulité ; mais voyant le ton affirmatif et confiant de ses partisans, les faits nombreux qu'ils citaient, les noms respectables qui figuraient sur les listes, il résolut d'examiner leurs expériences par lui-même, et de rechercher les apôtres de cette doctrine nouvelle. Il se mit en relations avec Bergasse, qui paraissait en être le chef, et il en fut parfaitement accueilli.

« Bergasse, dit-il, ne me cacha pas qu'en élevant un autel au magnétisme, il n'avait en vue que d'en ériger un à la liberté. — « Le temps est arrivé, me disait-il, où la France a besoin d'une révolution. Mais vouloir l'opérer ouvertement, c'est vouloir échouer : il faut, pour réussir, s'envelopper de mystère; il faut réunir les hommes sous prétexte d'expériences physiques, mais, dans la vérité, pour renverser le despotisme. » — Ce fut dans cette vue qu'il forma, dans la maison de Kornman, où il demeurait, une société composée des hommes qui annonçaient leur goût pour les innovations politiques. De ce nombre étaient Lafayette, d'Eprémesnil, Sabatier, etc. Il y avait une autre société, moins nombreuse, d'écrivains qui employaient leur plume à préparer cette révolution. C'était dans les dîners qu'on agitait les questions les plus importantes. J'y prêchais la république; mais, à l'exception de Clavière, personne ne la goûtait. D'Eprémesnil ne voulait *débourbonnailler* la France (c'était son mot) que pour y faire régner le parlement. Bergasse voulait un roi et les deux chambres, mais il voulait surtout faire le plan seul, et que ce plan fût rigoureusement exécuté : sa manie était de se croire un Lycurgue. Les succès de Mesmer et de Cagliostro lui causaient un tourment dévorant; il aurait voulu que la renommée ne s'occupât que de lui, et obtenir seul des autels.....

» On ne peut disconvenir cependant que les efforts de Bergasse et ceux de la société qui se rassemblait chez lui n'aient singulièrement contribué à accélérer la Révolution. On ne peut calculer toutes les brochures sorties de son sein. C'est de ce foyer que partirent presque tous les écrits publiés en 1787 et 1788 contre le ministère, et il faut rendre justice à Kornman : il consacra une partie de sa fortune à ces publications. On en dut plusieurs à Gorsas, qui essayait alors la plume satirique avec laquelle il a si souvent déchiré le monarchisme, l'autocratie, le feuillantisme et l'anarchie. Carra se distinguait aussi dans ces combats, auxquels je pris quelque part. »

Par cet exemple, on peut juger du reste.

Les choses, enfin, en vinrent à ce point, que les princes du sang eux-mêmes crurent devoir appeler l'attention du roi sur ce débordement, cause et source, suivant eux, de rébellion et d'anarchie. Dans l'état des institutions, ce mouvement extraordinaire était anormal, à la vérité ; seulement, ceux qui s'en plaignaient prenaient l'effet pour la cause, et pour le mal un des symptômes du mal. Il tenait à deux causes générales. Le dix-huitième siècle s'était transformé ; il tendait, de spéculatif qu'il avait été jusqu'alors, à devenir politique et pratique. Et puis une génération nouvelle avait été enfantée par les encyclopédistes, génération enthousiaste, inquiète, impatiente de mettre la main aux affaires publiques, travaillée d'ailleurs par ces esprits hasardeux, ces âmes irritées, qui se rencontrent au début de toute révolution. Tous ces hommes nouveaux se sentaient entraînés vers les lettres, parce que c'était alors le seul moyen de prendre part à la vie publique et de satisfaire l'immense besoin d'action qui travaillait alors toutes les intelligences. En outre, la jeunesse, agitée par la prescience de l'avenir, enfermée dans le cercle trop restreint des fonctions libérales, ne trouvait, dans les carrières régulières, rien qui fût au niveau de son activité et de ses désirs.

L'ardeur des esprits s'exhala d'abord dans des milliers de pamphlets, où étaient agitées avec une extrême vivacité les questions qu'avait soulevées l'approche des Etats généraux, questions brûlantes, qui remuaient toutes les passions, toutes les fibres populaires. Mais à peine les Etats généraux furent-ils réunis, qu'une foule de journaux surgirent, comme par enchantement, ceux-ci pour enregistrer, ceux-là pour discuter les actes de cette assemblée, qui tenait l'Europe entière suspendue à ses débats. Le rôle du livre était fini, c'était le tour du journal.

« Qu'est-ce, en effet, qu'un écrit ? Une parole qui dure. Les livres la font durer dix ans, vingt ans, un siècle, dix siècles : ils suffisent aux époques où l'humanité pense lentement et n'a pas besoin de parler vite. Mais quand le cerveau de l'humanité

bout, quand le cœur de chacun bat avec violence,
quand, sur toutes les lèvres, les passions agitées
viennent se traduire en mots brûlants, quand, pour
le monde, pressé de vivre, *aujourd'hui* dévore *hier*
et doit être dévoré par *demain,* l'ère des livres est
fermée ; c'est l'ère des journaux qui s'ouvre (1). »

« Le journal, dit M. Eugène Maron (2), est la
continuation du pamphlet. Celui-ci prépare la matière que celui-là met en œuvre. La polémique
du pamphlet est encore trop généralisatrice pour
suffire à la succession quotidienne des événements.
Utiles avant la convocation des États généraux,
seuls les pamphlets avaient pu élucider les principes de la philosophie du siècle, et leur donner un
caractère politique. Le lendemain de la réunion des
États, leur rôle cessa. Chaque séance étant un événement, et alors l'unique et le plus grand événement du monde, il fallut bien qu'il s'élevât une voix
assez puissante pour l'annoncer au jour le jour à
toute la France attentive. Ce rôle devait naturellement échoir au journal, qui se répand assez promptement pour satisfaire les curiosités fiévreuses, et se

---

(1) Louis Blanc, *Histoire de la Révolution,* t. III, p. 122. — Nous aurons occasion de revenir sur le rôle du journal comparé à celui du livre, car il y a encore
aujourd'hui des écrivains, voire des journalistes, qui ne reculent pas devant cette
thèse, ou plutôt ce paradoxe, que le rôle du journal est fini, qu'il doit faire place
au livre.

(2) *Histoire littéraire de la Révolution,* — *Constituante, Législative,* — un
volume aussi bien écrit que bien pensé, et qui malheureusement a passé presque
inaperçu, comme tant d'autres, hélas ! qui ne se recommandaient que par leur
mérite.

lit assez vite pour ne point ralentir la vivacité des impressions. Le journalisme politique ne demandait qu'à naître.....

» Ces hommes de lettres, d'où sortirent en grande partie les législateurs de la Convention et du Directoire, les administrateurs du Consulat et de l'Empire, étaient plutôt des publicistes que ce que nous appelons aujourd'hui des littérateurs. En se jetant dans le journalisme, ils ne firent que suivre la pente de leur esprit, ils en avaient déjà toutes les aptitudes; aussi a-t-on tort de s'étonner de la facilité avec laquelle les journaux s'établirent dès les premiers mois de la Constituante, et de leur grand nombre.

» Le journaliste n'a pas besoin d'être sacré par la muse, il n'y a point dans le ciel d'astre qui le crée tel en naissant. Le journalisme est une carrière plus difficile et plus aventureuse qu'un grand nombre d'autres; ce n'est pas un art. Il exige des aptitudes générales, et peut se passer d'aptitudes spéciales. Assez de désintéressement pour avoir le goût des affaires publiques, assez de facilité d'esprit pour les apprécier dans leurs fluctuations quotidiennes, assez d'énergie et de mobilité dans les impressions pour être au niveau des passions de la foule, voilà de quoi faire un journaliste. Ce sont là, il est vrai, des qualités que tout le monde n'a pas; cependant, aux époques de surexcitation religieuse ou politique, beaucoup les ont, et la plupart de ceux qui les ont veulent les mettre en œuvre. On ne manqua pas de théologiens du temps de Luther, ni de controversistes du temps des Jansénistes; quand l'agitation prend un caractère plus spécialement politique, les controversistes et les théologiens se transforment en journalistes. »

Ecoutons encore deux jeunes et brillants historiens, ou plutôt deux peintres de cette époque si agitée, dont ils ont en quelque sorte l'exubérance, MM. de Goncourt, que nous aimons à citer, bien que la vivacité un peu bruyante de leurs couleurs contraste assez violemment avec le ton calme et paisible qui convient à un livre du genre de celui que nous écrivons.

« Le journalisme est sorti tout armé du cerveau de la Révolution; à peine né, il est l'arène des grandes batailles. . . . .
« Avec des plumes, on a fait foutre à bas les plumets des preux; avec des plumes, on a balayé des boulets, encloué des canons; avec des plumes, on a fait danser une gavotte à dame Bastille; avec des plumes, on a ébranlé les trônes des tyrans, remué le globe et piqué tous les peuples pour marcher à la liberté (1). » Le journal, c'est le cri de guerre, la provocation, l'attaque, la défense; l'assemblée nationale où tout le monde parle et répond, et qui

(1) *Lettres bougrement patriotiques du Père Duchesne.*

fournit le thème à l'autre Assemblée nationale ; c'est la parole fixée et ailée ; tribune de papier plus écoutée, plus tonnante, plus régnante que la tribune où Mirabeau apostrophe, où Maury réplique ! C'est un drapeau qui parle, et toute cause arbore un journal. Chaque jour de ces années de tempête en jette un nouveau, le lendemain en jette un autre, le jour qui suit un autre encore : vagues sonores de chiffons noircis, que font taire les vagues survenantes.... La Révolution qui gagne, la contre-révolution qui perd et se défend, toutes ces choses font du journalisme de ce temps un journalisme immense, varié, assourdissant, héroïque, comme l'histoire des nations n'en a jamais montré, comme peut-être elle n'en montrera jamais (1). »

Plusieurs années déjà avant 1789 on rencontre quelques nouveaux journaux, qui s'établirent on ne sait trop comment, car les renseignements pour plusieurs font presque absolument défaut, mais tous journaux de contrebande, et dont le ton, en général, marque assez le progrès des idées. C'est l'avant-garde, ce sont les tirailleurs de la formidable phalange qui s'avance. Voici ceux que possède la Bibliothèque impériale :

(1) Edmond et Jules de Goncourt, *Histoire de la Société française pendant la Révolution.*

Ma Correspondance contient « les nouvelles politiques et littéraires, des anecdotes curieuses et des faits intéressants qu'on chercherait vainement dans les gazettes ordinaires. » Tout cela à faible dose, car le numéro ne se compose que de quatre pages petit in–8°. Cependant cette gazette, assez inoffensive du reste, m'a paru bien faite dans son exiguité, et passablement nourrie. Elle a une allure concise et rapide qui la distingue des autres, aux formes généralement lourdes. Elle se lit facilement, et l'on y pourrait glaner quelques particularités intéressantes. Elle abonde surtout en détails sur l'affaire du Collier; les noms du cardinal de Rohan, de madame de La Motte et de Cagliostro, reviennent presqu'à chaque page.

Cette petite feuille paraissait deux fois par semaine, et coûtait 24 livres. Elle est datée de Paris, mais rien autre chose n'indique le lieu de sa provenance; on n'y trouve ni nom d'imprimeur, ni nom de rédacteur ou d'éditeur. On lit dans un avis placé à la fin de quelques numéros que les souscripteurs dont le terme approche sont priés d'envoyer leur renouvellement *à l'adresse connue,* ce qui implique une certaine clandestinité. La Bibliothèque impériale possède une partie de l'année 1785, et l'année 1786 presque complète.

J'ai trouvé, dans le numéro 5 de cette dernière année, un fait assez curieux pour mon sujet.

La dernière gazette de Leyde a donné le décret du roi d'Espagne qui supprime une feuille périodique imprimée à Madrid, intitulée *le Censeur*. Nos lecteurs ne seront peut-être pas fâchés de connaître le genre de plaisanterie espagnole. L'auteur, dans le n° 79, qui a occasionné la suppression de sa feuille, suppose qu'il a été perdu des chartes, des papiers et des lettres de la dernière importance, et, pour se faire pardonner la grande liberté de ses recherches, il a pris cette épigraphe de Phèdre le fabuliste : *Qu'on se souvienne que nous badinons avec des contes fabuleux*. Voici un extrait des choses perdues que le docteur *Solano* redemande : 1° L'acte de donation, faite par la nature, de l'Océan, de la Méditerranée, de la mer Caspienne, etc., à la nation anglaise, faute duquel cette nation, ayant succombé dans le jugement possessoire qu'elle a poursuivi dernièrement, se voit dans l'impossibilité de suivre celui de propriété, à moins d'être aidée par la représentation d'un titre positif. Ceux qui le trouveront doivent s'adresser en Angleterre, aux lords de l'amirauté. 2° Pareil acte de donation, faite aussi par la nature, de la mer Baltique au Danemarck ; les jurisconsultes danois payeront fort cher cette découverte... Même plaisanterie sur le domaine de la mer Adriatique prétendu par la république de Venise... *Item* l'acte de donation, faite par Constantin à l'Eglise de Rome, de cette ville et de son territoire, quoiqu'un témoin ait déposé, depuis peu, que cet acte se trouve dans la lune, avec autres choses perdues. Cependant en sa qualité de poète, il mérite peu de foi, attendu qu'il ne peut prouver qu'il ait précédé la découverte des frères Montgolfier pour faire des voyages par les airs... *Item* la bulle de fondation des Carmes, avec sa date du mont Carmel, l'an du monde 3400, c'est-à-dire 770 avant saint Pierre... *Item* l'information sommaire de l'exhumation faite par les diables du cadavre de l'alcade Ronquille, et des documents justificatifs sur les châtiments infligés par la justice divine à certains rois et ministres qui ont osé traiter les ecclésiastiques comme des vassaux, membres de l'Etat, sous prétexte qu'ils étaient en droit de déroger, en certains cas, à l'immunité de leurs droits, de leurs biens et de leurs personnes, comme si les priviléges émanaient des puissances temporelles, et

non entièrement du droit divin... *Item* le privilége que quelque
souverain pontife a sans doute accordé aux chanoines de toutes
les églises riches de ne pas chanter eux-mêmes les louanges de
Dieu, et de louer à cet effet des mercenaires... — En voilà assez
pour faire connaître ce singulier écrit, et pour en justifier la
suppression.

En 1785 paraît avoir commencé un *Journal général de l'Europe,* dont je donne la bibliographie en
son lieu, mais sur les commencements duquel je
n'ai pu me procurer de détails, la collection de la
Bibliothèque impériale ne commençant qu'au 13ᵉ volume. A défaut, en voici un prospectus, de 1791,
que je trouve dans le *Moniteur*, et qui en dira le
caractère :

Ce journal était connu depuis plusieurs années dans les pays
étrangers. Repoussé longtemps des frontières de France par le
despotisme ministériel, il n'a commencé à s'y répandre qu'à l'é-
poque où déjà il était permis d'écrire sans la censure de la police,
où, plus occupés de leur organisation intérieure et de la conquête
de la liberté que des divisions sanglantes de quelques féroces
ambitieux, les Français devaient rechercher de préférence les
feuilles périodiques de la capitale, centre des grands événements
qui pouvaient seuls les intéresser.

Mais si nous n'avons pu contribuer à exciter, à entretenir
parmi nos concitoyens, ces haines vigoureuses contre la tyrannie
et ce courage intrépide qui la renverse, nous osons du moins nous
vanter d'avoir propagé chez les nations étrangères ces sentiments
généreux et les grands principes de justice sur lesquels ils reposent. Nous y avons dès longtemps prévenu les esprits en faveur de la Révolution française, par le tableau fidèle des prévarications, des injustices criantes, des odieuses vexations, des forfaits
de tous les genres, qui ónt déshonoré cette longue suite de minis-

tères corrompus et déprédateurs. Nous pouvons enfin nous enor-
gueillir d'avoir été les apôtres et les martyrs de cette révolution.

Combien de fois n'avons-nous pas été contraints de suspendre
nos travaux ! Combien de fois n'avons-nous pas été arrachés à nos
foyers, à nos familles, à tout ce que nous avons de plus cher !
Fugitifs, errants de contrée en contrée, persécutés alternativement
par le fanatisme des prêtres ou le despotisme des rois, nous avons
vu s'échapper de nos mains la récompense légitime de nos veilles ;
notre liberté a été menacée, nos têtes sont désignées encore pour
tomber sous le fer des tyrans ; on nous poursuit jusque dans le
sanctuaire de la liberté, et déjà ce journal, avant de reparaître,
est rigoureusement proscrit de la Hollande, des Pays-Bas, de l'Autriche, de l'Allemagne entière. Voilà sous quels auspices nous
allons le recommencer.

Depuis trois mois nous avons donné quelques essais dans le
Mercure national et étranger, qui dorénavant ne fera plus qu'un
avec le *Journal général de l'Europe.* Ces essais n'ont pu qu'être
imparfaits, parce qu'il nous manquait une partie de la vaste correspondance que nous ont procurée nos voyages, la connaissance
des principales langues de l'Europe, l'expérience de huit années,
et quelque influence que nous avons eue dans les révolutions et
les affaires publiques.

Mais depuis le 1er juillet nous reparaissons avec toutes nos
forces et tous nos moyens...

Le Journal général, à l'époque de ce prospectus,
était divisé en deux parties : *Politique étrangère,* —
Affaires intérieures, qui se distribuaient en deux
fois, « pour satisfaire d'autant plus promptement la
curiosité publique », la première à six heures du
matin, la deuxième deux heures après la levée des
séances de l'Assemblée.

Le Hérault de la Nation, sous les auspices de la Patrie. — On lit sur l'exemplaire de l'auteur la note suivante, qu'il eut l'attention de communiquer à Barbier et à Deschiens :

Je suis l'auteur, le seul rédacteur du *Hérault de la Nation*, précurseur de tous les journaux. Il sera utile à l'historien de la Révolution française qui en cherchera les premiers mouvements dans le duché de Bretagne, les ordres et leurs intérêts divers, qui depuis 1787 n'ont pas changé. Les ministres du roi, le cardinal de Brienne et M. de Lamoignon, protégèrent cet ouvrage périodique, imprimé à Paris, et son auteur.

Point d'ordres privilégiés, plus de parlements, la nation et le roi, tel fut le thème du Hérault de la Nation (1).

Signé : MANGOURIT.

P. S. Trois brochures de ma composition précédèrent ce journal en 1787, sous la même protection : *le Pour et le Contre, le Tribun du peuple* et *les Gracches*, brûlées par le parlement de Bretagne. Ces trois pamphlets furent imprimés à Nantes, chez Malassis, envoyés à Versailles en ballots, et passés de Versailles à Paris, par moi, dans le carrosse de M. le garde des sceaux (Lamoignon) et dans celui de M. Bertrand de Molleville, dernier intendant de Bretagne, depuis ministre de la maison de Louis XVI.

Il était doué d'un amour-propre passablement naïf, ce M. Mangourit ; il eût volontiers inscrit sur son chapeau ce titre de précurseur des journalistes, qu'il s'arrogeait un peu bénévolement. Il s'en targuait encore auprès de Camille Desmoulins, au-

(1) « Quoi ! toujours des obstacles de la part de la noblesse !... On la verra donc toujours, fidèle aux principes qui l'établissaient autrefois entre le trône et la nation, se déclarer une nation séparée de la nation, un peuple par excellence, une tribu sacrée qui a le droit d'ériger en lois ses volontés, comme la force jadis constitua la tyrannie. » (N° 54, p. 854, note.)

quel il écrivait, en décembre 1789 : « Je suis le père des journalistes libres. Si vous voulez une mèche bretonne de plus à votre lanterne, ou un cheval de trait à votre courrier brabançon, je fournirai de bon cœur mes services (1). »

Dans sa préface, le Hérault de la Nation parle au nom d'un club patriote vrai ou supposé.

Quelques citoyens exécutent enfin le projet conçu depuis longtemps de rassembler les événements qui affectent les Français dans les conjonctures présentes.

C'est à l'époque de l'ouverture des Etats de Bretagne que le club patriote remet au public le registre de ses séances. A quelques localités près, les grandes questions qui divisent les opinions et les intérêts vont être agitées dans cette diète. Le but du club est de démontrer, par les faits, que partout où les hommes sont rassemblés ils sont toujours les mêmes, que depuis le dernier bailli jusqu'au premier tribunal, depuis les comices romains jusqu'au parlement d'Angleterre, il y a toujours eu et il y aura toujours frottement entre les riches et les pauvres, opposition de la liberté contre le privilége, victoire de la ruse sur la force; qu'il n'appartient qu'à la raison, à l'humanité, à la philosophie, de détruire, ou du moins de régler, cette fluctuation continuelle qui, pendant son mouvement oscillatoire ou son équilibre, anéantit le système social ou l'expose aux convulsions les plus orageuses.

Le club ne doit donc pas se borner à l'examen d'une des grandes artères de la France. S'il rapporte les séances de la diète bretonne, ce n'est pas parce que, commençant avec l'année, elles sont l'aurore des Etats généraux. Les questions qui vont y être agitées reparaîtront, avec un ton plus imposant sans doute, au milieu de la nation française ; mais, par cette considération seule,

(1) *Correspondance inédite de Camille Desmoulins.* Camille rédigeait alors les *Révolutions de France et de Brabant,* et l'on sait qu'il s'était donné lui-même le titre de *procureur général de la Lanterne.*

toutes les provinces ont intérêt de connaître l'issue de l'escarmouche préliminaire entre les privilégiés et les non-privilégiés dans une contrée qui, par sa population, forme la huitième partie du royaume...

Cependant le club instruira les Français de ce qui se passera de plus intéressant dans les autres pays d'Etats et dans les assemblées provinciales, dont les constitutions, moins flatteuses à l'œil que celle de Bretagne, qui semble porter les livrées de la liberté, sont bien plus favorables aux hommes, aux sciences et aux arts. Les assemblées provinciales, quoique dans l'enfance de leur création, ne cessent de produire les plus grands avantages, tandis que la Bretagne n'a pu, depuis des siècles, offrir jusqu'à présent que des efforts inutiles dans tous les genres. L'organisation des unes s'est développée dans des temps lumineux ; celle de l'autre, ayant pris naissance dans le chaos de la féodalité, ne peut rien produire d'avantageux ; il faut qu'un phénix nouveau sorte des cendres de l'ancien. Le club examinera les causes des callosités qui défigurent cette belle province.

Il rendra compte des grands événements qui arriveront dans les généralités et les villes du premier et du second ordre.

Les brochures qui paraîtront en France relativement à la régénération projetée seront extraites avec fidélité et analysées avec soin. Malheur à l'aristocrate qui, à la faveur d'un nom ou d'une toge, d'un rochet ou d'un haubert, d'un sophisme ou d'une déclamation, se flatterait d'échapper à la découverte ! Le club le démasquera, s'il vise à la tyrannie. En dévoilant une féodalité combinée, il ramènera toujours à l'autorité légitime, unique sauvegarde de la nation. Un corps de nobles ne représente que des nobles, un concile que des prêtres, un sénat que des magistrats. Voilà, sans doute, les types du courage, de l'humanité et de la justice. Le roi représente le peuple dans toutes ses classes, et le roi est seul le dépositaire, l'organe et l'instrument des vertus et de la force publique.....

Le club ne demande point de privilége pour rendre ses opinions publiques. Un privilége ! lorsque l'on convient que le privilége est une odieuse exception.... Un privilége ! lorsque tous les

journaux privilégiés se vendent sur la matière la plus importante!...
Un privilége! lorsque... Si nos nouvelles, nos réflexions, nos résultats, sont utiles, on les laissera circuler.

Un nouveau prospectus, publié après le 36e numéro, achève de faire connaître le contenu et l'esprit de ce journal, qui, sous une forme quelque peu excentrique, renferme beaucoup de choses curieuses.

Cet ouvrage, depuis janvier 1789, a fourni 36 numéros.

Il a traité trois grands objets.

Constitution. — Assemblées d'Etats et de districts. Droit public de la France, et droits des provinces et des villes.

Législation. — Cours souveraines et tribunaux du second ordre. Améliorations ou réformes.

Liberté. — Extraits de brochures intéressantes et de pamphlets.

Intrigues publiques et secrètes; opinion dominante; opinions isolées ou honteuses.

Génie de l'ouvrage. — Amour pour le père de famille qui *consulte* ses enfants, mais qui ne se met pas sous la tutelle des ambitieux et des fous.

Hommage à la vérité, à la raison, à la justice, à l'humanité.

Respect aux cœurs droits, aux âmes tranquilles, aux bons citoyens.

« Malheur aux aristocrates qui, à la faveur d'un nom ou d'une toge, d'un rochet ou d'un haubert, d'un sophisme ou d'une déclamation, se flatteraient d'échapper à la découverte! Le club les démasquera, s'ils visent à la tyrannie. »

Nous croyons, jusqu'à présent, avoir rempli scrupuleusement nos obligations.

Ce journal sera du plus grand secours aux députés aux Etats généraux. Il les mettra promptement au fait de tout ce qui a précédé l'assemblée nationale; ils y trouveront les usages et les droits de chaque province, ses véritables immunités, et les abus féodaux qui les ont dégradés.

Il instruira les provinces, exactement et fidèlement, des débats du parlement général, et les proclamations du Hérault seront faites avec célérité.

Ce journal est principalement le journal de *loch* des trente-neuf quarantièmes de la nation, par conséquent de la nation elle-même.

Pour nous mettre au courant, le n° 41 traitera de l'ouverture des États généraux dans ses huit premières pages ; les huit autres pages donneront la suite des événements qui ont précédé l'Assemblée nationale, et nous continuerons cette forme jusqu'à ce que nous ayons regagné le 4 mai.

Ce prospectus porte en tête, en gros caractères, le cri de guerre : *Montjoie Saint Denis,* qui se retrouve en tête du journal à partir du n° 41, où commence le compte-rendu des États généraux.

Le Hérault de la Nation s'arrête au n° 63 (30 juin), mais sans motif apparent, car ce numéro se termine par la formule habituelle : *La suite au numéro prochain.* En voici la dernière page (1003) :

M. l'archevêque d'Aix et son escouade n'ont pas eu la journée pour eux ; mais avec de la persévérance et de la ruse on peut prendre sa revanche. Il sera une autre fois moins obscur, plus méthodique et plus concis ; et sans doute qu'il sera convaincu que les sanglots, les larmes, les hoquets douloureux, le râle de l'affliction, ne paraissent à la gravité d'une assemblée nationale et logicale que des vapeurs et des palpitations de petite maîtresse sur le retour. Cependant, sans quelques gouttes d'éther que M. l'archevêque de Vienne a fait prendre à propos à son confrère Boisgelin, il est certain que M. de Mirabeau le pistonnait dans sa machine pneumatique, où plus d'un téméraire parleur a perdu le mouvement.

La Sentinelle du Peuple, adressée « aux gens de toutes professions, sciences, arts, commerce et métiers, composant le Tiers-Etat de la province de Bretagne », était moins un journal qu'un pamphlet, dirigé, comme *le Hérault de la Nation,* contre la noblesse, mais avec cette différence que celui-ci fait la guerre au profit de la royauté, qui est son idole, tandis que la Sentinelle combat pour le Tiers-Etat, pour les principes que la Révolution devait consacrer. Ce pamphlet, d'ailleurs, s'il n'offre pas le même intérêt historique que le journal de Mangourit, lui est bien supérieur par la forme. On dit que Volney en était un des rédacteurs; ce qui est certain, c'est qu'il est écrit avec une verve qui, par instants, fait songer à Paul-Louis Courier.

Amis et citoyens, vous saurez que, par la grâce de Dieu, doté d'un petit revenu bonnête, je puis vivre en bon gentilhomme, c'est-à-dire sans travailler; mais, puisque chacun de vous travaille, je me crois, en conscience, obligé de mettre aussi la main à l'œuvre. C'est pourquoi, tandis que l'un laboure mon champ, que l'autre fait mon pain, ma cuisine, que celui-ci me fabrique une étoffe, que celui-là m'apporte de bien loin du café, du sucre, j'ai avisé par quel moyen je pouvais me rendre utile; et songeant qu'il court, par ce temps, des *mal intentionnés,* j'ai pris pour lot le métier de *sentinelle,* afin de crier *Haro!* et *Qui vive?*

. . . .

Amis et citoyens, nous sommes, en Bretagne, près de deux millions de roturiers de tout âge, de tout sexe; les nobles ne sont pas dix mille, mais quand ils seraient vingt, nous serions encore cent contre un. Si nous voulions, rien qu'à leur jeter nos bonnets par la tête, nous les étoufferions. Mais je suis bon homme, moi;

je ne veux étouffer personne. Et quoiqu'il y ait parmi eux de mauvaises têtes, il y a aussi de bonnes gens, et encore ces mauvaises têtes ne sont pas tant méchants qu'enfants gâtés. Voilà ce que c'est que d'être riche ! Le bonhomme Richard a raison : *Richesse et oisiveté, conseils de folie.*

Amis et citoyens, écoutez mon moyen. En examinant ce que nous sommes, je me suis aperçu que tous les arts utiles et nécessaires à la vie étaient concentrés parmi nous, pendant que les nobles n'en savent pas un. Et de là une idée lumineuse : puisqu'ils veulent nous séparer d'eux, séparons-les de nous; entendons-nous tous à la fois pour leur retirer nos services... Avec tous leurs titres et leurs généalogies, vous verrez des gens bien attrapés.

. . . .

Amis et citoyens, c'est là que je les attends; mais c'est là aussi qu'il faut être fermes; car, si vous les écoutez d'abord, ils vous endormiront de caresses : ces nobles sont si cajoleurs quand ils ont besoin de nous! *Mon cher un tel, mon brave garçon, mon bon ami*, cela ne leur coûte rien, et puis, quand ils ont fait leur coup, ils vous regardent passer sans vous connaître, et demandent, par dessus l'épaule, à leur laquais : *Quel est ce drôle qui m'a salué?* Et c'est bien fait : car nous autres roturiers, nous sommes si dupes, que, quand un noble nous donne un coup de chapeau, nous lui rendons tout de suite un coin de beurre.

Amis et citoyens, pour prix de mon service, laissez-moi mener cette affaire; établissez-moi votre agent avec plein pouvoir, et je réponds de vous faire restituer tous vos droits. J'ai déjà dressé les articles du nouveau contrat social que je passerai; je veux vous en faire part, afin de vous donner courage à tenir bon dans cette rencontre.

Articles de la capitulation passée entre le peuple de Bretagne et une petite faction de citoyens appelés nobles ou gentilshommes.

L'an 1788, le tantième du mois de décembre, l'armée du peuple étant campée dans la plaine d'*Egalité civile*, appuyée à sa droite au morne *Liberté*, et couverte sur son flanc gauche et sur ses derrières par les marais *Nécessité*; et le corps des riches mécontents serré dans le détroit *Justice*, ayant à dos la rivière *Famine*....

Entre simple homme, *Jean Démophile*, roturier sans aïeux *ne titres*, sentinelle du peuple de son métier, et, de présent, plénipotentiaire de deux millions d'hommes qui travaillent;

Et très-haut et très-puissant seigneur Hercule-César Guingaloë de Guergantuël, marquis, baron, comte, vidame de plusieurs marquisats, baronnies, comtés, descendant en ligne droite par les mâles des plus anciens rois *démogores*, et plénipotentiaire actuel d'une ligue d'hommes trop grands seigneurs pour travailler;

Ont été arrêtés et convenus les articles qui suivent :

1° Encore qu'il soit douteux que les hommes roturiers soient de la même espèce que les gentilhommes de Bretagne, cependant, vu que quand ils sont déshabillés il n'apparaît en eux aucune différence : arrêté que désormais ils se regarderont comme égaux et semblables, sauf lettres de rescision sur plus amplement informé.

2° Attendu que les riches ne le sont que par le travail des pauvres, et que les nobles ne subsistent que par les mains des roturiers, pendant que les roturiers peuvent subsister sans les nobles : arrêté que désormais la noblesse ne fera plus fi de la roture, mais traitera le tiers-état comme un frère actif ou un père nourricier.

3° Attendu que la vraie noblesse ne consiste pas à être exempté d'impôts et revêtu de charges exclusives, mais à faire des choses utiles au peuple, qui les récompense de sa considération : arrêté que désormais nul homme dans l'Etat ne jouira d'immunité d'impôts, et que quiconque s'en arrogera sera regardé comme *oppresseur du peuple et ennemi de la patrie*.

4° Attendu que l'impôt est une contribution par laquelle on achète la jouissance paisible des fruits de son travail ou de celui de ses ancêtres, et qu'il est d'étroite justice que les charges du contrat social soient en raison de ses avantages : arrêté que désormais l'impôt sera proportionné aux facultés, et que les plus riches payeront plus.

5° Attendu que toute nation en général, et celle de Bretagne en particulier, a le droit de se taxer elle-même : arrêté que nul impôt ne sera perçu qu'il n'ait été accordé par toute la nation bretonne, ou par ses représentants, librement choisis et dûment autorisés.

. . . .

8° Arrêté que le parlement sera composé d'un quart d'ecclésiastiques, d'un quart de nobles et d'une moitié de roturiers; que les charges ne seront plus héréditaires, mais qu'on les obtiendra par *concours;* et que celle de président sera annuelle, passant alternativement aux trois ordres.

. . . .

11° Attendu qu'il est honteux que la Bretagne se sépare du reste de la France pour le paiement de la dette : arrêté qu'à l'exemple du Dauphiné, elle concourra de tout son pouvoir à soutenir l'honneur de la nation française.

12° Et parce que tout bien ecclésiastique qui vient à vaquer retombe de droit aux mains de la nation, arrêté que, de ce moment, toute abbaye, prieuré et bénéfice sans fonctions, seront mis en séquestre, pour alléger le fardeau de l'Etat.

Telles sont, amis et citoyens, les conditions auxquelles vous devez recevoir à réconciliation les ligueurs de la noblesse, et prenez garde de vous en désister, sous peine de retomber dans l'esclavage du temps passé, pire encore que le despotisme.

———

Le tiers-état n'est point un ordre, il est la *nation;* c'est un *corps* entier et complet, dont la noblesse et le clergé ne sont pas même les membres utiles, car ils ne le font ni vivre ni agir, ils ne sont que les loupes qui l'épuisent.

———

La loi est *la convention faite par le peuple;* il ne lui manque que d'être *mise en vigueur par le roi.*

———

Vous, nobles, vous entendez les Etats comme ils sont, et nous comme ils doivent être, c'est-à-dire où TOUT LE PEUPLE BRETON *sera dûment représenté par un nombre suffisant de députés, qu'il aura librement choisis,* et non des Etats composés de députés partiaux et insuffisants, et de nobles factieux entachés désormais de la honte publique de la vénalité (1)...

Nous demandons qu'on nous assemble pour constater notre désir ; nous le demandons, nous qui ne sommes point la *populace* de Quimper, quoique l'on veuille nous y confondre, mais qui sommes les habitants et officiers municipaux des villes de Nantes, Saint-Malo, Vitré, Rennes, Redon, Montfort, etc., et les habitants des campagnes, propriétaires, laboureurs, artisans, marchands, qui sommes le *peuple* de Bretagne ; nous demandons qu'on nous assemble ; nous disons plus : *nous le voulons,* parce que cette *volonté* est notre droit, attendu que nous sommes le peuple, — le peuple, dont la *volonté* est essentiellement *légale,* parce que l'intérêt du peuple est essentiellement l'*intérêt public.*

La Sentinelle se compose en tout de cinq numéros, du 10 novembre au 25 décembre 1788. Des numéros originaux, la Bibliothèque impériale n'a que le quatrième, qui se termine par cet avis : *La suite quand* CES MESSIEURS *auront un peu calmé leur colère et leurs perquisitions.* Mais elle possède une réimpression des cinq numéros, au titre du premier desquels est ajouté : *Par un propriétaire en ladite province.*

(1) C'est un fait notoire que depuis vingt ans les suffrages des gentilshommes s'achètent, dans les occasions, le prix modique de 12 et de 6 livres par jour; et qu'ils sont casernés aux frais des aspirants aux places. La voix publique cite un emploi éminent déjà deux fois obtenu par le prestige de quelques louis qui courent pendant la nuit de porte en porte.

Tout ce qui me passe par la tête, journal nouveau ; salmigondis d'un spectateur des folies humaines, qui s'afflige des unes, s'amuse des autres, se réjouit de tout ce qui arrive d'heureux à ses semblables ; qui fait registre de tout ce qu'il entend, de tout ce qu'il voit, de tout ce qu'il pense. — Avec cette épigraphe, que Marat devait rendre célèbre : *Vitam impendere vero.*

C'est là, comme l'indique suffisamment le titre, une œuvre de fantaisie politique et morale (pas trop morale cependant), à laquelle Deschiens et la Bibliothèque impériale ont peut-être fait beaucoup d'honneur en la rangeant parmi les journaux. Voici un extrait de la préface :

Les préfaces sont d'un usage immémorial, plus qu'immémorial ; on en faisait avant qu'on ne reliât les livres, avant qu'on ne se servît de papier fait avec nos chemises déchirées et nos mouchoirs en lambeaux. Tout ce qui est de cette antiquité a droit non seulement à notre vénération, mais encore à sa conservation. C'est pourquoi nos seigneurs du parlement de Paris font, dans les grandes cérémonies, des révérences comme les femmes (ce que l'abbé Mably appelle *jouer à la madame*), ce qui fait rire la moitié des spectateurs, tandis que l'autre use du privilége de la critique.

C'est pourquoi on confie les places les plus importantes à ceux qui y ont le moins d'aptitude, et, comme le dit avec vérité l'abominable Figaro : *On avait besoin d'un architecte, on fit choix d'un danseur,* ce qu'il avait volé à *l'Espion dévalisé,* qui avait dit avant lui : *Dans ce pays, on ne regarde jamais si la cheville va au trou, on commence par l'y planter.*

C'est pourquoi un imbécile, avec cent mille livres, achète le droit de disposer de la fortune, de la vie et de l'honneur des hommes, et, par la même raison, condamne à mort un innocent avec la même légèreté qu'il sauve du supplice un scélérat qui ajoutera des assassinats, des empoisonnements, à la masse de ses crimes précédents.

C'est pourquoi nos colonels dansent si bien, et commandent l'exercice moins bien que le frère du grand Frédéric.

C'est pourquoi tant de maîtres des requêtes sont des puits de science.

C'est pourquoi nos intendants font tant les importants, et mesdames leurs épouses tant les impertinentes.

C'est pourquoi les commis des bureaux de toutes les administrations sont si impudents, si ignorants, faisant les capables, jouant les ministres.

C'est pourquoi nos prélats sont si pieux, si détachés des vanités de ce monde, abhorrant la pluralité des bénéfices, fuyant le commerce des femmes, visitant les malades, les prisonniers, assistant à tous les offices de leur église, et, pour pouvoir distribuer les trois quarts de leurs revenus aux nécessiteux, réformant chevaux, carrosses, écuyers, maîtres d'hôtel et valets de chambre, dorés, brodés, comme la chasuble de monseigneur.

C'est pourquoi les procureurs, etc., etc., etc.

. . . . : . . . .

Ce journal doit son existence au besoin de distraction, au hasard de la dissipation, à de légères méditations, à quelques élans de gaîté, à des paris extravagants. En général, j'écris *tout ce qui me passe par la tête,* et j'ai pris cette vérité pour titre de ce journal. J'écris partout où je me trouve, tantôt avec un crayon, tantôt avec une plume ; parfois dans un café, d'autrefois aux Champs-Elysées ; un matin dans une église, le soir chez Nicolet ; souvent chez mes amis, plus souvent chez moi.....

Je ne traiterai pas les objets à fond ; pour ne pas heurter de front les respectables usages de ce siècle, la perle de tous... Ne sommes-nous pas dans l'ère de l'esprit, de la sagacité, de la philosophie ? Voyez plutôt l'Académie française. Oui, la philosophie reprend l'empire qu'elle avait sous les Aristote, les Carnéade, les Socrate, les Platon, les Pythagore. Ne la voyez-vous pas au

2.

comptoir du marchand, dans le cabinet de l'homme d'Etat, dans le boudoir de la coquette, au septième étage près du poète, au rez-de-chaussée dans le bureau du plus mince commis ? Elle folâtre sur les tréteaux des boulevards ; elle décapuchonne le moine, elle éclaire la tête épiscopale, elle égaie la gravité sénatoriale. Ah ! combien de nos aimables magistrats lui doivent la lessive de l'empois qui raidissait si ridiculement leur caractère ! La philosophie parcourt tous les états, toutes les conditions ; elle se niche partout. Mon valet, oui, Lapierre, philosophait hier sur des ministres renvoyés et à renvoyer, sur l'engouement, sur des notables discordants, sur des Etats généraux qu'il sera si difficile d'accorder... Il philosophait... Et pourquoi le naïf Lapierre n'aurait-il pas, comme tant d'autres, le don de philosopher et la faculté d'en user ? Philosophe, mon cher Lapierre ; mais sois toujours honnête homme, bon Français ; dans quelques années, couché près des Elisabeth, des Richelieu, des Frédéric (car la terre est un point dans l'immensité), tu diras : Et moi aussi j'ai six pieds de terre. Mais tu n'auras pas fait assassiner une trop intéressante rivale ; tu n'auras pas fait faire des cheminées à la Popelinière ; tu n'auras pas fait emprisonner Trenck, etc., etc. ! Aussi les bonnes gens qui t'auront connu couvriront ta tombe de regrets et de fleurs.

Le privilège de ce journal se trouvera peut-être sous quelqu'autre numéro. Il suffit qu'on sache en ce moment que je n'ai osé l'entreprendre qu'à condition qu'il ne sera ni aussi menteur que le *Journal de Paris* sous la dernière dynastie ministérielle, ni aussi ennuyeux que le *Journal des Savants,* ni aussi dangereux que le *Journal de Médecine,* ni aussi misérable que le *Journal des Dames,* ni aussi inutile que le *Journal d'Agriculture,* ni aussi, etc., etc.

Nous citerons encore, en l'abrégeant, un article dont Deschiens a reproduit quelques lignes pour caractériser cet étrange salmigondis, qui ne laisse

pas d'avoir quelques bonnes pages, mais dont les
idées cependant étaient beaucoup moins avancées
que celles des feuilles dont nous venons de parler.

Mon Dieu! mon Dieu! que j'ai donc de chagrin!

Oui, Monsieur, la police a défendu vos numéros. — Vrai? —
Très-vrai. — Mais pourquoi donc? car, enfin, je ne parle pas mal
de Dieu. — On vous le pardonnerait peut-être plutôt. — Je n'ai
point mal parlé de la religion. — On vous l'aurait peut-être encore pardonné. — Moi pas, moi pas, je la respecte trop. Je ne
me suis pas même permis encore de dire tout ce que j'ai sur le
cœur contre ces chiens d'ecclésiastiques, qui, riches d'une fortune qu'ils n'ont point gagnée, viennent suborner nos femmes...
ahi! ahi! ahi! violer nos filles... ouf! souffler nos maîtresses. Ah!
f..... *Mon Dieu! mon Dieu! que j'ai donc de chagrin!* Je n'ai
point mal parlé du gouvernement monarchique; car je consens
que le diable m'emporte si je voudrais être citoyen de Londres,
d'Amsterdam, de Venise, ou accepter une partie de pal à Constantinople. Je ne connais de bon gouvernement que celui d'un
seul, et je n'aime pas quand des cerveaux brûlés parlent de
constitution (à laquelle ils n'entendent pas plus qu'à ramer des
choux). Ils font pire, ils hissent la noblesse contre le clergé et le
clergé contre la noblesse; puis le tiers-état contre la noblesse et
la noblesse contre le tiers-état. Tout cela me fâche. *Mon Dieu!
mon Dieu! que j'ai donc de chagrin!*

Je n'ai point mal parlé du roi. C'est à genoux qu'il faut faire
cette profession de foi. C'est à genoux que je jure que personne
en France n'a pour LA MAJESTÉ ROYALE une plus profonde vénération; que je suis prêt à signer cette vérité de mon sang, et, s'il
faut plus qu'une signature, je suis prêt à la défendre de tout ce
qu'il y a de force dans mon frêle individu......

Ai-je mal parlé des ministres? Oh! non. A peine ai-je prononcé
le nom de ceux qui, du premier, second ou troisième ciel, rient
de nos petits, petits mouvements, que nous regardons comme de
fortes convulsions comme de très-grands événements. — Vous

avez parlé de **M. Necker**. — Qu'en ai-je dit ? Si j'en ai dit du mal,
il faut le rétracter......

N'ai-je pas dit que **M.** Necker était le médecin le plus intéressant pour la France malade, parce que *la confiance ne se commande
pas ?* Est-il possible de faire un plus bel éloge ? Il a la confiance
de la France malade. La France a une fièvre de cheval ! Eh bien,
les frissons diminuent, la chaleur est moins brûlante, et c'est le
médecin genévois qui seul a opéré ce grand miracle, sans l'aide
de la nature, car la nature agit faiblement sur ce malade-là. Faut-
il rétracter cela ? Mon Dieu ! quelle sottise vous m'allez faire dire !
Réfléchissez-y un moment.

. . . .

Jugez donc dans quel embarras je suis : on se fâche de ce que
je dis ; si je me rétracte, la rétractation devient plus offensante.
Oh ! mon Dieu ! mon Dieu ! que j'ai donc de chagrin !

Je n'aime qu'à rire, qu'à jouer, qu'à badiner, qu'à plaisanter ;
les ouvrages sérieux m'excèdent à mourir ; j'ai des vapeurs à
Britannicus, à *Clytemnestre ;* je ris comme un bienheureux à
Pierre Bagnolet, au *Revenant ;* je m'amuse de tout, et l'on veut
qu'avec ce caractère-là je sois mauvais. *Oh ! mon Dieu ! mon Dieu !
que j'ai donc de chagrin !*

Je n'entends pas plus aux affaires que mon frère, qui est si
bête, qu'on en a fait un frère capucin. On parle d'affaires devant
moi : cela me paraît beau et drôle. Je n'ai pas plus de mémoire
qu'une linotte : pour me rappeler ce qui m'a amusé, j'écris, oui,
j'écris tous les jours ce qui me frappe ou m'amuse. Je suis un
pauvre jeune homme qui n'a pas plus de méchanceté qu'un de
ces petits poissons rouges qui sont dans le bassin du Palais-Royal.
Je ne pense qu'à mon éducation : car on dit comme ça que le
monde forme la jeunesse, et j'écris ce que dit ce monde-là. Hé
bien ! ne voilà-t-il pas qu'on interprète mal ce que j'écris si in-
nocemment, ce que je n'écris que pour moi, ce que je n'ai lu
qu'à un ou deux de mes amis, qui en riaient, comme pour se
gausser de moi. — Vous vous êtes fait imprimer. — Oh bien !
pour celui-là, ce n'est pas ma faute. Il vient chez moi un monsieur
de la part d'un autre monsieur qu'un autre monsieur avait peut-

être chargé de ça. Ce monsieur me demande à voir mes numéros,
il les lit ; il me dit comme ça que cela amusera. Et moi je réponds comme ça : Tant mieux ; j'aime qu'on s'amuse, moi, comme
j'aime à m'amuser. — Mais il faudrait faire imprimer cela. —
Vrai ? — Combien voulez-vous me vendre ces six numéros ? —
Moi ! rien. Les voulez-vous ? Les voilà. Et puis c'monsieur, que
je n'connais pas, fait imprimer par un imprimeur que je n'connais pas plus ; et puis la police se fâche ! *O mon Dieu ! mon Dieu !*
que j'ai donc de chagrin ! Il faut que j'aille voir le père Duchesne à
la foire Saint-Germain : on dit que cela me dissipera.

—

La Bibliothèque impériale possède trois volumes
d'une gazette dont la condition même offre des particularités assez curieuses. Elle est en partie manuscrite, en partie gravée sur étain. Elle est reliée aux
armes de Montmorency, et porte au premier feuillet
le timbre de la Bibliothèque du Tribunat.

. Les trois volumes de cette gazette que j'ai pu
consulter embrassent les années 1787, 1788, 1789 ;
mais certaines énonciations du premier numéro de
1787 ne permettent pas de douter qu'il n'y ait eu
des numéros antérieurs.

Elles paraissait deux fois par semaine. Chaque
numéro se compose d'un feuillet in–4° double, portant simplement en tête : *Paris le..,* sans aucune
autre espèce de désignation. Elle se pliait comme
une lettre et s'envoyait sous enveloppe. Quelquefois
il y avait un feuillet de supplément; alors c'était ce

feuillet qui servait d'enveloppe et portait l'adresse. Les suppléments deviennent fréquents et plus volumineux à l'ouverture des Etats généraux.

Le destinataire de l'exemplaire conservé à la Bibliothèque impériale était le comte Mathieu de Montmorency, *en son hôtel, rue Saint-Marc;* c'est assez dire quel était l'esprit de cette petite feuille, qui m'a paru d'ailleurs rédigée avec un grand sens, et en général avec une élégante concision. Quelques extraits permettront de juger du genre d'intérêt qu'elle peut présenter.

— Nous sommes dans le cas de prévenir nos lecteurs que, dans le mouvement qu'occasionnent les changements actuels de l'administration, il est bien difficile de saisir la vérité exacte des faits; mais à travers des discours plus ou moins modérés qu'on entend de tous côtés, nous tâchons de saisir ce qui paraît le moins exagéré de part et d'autre, et le temps, qui ramène le calme et laisse reparaître la vérité, nous donne sûrement des renseignements plus certains et plus dignes de la confiance de nos lecteurs.

— Les grandes questions qui seront portées à la décision de l'Assemblée nationale, à l'époque de laquelle nous touchons enfin, seront débattues dans toutes les assemblées d'élection avec beaucoup de chaleur dans le moment actuel. Le nouvel ordre de choses qui se prépare intéresse si vivement tous les esprits qu'il n'est pas étonnant qu'ils en soient si diversement affectés. Les gens qui ont rapproché les différents cahiers des provinces sont étonnés de la concordance qui règne dans les principaux points de leurs demandes, c'est-à-dire dans ceux qui touchent à la constitution, à la législation et aux finances; et cependant ils ont de la peine à concilier cet accord avec les différentes opinions qui percent dans les demandes particulières des mêmes cahiers et qui agitent ici toutes les têtes. Les uns veulent opiner par tête, les autres par ordre, et chacun défend son système avec une opiniâtreté qui résiste à toute raison, de sorte que le seul espoir qui reste pour ramener la concorde et l'union est dans le pouvoir et la force de l'amour du bien public qui se manifestera au milieu de l'Assemblée de la nation réunie sous les yeux d'un souverain qui veut donner avec elle des bases inébranlables à la félicité publique.

Le moment actuel ne nous permet pas d'autres détails sur cette Assemblée mémorable qui s'ouvre aujourd'hui. Nous donnerons à nos lecteurs la notice exacte de tout ce qui s'y passera, et nous multiplierons notre correspondance à mesure que les circonstances l'exigeront. C'est un engagement que nous prenons avec eux, et sur lequel ils peuvent compter.

— Nous avons annoncé, l'ordinaire dernier, à nos lecteurs, que nous mettrions toute notre attention à leur rendre un compte exact des opérations des Etats généraux, et ce compte nous le puiserons dans les sources les plus pures ; mais, afin de ne rien dérober aux autres événements politiques, nous ajouterons une feuille extraordinaire à notre correspondance toutes les fois que l'abondance des matières l'exigera, et le profit immense que nous désirons retirer de ce surcroît de travail est un surcroît de satisfaction et de confiance de nos lecteurs. Parmi le nombre d'écrits périodiques qui vont se consacrer à l'histoire des événements du jour, il en est dont les auteurs se sont fait un nom célèbre par leurs vues et par leur éloquence. Nous consulterons, au besoin, ces écrits, et, animés comme eux de l'amour de la vérité, ils nous serviront toujours de modèles ou de guides dans les faits, et quelquefois dans les différents aspects que prennent les affaires publiques, selon l'esprit et le caractère de ceux qui s'en occupent. La critique et la controverse n'entrent pas dans notre plan ; il s'agit ici d'être impartial et vrai. Cette méthode a réussi jusqu'à présent au rédacteur de cette feuille, et quelque bienveillance de la part de ses lecteurs le détermine à n'en point changer.

— Depuis qu'il est question de l'assemblée des notables, chacun s'occupe des objets importants qui y seront traités, et, quoique ces objets ne soient pas positivement connus, l'opinion publique est qu'il en résultera de très-grands avantages dans le régime de l'administration et dans le soulagement du peuple. On est persuadé d'avance que le plan annoncé pour la suppression des traites, pour l'égalité dans les gabelles, pour la suppression des aides et pour une diminution dans la quotité de la taille, y recevra une sanction solennelle. On parle aussi de diminuer le nombre des agents de l'administration et d'établir des administrations municipales ou provinciales. Enfin on attend beaucoup de la bonté du roi et de la sagesse du ministère, aidées des lumières de la nation assemblée. On a imprimé dans les circonstances actuelles et on lit avec intérêt les procès-verbaux des anciennes assemblées; mais deux siècles presqu'écoulés depuis la dernière, qui eut lieu en 1626, ont bien changé toutes les idées, et les progrès de l'instruction générale se feront sûrement remarquer dans l'assemblée qui va avoir lieu. Telles sont les espérances de tous les bons Français, et elles l'emportent hautement sur les calculs désolants de ces critiques qui veulent toujours comparer les temps anciens aux événements modernes, et qui osent ne compter pour rien les bonnes intentions d'un souverain qui aime son peuple, les mesures sages des ministres qui secondent son amour, et l'empressement de ce même peuple à concourir au meilleur ordre de choses possible.

— Lorsqu'il fut question pour la première fois dans cette feuille de l'assemblée des notables qui vient de se terminer, nous fîmes remarquer à nos lecteurs que, si de pareilles assemblées n'avaient pas opéré autrefois le bien qu'on s'en promettait, c'est qu'alors la nation, moins éclairée, était uniquement dirigée par les ministres, qui possédaient seuls le secret de l'administration, et nous fîmes dériver des connaissances généralement répandues aujourd'hui l'espérance d'un succès plus heureux. L'événement a justifié cette vue: tous les ordres de l'Etat ont déployé dans l'assemblée des connaissances aussi vastes que profondes, et qui ont

dirigé vers le bien général les résolutions les plus importantes.
Le gouvernement a adopté les vœux de la nation exprimés dans
les arrêtés des bureaux, l'exécution des résolutions prises est
confiée en partie aux assemblées provinciales, et c'est à l'esprit
public qu'il appartient désormais de faire concourir cette exécution avec le désir constant et généreux que S. M. a manifesté de
voir son peuple jouir d'une félicité certaine et durable.

— Les différents articles arrêtés dans la célèbre nuit du 4 de
ce mois l'ont été avec un accord et un enthousiasme bien honorables pour le corps des représentants de la nation. C'était, comme
nous l'avons dit, une enchère de patriotisme et de désintéressement. Chacun se dépouillait avec joie de ces priviléges, de ces
droits, de ces exceptions, dont l'origine, la jouissance et l'exercice
pesaient plus ou moins sur le peuple, qui avait été si longue-
ment sacrifié au pouvoir, aux besoins, et même aux fantaisies, de
différentes aristocraties. Il est vraiment admirable qu'une nuit
ait suffi à renverser l'ouvrage de tant de siècles, et les intérêts
choqués de tant de personnes par une résolution si rapide ne
pouvaient manquer d'exciter des réclamations lorsque les articles
arrêtés subiraient l'examen réfléchi de la discussion. Telle était
l'opinion de ceux qui avaient vu ci-devant chaque ordre, chaque
corps, occupé uniquement de son existence et de son bien-être,
immoler sans peine le peuple au maintien ou à l'accroissement de
son propre pouvoir ou de sa richesse. L'esprit public, qui a enfin
triomphé de tous les intérêts particuliers, en a décidé autrement,
et c'est à cette première révolution dans les idées générales
qu'il faut attribuer toutes les autres qui étonnent également la
France et l'Europe. L'étonnement cesserait peut-être si on consi-
derait que c'est ici la première fois qu'une fraternité générale et
une impulsion commune vers le bien de l'Etat se sont montrées,
et que le concert du roi, du ministère, de toutes les classes de la
nation, a été parfait pour arriver à une régénération dont on ne
s'était jamais occupé sans rencontrer des obstacles que le défaut
de ce concert avait toujours rendus insurmontables. Les longueurs
antérieures des délibérations de l'Assemblée nationale, les incon-

vénients affreux qui en sont résultés, le danger même que cette assemblée a entrevu, tout a concouru à faire germer dans tous ses membres cet élan patriotique dont l'explosion s'est faite le 4 de ce mois ; et de l'examen des maux qui affligeaient l'ordre social est né ce désir ardent de tout détruire pour tout édifier de nouveau.

— C'est une chose assez remarquable que la nation française, qui jusqu'ici semblait s'être bornée à une influence sur le ton et les modes de toutes les nations de l'univers, dès le moment qu'elle a naturalisé la liberté chez elle, ait rendu sa nouvelle influence assez respectable pour faire germer partout ses principes sur le droit imprescriptible de tous les hommes aux avantages de la liberté civile et religieuse. Chaque jour nous apporte la nouvelle de quelque insurrection contre le pouvoir arbitraire, depuis l'extrémité du nord de l'Europe jusqu'aux portes de l'Orient. La Hongrie, la Bohême, l'Autriche, les Electorats, les Etats, les Principautés d'Allemagne, revendiquent la liberté ; des armées formidables semblent en vain destinées à la repousser, partout ses principes germent, et les peuples travaillent, avec plus ou moins de succès, à les développer. On raconte à ce sujet qu'on avait placé une garde avancée auprès de l'armée autrichienne que les patriotes brabançons ont obligée de s'éloigner. Le caporal commandant de cette garde, repris par un officier de ce qu'il laissait passer des déserteurs, lui répondit froidement : « Il faut les laisser aller ; ils trouveront du pain là comme ici. »

Les précautions que les cours du midi de l'Europe ont prises pour empêcher que l'exemple et l'amour de la liberté ne pénètrent pas dans leurs Etats indiquent au moins qu'elles ont des alarmes motivées, et on ajoute même que quelques puissances du nord ne sont pas entièrement dans la sécurité que devraient leur donner ces armées immenses qui jusqu'ici ont cimenté leur pouvoir arbitraire en augmentant arbitrairement l'esclavage et la misère de leurs sujets.

— Le départ de l'impératrice de Russie pour la Crimée et l'entrevue que cette souveraine doit avoir avec l'empereur à Kiew ont fait renaître en Allemagne le bruit que les deux cours impériales allaient enfin mettre de concert à exécution le grand projet qu'on leur a prêté contre l'empire ottoman. Les politiques qui se complaisent dans cette idée ne manquent pas de faire remarquer que l'empereur ainsi que l'impératrice ont des forces très-considérables rassemblées vers les frontières de la Turquie ; que la Porte est dans un état de faiblesse qui permet de tout entreprendre contre elle, et que les mauvais succès des troupes ottomanes en Egypte annoncent un abandon formel de Mahomet pour ses sectateurs. Toutes ces vraisemblances, fussent-elles même autorisées par quelques exemples pris dans l'histoire, doivent céder à des considérations plus importantes. Et en effet l'invasion de l'empire ottoman ne saurait s'effectuer sans le concert ou du moins sans l'aveu tacite des principales puissances de l'Europe ; et en supposant que l'ancienne Byzance dût changer de maître, il serait encore difficile d'assigner d'une manière convenable lequel des deux empires en deviendrait possesseur, et cette difficulté suffit à beaucoup de gens pour renvoyer au chapitre des rêves politiques l'invasion prochaine de l'empire turc en Europe.

— Le jardin du Palais-Royal, devenu le rendez-vous le plus agréable et le plus fréquenté de cette capitale, va réunir un nouveau genre d'agrément. Le grand carré de gazon sera converti en une salle vaste, creusée de quinze pieds en terre et relevée de neuf pieds au-dessus du sol. Des colonnes et des vitrages entoureront cette salle ; elle sera couverte en plomb, et au-dessus seront placés des orangers qui formeront des allées, entourées d'une balustrade et de banquettes. Dans l'intérieur de la salle, le célèbre écuyer Astley fera ses exercices dans la saison convenable de l'année, et pendant l'hiver cette salle servira de promenade chaude et commode pour le public.

— Il faut, pour l'instruction des étrangers et des nationaux, dire ici ce que c'est que ce Palais-Royal qu'on voit jouer un si grand rôle depuis quelque temps. Ce jardin est ce qu'il a été de tout temps, le rendez-vous général de l'Europe, et, dans ce moment en particulier, il est le forum du peuple. Sa situation au centre de Paris y appelle des citoyens de tous les quartiers; les affaires publiques s'y agitent publiquement dans les cafés, dans les allées, et c'est l'unique champ commode et ouvert à l'éloquence du premier orateur qui a besoin d'un auditoire. Tous les papiers publics s'y vendent; on y apprend, on y fait des nouvelles, et la curiosité, toujours alimentée, y saisit tout ce qui se débite; dans les bâtiments qui entourent le jardin, des sociétés choisies se réunissent et s'éclairent par la communication de leurs pensées et de leurs opinions sur les affaires générales, sans aucune fermentation.

La municipalité, qui surveille la tranquillité publique, avait déjà décrété et annoncé par un placard que les districts étaient uniquement les endroits convenables pour faire des motions, et les avait proscrites dans tous les lieux publics. Dans les districts, en effet, tous les membres de l'assemblée sont connus, et l'impression d'une harangue tient beaucoup à la connaissance de l'orateur; au lieu que, dans un jardin public, le peuple est plus facilement et plus dangereusement agité par la voix sonore du premier qui lui parle.

Le Palais-Royal n'a point obtempéré à la sagesse de ce décret.

— L'inventeur d'un vêtement qui garantit de l'effet subit du feu a fait dernièrement en public l'expérience de son invention; il a passé à plusieurs reprises et assez lentement au milieu des flammes les plus ardentes, et a même ramassé des matières enflammées sans éprouver la moindre altération.

— Les embellissements de cette capitale et tout ce qui peut contribuer à sa salubrité et à sa magnificence ne cessent d'occuper le ministre chargé de ce département. Il est question de déblayer les maisons qui couvrent le pont Saint-Michel, de faire un pont de bois, mais de la forme la plus légère et la plus agréable, au-dessus de l'Arsenal, pour joindre à ce quartier, qui va être rebâti à neuf, les nouveaux boulevards. Les commissaires de la compagnie des pompes à feu doivent rendre compte à cette compagnie du traité qu'ils ont fait avec la ville pour l'administration des eaux, tandis que, d'un autre côté, le projet de M. Deser pour amener les eaux des rivières de Bièvre et d'Ivette s'exécute avec tant d'activité que le canal doit être terminé le 30 avril prochain. Enfin la belle fontaine des Innocents, chef-d'œuvre de sculpture du célèbre Jean Goujon, vient d'être placée, sous la direction de M. Pajou, au milieu du grand et magnifique marché qui a remplacé le cimetière de cette paroisse supprimée.

— Les adjudications des châteaux dont S. M. a ordonné la vente se feront incessamment. On débite à Paris qu'une compagnie de capitalistes demande qu'il lui soit accordé une partie du bois de Boulogne, le long des murs qui bordent le chemin de Neuilly, et elle offre d'acheter en même temps le château de Madrid. Son intention, ajoute-t-on, est de bâtir sur ces terrains des maisons de campagne qui seraient louées toutes meublées, et qui, ayant des communications dans le bois, offriraient aux locataires tous les agréments de la campagne. Les entrepreneurs établiraient dans le bois différents genres d'amusements, tels que des salles de spectacle, de danse, des restaurateurs, des cafés, etc., et ils entretiendraient l'aménagement intérieur du bois avec une redevance annuelle de cinquante mille livres.

— Une compagnie de capitalistes a présenté au ministre un plan au moyen duquel il serait pris au-dessous de Charenton une dérivation de la Seine pour en former un canal de navigation qui longerait le faubourg Montmartre, et qui se rendrait, par la ligne la plus courte, au-dessous de Saint-Germain. Tous les bateaux qui remontent la rivière, et qui perdent un temps infini à en parcourir les sinuosités, gagneraient infiniment à l'exécution de ce projet, ainsi que les villages qui seraient à portée du canal, et qui s'en serviraient pour transporter, à beaucoup moins de frais, leurs denrées dans la capitale.

Il est question aussi de tirer une dérivation de la rivière d'Oise pour l'amener directement à Paris, sans aller faire un long détour à Conflans-Sainte-Honorine pour remonter ensuite la Seine. Ce projet ne serait pas moins utile au commerce que la Picardie fait avec Paris.

— Il vient de se former à Paris une compagnie de finances dont l'utilité peut être extrême. Cette association a pris le nom de compagnie de *cumulation;* elle recevra de petites sommes au-dessous de 200 fr., pour la valeur desquelles elle donnera des billets portant intérêt à 5 pour cent, avec faculté aux prêteurs de retirer leur argent à volonté, sous un escompte proportionné. Pour sûreté de ses engagements, la compagnie acquiert toutes les maisons bâties sur le terrain de l'hôtel de Choiseul. On dit que la compagnie des assurances à vie a formé opposition à l'arrêt du conseil que cette association a obtenu, mais que cette difficulté sera bientôt levée. Le secours de la caisse de cumulation doit être fort précieux à la médiocrité, et faire germer chez elle, ainsi que chez les pauvres, le goût de l'économie; ce but vraiment moral semble mériter toute la protection d'un gouvernement éclairé.

— Le discours de M. de Rulhière, lors de sa réception à l'Académie française, le 4 de ce mois, est lu avec un grand intérêt. Ce n'est point ici un compliment d'usage : l'auteur attache son lecteur comme il a attaché tout son auditoire par le tableau énergique et vrai qu'il fait de la grande révolution opérée dans les esprits vers le milieu de ce siècle. C'est à cette époque que . M. l'abbé de Boismont, son prédécesseur, parut dans le monde et dans la chaire. M. de Rulhière a peint ce passage de l'esprit des belles-lettres à l'esprit philosophique, et en a formé un tableau où la richesse de l'ordonnance, le bel assortiment des couleurs et la vérité des traits, embellis par tout ce que l'imagination offre de charmes et la philosophie de réflexions profondes, se font également admirer, sentir et applaudir. Ce seul morceau aurait suffi pour justifier le choix de l'Académie, si les talents du récipiendaire, exercés avec succès dans des genres absolument opposés, n'avaient déjà déterminé en sa faveur la voix publique.

Ce qu'on a surtout remarqué, c'est que ces austères travaux de la politique n'ont point détruit chez M. de Rulhière cette grâce, cette aménité, ce feu d'imagination, qui semblent l'apanage plus particulier des talents agréables et légers inspirés par les Muses. Dans son discours, il a ramené avec art les événements du jour, sans s'écarter même dans ses éloges de cette mesure, aujourd'hui si rare, et qui est devenue la pierre de touche du vrai goût. Aussi les applaudissements qu'il a reçus à la lecture de son discours sont-ils confirmés dans le silence du cabinet, et c'est une double victoire dont peu d'écrivains jouissent.

— M. de Buffon a succombé, dans la nuit du 15 au 16 de ce mois, à la maladie dont il était attaqué. L'éloge de ce savant et brillant historien de la nature se trouve dans tous les écrits publics. Il a créé en France le goût de l'histoire naturelle ; il a revêtu de toute la pompe d'une éloquence majestueuse et mâle les grands objets qu'il avait à peindre. Le charme du style de ce grand écrivain a concouru, avec l'attrait d'une vraie philosophie, à le faire placer par toute l'Europe et par les Français eux-mêmes à la tête du petit nombre des grands hommes dont notre siècle a droit de se glorifier.

Enfin je crois devoir encore mentionner, quoiqu'un peu tardivement, un recueil que son importance doit sauver de l'oubli. Il a pour titre : *l'Evangile du jour,* et se compose presque exclusivement de morceaux dirigés contre le catholicisme et la royauté. J'en connais 16 volumes in-8° (Beuchot en indique 18, et attribue cette publication à Voltaire), dont le 1er est daté de 1772, et le 16e de 1780, sous la rubrique de Londres.

La table des matières de chaque volume se trouve imprimée à la suite du titre ainsi : *l'Evangile du jour, contenant,* etc., etc.

Nous ne pouvons mieux donner une idée de ce recueil qu'en transcrivant la table des matières du tome 1er et du tome 16.

TOME Ier. *Les Colimaçons du révérend père l'Escarbotier, par la grâce de Dieu capucin indigne,* etc., etc.

Conseils raisonnables à M. Bergier, pour la défense du catholicisme, par une société de bacheliers en théologie.

Discours aux confédérés catholiques de Kaminiek en Pologne, par le major Kaiserling.

Les Droits des hommes et les usurpations des autres.

L'Epître aux Romains, par le comte Passeran, traduite de l'italien.

Homélie du pasteur Broun, prêchée à Londres le jour de la Pentecôte, 1768.

Fragment d'une lettre de lord Bolingbroke.

La Confession de foi des Théistes.

Remontrances du corps des pasteurs du Gévaudan à Ant.-Jean Rustan, pasteur suisse à Londres.

Sermon du papa Nicolas Charisteski.

Le Tocsin des rois.

Le tome 16 se compose de l'édition des *Pensées* de Pascal de Condorcet.

Ces 16 volumes renferment beaucoup de pièces de Voltaire, des drames de Mercier, etc. Nous croyons qu'ils réunissent à peu près tout ce qui parut de plus osé pendant les huit années qu'ils embrassent.

Le gouvernement s'opposait du peu de forces qui lui restait à cette éruption de la liberté ; mais elle faisait, malgré toutes les entraves, un chemin rapide ; on en jugera par ce seul fait rapporté par Grimm, à propos d'une brochure intitulée : *Dénonciation au public de quelques écrits anonymes.... avec des réflexions sur le danger de ce qu'on appelle Bulletins à la main...,* qui parut en 1788 :

« Ce misérable pamphlet, dont nous ignorons l'auteur, dit Grimm, est dirigé principalement contre M. de Brunville, procureur du roi au Châtelet, que les bruits publics avaient désigné un moment pour remplacer M. de Crosne au département de la police. Nous aurions dédaigné de parler de ce libelle, s'il n'avait pas été honoré d'une sentence du Châtelet, qui le supprime comme contenant des faits faux, calomnieux, etc., et si, dans le réquisitoire qui précède cette sentence, nous n'avions pas trouvé cette phrase vraiment remarquable : « Vous ne confondrez pas, Messieurs, la licence sans frein qui a enfanté cette production coupable, avec *cette liberté si désirable de la presse,* cette conquête nouvelle de l'opinion publique, ce foyer puissant de lumières dont nous ressentons déjà les utiles effets, et dont l'avenir nous promet encore de plus heureuses influences... » Et c'est ainsi qu'aujourd'hui l'on parle au Châtelet, dans ce tribunal que l'on vit, il y a quelques années, tout près de condamner aux galères le pauvre M. Delisle pour avoir fait un livre presqu'aussi moral qu'ennuyeux, intitulé *la Philosophie de la Nature!* (1). »

(1) Edit. Taschereau, t. xiv, p. 198.

STATISTIQUE

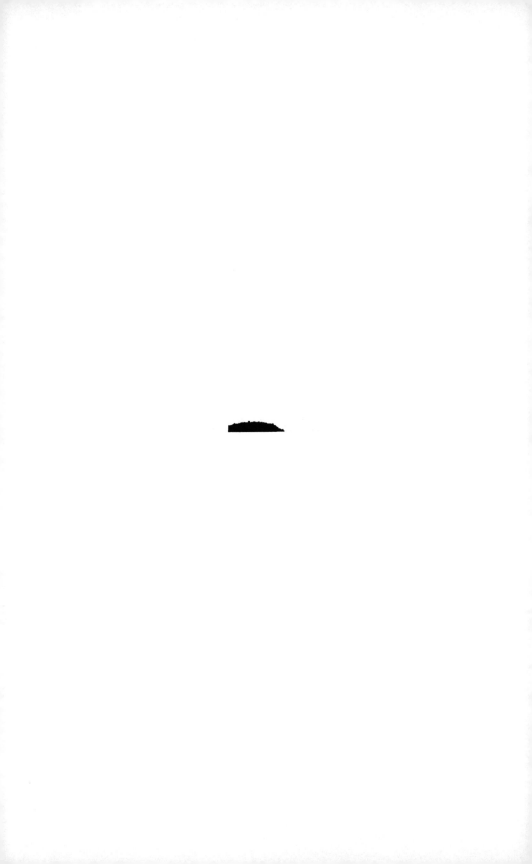

II

STATISTIQUE

—

Explosion de la presse périodique; son rapide et prodigieux déve-
loppement. — L'art des titres. — Proclamation des journaux
dans les rues. — Les journaux-affiches. — Revue critique des
journaux de 1790 par un contemporain, etc.

L'ouverture des États généraux fut comme le
signal de l'entrée en lice, et à peine l'arène était-
elle ouverte que l'on vit s'y précipiter tous ceux qui
savaient ou qui croyaient savoir tenir une plume.
Ce fut comme une espèce de course au clocher ;
seulement le but n'était pas le même pour tous :
chaque concurrent avait son clocher, qu'il pour-
suivait à tort et à travers, renversant, brisant tout
sur son passage, jusqu'à ce que l'haleine lui man-
quât, ou qu'il se brisât contre une force supérieure.
Rien, du reste, de plus impétueux, de plus étour-
dissant, de plus éblouissant, que cette explosion de
la liberté, éclatant tout à coup comme un feu sou-
terrain qui a rompu ses digues.

Ce fut Mirabeau l'aîné qui descendit le premier dans cette arène brûlante. Il y fut bientôt suivi par Maret, depuis duc de Bassano, par Barrère, Brissot, Gorsas, Loustalot, Condorcet, Garat, Rabaut Saint-Etienne, Louvet, Carra, Mercier, Fontanes, Chénier, Camille Desmoulins, Fréron, Marat, Hébert, Robespierre, Babeuf, etc., etc. Trente autres encore burinaient chaque jour dans ces feuilles passionnées leurs opinions, leurs projets, leurs espérances, leurs soupçons, leurs haines, leurs enthousiasmes; répandaient leur esprit, leur âme, leur vie, dans ces écrits palpitants, où il faut chercher le génie véritable de la Révolution. De mai 1789 à mai 1793, de l'aurore de la liberté à la nuit de la terreur, on ne vit pas naître moins d'un millier de journaux ou écrits affectant la forme du journal. « L'effervescence étant arrivée à son comble, dit Delisle de Sales, il se trouva que les vingt-quatre heures de la journée n'auraient pas suffi à un citoyen actif pour lire toutes les feuilles périodiques hurlées le matin pour l'instruction ou la destruction des démagogues. »

Toutes ces feuilles cependant trouvaient des lecteurs avides; on se les arrachait, on les lisait tout haut, on les commentait au Palais-Royal, forum de la Révolution, dans le jardin des Tuileries, au café Procope, au sein des sociétés patriotiques; on les criait dans les rues, on les placardait sur les murs, on les distribuait au milieu des groupes, avec des milliers de brochures de toutes les dimensions, écrites dans tous les sens et dans tous les styles.

Et de la capitale elles débordaient sur la France et portaient la semence nouvelle jusqu'au fond des provinces les plus reculées. « Les journaux étaient, si l'on peut ainsi parler, le conducteur électrique qui mettait en action les hommes du même parti, d'un bout de la France à l'autre; ils développaient, formaient la pensée des révolutionnaires subalternes, et les rattachaient aux volontés de leurs chefs, leur dénonçaient leurs ennemis, ou ceux que, pour le succès des projets communs, il importait de considérer comme tels. Un journal, quoique souvent rédigé par des personnages obscurs, était cependant une puissance considérable, dont on ambitionnait les éloges autant qu'on en craignait l'animadversion (1). »

« La Révolution, dit Louis Blanc, ayant apporté avec elle le journalisme, il y eut dans l'espace de quelques mois une éruption sans exemple de feuilles mensuelles, hebdomadaires, quotidiennes, royalistes ou populaires, élégiaques ou satiriques, retenues ou effrénées, distillant le poison ou distribuant l'injure, semant l'erreur, servant la calomnie, pro-

---

(1) Beaulieu, *Essais historiques sur les causes et les effets de la Révolution,* t. II, p. 24.

clamant la vérité, donnant un écho à toutes les passions, faisant tomber un éclair sur toutes les idées, et réunissant, dans je ne sais quel fantastique concert, tous les bruits de la nature, depuis le rugissement du lion jusqu'au cri des oiseaux moqueurs.

» Etait-ce seulement impatience de penser, impatience de dire ? Non, à ce besoin de vivre en courant et de répandre sa vie se mêlait la tentation de gouverner : car le journalisme était bien véritablement un pouvoir nouveau, d'autant plus attrayant qu'il était consenti, et que sa portée dépendait d'une élection renouvelée à tout moment sous forme d'achat. Mandataire de ses acheteurs, chaque écrivain se taillait un royaume dans le mouvant domaine de l'opinion ; or la puissance, de quelque espèce qu'elle soit, ne manqua jamais de candidats.

» Aussi, que d'inventions, que d'efforts, pour avoir part à l'exercice de cette souveraineté flottante! A côté des journaux qui se vendaient, il y eut ceux qui se donnèrent; à côté des journaux qui allaient chercher le lecteur au fond de sa demeure, il y eut ceux qui attendirent et arrêtèrent le passant au détour des rues. Le journalisme imprimé, le journalismé crié, le journalisme colorié, le journalisme collé le long des murs, se disputèrent un public avide (1). »

Ce n'étaient pas seulement nos grandes assem-

(1) *Histoire de la Révolution,* t. III, p. 122.

blées nationales, ce n'étaient pas seulement les nombreux partis qui s'y combattaient, les cent clubs ouverts dans tous les quartiers de Paris, qui avaient leurs organes; le premier venu se croyait, en vertu du principe de la souveraineté du peuple, le droit de dire son mot sur les hommes et sur les choses, le droit, comme fraction du souverain, de s'immiscer dans le règlement des affaires publiques. Et puis cela semblait un moyen si facile de se faire un nom, une fortune peut-être !

« C'est une plaisante chose, dit Marat, que le métier de journaliste parmi nous. Un bonhomme qui aura rimaillé quelque sottise, ou fourni un méchant article à la *Gazette,* ne sachant que devenir, se met à tenter la fortune en faisant un journal. Le cerveau vide, sans connaissances, sans idées, sans vues, il s'en va dans un café recueillir les bruits courants, les inculpations des ennemis publics, les complaintes des patriotes, les lamentations des infortunés; il rentre chez lui la tête pleine de tout ce fatras, qu'il couche sur le papier et qu'il porte à son imprimeur, pour en régaler le lendemain les sots qui ont la bêtise de l'acheter. Voilà le tableau des dix-neuf vingtièmes de ces messieurs. Ah ! mes amis, au lieu de perdre le temps à ce ridicule métier, que ne vous réunissez-vous sur la place publique pour rassembler les indigents, vous mettre à leur tête, et aller forcer l'Assemblée, qui s'est emparée du bien des

3.

pauvres pour payer les sangsues de l'Etat, de vous donner du pain, si vous ne trouvez pas à en gagner avec vos bras (1). » C'était bien là un expédient à la Marat; mais tous ces *bonshommes* qu'il objurgue trouvaient sans doute plus facile et plus sûr de noircir quelques feuillets de papier.

On comprend dès lors ce qui dut arriver. Ce fut comme une lutte assez semblable à celle des saltimbanques sur un champ de foire. Pour se faire entendre au milieu de ces mille voix qui sollicitaient l'oreille du peuple, il fallait crier plus fort que ses voisins, il fallait recourir à ces moyens extraordinaires que rappelait tout à l'heure un historien de la Révolution. Tels autres encore de ces aventuriers cherchaient un élément de succès dans la bizarrerie d'un titre, ou dans l'excentricité, voire dans le cynisme de l'expression.

Et sous ce rapport-là même, sous le rapport de la forme, ce n'est pas une chose sans intérêt que l'étude de ces mille journaux ou écrits périodiques éclos pendant les dernières années du xviii° siècle.

Le titre qui devait se présenter tout d'abord à celui qui songeait à mettre ses idées en circulation, c'est celui de *Journal;* aussi compta-t-on plus de cent feuilles baptisées de ce nom. Dans ce nombre, nous citerons, dans des genres divers :

Le *Journal universel;* — le *Journal général de France;* — le

(1) *L'Ami du Peuple,* n° 382, du 25 févr. 1791.

Journal de la Cour et de la Ville ; — le *Journal de la Ville et de la Province* ; — le *Journal de la République* ; — le *Journal de la Révolution* ; — le *Journal du Peuple français* ; — le *Journal du Citoyen* ; — le *Journal de la Convention Nationale* ; — le *Journal des Clubs ou Sociétés patriotiques* ; — le *Journal des Amis* ; — le *Journal des Amis de la Paix et du Bonheur de la Nation* ; — le *Journal des Impartiaux* ; — le *Journal des Jacobins* ; — le *Journal des Hommes du 14 juillet et du faubourg Saint-Antoine* ; — le *Journal des Sans-Culottes*, dont l'épigraphe était : « Les âmes des empereurs et celles des savetiers sont jetées dans le même moule » ; — le *Journal de la Liberté*, par Montjoye ; — le *Journal de la Liberté de la Presse*, par Babeuf ; — le *Journal de la Vérité* ; — le *Journal de l'Opposition*, par P.-F. Réal ; — le *Journal des Droits de l'Homme*, par Labenette ; — le *Journal de Louis XVI et de son Peuple* ; — le *Journal royaliste* ; — le *Journal des Emigrés* ; le *Journal de la Noblesse* ; — le *Journal électoral* ; — le *Journal des Fonctionnaires* ; — le *Journal des Communes* ; — le *Journal du Bonhomme Richard* ; — le *Journal du Diable* ; — le *Journal prophétique* ; — le *Journal des Bons et des Mauvais* ; — le *Journal des Mécontents* ; — le *Journal des Réclamations* ; — le *Journal des Paresseux*, qui « donnait tout en peu de mots » ; — le *Journal des Incroyables, ou des Hommes à pa-ole d'honneur* ; — le *Journal des Rieurs*, etc., etc., etc.

Sous la même acception doivent se ranger les *Bulletins, Gazettes, Feuilles, Annales, Chroniques*, etc., tels que le *Bulletin général de la France et de l'Europe* ; — le *Bulletin national* ; — le *Bulletin décadaire de la République française* ; — le *Bulletin de Paris* ; — le *Bulletin de l'Assemblée Nationale*, par Maret ; — le *Bulletin des Armées* ; — le *Bulletin du Tribunal révolutionnaire* ; — le *Bulletin des Frères et Amis* ; — le *Bulletin d'Aujourd'hui* ; — le *Bulletin du Soir* ; — le *Bulletin de la Semaine* ; — le *Bulletin des Bulletins*.

La *Gazette universelle* ; — la *Gazette nationale* ; — la *Gazette officielle* ; — la *Gazette du Peuple* ; — la *Gazette du Jour* ; — la *Gazette de Paris* ; — la *Gazette des Cours de l'Europe*.

La *Feuille du Bon Citoyen ;* — la *Feuille du Salut public ;* — la *Feuille de Paris ;* — la *Feuille du Jour;* — la *Feuille du Matin ,* — la *Feuille villageoise.*

Les *Annales de France ;* — les *Annales de la Révolution ;* — les *Annales de la République française ;* — les *Annales politiques et nationales ;* — les *Annales patriotiques et littéraires.*

La *Chronique nationale et étrangère,* qui avait inscrit sur son drapeau cette sage maxime : « La liberté sans la raison est un arme funeste » ; — la *Chronique de France;* — la *Chronique de Paris, ou le Spectateur moderne ;* — la *Chronique du Mois, ou les Cahiers patriotiques ;* — la *Chronique du Manége ;* — la *Chronique scandaleuse.*

Nous classerons dans ce même genre les *Courriers, Postillons, Messagers,* et autres dénominations analogues :

Le *Courrier de Provence,* par Mirabeau ; — le *Courrier de Versailles,* par Gorsas ; — le *Courrier de France et de Brabant,* par Camille Desmoulins ; — le *Courrier français ;* — le *Courrier national ;* — le *Courrier des Départements ;* — le *Courrier de l'Egalité.*

Le *Postillon de l'Assemblée Nationale;* — le *Postillon de la Guerre ;* le *Postillon du Soir, ou Courrier des Chambres ;* — le *Postillon de la Liberté, ou les Sifflets de Saint-Cloud ;* — le *Postillon de la Cour ;* — le *Postillon de Henri IV ;* — le *Postillon extraordinaire, ou le Premier arrivé.*

La *Petite Poste de l'Assemblée nationale ;* — la *Petite Poste de Paris, ou le Prompt Avertisseur ;* — la *Petite Poste du Soir;* — la *Poste du Jour.*

Le *Messager du Soir;* — les *Lettres persanes, ou Contes de la mère Boby ;* — *Lettres du Junius français,* par Marat, et vingt journaux sous le titre de *Correspondance,* entre autres : la *Correspondance des Départements ;* — la *Correspondance des Nations,* par une société des amis du genre humain, avec cette épigraphe : « La cocarde de la liberté a fait le tour du monde » ; — la *Correspondance du Palais-Royal,* par Morgan; — la *Correspondance patriotique,* par Dupont de Nemours et autres ; — la *Correspondance politique des véritables Amis du Roi et de la Patrie,* par Peltier, etc.

Il y eut encore un *Point du Jour,* une *Etoile du matin,* une *Aurore* ; et aussi un *Lendemain, ou l'Esprit des Feuilles de la Veille,* dont l'épigraphe résumait le programme : « Je cours toute la journée, je lis toute la soirée, j'écris toute la nuit pour le lendemain. »

Nous pourrions citer encore des *Tribunes,* des *Echos;* — des *Avant-Gardes,* des *Avant-Coureurs;* — des *Sentinelles,* des *Vedettes;* — des *Spectateurs,* des *Observateurs,* entre autres, l'*Observateur féminin,* par madame de Verte-Allure ; des *Miroirs,* des *Tableaux;* — des *Fanaux,* des *Lanternes,* etc.

A ces dénominations banales, d'autres publicistes avaient préféré un titre significatif qui exprimât mieux leurs sentiments ou leurs sympathies. Nous n'avons pas besoin de dire qu'il y eut un grand nombre de *Patriotes* : le patriotisme était la monnaie courante de l'époque ; seulement chacun l'entendait à sa façon. L'un s'intitulait *Patriote royaliste ;* un autre, *Patriote républicain,* et un troisième, *Patriote révolutionnaire.* D'autres, au nombre de cinq ou six, se dirent tout simplement *Patriotes français;* mais, comme si l'on eût pu suspecter la pureté des sentiments que couvrait cette enseigne, quelques-uns, à l'instar de certains marchands de denrées, se crurent dans la nécessité d'y ajouter une épithète qui répondît du bon aloi de leur patriotisme. Ainsi il y eut un *Vrai Patriote français,* par le sans-culotte Lefranc; un *Patriote sincère,* un *Patriote incorruptible,* etc. Le premier et le plus fameux des *Patriotes français* fut celui de Brissot de Warville.

Les *Républicains* marchent de pair avec les *Patriotes,* et ne sont pas moins nombreux.

Il y eut dans cette catégorie un titre presqu'aussi commun que celui de *Journal,* c'est le titre d'*Ami.* Chaque parti, chaque opinion, chaque idée, chaque homme un peu marquant, eut son partisan, son *Ami,* son *Défenseur.*

Le peuple surtout devait avoir et eut de nombreux amis, car les amis n'ont jamais manqué à la puissance qui se lève.

La première et la plus célèbre des feuilles de ce titre fut l'*Ami du Peuple,* par Marat, qui en commença la publication en septembre 1789 ; il y eut un autre *Ami du Peuple* par Lenoble, un autre par Leclerc, un autre par Lebois, un autre par Jourdain de Saint-Ferjeux ;

Un *Véritable Ami du Peuple, ou Journal de l'Assemblée nationale et de la Société des Amis de la Constitution ;*

Un autre *Véritable Ami du Peuple*, par un s.... b..... de sansculotte qui ne se mouche pas du pied, et qui le fera bien voir ;

Un *Ancien Ami du Peuple, ou Nouvel Ami des Hommes.*

Le peuple eut encore ses *Orateurs*, ses *Avocats*, ses *Tribuns*, ses *Fanaux*, etc.

Debrière fonda en 1790 un *Ami des Citoyens*, auquel il donna pour épigraphe ce vers célèbre :

Qui sert bien son pays n'a pas besoin d'aïeux.

Tallien et Méhée fils publièrent une feuille du même nom, l'année suivante.

A l'*Ami du Peuple*, la cour opposa l'*Ami du Roi*, rédigé par Montjoie et l'abbé Royou, que Danton appelait le Marat de la monarchie.

Parmi les autres *Amis*, nous citerons : l'*Ami des Patriotes ou le Défenseur de la Révolution*, par Régnault de Saint-Jean-d'Angély ; — le *Véritable Ami des Hommes de toutes les Nations et de toutes les Conditions*, par Loustalot ; — l'*Ami des Honnêtes Gens*, qui eurent aussi leur *Consolateur ;* — l'*Ami de la Justice et de la Vérité ;* — l'*Ami des Lois*, par Poultier ; — l'*Ami de la Liberté ;* — deux *Amis de la Paix ;* — deux *Amis de la Religion ;* — deux *Amis de l'Ordre ;* — l'*Ami de l'Humanité*, — l'*Ami des Principes, ou Journal du Républicain impartial et juste ;* — l'*Ami de la Constitution, ou le Surveillant des pouvoirs constitués ;* — l'*Ami de la Révolution et des 82 départements ;* — l'*Ami de la Convention, ou le Défenseur du Peuple*, par Baradère ; — l'*Ami des Jacobins ;* — l'*Ami des Théophilanthropes ;* — l'*Ami des Aristocrates*, etc., etc. Il y eut même un *Véritable Ami de la Reine*, par une société de citoyennes.

Dans la même catégorie viennent se ranger une douzaine de *Défenseurs* : le *Défenseur de la Liberté*, par Moithey, avec gravures et portraits ; — le *Défenseur des Opprimés, ou l'Ami du*

Clergé et de la Noblesse ; — le *Défenseur du Peuple ;* — le *Défenseur de la Constitution,* par Maximilien Robespierre ; — le *Défenseur de la Patrie,* par Lebois ; — le *Défenseur de la Vérité, ou l'Ami du genre humain,* par Phelippeaux ; — le *Défenseur des vieilles Institutions ;* — le *Défenseur des Droits du Peuple,* avec cette épigraphe : *Nec Cœsar, nec Marius, nec Sylla ;* — le *Défenseur de la Religion,* etc.

Pendant que certains journalistes cherchaient pour leur feuille un titre qui exprimât leurs sympathies, d'autres, au contraire, choisissaient une dénomination qui ne pût laisser aucun doute sur leurs antipathies, pour les hommes et les principes qu'ils voulaient combattre.

C'est ainsi qu'on vit successivement paraître sur la brèche l'*Ennemi des Préjugés ;* — l'*Ennemi des Aristocrates ;* — l'*Ennemi des Conspirateurs ;* — l'*Ennemi des Oppresseurs ;* — l'*Ennemi des Tyrans ;* — l'*Anti-Fanatique ;* — l'*Anti-Terroriste ;* — l'*Anti-Fédéraliste ;* — l'*Anti-Royaliste,* qui avait pris cette épigraphe : « Il n'y a pas de rois dans la nature » ; — l'*Anti-Marat,* 1794, par une société de gens de lettres royalistes ; — l'*Anti-Brissotin ;* — le *Contre-révolutionnaire ;* — le *Contre-Poison des Jacobins,* par Moreau et Jardin.

Il y en eut qui s'érigèrent en *Censeurs,* d'autres qui s'armèrent du *Fouet national.*

Quelques titres sont plus significatifs encore ; ainsi : le *Bonnet rouge,* par une société de sans-culottes ; — le *Sans-Quartier,* avec cette épigraphe : « Je me f... de ça, je porte perruque. »

Au milieu de cette mêlée sans trêve ni merci, de cette confusion de toutes les idées et de tous les principes, il se rencontra quelques esprits naïfs qui tentèrent de se poser en médiateurs entre les partis, ou de guider l'opinion publique, tiraillée dans tous les sens.

Il va sans dire que plus d'un se présenta comme seul *véridique,* seul *impartial,* seul *indépendant,* seul *invariable :*

L'Univers peut changer, mon âme est inflexible.

L'un s'intitula le *Modérateur;* l'autre, le *Conciliateur,* ou le *Réconciliateur;* un troisième, le *Pour et le Contre;* celui-ci offrit au public une *Boussole* ou *Régulateur;* celui-là s'annonça comme devant peser toutes les opinions dans sa *Balance.*

Mais il est probable que les auteurs de ces feuilles espéraient eux-mêmes très-peu de leurs tentatives; on peut au moins le présumer de l'épigraphe que s'était choisie le rédacteur de la *Balance* :

Non nostrum inter vos tantas componere lites.

Du moins, si ces tentatives devaient être infructueuses, elles n'avaient en elles rien que d'honorable. Malheureusement nous n'en pouvons dire autant de la mission que s'étaient donnée certains journalistes, nous devrions dire pamphlétaires, qui s'érigèrent en procureurs du peuple, et se firent un mérite de l'espionnage et de la dénonciation.

Clouons au pilori : l'*Ecouteur aux Portes* (épigr. : « Les murs ont des oreilles »); — l'*Espion des Sections et des Autorités constituées,* journal qui paraîtra malheureusement trop souvent pour bien du monde; — le *Furet parisien* (épigr. : « Je dévoilerai vos intrigues, tremblez! »); — l'*Argus patriote* (*Audax et vigilans*); — le *Tocsin de Richard-sans-Peur* :

Tremblez, aristocrates, et redoutez ma plume,
Elle sera pour vous plus dure qu'une enclume.

— le *Tocsin de la Vérité,* contre les corps sans âmes et les têtes à changer; — le *Procureur général du Peuple;* — le *Dénonciateur national;* — et ces *Listes* des noms de familles des ci-devant ducs, marquis, comtes, barons, excellences, monseigneurs, grandeurs, demi-seigneurs, anoblis, etc. ; — *Listes* des aristocrates ; — *Listes* des ci-devant nobles : nobles de race, robins, financiers, intrigants et tous les aspirants à la noblesse, etc., etc. (1).

(1) Epigraphe : « Si notre père Adam eût eu le bon esprit d'acheter une savonnette à vilain, nous serions tous nobles. »

J'aime cent fois mieux ceux qui ne virent ou feignirent de ne
voir dans la Révolution que des sujets de chansons ou des objets
de plaisanterie, quelque forcé que me paraisse souvent leur rire ;
à tous les *Espions* et *Dénonciateurs,* à tous ces faux patriotes,
je suis tenté de préférer — toute question de parti à part : il
n'est ici question que de la forme — le *Journal des Rieurs,* ou le
Démocrite français, par Martainville, qui avait pris cette épigraphe
assez singulière :

> *Rire de tout, c'est une folie ;*
> *Rira bien qui rira le dernier.*

— un autre *Démocrite français,* par madame Reynerie :

> *Dire en riant la vérité,*
> *C'est user de la liberté.*

— le *Journal en Vaudevilles des Débats et Décrets de l'Assemblée
Nationale,* — le *Journal nouveau,* journal en chansons ; — les
Rapsodies du Jour, ou Séances des deux Conseils en vaudevilles, etc.

Il y avait bien quelque mérite à égayer les scènes, parfois si
lugubres, de ce grand drame de la Révolution (1).

Le premier et le plus important des journaux de ce genre est
celui que Peltier publia sous le titre d'*Actes des Apôtres,* longue
série de charges et de caricatures qui eurent une très-grande
vogue.

---

(1) « Le gouvernement se plaint sans cesse des journalistes, comme s'ils faisaient beaucoup de mal. Je crois qu'il se trompe, et qu'en cela il n'entend pas
mieux ses intérêts que tout le reste. Le plus souvent les journalistes emploient
l'arme du ridicule, et font rire les gouvernés aux dépens des gouvernants,
quoique les gouvernés n'aient pas d'ordinaire fort envie de rire. Mais le Français
n'est-il pas un peu comme le Baliveau de *la Métromanie :*

> *J'ai ri, me voilà désarmé.*

» Combien de fois j'ai vu une bonne plaisanterie, une bonne épigramme, un
bon couplet, dérider tout à coup, dans un cercle, les fronts qui étaient auparavant
sombres, soucieux, menaçants ! Il semblait que tout le monde fût vengé. On ne disait plus à celui qui entrait : « Avez-vous rien vu de plus horrible que ce que l'on
vient de faire ? » — On disait : « Savez-vous la chanson ? Avez-vous lu le journal ?
C'est excellent. Oh ! ils sont bien arrangés ! » Il me semblait entendre Pourceau-
gnac : « Il m'a donné un soufflet, mais je lui ai bien dit son fait. » Et souvent
il y avait pis que des soufflets. »

(*Mémorial historique,* article signé La Harpe.)

et l'on trouve, dans le même ordre d'idées, la *Bible du Jour;* — l'*Apocalypse;* — le *Livre des Rois du Nouveau Testament;* — les *Quatre Evangélistes;* — le *Martyrologe national;* — la *Légende dorée, ou les Actes des Martyrs*, pour faire pendant aux *Actes des Apôtres*, publication fort piquante, qui avait pris pour épigraphe ces deux vers :

> . . . . *J'ai tout Peltier*
> *Roulé dans mon office en cornets de papier.*

— les *Actes des bons Apôtres*, journal des disciples de la trinité française, c'est-à-dire, de la nation, de la loi et du roi.

Barruel-Beauvert publia aussi, en 1796, des *Actes des Apôtres*, avec cette épigraphe : *Victrix causa Diis placuit.....*

Du reste, nous l'avons déjà dit, un titre bizarre était, pour certains pamphlétaires, et même pour quelques véritables journalistes, un appât jeté à la curiosité de la foule. C'est ainsi que Mirabeau le jeune intitulait trois feuilles étincelantes d'ailleurs de verve et d'esprit, l'une, le *Déjeuner*, ou la Vérité à bon marché ; l'autre, le *Dîner,* ou la Vérité en riant, et une troisième, la *Moutarde après dîner.* A ces trois feuilles nous pouvons ajouter la *Lanterne magique nationale*, par le même.

C'est ce désir de piquer la curiosité qui enfanta ces titres bizarres :

L'*Alambic*, ou le Distillateur patriote; épig. : *Ignis omnibus idem, utinam spiritus!*

A deux liards, à deux liards, mon journal !

Les *Prônes civiques*, ou le Pasteur patriote; — le *Petit Carême de l'abbé Maury*, sermons prêchés dans l'assemblée des enragés;

Le *Compère Mathieu;*

Le *Déjeuner patriotique du Peuple*, pendant des *Déjeuners* de Mirabeau ;

L'*Arlequin*, journal de pièces et de morceaux;

C'est incroyable, ou Confession amphigouri-tragi-comique ;

La *Chasse aux bêtes p...*, de l'imprimerie de la Lanterne ;

Deo gratias, ou les Petits Mots, par un ami du Peuple ;

Le *Cousin de tout le monde,* ou la Liberté de la Presse ; épig. :
« Qui que vous soyez, mes cousins, vous êtes de la famille » ;

Finissez donc, cher père !

Hoquet aristocratique, ou Journal de Paris ;

Il n'est pas possible d'en rire ;

Journal de l'autre Monde, ou extrait de la correspondance intime du Diable d'autrefois avec Simon Barjée, l'an mil sept cent de tous les diables, dont le frontispice était un trou de guillotine enguirlandé de têtes coupées, portant pour légende : « Tableau d'histoire naturelle du Diable. Avis aux intrigants ! »

La *Savonnette républicaine,* par Labenette, à l'usage des députés ignorants et de ceux qui se proposent de trahir la patrie ; épig. :
« Oh ! je les poursuivrai, les coquins ! »

Pendez-moi, mais écoutez-moi !

La *Poule patriote,* et son Divorce avec le Coq pour faits d'intrigues ;

La *Rocambole des Journaux,* ou Histoire aristo-capucino-comique de la Révolution, par dom Regius Antijacobinus et compagnie ;

Le *Singe,* journal des Espiègleries, Singeries et Minauderies ;

Les *Sottises de la Semaine,* et les *Sottises et Vérités ;*

Bévues, Inepties et Impertinences nationales ;

L'*Agonie des trois Bossus,* « journal ingénieux, qui contait gaîment ce qu'il savait et ce qu'il ne savait pas. »

Le *Tailleur patriote,* ou les Habits des Jeanf.... ;

Voici du curieux, du nouveau, donné tout à l'heure, tout à l'heure ;

Aux voleurs ! aux voleurs !

Dom Grognon, ou le Cochon de saint Antoine ;

Le *Tarif des Filles ! !* Pourra-t-on croire qu'il ait existé une feuille de ce nom ? C'est pourtant ce que nous assure un contemporain (1), et il ajoute que cette feuille, qui paraissait tous les matins, était proclamée par des jeunes filles de 7 à 8 ans.

---

(1) *Petit Dictionnaire des grands hommes et des grandes choses* qui ont rapport à la Révolution, composé par une société d'aristocrates, dédié aux États gé-

Qui ne connaît le *Père Duchesne,* dont le nom est devenu pro-
verbial, et ses *grandes joies* et ses *grandes colères,* et ses *bons
avis* et ses *grandes motions?* C'était là un homme qui s'entendait
à remuer la fibre populaire !

On peut encore citer, après Hébert, les *Lettres bougrement patriotiques,* par Lemaire, avec cette épigraphe : *Castigat bibendo
mores ;* — la *Trompette du Père Duchesne,* dont le rédacteur se
reconnaît suffisamment à l'épigraphe : *In vino veritas.*

Les *Lettres bougrement patriotiques de la Mère Duchesne ;*

La *Trompette du Père Bellerose ;* — le *Capitaine Canon ;* — le
Capitaine Tempête ;

Le *Journal des Halles,* ajusté, ravaudé et repassé par M. Josse,
écrivain de la pointe Saint-Eustache ; — le *Journal de la Rapée,
ou de ça ira ;* — S.... *gâchis de Jean-Bart et du Père Duchesne ;* —
Je m'en f...s, ou Jean-Bart appareillant la corvette l'*Egalité,* journal
b........ patriotique ; — *Je m'en f...s, liberté, libertas, f..tre !* etc.

Nous en passons, et des plus sonnants. Cette
simple nomenclature, tout abrégée qu'elle est, peut
déjà donner un avant-goût de ce que fut la presse
pendant la Révolution.

Comme on le voit, l'art des titres, déjà si avancé
du temps du *Gazetin patriote,* s'était singulièrement
perfectionné. C'est aussi de cette époque que datent
ces superbes boniments qui ont si longtemps fati-
gué nos oreilles, et dont l'usage, heureusement, se
perd tous les jours. Un grand nombre des journaux de la Révolution se *proclamaient,* en effet,
dans les rues ; quelques-uns même faisaient une

néraux dits Assemblée nationale, pour servir de suite à l'histoire du brigandage
du nouveau royaume de France, adressé à ses 1200 tyrans. Avec cette épigraphe :
Nous n'avons plus ni foi, ni loi, ni roi. — 1791. — J'ai vu récemment passer
dans une vente deux numéros du *Tarif des Filles.*

édition spéciale pour les *proclamateurs*, avec le sommaire qui devait être crié. C'était de l'habileté, de la sonorité de ce sommaire, et de la force de poumons des crieurs, que dépendait le succès pour beaucoup de ces canards, qui souvent ne visaient pas au-delà de la pâture du jour ; et, si robustes qu'ils fussent, ce n'était pas sans peine qu'ils pouvaient parvenir à dominer l'explosion des grandes colères ou des grandes joies du Père Duchesne. Ai-je besoin d'ajouter que, la plupart du temps, on aurait été étrangement trompé si l'on s'en était rapporté à l'étiquette du sac ?

Les proclamateurs, bien entendu, se regardaient comme parfaitement libres de colporter ce que d'autres prenaient la liberté d'écrire, et ils se préoccupaient aussi peu de l'autorisation de la police que les écrivains de l'attache de la censure. Le métier, d'ailleurs, était un métier facile et qui se présentait de soi à ceux qui n'avaient pas d'autre ressource. Ce fut comme au temps de la Fronde, « en ce temps difficile où personne n'avait ni croix ni pile » :

> *Les vendeurs de vieille ferraille,*
> *Les crieurs d'huîtres à l'écaille,*
> *Les apprentis et les plus gueux...*
> *Qui n'avaient aucun exercice,*
> *D'abord, comme en titre d'office,*
> *Avec messieurs les crocheteurs,*
> *Se faisaient tous colleporteurs.*

« Il fait petit jour à peine : ils sont déjà là, dans

cette étroite rue Percée, à la porte du libraire Chevalier, serrés et frissonnants, les mendiants ambu-
lants que la charité ne nourrit plus, les femmes et
les filles sans condition, les laquais supprimés, les
manœuvres sans ouvrage, les gagne-deniers sans
occupation, de Paris et des alentours ; ils sont là,
attendant la grande distribution du journalisme. La
boutique ouverte, les feuilles enlevées, chaque borne
devient un comptoir où les gros accapareurs font
une redistribution, et toute la grande famille des
proclamateurs se lance dans la ville, l'emplissant
de ses mille voix ; et, un gros des siens laissé sur le
Pont-Neuf, à côté de l'âne chargé d'oranges, « la
bête aux mille voix va beuglant, cornant, hurlant »,
à toutes ruelles, rues, places, les triomphes quotidiens de la Révolution. Plus tard Gattey ouvre, au
Palais-Royal, sa boutique fameuse, et de l'*antre in-
fernal de l'aristocratie* s'envole une nuée ennemie,
que répand dans Paris une autre armée de colporteurs (1). »

Cette avalanche de crieurs, qui, dès le point du
jour, se précipitait dans les rues, assourdissant la
cité de ses cris cyniques, était devenue une véritable
plaie. La municipalité, que nous verrons plus d'une
fois, au milieu du silence de toutes les autres autorités, se préoccuper des écarts de la presse, essaya
d'opposer une barrière à ce débordement.

(1) Edmond et Jules de Goncourt, *Histoire de la Société française pendant la
Révolution*, p. 251.

Le 24 juillet, par un excès de pouvoir assez commun en ce temps, où tous les pouvoirs sont confondus, « sur la représentation qu'il se vendait publiquement dans Paris, par les colporteurs et autres, des-imprimés calomnieux, propres à produire une fermentation dangereuse, le Comité arrêtait que les colporteurs de semblables écrits sans nom d'imprimeur seraient, en attendant le règlement qui devait être fait par l'Assemblée nationale sur la liberté de la presse, conduits en prison par les patrouilles, et que les imprimeurs qui donneraient cours à de pareils imprimés, sans pouvoir d'auteurs ayant une *existence connue*, en seraient rendus responsables. »

Le 2 août suivant, un arrêté municipal défendait « de publier aucun écrit qui ne porterait pas le nom d'un imprimeur ou d'un libraire, et dont un exemplaire paraphé n'aurait point été déposé à la chambre syndicale. Il était défendu aussi à l'administration des postes de se charger du transport d'aucun imprimé, à moins qu'il n'eût été revêtu du visa et de l'autorisation du comité de police de la municipalité. »

Le surlendemain, le district de l'Oratoire réclamait contre les dispositions de ce règlement, qu'il qualifiait d'*atteinte frappante à la liberté de la presse*.

« Cette ordonnance est injuste, s'écriait, de son côté, Loustalot (*Révolutions de Paris*, n° 4), oppressive, et contraire aux premiers éléments du droit.

» Injuste envers les gens de lettres, que l'on dépouille du droit naturel de faire circuler leurs pensées sur la foi de leur signature, pour en revêtir des compagnies de manufactureurs privilégiés.

» Oppressive envers les libraires et imprimeurs, que l'on force à sortir de leur profession pour faire celle de censeurs. Oppressive envers les gens de lettres..., oppressive envers le public.

» Contraire enfin aux premiers éléments du droit, qui, en matière pénale, n'admet point de garantie préventive.... »

Le rédacteur des *Révolutions de Paris* allait plus loin encore : il accusait cette ordonnance de servir de prétexte aux agitateurs, qui répandaient les méfiances et les noirs soupçons parmi le peuple. Ce langage peut donner une idée des progrès rapides que faisait alors l'opinion publique, et de l'esprit d'inquiétude avec lequel étaient accueillies les mesures les plus sages et les plus modérées.

« Les journaux, dit Bailly dans ses Mémoires (t. II, p. 209), se sont plaints de ce règlement comme d'une atteinte à la liberté de la presse, et en cela ils se sont bien trompés. La liberté est d'imprimer tout ce qu'on veut ; la sûreté publique exige que l'auteur en réponde : il faut donc qu'il soit connu. L'obligation de mettre son nom ne suffirait pas, car on peut prendre un faux nom ; un nom n'est pas toujours connu ; on ne saurait où trouver l'auteur. On demande le nom d'un libraire ou imprimeur, parce que c'est un homme, un répondant, qu'on sait où trouver. Mais il n'est pas censeur; il ne répond que d'une chose : c'est d'avoir èntre les mains le manuscrit de l'auteur, et de pouvoir l'indiquer. »

Quoi qu'il en soit, comme cet arrêté, après tout, manquait de sanction en ce qui concernait les écrivains, ce fut lettre morte pour eux.

Quelques journaux, cependant, crurent devoir, dans l'intérêt de leur débit, se conformer à la prescription relative au permis de circuler. Ainsi le journal *libre* de Marat lui-même parut avec l'autorisation du bureau de l'Hôtel de ville, ainsi conçue : « Permis à la poste de faire circuler le journal de M. Marat, intitulé *le Publiciste parisien*. Au comité de police, le 8 septembre 1789. »

Le *Bulletin de l'Assemblée nationale* porte, à la fin de ses numéros des 27 et 29 décembre, une permission du comité de police conçue en ces termes :

En considération du député de l'Assemblée nationale auteur du journal intitulé *Bulletin de l'Assemblée nationale*, lequel s'est rendu garant de cet ouvrage, le comité de police renouvelle la permission donnée le 2 septembre, par voie d'exception, pour la publication de cette feuille.

Par la *publication* le comité voulait dire probablement la *proclamation* ; mais la manière dont ce permis était formulé ne pouvait manquer de soulever des réclamations. On lit, en effet, dans le *Moniteur* du 7 janvier 1790 :

Voudriez-vous bien, Monsieur le Rédacteur, prier l'estimable auteur des excellents articles *Municipalité* de votre gazette, qui est, à ce qu'on m'assure, membre du comité de police, de me dire : 1° s'il existe quelque *prohibition de publier des feuilles* ; 2° si l'on peut obtenir des *permissions,* c'est-à-dire la liberté *par voie d'exception* ; 3° s'il y a des priviléges particuliers sur cet objet en considération des députés de l'*Assemblée nationale* ; 4° s'il est nécessaire, pour publier ses pensées, de s'en rendre *garant* auprès du comité de police. J'aurai une grande obligation à M. Peuchet s'il veut bien prendre la peine d'éclaircir mes doutes. Il rendra service à un grand nombre de personnes, qui m'ont paru aussi embarrassées que moi sur le vrai sens de cette nouvelle formule de *permission.*

Le 1er septembre, « sur la représentation faite par le comité de Police de l'infidélité des colporteurs et vendeurs d'imprimés, qui se permettent de crier les avis les plus alarmants ou les plus faux, et qui, pour exciter la curiosité publique, donnent aux feuilles qu'ils débitent des titres qui répandent la crainte et compromettent indistinctement tous les citoyens, l'assemblée des représentants de la Commune de Paris, considérant que la liberté de la presse ne doit pas être confondue avec la liberté de la proclamation ; que celle que se permettent les colporteurs, trompant la crédulité du peuple, multiplie les fausses nouvelles, et ne laisse à ceux qu'ils ont trompés que l'erreur et les regrets », interdisait de colporter et crier dans Paris aucun écrit autre que ceux émanés de l'autorité publique; ordonnait que les proclamateurs de tous autres écrits ou brochures seraient regardés comme perturbateurs du repos public, et invitait tous les districts à réprimer les abus que faisait naître cette licence. »

« J'ai toujours eu pour principe, dit Bailly dans ses Mémoires, à propos de cet arrêté, que l'affiche et la proclamation pouvaient, sans nuire à la liberté, être réservées à la puissance publique. Il me semblait qu'en bonne administration, il ne faut pas laisser à un particulier le moyen d'agir sur le peuple en masse, et c'est ce que font l'affiche et la proclamation. En laissant tout crier dans les rues, les colporteurs, pour mieux vendre, crient d'abord les titres tels qu'ils sont; ensuite ils les altèrent pour attirer davantage les curieux; enfin ils finissent par annoncer même ce qui n'est pas dans la feuille (1). »

Peuchet répétait à peu près la même chose, l'année suivante, dans le *Moniteur,* en réponse à de violentes réclamations de la presse parisienne contre un arrêté de la municipalité de Lyon qui défendait de crier les journaux dans les rues de cette ville :

« La proclamation, comme l'affiche, n'appartient qu'à la puissance publique; c'est un droit qu'il est de l'intérêt de tous de lui conserver exclusif. La liberté de la presse ne s'étend point à donner aux opinions des écrivains l'appareil réservé aux ordres

(1) *Mémoires de Bailly,* t. II, p. 239.

de la puissance civile. Cette confusion de droits est l'anéantissement de l'ordre et de la tranquillité publique. C'est une chose monstrueuse, en effet, qu'on puisse effrayer toute une ville par la proclamation bruyante des rêveries atroces d'un écrivain menteur. C'est une cause d'erreurs et d'inquiétudes populaires qu'on puisse donner à la calomnie la publicité que l'on ne doit accorder qu'à la loi, puisqu'il est de l'intérêt de tout le monde de la connaître (1). »

Tout cela ne manquait pas de justesse; mais que pouvait alors la voix de la raison !

Un mois après, le 3 octobre, la municipalité se voyait encore dans la nécessité de défendre de colporter et crier des écrits scandaleux ou incendiaires. Ordre était donné aux sentinelles d'arrêter les contrevenants et de les livrer à la justice pour être punis comme perturbateurs du repos public.

Enfin, un arrêté de la Commune, du mois de décembre 1789, réglementant la profession de colporteur, en fixe le nombre à trois cents, et les astreint à porter sur leur habit une *plaque ostensible*, outre leur *commission en parchemin,* qu'ils seront tenus d'avoir toujours dans leur poche, et que les patrouilles et les factionnaires auront le droit de se faire représenter. On y lit :

Le département de police, considérant que, si le premier besoin

(1) *Moniteur* du 24 sept. 1790.

d'un peuple qui se régénère est la *liberté de la presse*, il est également vrai que LA PUISSANCE PUBLIQUE A SEULE LE DROIT DE PUBLIER ET D'AFFICHER ; que cependant on publie chaque jour une foule d'*écrits incendiaires et calomnieux*, qui ne tendent qu'à compromettre le repos et l'honneur des citoyens, ainsi que le caractère même de la nation....

Considérant qu'une administration qui donne sa confiance à des hommes qu'elle choisit elle-même, sur la présentation des districts, ne peut pas être accusée de favoriser un de ces priviléges exclusifs qui découragent et étouffent l'industrie....

Les colporteurs ne pourront crier (pendant le jour, et jamais la nuit) que des *décrets*, des *édits*, des *déclarations*, des *arrêts*, les *arrêtés de la commune*, les *mandements de M. l'archevêque*, enfin les ordonnances et règlements qui émaneront d'une autorité légalement constituée, que les peuples ont intérêt de connaître, et auxquels leur devoir est d'obéir.

Quant aux journaux, ceux même qui portent le titre d'*Assemblée nationale*, les colporteurs ne pourront les proclamer, sous peine d'être arrêtés, et condamnés à une saisie et à 25 livres d'amende.

Les colporteurs ne pourront se charger, même pour la distribution sans proclamation, que d'ouvrages garantis par le nom de l'auteur ou par celui de l'imprimeur. En conséquence, tous écrits dont se trouveront chargés lesdits colporteurs seront soumis, non à la censure, mais à l'inspection des patrouilles et corps de garde, pour être saisis par eux, lorsqu'ils ne seront pas munis d'une signature ; et les contrevenants seront conduits... à l'hôtel de la Force..

Comme il est dans les principes d'une bonne administration de n'enlever aux citoyens aucuns moyens de vivre que le commerce fournit, tout citoyen qui vendra des papiers périodiques sera tenu de prévenir son district de sa demeure, du lieu où il veut étaler ; mais ne pourra, sans médaille et commission, les colporter pour les vendre dans les rues.

Cet arrêté fut envoyé aux soixante districts de la ville de Paris, avec la lettre suivante :

Messieurs,

Nous espérons que dans cette ordonnance vous reconnaîtrez vos principes : ce sont ceux d'un peuple qui sent que pour être libre, il faut avoir des lois.

Sans doute le droit d'écrire est le droit de tous ceux qui pensent, et il faut que les hommes s'estiment assez pour se dire des vérités ; mais celui-là seul a le privilége d'en dire qui les signe. On ne mérite ni d'être lu, ni d'être cru, quand on se cache.

Ces maximes de nos administrateurs seront soutenues par vous, Messieurs. Nous les recommandons à votre zèle ; c'est à vous à les expliquer aux soldats citoyens qui sont chargés de les faire respecter. Si les deux forces, civile et militaire, s'entendent et s'aident, rien de plus facile que de fermer ces bouches publiques d'où sortent tant de calomnies et de mensonges, que d'étouffer ces proclamations séditieuses que redoute la curiosité même.

Mais s'il est utile à la cause commune de persécuter les livres méconnus de ceux qui les font, il faut que celui qui porte un nom n'ait à craindre qu'un tribunal, celui de la justice. C'est elle seule qui doit demander compte aux écrivains, sinon de leurs opinions, du moins de tous les faits qui pourraient ternir l'honneur des citoyens, cet honneur qui sera le premier des biens, puisque, grâce à la *Révolution,* il dispensera de fortune et de naissance.

Nous vous prions, Messieurs, de vouloir bien nous donner avis de toutes les imprimeries que vous connaîtrez dans votre district, pour qu'elles puissent être soumises à un enregistrement dans nos bureaux. L'attente où nous sommes tous d'un décret de l'Assemblée nationale ne nous permet ni de les défendre, ni de les autoriser ; mais encore faut-il qu'elles n'échappent pas à notre vigilance : une presse clandestine est l'arsenal des méchants.

Signé MANUEL.

Les colporteurs évincés ne pouvaient manquer de réclamer contre une semblable mesure ; ils adressèrent à la municipalité une protestation que *l'Ami du Peuple* nous a conservée, en la faisant suivre, selon son habitude, de ses observations :

Très-justes Remontrances des Colporteurs à M. Bailly, maire de Paris.

Sous le régime de la liberté et sous le régime de l'esclavage, le peuple, toujours compté pour rien, toujours vexé, toujours foulé, n'a que trop matière à se plaindre ; mais ce qui nous confond, c'est que le joug cruel qui pèse sur nos têtes nous est imposé par vous, Monsieur, qu'on n'a pas craint de nous donner pour notre défenseur.

Parmi nos confrères vous en avez choisi trois cents auxquels vous avez fait payer leur propre signalement pour exercer le droit de colporter, qui appartient au premier venu. Quelque dur que soit le temps, nous les croyons assez honnêtes et trop mécontents du règlement qui nous défend de crier dans les rues les papiers qui nous font vivre, pour consentir à vous servir d'espions. Quant à nous, qui sommes exclus, n'ayant que nos jambes et nos poumons pour subsister, pour soutenir nos familles, nous soutenir nous-mêmes, vous nous avez réduits à l'affreuse alternative de périr de misère ou de voler pour vivre. Placés par vous entre la faim et le désespoir, que voulez-vous que nous devenions ? Nous avons des besoins impérieux, et nous n'avons aucun moyen de les satisfaire. Si, du moins, nous pouvions ramasser les miettes qui tombent de la table somptueuse que les mandataires provisoires de la commune, ou plutôt le ministre, vous entretient aux dépens du peuple ! Que vous êtes changé ! Humain tant que vous étiez dans l'abaissement, vous êtes devenu insensible dès que vous avez été élevé aux honneurs ! La prospérité endurcit donc le cœur des philosophes comme celui du vulgaire ! Vous insultez à nos malheurs ; traîné dans un char brillant, vous nous couvrez de boue dans les rues ; vous buvez notre sang dans des coupes d'or ; vous nous forgez des chaînes dans votre palais, et vous foulez aux pieds l'humanité. Défiez-vous des revers de la

fortune, de l'inconstance des choses humaines! Souvenez-vous
que le peuple peut seul vous ôter l'autorité dont il vous a revêtu,
et peut-être en ferez-vous bientôt la triste expérience.

Mais ce n'est pas notre existence seule que vous avez immo-
lée ; ce sont nos droits que vous avez sacrifiés en rétablissant
parmi nous des privilégiés, que l'Assemblée nationale a pris à
tâche de proscrire de toutes les classes de citoyens. Cette entreprise est un attentat dont la Commune vous demandera compte,
et qu'elle ne peut trop s'empresser de réprimer.

Observations de l'Auteur.

Sous l'ancien régime, le nombre des colporteurs était de trois
cents, tous enregistrés, tous décorés d'une plaque, et tous espions nés de la police. Cette noble bande, jadis sous les ordres
du grand inquisiteur Henry, et naguère expirante, vient de renaître sous les auspices de l'administration municipale, qui, depuis si longtemps s'efforce de rétablir l'ancien régime. Or, voici
quel est son but : en réduisant à trois cents le nombre des colporteurs privilégiés, elle les tiendra sous sa main et les assujettira
à ne débiter aucun écrit patriotique où l'on dévoilera les malver-
sations des administrateurs, des agents du pouvoir ou des représentants de la nation. A l'égard des autres colporteurs, on en
remplira les prisons, on leur enlèvera tous les écrits patriotiques.
Dès ce moment le débit des bons ouvrages sera arrêté, les auteurs
se ruineront, et il ne restera plus aucun défenseur de la patrie.

Le règlement auquel le maire de Paris prétend astreindre les
colporteurs est le plus adroit des attentats contre la liberté de la
presse, car elle devient nulle sans la publicité donnée aux productions des auteurs, et, dans tous les cas où la publicité doit
être prompte, le cri des colporteurs est indispensable. Si les
districts se prêtent à l'exécution de ce règlement destructeur, ils
peuvent dès ce moment mettre bas les armes, c'en est fait pour
toujours de la liberté, dans ce moment surtout où les nobles et
les prélats tiennent des conciliabules nocturnes pour tramer contre
la patrie et machiner la ruine de la nation (1).

(1) *L'Ami du Peuple,* n° 77, 25 déc. 1789.

La multiplicité de ces arrêtés, se succédant de
mois en mois, prouve assez leur peu d'efficacité; autant en emportait le vent des passions déchaînées.

L'Assemblée nationale fut plus d'une fois saisie
de cette question, mais sans plus de résultat. Elle
s'était présentée notamment en janvier 1790 ; un
projet de loi proposé par le comité de Constitution
contre les délits qui peuvent se commettre par la
voie de l'impression et par la publication des écrits
et gravures contenait un article ainsi conçu :

Nul individu n'ayant le droit de disposer, pour un usage particulier, des rues, des places, des jardins, et l'intérêt commun
exigeant que rien ne trouble les proclamations des actes émanés
des pouvoirs établis par la loi, et qu'aucune autre proclamation
ne puisse se confondre avec elles, il est défendu, sous peine.....
de crier publiquement aucun livre, papier, journal, etc.

Cet article, assez étrange dans ses motifs, était
plaisamment relevé par les *Révolutions de Paris*.

..... Les municipaux provisoires de Paris ont tenté trois fois
d'empêcher les colporteurs de crier les imprimés : trois fois l'opinion publique, l'esprit de liberté, la force des principes, l'a emporté sur les placards *bleus*.....

Venons aux motifs exprimés dans l'article ; ils sont curieux.

« Nul individu n'ayant le droit de disposer, pour un usage particulier, des rues, etc. » — A ce compte nul individu ne devrait
pas plus marcher, se promener, causer dans ces lieux, que le
colporteur y crier, car alors il en dispose pour un usage particulier, tout comme celui-ci lorsqu'il crie sa marchandise.

« L'intérêt commun exigeant..... qu'aucune autre proclamation

4.

ne puisse se confondre avec celles de l'autorité..... » — A ce
compte on ne devrait pas plus crier dans les rues toute autre
marchandise que des imprimés, car ces proclamations, par exemple : *Voilà des fagots (1)! Voilà de la salade! Voilà de la toile!* ne
se confondent pas plus avec la proclamation des actes émanés
des pouvoirs que ces autres cris : *Voilà Versailles et Paris!
Voilà le Bulletin! Voilà le Discours sur l'amour de la patrie!*

Enfin lorsqu'on crie dans les rues des arrêts, des lettres pa-
tentes, des décrets, pour les vendre *deux* ou *quatre sous* au
public, on ne les proclame point ; on les crie et on les vend
comme une *nouveauté*. Quand il s'agit de les proclamer, c'est
autre chose : un juré crieur, en habit de costume, assisté d'un
trompette ou d'un tambour qui appelle les citoyens, fait lecture,
à haute voix, dans les carrefours, de l'acte émané du pouvoir,
puis il l'affiche en présence des assistants. Les colporteurs ne
s'y prendront jamais ainsi pour vendre leurs papiers.

Ce projet n'eut pas de suite. Ce fut seulement
en l'an V, qu'une loi, du 5 nivôse, défendit aux colporteurs d'annoncer publiquement les journaux ou
écrits périodiques autrement que par leur titre.

Il y avait des journaux faits pour être affichés, ou,
si l'on veut, des affiches politiques et périodiques;

---

(1) L'usage de crier les papiers et journaux existait sous le règne du plus
affreux despotisme. On connaît l'origine du mot : *des fagots*, pour dire des choses
fausses ou invraisemblables. On ne s'abonnait point autrefois à la *Gazette ;* des
colporteurs la criaient dans les rues. Il arriva qu'un homme qui criait des fagots
suivit pendant quelques heures le marchand de gazettes ; on remarqua leur cri
alternatif *Des Gazettes ! Des fagots ! Des Gazettes ! Des fagots !* On en a ri, et de
là l'usage de dire : *des fagots*, pour signifier les nouvelles apocryphes et les contes
absurdes, tels qu'on en trouve dans les gazettes, même sans en excepter la
Gazette nationale Panckoucke, qui, par l'influence seule de l'air de l'hôtel du
Mercure, est devenue aussi aristocrate que lui, après avoir feint d'être patriote
assez longtemps pour attraper l'argent de quelques bénins souscripteurs.

à certains moments surtout les murs de Paris étaient tapissés de placards de toute espèce. « Une âme — pour nous servir des termes énergiquement pittoresques de Louis Blanc — une âme était en quelque sorte soufflée aux édifices; les pierres mêmes se couvraient d'idées, et les murailles parlaient. » Si quelques-uns de ces placards, comme l'*Ami des Citoyens* de Tallien, avaient pour but d'inculquer au peuple les doctrines nouvelles, le plus grand nombre étaient une arme de parti, souvent même un instrument de calomnie, destiné à battre en brèche les partis adverses ou certains individus.

« Le système de diffamation par les journaux, nous dit une de leurs victimes, Brissot, n'ayant pas produit l'effet qu'on en désirait, parce que personne n'en voulait, quoiqu'on les donnât gratis, on eut recours, pour se faire lire, à une autre tactique : on mit les libelles en placards, et les placards devinrent périodiques, journaliers. On voulait, par là, tromper le peuple, l'exciter contre ses défenseurs les plus purs, ce peuple qui porte tout à la fois la défiance et la crédulité à l'excès, parce qu'il a si peu de moyens pour éclairer et vérifier les faits ; ce peuple qui ne cessera de pleurer sur les cendres de Socrate forcé de boire la ciguë par la légèreté des jugements populaires. Ainsi, l'on tournait contre les apôtres de la liberté de la presse ce droit d'affiches qu'ils avaient si fortement réclamé, et que les hommes corrompus avaient voulu attribuer exclusivement aux corps administratifs. Au lieu d'en faire des cours d'instruction pour le peuple indigent, d'y graver le catéchisme de la Constitution, on gravait, on répétait en mille endroits les accusations les plus atroces contre des hommes irréprochables ; et la police, si vigilante, si inquiète à l'égard des affiches raisonnées sur la Déclaration des Droits imprimées par les sociétés fraternelles, cette police voyait tranquillement les placards calomniateurs se répéter, surcharger les colonnes et les murailles ; et l'aristocratie des épaulettes, en meublant avec complaisance les corps de garde, infectait de ce poison les esprits simples et crédules des soldats-artisans. »

Parmi les journaux-placards de la dernière espèce, je citerai le *Chant du Coq,* qui parut après la journée du 17 juillet, et qui était payé par la liste civile pour dépopulariser les républicains, et plus particulièrement Brissot, que le parti révolutionnaire cherchait à introduire dans la nouvelle assemblée nationale qui allait succéder à la Constituante. La garde nationale avait adopté cette feuille, et veillait à ce qu'elle ne fût pas déchirée. Elle portait pour épigraphe : *Gallus cantat, gallus cantabit.*

« Chaque matin, lit-on dans les *Révolutions de Paris,* on placarde un pamphlet-journal intitulé *le Chant du Coq,* dans lequel, en effet, on renie impu-

demment tous les bons principes, et l'on renonce
aux sentiments d'honneur. On y essaie aussi de porter atteinte à la bonne réputation de quelques journalistes courageux. Cet écrit calomnieux est pourtant signé. Parmi les noms, on lit celui d'un sieur
Auguste, capitaine aristocrate de la garde nationale, orfèvre du roi, et l'agent secret de la reine
pour tirer parti de la fonte des cloches. Les autres
signataires sont de la même pâte. Cette compagnie
n'est pas d'humeur, certainement, à sacrifier douze
louis chaque matin pour l'instruction du peuple.
Citoyens! veillez sur les prête-noms, et tâchez de
lever le masque. Les fauteurs des Tuileries et les
sept comités du Manége y doivent être pour quelque
chose. »

Marat s'emporte également contre ce placard,
qui, « vomissant l'injure, la calomnie, la méchanceté, l'ignorance et la perfidie la plus cruelle, annonce la *perscélératesse* des hommes infâmes qui ont
osé le souscrire..... Les amis du *Chant du Coq*, et
soi-disant de l'ordre, masturbent et corrompent les
intentions des citoyens patriotes. » (*L'Ami du Peuple*,
n° 525; 29 juillet 1791.)

Tous les partis, du reste, se servaient de cette
arme, et celui de Brissot autant que les autres.
Lorsque Roland parvint au ministère, il fit faire par
Louvet *la Sentinelle*, qui se placardait comme *le
Chant du Coq*, et qui avait pour but d'avilir la

royauté et de préparer la journée du 10 août. « La
guerre était déclarée, dit Louvet lui-même dans ses
Mémoires (p. 41); la cour, visiblement d'accord
avec l'Autriche, trahissait nos armées : il fallait
éclairer le peuple sur tant de complots. Pressé
par Roland et Lanthenas, j'écrivis *la Sentinelle*. Le
ministre de l'intérieur en faisait les frais : ma très-
modique fortune n'aurait pas suffi à l'impression
d'un journal-affiche dont plusieurs numéros furent
tirés à plus de 20,000 exemplaires. Ceux qui ont
étudié Paris et les départements savent combien la
Sentinelle a servi la France à l'époque où l'étranger,
enhardi par ses alliances intérieures, menaçait de
tout envahir. »

Il est facile, en effet, de comprendre l'influence
de pareilles publications sur les masses, et celle de
la Sentinelle, notamment, est attestée par des témoins plus désintéressés que Louvet.

« Tallien et Louvet, disent les Deux Amis de la
Liberté, rédigeaient chacun un journal d'une espèce
que l'on n'avait pas imaginée avant la Révolution.
Ils ne le distribuaient pas, ils ne le vendaient pas,
on ne s'y abonnait pas; ils l'affichaient avec profusion au coin des rues; et, quoique personne ne parût être dupe de ce charlatanisme, il est très-vrai
cependant que *l'Ami des Citoyens,* par Tallien, et *la
Sentinelle*, par Louvet, ont plus puissamment agi
sur l'esprit du vulgaire que tous les moyens qui

peuvent avoir été mis en usage pour le séduire. Les fonds de *l'Ami des Citoyens* avaient été faits par les Jacobins, et le ministre Roland avait distrait trente mille livres des fonds de son département pour l'impression et les frais d'affiches de *la Sentinelle,* dont on faisait passer des exemplaires dans plusieurs grandes villes, et surtout à Bordeaux. Les deux journaux ainsi payés étaient chaque jour remplis de diatribes, d'insultes contre les autres écrivains, qu'ils accusaient d'être aussi payés par la cour, le comité autrichien, les partisans des deux chambres, les prêtres et l'aristocratie : tant il est vrai que, pendant le cours de la Révolution, c'est toujours la plus haute impudence qui a obtenu les plus grands succès (1). »

Ces journaux–affiches donnaient souvent lieu, entre les *colleurs*, à une petite guerre dont voici un exemple : Gauthier (*Journal de la Cour et de la Ville*) raconte *de visu* qu'à l'un des angles des rues Saint-Lazare et du Mont–Blanc, le colleur de la Lettre de Péthion à ses commettants guettait le colleur du *Chant du Coq*, et attendait qu'il fût parti pour le couvrir immédiatement. Ce dernier avait remarqué son antagoniste ; en conséquence, il colla son journal et fit semblant de s'en aller. Mais il revint sur ses pas, et, trouvant sur son *Coq* la lettre de Péthion,

---

(1) *Histoire de la Révolution,* par deux amis de la liberté (Kerverseau, prisonnier de guerre à Londres, et Clavelin, libraire, selon Barbier).

il la couvrit à son tour, ce qui fit faire à Gauthier
forces plaisanteries sur ce pauvre Péthion, collé
entre deux coqs.

Il n'existe qu'une seule collection des journaux-
affiches, faite dans le temps par Dufourny, qui se
levait la nuit pour les décoller. Cette collection fut
d'abord vendue à Portier de l'Oise ; elle est aujour-
d'hui en Angleterre.

A défaut de collection complète, nous possédons des parties assez nombreuses de ces placards.
Le Chant du Coq est imprimé, à compter du 11ᵉ numéro, à la suite du *Babillard*, qui avait les mêmes
rédacteurs , et qui de ce moment réunit les deux
titres.

———

Le grand mouvement de la presse eut lieu surtout en 1789 et 1790 ; en 1791, il commence déjà
à se ralentir ; il est violemment interrompu en
1792, comme nous le verrons bientôt. Aussi bien il
était grand temps, car le papier allait manquer, et
cette perspective faisait pousser les hauts cris aux
Révolutions de Paris :

Il faut à un peuple esclave et frivole du pain et des spectacles ;
il faut du pain et des journaux à une nation jalouse de ses droits.
La liberté de la presse a fait la Révolution, et peut seule la maintenir. Tout ce qui tend à favoriser l'exercice de la pensée et la
publicité des événements mérite donc d'être pris en singulière

considération par nos législateurs ; et, pourtant, en seraient-ils encore à s'apercevoir de la disette extrême du papier, devenu un objet de première nécessité, et faut-il leur apprendre que nos papeteries manquent de matières premières?

Le papier, depuis longtemps l'une des principales branches de l'industrie et du commerce, n'a point échappé à nos ennemis domestiques ; ils y ont soupçonné un moyen de contre-révolution, lent, mais sûr, et voici leur raisonnement :

Le gaspillage de la cour engendra les notables ; ceux-ci engendrèrent l'assemblée nationale, laquelle porta ombrage au château de Versailles. Le courroux du despote engendra la liberté, qui naquit sur les ruines de la Bastille ; la liberté engendra le droit de tout dire ; la démangeaison de tout écrire consomma le papier en beaucoup moins de temps qu'on n'en met à le fabriquer ; l'émission des assignats ne remédiera point à sa disette extrême et à son excessive cherté. En vertu de la liberté, nous exporterons tant que nous pourrons, et le Corps législatif ne prendra pas garde à tout cela. D'ailleurs, ceux de ses membres qui sont eux-mêmes gros manufacturiers, et par conséquent juges et parties dans leur propre cause, n'auront garde de dénoncer à la tribune cet agiotage de papeterie, suite naturelle de l'agiotage des espèces d'or et d'argent. Qu'arrivera-t-il ? La disette du papier occasionnera nécessairement la disparution des journaux patriotiques. Nous autres, aristocrates riches, pourrons seuls supporter les frais de nos feuilles périodiques ; la chute des journaux constitutionnels entraînera celle de l'opinion vulgaire sur la liberté. Le peuple, ne lisant plus, marchant à l'aventure ou conduit par de faux guides, perdra bientôt la trace de ce qu'il appelle les bons principes ; en outre, mourant de faim, il sera au premier occupant : donc la contre-révolution forcée et tout à l'heure, rien qu'avec le papier devenu rare et hors de prix. Et c'est ainsi que nos philosophes démagogues se trouveront punis précisément par où ils ont péché (1).

Les Actes des Apôtres donnent, dans leur numéro

(1) *Révolutions de Paris*, t. xii, p. 402.

d'octobre 1790, la liste de soixante-quatre journaux qui se publiaient à Paris à cette époque, et cette liste, disent-ils, n'est pas complète. J'en ai trouvé une autre liste, mais celle-là avec commentaires, dans un pamphlet de la même année, et cette appréciation d'un contemporain, cette sorte de photographie de la presse, prise au passage et un peu au vol, mais qui ne manque ni de finesse ni de vérité, m'a paru bonne à reproduire. C'est sans doute m'exposer à d'inévitables répétitions, mais je n'y ai pas vu de sérieux inconvénient; il m'a semblé, au contraire, qu'il résultait toujours quelque perspective nouvelle de ces divers tableaux de la presse révolutionnaire, ou, si l'on veut, du même tableau présenté sous divers aspects. Le pamphlet d'où je l'extrais a pour titre : « *Dictionnaire national et anecdotique*, pour servir à l'intelligence des mots dont notre langue s'est enrichie depuis la Révolution, et à la nouvelle signification qu'ont reçue quelques anciens mots ; — Enrichi d'une notice exacte et raisonnée des journaux, gazettes et feuilletons antérieurs à cette époque; — Avec un appendice contenant les mots qui vont cesser d'être en usage, et qu'il est nécessaire d'insérer dans nos archives pour l'intelligence de nos Neveux. — Dédié à MM. les représentants de la commune de Ris. — Par M. *de l'Epithète*, élève de feu M. Beauzée, académicien, mort de l'Académie française. — A

Politicopolis, chez les marchands de nouveautés.
1790. » Quérard et Barbier attribuent cette satire,
pleine de bon sel, à P. N. Chantreau (1).

« Dans une circonstance, dit l'auteur, où les papiers-nouvelles deviennent si intéressants, je crois
servir la cause politique en insérant dans ce Dictionnaire, qui va devenir le manuel des politiques, une
notice de ces papiers, que je vais distribuer en deux
classes. La première contiendra les journaux qui
existaient avant la Révolution, et dont le privilége
est en réserve, pour avoir lieu, si le cas y échet. La
seconde classe sera formée des journaux qui ont vu
le jour depuis la Révolution, et sous la sauvegarde
de la liberté de la presse, accordée à tout être pensant par un des articles des Droits de l'Homme, sur
lequel il y a déjà eu beaucoup de commentaires, et
qui en aura autant que le *Coran* quand il aura autant de *lunes*. Je n'ai point fait mention des journaux *ondoyés*, c'est-à-dire de ceux qui sont morts
dès l'instant de leur naissance, ni de feuilletons nés
pendant l'impression de ce Dictionnaire ; j'y revien-
drai dans une autre édition. »

(1) « Le cadre de cet ouvrage, dit la *Chronique de Paris* (17 avril 1790), n'est
pas neuf ; mais l'exécution n'est pas sans mérite. Il y a de la gaieté, quelquefois
de la philosophie, toujours du patriotisme.... L'auteur donne une idée de tous les
journaux, privilégiés ou non privilégiés. Il traite assez mal les anciens, et n'est
pas toujours juste sur les nouveaux. » Le moyen d'être toujours juste en pareille
matière !

NOTICE ALPHABÉTIQUE ET RAISONNÉE

DES

JOURNAUX POLITIQUES, POLITICO-PATRIOTIQUES ET POLITICO-LITTÉRAIRES

Qui paraissent tous les jours ou au moins une fois par semaine.

—

§ I

ANCIENS JOURNAUX, OU JOURNAUX QUI EXISTAIENT AVANT LA RÉVOLUTION.   •

Affiches, Petites-Affiches. Connues et utiles ; elles resteront, parce qu'on perd toujours quelque chose, et surtout aujourd'hui, que le commerce se fait en billets de caisse.

Année littéraire. Il y a très-souvent des articles dignes de Fréron. Le goût du moment ne s'accommode pas au costume de cette feuille.

Courrier d'Avignon, Courrier du Bas-Rhin. Ils viennent à Paris comme une autre denrée, parce qu'il n'y a point encore eu de contre-avis.

Courrier de l'Europe. Bon, quoique ne traduisant pas toujours à la lettre, mais plus *textuel* depuis la Révolution.

Esprit des Journaux. Utile à ceux qui sont à l'affût des livres à traduire. Il paraît tous les mois. C'est un livre comme beaucoup d'autres en font, quand ils ont du crayon et des copistes ; l'auteur en voit les épreuves.

Gazette de France. Aussi intéressante qu'avant la Révolution : elle restera. C'est un *papier-meuble*, aussi nécessaire à un limonadier qu'un verre à bavaroise, qu'elle accompagne presque toujours.

Gazette des Deux-Ponts, de Leyde, d'Amsterdam, de Hollande. Bonnes, à quelques peccadilles près ; leur germanisme est excusable.

Journal de Paris. Restauré à temps et bien. On y a des nouvelles *de la première main* ; et si la partie météorologique y est un peu négligée, c'est qu'on ne peut avoir l'œil vers le ciel et sur la terre en même temps.

Journal général de France. Il va ; la partie des spectacles surtout aide au rouage.

Journal encyclopédique. Très-bien fait, surtout les articles signés *Awans.*

Journal ecclésiastique. Travaillé comme s'il devait être lu.

Journal des Causes célèbres. Si l'auteur oubliait qu'il a fait des requêtes, son journal serait laconique.

Journal de Médecine, de Santé, général du Commerce. Bons, quand ils parviennent à leur adresse.

Mercure. Connu, froid et en péril de mort avant sa restauration ; depuis cette époque, aussi vigoureux que véridique, surtout lorsqu'il assure, en parlant de M. de Choiseul, que c'était un exemple de modestie. La partie politique est faite par un Suisse qui croit que l'article d'un journal se fait comme un rapport ministériel.

§ II

JOURNAUX NÉS DEPUIS LA RÉVOLUTION.

Les Actes des Apôtres. Pamphlet anti-patriotique, où l'astuce du serpent est mêlée au venin de la vipère. Les premiers numéros étaient des apôtres, non de ceux qui parlaient comme saint Paul, mais comme Mathieu quand il était encore dans son premier métier. Depuis le n° 7 jusqu'au n° 18, ce ne sont point les apôtres qui tiennent la plume, mais leurs disciples, qui, n'ayant point reçu l'esprit sain qui a fait parler les premiers, ne bavardent que comme des caillettes. Les n°ˢ 30 à 35 sont du treizième apôtre, qui n'aura jamais le courage d'Iscariote, dont il mérite le sort. Ce *scribler*, que les modernes *Augustins* soudoient, n'est pas heureux en épigraphes ; dans le tas de calembours qu'il nous donne pour des épigrammes, on distingue l'*appel nominal*, qui est digne du recueil qui se vend chez la veuve Lesclapart, où figurent si spirituellement M. l'abbé *Tiss* et madame la comtesse *Tation.* Pelletier ! Pelletier ! as-tu donc tant besoin de dîner ?

L'Alambic, ou le Distillateur français. Feuilleton propre aux opérations ultérieures de la pharmacie.

L'Ami du Peuple. Connu pour violent en société, et cité comme mauvaise langue par ceux qui prétendent, avec raison, qu'entre amis on ne se dit point d'injures, et qu'on ne fait point de caquets ; les proclamateurs (1) le regrettent. Depuis quelque temps il valait toujours deux sous, même le lendemain, avantage dont ne jouit aucun papier proclamé. L'Ami du Peuple n'était pas, de la meute aboyante, celui qui était le plus à craindre, et c'était à l'auteur des Actes des Apôtres que l'huissier qui s'introduisit chez M. Marat aurait dû porter le billet doux dont il était chargé.

Annales de France. C'est un cours d'histoire, en donnant à ce mot l'acception qu'il doit avoir chez un peuple libre.

Annales universelles et méthodiques. L'auteur ne tient point compte de la première épithète de son titre ; elle n'y est que pour la symétrie. Il remplit assez bien la seconde.

Annales politiques et littéraires. Par l'auteur de *l'An 2,000.* Si tous les feuilletons avaient un pareil passeport, ils ne craindraient point la chute des feuilles.

Annales parisiennes, ou Lettres philosophiques, politiques et littéraires. Tout cela peut entrer dans le titre de ces lettres, où l'on parle de tout avec une volubilité qui est un vrai caquet écrit. Mais nous n'avons encore qu'un échantillon de ces annales ou lettres adressées à une dame de Chambéry, qui ne répond rien et n'a le temps de rien répondre, puisqu'on l'accable toutes les semaines de sept mortelles lettres.

Assemblée nationale. C'est le narré simple, vrai et non commenté, de ce qui s'y passe, fait par un *témoin oculaire*, qui, comme beaucoup d'autres, s'en tient à ce rôle.

La Bouche de Fer. Pamphlet périodique qui existe encore parce qu'il vient de naître. C'est un aristocrate qui macule du papier destiné sans doute à tout autre usage que celui de la bouche.

---

(1) *Proclamer,* depuis la Révolution, signifie crier, publier quelque chose. *Proclameurs, proclamateurs :* c'est le nom que doivent porter les colporteurs quand les municipalités seront organisées. Le nombre en sera fixé. Ils ne proclameront que les papiers qui leur seront indiqués par le comité de police, et ils auront une médaille où seront gravés les attributs de la liberté.

Bulletin de l'Assemblée nationale. Au moment où s'imprimait son article, le *Moniteur* a attiré à lui ce journal, comme la Seine attire à elle la rivière des Gobelins.

La Cocarde nationale. Nos ancêtres n'auraient jamais deviné que *cocarde nationale* eût pu devenir le titre d'un journal Mais que de choses nos ancêtres n'auraient pas devinées! C'est une œuvre toute patriotique que le journal dit *la Cocarde nationale;* ce sont des soldats-citoyens qui y coopèrent, et *Buisson,* soldat-citoyen, qui naguère le vendait; il est rédigé par un fils litté-raire de M. Le Tourneur, qui n'y emploie pas le style des Nuits d'Young, parce que le langage de l'épopée n'est pas celui d'un franc soldat. Il y a des anecdotes piquantes dans cette *Cocarde :* j'aime, par exemple, celle où MM. de Cluny offrent de rendre une statue de marbre de Turenne; mais j'applaudirais davantage au zèle de ces messieurs s'ils gardaient le Turenne et nous don-naient cette belle vierge d'argent que je leur ai vue.

Le Courrier de Provence. Il a le plus grand débit; il est fait par un *Prussien* qui a tous les talents littéraires, et possède notre langue à un degré si éminent, qu'il ne nous donne pas un nu-méro où il n'y ait quelque mot nouveau dont les quarante ne se seraient jamais douté; et ce, parce que les quarante n'ont que les idées des autres, et que le Prussien en a qui ne sont qu'à lui. Il est devenu néologue par nécessité; et comment eût-il écrit sans néologisme ce traité sur le commerce des effets royaux qui nous en a tant appris?

Le Courrier de Paris. Proclamé, digne de l'être : dès dix heures du matin il ne vaut plus qu'un sou.

Le Courrier de Paris dans les Provinces. Il va, et pourrait aller mieux en veillant à la main-d'œuvre. L'auteur donne toute son attention à un traité sur l'ostracisme, auquel il travaille.

Le Courrier de Madon. Je n'en dis rien; je ne parle point mal des moribonds.

. *Le Courrier national, politique et littéraire. National,* je le veux bien; *politique,* idem, puisque ces deux mots sont à la merci de qui veut s'en servir; mais *littéraire....,* je défie qu'on me dise pourquoi. Il n'y a pas de doute que quand on le restaurera

comme il a besoin de l'être et peut l'être, puisque l'auteur est
une espèce de restaurateur, on supprimera ce mot de *littéraire,*
dont les débitants, c'est-à-dire les colporteurs, ne se soucient
guère, et qu'ils n'entendent point.

Le Courrier français. Il sue pour contenter ses abonnés et les
colporteurs. Il ne ment que quand il est trompé, ce qui est très-
probe de sa part ; s'il surnage, il se fera ; et s'il se fait, il sur-
nagera.

Le Courrier de l'Escaut, le Courrier de Brabant. S'ils n'ont point
de réputation littéraire, ils acquerront au moins celle de *véridiques,* quand ils auront établi des correspondances dans les pays
dont ils parlent. Les colporteurs se plaignent que le débit de ces
papiers est dur, et qu'à cinq heures du soir ils ont éprouvé une
baisse de 100 p. 100.

La Chronique de Paris. Voyez *le Modérateur,* avec lequel on dit
que ce journal va faire chambrée et cause commune. Ces feuilles
associées, vivifiées et corroborées des facultés de leurs communs
coopérateurs, ne peuvent manquer de réussir, parce que ce sont
réellement des gens de mérite que ces coopérateurs ; mais il faut
qu'ils évitent le travail en sous-œuvre, que le Modérateur n'ait
point de petites colères, et que la Chronique ou son auteur se
persuade que le haut de la rue Saint-Jacques ne pense point
comme le Palais-Royal.

Les Déjeuners, ou la Vérité à bon marché. A bon marché !.....
Point du tout, puisqu'on invite les gens et qu'on les renvoie à
jeun. Si je voulais jouer sur les mots, ce qui ne m'arrive jamais,
je dirais que les gens qui usent de ces déjeuners ne sont pas de
ceux qui graissent le couteau, car rien de plus maigre que ces
chétifs déjeuners ; mais ils se vendront : ils sont aristocrates.

Nota. A l'instar de M. Galand, qui commençait tous ses contes
par *Ma sœur, si vous ne dormez point,* etc., l'auteur des Déjeuners commence les siens par *Mon bon peuple,* etc.

La même cuisine a encore fourni de mauvais dîners, où les
convives se battent en vain les flancs pour se faire rire, pour être
plaisants ; mais ils ne sont que de plats rieurs. Vers la fin du
repas, celui qui a rédigé ces dîners demande grâce, avec raison,

pour les insipides balivernes de ses compagnons de table, qui n'ont bavardé que comme des buveurs d'eau. Du champagne, morbleu! du champagne, et l'on est patriote! L'auteur, qui est comme Blaise, nous menace de ses quatre repas. Puisque les idées cuisinières montent sa Minerve, je veux lui fournir un titre : qu'il fasse *l'Indigestion politique*; cela viendra bien après ses repas.

Débats de l'Assemblée nationale. C'est bien effectivement ce qui s'est débattu dans l'Assemblée; mais le journaliste rapporte les disputes comme un homme qui les a vues de loin. Il ne nous peint point le regard étincelant des contendants; cette tension nerveuse de celui qui prépare son coup; la souplesse adroite de celui qui l'évite pour en porter un plus terrible peut-être. Je n'entends point le cliquetis des armes; je n'entends point les huées qui honnissent le champion qui s'est mal défendu, ni les applaudissements qui portent aux nues celui qui sort victorieux de l'arène. Ah! je le vois, les *Ils dirent*, les *Ils répondirent*, ne parlent point à l'âme.

Diogène dans le tonneau. Gai, mais peu connu; son rire est quelquefois *sardonique*.

Les Fastes de la Liberté. Ce journal aura autant de succès que les fastes de la Grande-Bretagne : même style, même manière. J'aime mieux cependant m'endormir en lisant les Fastes de la Liberté que ceux de la Grande-Bretagne, parce que je rêve cocarde, district, municipalité, département, liberté de la presse, etc., etc., etc. Ce qu'il y a de singulier, c'est que je dois à l'avant-dernier numéro de ce journal d'avoir rêvé que j'étais *maire*; je je me réveillai même en disant : *Marat, je te pardonne.*

Gazette de Paris. Le nom du rédacteur de ce journal est inscrit dans l'*Almanach des Grands Hommes,* ouvrage dans lequel se trouve colligée et inscrite, par une anticipation qui tient de la prophétie, la majeure partie de nos modernes Montesquieux.

Nota. Il ne faut pas confondre cette Gazette de Paris avec celle de France, parce que toutes les deux elles s'appellent *gazettes,* et que toutes les *deux* elles sont intéressantes; mais l'une, la Gazette de France, intéresse avec privilége et in-quarto, et l'autre sans privilége et in-octavo. Voyez ce qu'on dit plus haut de la première. Il n'y aura bientôt plus rien à dire de la dernière.

Gazette nationale, etc. Voyez *Moniteur*.

Gazette nationale et étrangère. Ainsi que le *Journal des Savants*, elle n'imprime plus.... Cette dénomination de *gazette* est-elle donc réprouvée? Car la Gazette nationale était faite pour réussir. La partie politique était d'un écrivain connu avantageusement par plusieurs ouvrages de poids; sa *Théorie de l'Education* a balancé l'*Emile*, surtout par la fraîcheur des gravures et une dimension de dortoir qui est de main de maître. La partie littéraire était due à la plume qui a tracé cette fameuse lettre d'un capucin qui a eu un *rude* succès dans son temps. L'auteur, en outre, a fait des *Esprits*.

Gazette universelle ou de tous les jours... Elle va malgré son titre, et malgré son titre elle intéresse.

Journal universel ou Révolutions des Royaumes. Proclamé. L'article *variétés* est à la portée des *proclamateurs*. Le rédacteur, qui est *citoyen soldat,* ce qui est sûrement la même chose que *soldat citoyen,* possède à un degré peu commun l'art difficile de *libeller* le sommaire de son journal, ce qui épargne aux proclamateurs un travail d'esprit souvent pénible.

Journal général de la Cour et de la Ville. A l'usage des faubourgs. Les agents de change de la rue du Hurepoix (1) se chargent le moins possible de ce papier. Le rédacteur coopérait ci-devant à une autre œuvre politique, qui était colportée avec autant de succès que les vaudevilles de M. Duchemin. Une rivalité

---

(1) *Bourse rue du Hurepoix*. Depuis le nouveau régime, place où s'assemblent, à sept heures du matin, jours fériés ou non fériés, les agents des journalistes, pour y négocier les *papiers publics*. Cette négociation n'est point faite avec astuce comme dans la rue Vivienne (à la Bourse où, dans l'ancien régime, on vendait les *effets royaux*). Le cours des effets de la rue du Hurepoix ne varie jamais, et est toujours le même pour tous. Le fameux *Ami du Peuple,* que tout le monde veut encore avoir, *quelquefois* ne vaut pas plus que *la Séance,* dont personne ne se soucie. La négociation consiste dans l'assortiment. A l'heure de la Bourse, vous entendez l'air retentir de : *Qui veut de la* SÉANCE? *Qui veut du* COURRIER VÉRIDIQUE? *Qui est-ce qui a de l'*OBSERVATEUR? etc. Lorsque ces papiers parlent de M. de Mirabeau ou de M. l'abbé Maury, ils ont un débit *affreux*. On se les arrache quand ils parlent d'un complot ou de brigands. Industrie! industrie! la liberté est ta mère. (*Même Dictionnaire.*)

de talents a mis de la zizanie entre M. G... et lui, et cette querelle nous a valu un journal de plus. Il n'y a pas un amateur de la belle littérature qui ne souhaite que MM. B... et G... se réconcilient : nous aurions un journal de moins.

Journal de Versailles et de Paris. On le trouve au bureau des voitures de la cour.

Journal des Réclamations. Aboyeur anti-patriotique. Il se vend dans le Marais.

Journal des Découvertes utiles. Il arrive souvent un peu tard. C'est, dans la littérature, ce qu'on appelle un ouvrage de fabrique. Ces sortes de livres se vendent, ou plutôt se vendaient. La saison reviendra. Elle est même encore dans son beau pour les *collections politiques.*

Journal des Constitutions. Ecrit en *gallois*, par l'auteur des *Imprudences de la Jeunesse*, que *Buisson* croit avoir en français. Ce journal est extrait d'un excellent livre anglais, qui, lui-même, est l'extrait d'un autre extrait.

Journal des Etablissements politiques. Utile jusqu'à présent à l'auteur et au public. Il restera.

Journal général de la Police et des Tribunaux. On y trouve d'excellents morceaux d'astronomie, et un article de *météorologie* de M. de la Lande. Je croyais que cet illustre savant, pour nous donner une idée de l'universalité de ses talents, s'en serait tenu à ses neuf gros volumes de *Voyages en Italie*, où sont inscrits avec exactitude les noms de toutes les auberges, et qu'il n'aurait point mis la main à la gazette dont il est question ici. D'après cette idée, je présume encore que c'est le rédacteur qui emprunte le nom de cet homme célèbre, comme il a emprunté celui d'un jeune académicien basque, qui, dans cette gazette, dite *de la Police et des Tribunaux*, donne des détails très-intéressants sur l'anneau de Saturne. *Le public*, assure-t-il, *verra avec plaisir* que l'espace vide compris entre l'anneau et le globe de la planète est 1,169,069,000 lieues carrées.

Journal d'Etat et du Citoyen. On n'en est encore qu'au prospectus de ce journal, malgré les prolixes numéros qu'en a publiés l'auteur, qui est déjà connue par des ouvrages de poids ; elle s'empresse d'effacer ou d'égaler la réputation de la ci-devant fameuse madame Dacier, de soporifique mémoire.

Journal national, par M. Sabatier, etc. Aussi national que véridique, aussi véridique qu'impartial. Il n'y a que cette dernière propriété qui lui soit commune avec les *Trois Siècles*, que l'auteur a faits avec adjoint, comme il fait encore son journal. Sa plume, qui est, dans ses mains, ce qu'en Sicile est le stylet dans les mains d'un *bandito*, travaille pour la clique aristocrate, et a des acheteurs, surtout depuis que les aristocrates, au lieu d'accaparer le blé, se sont emparés du numéraire. Ceux qui traitent directement et habituellement avec le Sabotier sont de cette famille nombreuse dont j'ai déjà parlé dans un des premiers articles de ce Dictionnaire.

Nota. L'auteur du Journal national ne vit point au milieu de la nation; on assure qu'il est en terre étrangère, et fait bien. L'abbé Roi et lui, quels pendus cela aurait fait !

M. Desmoulins observe que le Sabotier est le seul *scribler* qui continue de braire contre l'Assemblée nationale. Il n'y aurait qu'un moyen de le faire taire : je viens de l'indiquer.

Lettres à M. le comte de B***, attribuées à M. de Luchet, pour faire pièce à M. Duplain de Sainte-Albine ; elles se font lire.

Mémorial des Etats généraux. Le titre est gothique. Ce journal est une *petite* feuille faite par un homme d'esprit, qui le réserve pour les intérêts de ses commettants.

Mémorial politique et littéraire. Il n'est pas plus l'un qu'il n'est l'autre, et ne sera bientôt plus ni l'un ni l'autre. C'est un feuilleton qui n'est point manufacturé.

Le Modérateur. Il remplit son titre; il est écrit dans le calme des passions, et le philosophe qui le rédige a plus que du sang-froid. S'il se réunit à la *Chronique de Paris*, ainsi que je l'ai dit et qu'on me l'a assuré, ce journal ne perdra rien de ce sang-froid. Le style ne sera pas absolument disparate, parce que l'auteur du Modérateur est un romancier, et que celui de la Chronique a envie de le devenir. Il y réussira s'il change de quartier et d'état. Voyez *Chronique de Paris.*

Le Moniteur. Journal *Patagon.* Il est *plein* et *rempli,* en prenant le premier mot au figuré et le second au propre.

Feuilletons pygmées, *semi-in-8,* comme ce journal vous couvre tous avec son *in-folio* formidable ! Comme il vous tue par son *plein,* quoiqu'il vous alimente par son *rempli !* Vous ne serez plus quand il sera lui réellement, et s'il est une feuille qui survive à la *foliomanie,* ce sera le *Moniteur.* Les rédacteurs ont du talent et connaissent leur besogne. L'entrepreneur qui les emploie ne les tracasse point ; il a même le bon esprit de ne mettre rien du sien dans *folio-carton,* quoiqu'il soit homme de lettres.

Les Nouvellistes du Palais-Royal, par un garçon gaufrier et à l'usage de son maître.

L'Observateur. Je ne voudrais point qu'il fût proclamé, et cependant c'est le meilleur effet que les agents de change de la rue du Hurepoix négocient. Un aristocrate qui a mis la plume à la main, et n'y met jamais que la plume, a essayé en vain de rendre à l'Observateur une portion du ridicule que cet ami du peuple a versé et verse encore à pleines mains sur la meute aristocratique.

Le fidèle Observateur. Titre parasite qui n'a réussi que dans les faubourgs ; les colporteurs ne se chargent de ce nouveau journal qu'à défaut de l'autre et pour faire pièce à leurs camarades. L'*imprimeur national* qui fait gémir la presse pour ce feuilleton est donc bien affamé de maculatures !

Le Patriote français. Rédigé par un patriote estimé qui joint à l'exactitude les grâces du style.

Le Patriote incorruptible. La différence de celui-ci au précédent est que le Patriote français se vend à la douzaine, et le Patriote incorruptible *à la rame.*

Le Point du Jour. Il irait, si l'aurore de ce beau jour n'arrivait pas un peu tard, si l'auteur donnait un peu plus de levain à sa pâte ; mais cet ouvrage n'est que secondaire : une besogne plus sérieuse appelle ailleurs M. B.... de V...

Les Révolutions de Paris dites *Prud'homme.* C'est le livre rouge où sont consignées toutes les manœuvres aristocratiques des différentes castes aristocrates nées avant ou après l'*ère* de la Révolution. Cet ouvrage a un débit étonnant, et le mérite, même depuis le fameux schisme.

Les Révolutions de Paris dites *Tournon*. Dans l'ancien régime, M. Tournon eût réveillé le procès de M. Luneau de Bois-Germain, que les libraires voulaient ruiner, mais à qui il a fait subir la peine du talion par son *Cours d'Histoire universelle*. Dans le nouveau régime, M. Tournon s'est fait justice lui-même, et nous avons eu deux Révolutions de Paris, qui n'ont de commun que le costume, car la *manufacture-Tournon* ne procède pas comme la *manufacture-Prud'homme ;* cette dernière a conservé la priorité et la majorité.

Les Révolutions de France et de Brabant. Ce journal prendra. M. Camille Desmoulins est un charmant démocrate, qui, il est vrai, *appelle un chat un chat et Favras un vil traître ;* mais il a du ton, il a du feu ; il ne dit point de grosses injures ; surtout quand il se sera défait de ce mot trivial de *calotin,* qu'il supprimera sans doute, s'il se rappelle l'expression de M. l'abbé de Montesquiou, qu'il cite en l'admirant, page 439 de son n° 28.

Il y a dans ce journal des plaisanteries vraiment originales, et j'ai fait vœu d'être un des fidèles abonnés de M. Camille Desmoulins à la lecture de ce vers :

> *La lanterne est en croupe et galope avec lui.*

C'est lorsqu'il peint M. Mounier fuyant en jockey la terrible lanterne, qui suit ce député jusqu'en Dauphiné. Nouvel Oreste, l'infortuné Mounier croit voir à chaque poste l'implacable falot prêt à le saisir.

Le Rôdeur. Il imite le *Rambler* comme les Délassements-Comiques les Comédiens français.

Les Sottises de la Semaine. On a mis du luxe typographique dans cette feuille ; elle est la seule qui paraisse avec le portrait de l'auteur. Cependant, c'est une rapsodie aristocrate, qui serait dangereuse si elle pouvait soutenir la lecture. La plus grande sottise que puisse faire l'auteur rapsode de ce feuilleton est de la continuer.

Le Solitaire des Tuileries. Bon pour ce jardin quand il y avait des ifs.

Le Spectateur national. Un pamphlet aristocrate a dit que ce n'était pas celui d'Addison; et je dis, moi, qu'il est des numéros de ce journal qu'Addison serait bien aise d'avoir faits.

La Veillée villageoise, à l'usage des laitières, dédiée à celle des municipalités de Ris qui restera en exercice. L'auteur, qu'on m'a dit être un *agriculteur* de nos faubourgs, a des vues et des principes; il est toujours à la portée de ses lecteurs.

Le Vengeur. Ce n'est pas celui-là qu'invoque Didon; le redresseur de torts qui prend ce titre n'attaque que des moulins à vent, et les attaque en homme qui en a peur. Quand on se *proclame* le vengeur des opprimés, il faut avoir du nerf pour les défendre, et celui dont il est question ici n'est qu'une caillette qui crie au secours.

Le Véridique. Passable dans deux ou trois numéros, *inlisible* dans les autres.

L'Union. Ce journal égale le *Moniteur* en format, dont on ne connaît l'inconvénient qu'au toucher et qui disparaît quand on les a lus. L'Union, comme le Moniteur, prendra de la consistance, et deviendra un papier qu'on recherchera bientôt avec empressement; mais il faut que l'Union donne des nouvelles de plus fraîche date.

L'observation provoquée par le format de l'*Union* nous amène à dire quelques mots de la condition de cette multitude de journaux.

A l'exception du *Moniteur,* qui a toujours été infolio, de l'*Union,* qui en avait adopté le format, et d'un petit nombre, tels que la *Gazette de France,* la *Chronique de Paris,* le *Journal de Paris,* le *Patriote* de Brissot, etc., qui étaient in-4° plus ou moins grand, plein ou à deux colonnes, tous les autres se publièrent in-8°, ou même in-12. La plupart ne paraissaient qu'une ou deux fois par semaine, et

formaient de petites brochures qui variaient de deux
à quatre ou cinq feuilles. Un petit nombre paraissaient tous les jours; ceux-là ne donnaient généralement que huit pages, rarement douze.

Le prix d'abonnement était de 9 à 12 livres par
trimestre, ce qui paraîtra assez cher, si on compare
ces journaux à ceux d'aujourd'hui, et si l'on considère qu'ils n'étaient assujettis à aucune espèce
d'impôt.

RÉSISTANCE

E.

III

RÉSISTANCE OPPOSÉE A LA PRESSE

Résistance que rencontre le développement, ou plutôt le débordement de la presse. Ses démêlés avec le pouvoir exécutif, avec l'Assemblée nationale, avec les clubs et les sociétés patriotiques, avec les particuliers. — Curieux procès.

Il ne faudrait pas croire que ce mouvement prodigieux se soit opéré sans rencontrer d'obstacle. On était officiellement, il est vrai, sous le règne de la liberté, on faisait sonner bien haut ce beau mot dont la France était esclave; mais, ainsi que le dit, et avec trop de raison malheureusement, M. de Monseignat, la liberté révolutionnaire ressemble à la vraie liberté comme les assignats ressemblent à l'argent. Le mot était partout; la chose n'avait jamais été plus ouvertement foulée aux pieds. Le droit du plus fort, voilà la règle, voilà la loi : *Vœ victis!*

En considérant les sanglants débats qui signalèrent ce laborieux enfantement de la liberté, dont les bienfaits devaient être achetés par tant de doude Lamennais : « Nul ne veut obéir, et tous veulent commander ou que leur parti domine; c'est-à-dire que la tyrannie est au fond de toutes les âmes. Demandez au républicain son secret : son secret (j'en excepte le petit nombre) est le pouvoir, le triomphe de son opinion et de son intérêt. Il se dit : Quand je serai roi! C'est là sa république. » Pour quelques hommes de bonne foi, combien de ces factieux dont parle Tacite, « qui se servent de la liberté pour renverser le pouvoir, et la foulent aux pieds dès qu'ils sont les maîtres! » Combien de ces gens qui faisaient, dès 1789, pousser ce cri d'alarme à Loustalot et à Camille Desmoulins :

Nous avons passé rapidement de l'esclavage à la liberté, s'écriait l'éloquent et courageux écrivain des *Révolutions de Paris;* nous marchons plus rapidement encore de la liberté à l'esclavage. On endort le peuple au bruit des louanges qu'on lui prodigue sur ses exploits; on l'amuse par des fêtes, des processions et des épaulettes.

On a prononcé dans ce mois (août 1789), à Paris, plus de deux mille compliments, dans lesquels on nous élève bien au-dessus de la Grèce et de Rome.

Les anciens salariés de l'aristocratie se sont couverts du masque de la popularité pour établir une aristocratie nouvelle sur les débris de l'ancienne. Inactifs tant que la patrie a été en danger et que la Révolution s'est opérée, ils veulent tout faire depuis qu'il y a des places à remplir, et que l'autorité semble devoir appartenir à celui qui aura, non pas le courage, mais l'adresse de s'en emparer.

Le premier soin de ceux qui aspireront à nous asservir sera

de restreindre la liberté de la presse, ou même de l'étouffer ; et c'est malheureusement au sein de l'Assemblée qu'est né le principe adultérin que *nul ne peut être inquiété dans ses opinions, pourvu que leur manifestation ne trouble pas l'ordre public établi par la loi...* On ne pourra bientôt plus parler sans que l'homme en place ne dise qu'on trouble l'*ordre* public.

O mes chers concitoyens ! s'écriait à son tour C. Desmoulins, je gémis quand je vois autour de moi cette multitude de gens qui de l'auguste et sainte liberté font une affaire et spéculent sur la Constitution !...

A la ville, on sait quel conflit il y a eu entre les électeurs et les représentants de la Commune, chacun se disputant et tirant à soi la chaise curule. Dans les districts, tout le monde use ses poumons et son temps pour parvenir à être président, vice-président, secrétaire, vice-secrétaire. Ce ne sont que comités de subsistances, comités de finances, comités de polices, comités civils, comités militaires. Hors des districts on se tue pour des épaulettes ; on ne rencontre dans les rues que dragonnes et graines d'épinards.

Que voulez-vous ? chacun cherche à paraître.

Il n'est pas jusqu'au fusilier qui ne soit bien aise de me faire sentir qu'il a du pouvoir. Quand je rentre à onze heures du soir, on me crie : *Qui vive ?* — Monsieur, dis-je à la sentinelle, laissez passer un patriote picard. Mais il me demande si je suis Français, en appuyant la pointe de la baïonnette. Malheur aux muets ! *Prenez le pavé à gauche !* me crie une sentinelle ; plus loin, une autre crie : *Prenez le pavé à droite !* Et dans la rue Sainte-Marguerite, deux sentinelles criant : *Le pavé à droite !* — *Le pavé à gauche !* j'ai été obligé, de par le district, de prendre le ruisseau.

Dans la presse, chaque opinion, chaque parti a ses feuilles, décidées à l'avance à ne trouver de vertu que dans les chefs qu'elles se sont donnés, et à ne voir dans les autres que des ennemis dont elles doi-

vent poursuivre l'extermination. Ces journaux-là
sont libres seulement, dont les chefs sont au pouvoir, qui servent la cause, flattent les passions des
dominateurs du jour; tous les autres sont des empoisonneurs de l'opinion publique, dont il faut au
plus vite débarrasser la société. Et le lendemain
c'était le tour des triomphateurs de la veille. La
presse devait ainsi se suicider de ses propres mains;
comme l'a dit un journaliste contemporain, elle se
dévora par ses propres excès. Car la loi avait, pour
ainsi dire, déposé son glaive, et les journaux n'a-
vaient même pas à la braver.

Le gouvernement aurait-il réussi, par des mesures fermes et prudentes, à contenir et à régler
cette orageuse enfance de la presse périodique, et à
en diriger vers un but salutaire la redoutable activité? On ne saurait l'affirmer, mais il n'y essaya
même pas; tout se borna de sa part à quelques expéditions de la police contre les premiers journaux,
après quoi il sembla s'en remettre à l'Assemblée, qui
s'était arrogé tous les pouvoirs, du soin d'arrêter ce
débordement. L'Assemblée, elle, semblait avoir pris
pour règle de conduite de laisser faire et de laisser
passer, et ce que le gouvernement, mis en tutelle,
subissait par faiblesse, elle le tolérait par système.
Il lui fallut pourtant bien, bon gré mal gré, s'occuper plus d'une fois des abus commis par la voie
de la presse; mais rien de plus indécis, de plus con-

tradictoire que ses nombreuses délibérations sur ce
sujet; nulle suite, nulle consistance, nulle énergie
continue. Aujourd'hui, c'est l'indulgence qui l'emporte; le lendemain la prudence humaine prend le
dessus, et l'on décrète des mesures de rigueur qu'on
révoquera quelques jours après, ou qui ne seront
pas exécutées. Et cependant le torrent se joue de ces
vains obstacles, qu'il franchira ou renversera, jusqu'à ce qu'enfin un bras de fer parvienne à le
dompter, et l'enferme dans des digues étroites que
de longtemps il ne pourra rompre.

Nous reviendrons sur ce côté de notre sujet dans
un chapitre spécial, où nous résumerons cette longue
lutte de l'autorité et de la liberté, lutte qui s'est
poursuivie jusqu'à nos jours à travers des phases
diverses, et dont il serait encore difficile de prévoir
le terme, si tant est qu'elle doive jamais avoir un
terme.

Cependant, je grouperai ici quelques faits propres
à faire connaître l'attitude des nouveaux pouvoirs,
l'attitude du public lui-même, vis-à-vis de la presse,
et à caractériser la lutte qu'elle eut à soutenir, un
peu contre tout le monde, de 1789 au 18 fructidor,
lutte marquée par des incidents d'un assez vif intérêt, et qui me semble renfermer de très-utiles
enseignements.

Presque toujours, quand nos grandes assemblées

s'occupèrent des journaux, ce fut sur la dénonciation de quelqu'un de leurs membres dont le patriotisme s'alarmait des excès de la presse, ou qui voulait venger une injure, collective ou personnelle. On pense bien, en effet, que les journaux n'épargnaient guère les assemblées ni leurs membres. Aussi n'y avait-il pas de jour où la tribune ne retentît de plaintes, de dénonciations, de motions contre les journaux incendiaires. Et les journaux incendiaires, c'étaient, suivant le côté d'où partait l'accusation, les défenseurs du peuple aussi bien que ceux du trône.

Dans la séance du 3 mai 1792, Beugnot dénonce l'*Ami du Peuple* comme provoquant l'armée à l'assassinat de ses généraux. « Ce sont, dit-il, les feuilles de Marat, de Carra, qui ont provoqué tous les désordres. Si l'on veut connaître quels sont les plus mortels ennemis de la patrie, les voilà, ce sont ces prétendus amis du peuple qui prêchent des maximes, qui distribuent des écrits tout dégouttants de sang. » Girardin contre-dénonce, si l'on peut ainsi dire, l'*Ami du Roi*, comme provoquant formellement les troupes à la désobéissance, et comme tendant à l'avilissement des autorités constituées par un système réellement lié, quoique opposé en apparence, à celui de l'*Ami du Peuple* : « Si l'on gémit de voir se vendre et distribuer des papiers qui prêchent l'assassinat, on est bien plus affligé d'en voir d'autres qui se réjouissent des malheurs publics, et de penser qu'il est des citoyens qui se délectent à cette lecture... »

L'Assemblée, tenant la balance égale, décrétait d'accusation l'*Ami du Roi* et l'*Ami du Peuple*. Le lendemain Marat répondait en invitant le peuple à *porter le fer et la flamme sur la majorité gangrenée des députés de la nation.*

Mais la plupart du temps l'Assemblée passait à l'ordre du jour sur ces motions ou dénonciations, ou bien elle renvoyait l'affaire au ministère ou au Châtelet, qui restaient également inactifs, à moins de circonstances exceptionnelles. Ainsi, à la suite de la journée du 17 juillet 1791, il y eut comme une petite terreur. On lit alors dans le *Moniteur,* sous la rubrique FRANCE :

Paris, 22 juillet. — On a arrêté hier M. Verrières, membre du club des Cordeliers, défenseur de M. Santerre dans sa cause contre M. Lafayette. On dit que M. Verrières est l'auteur du journal intitulé l'*Ami du Peuple, par Marat* (1). On a saisi ses presses et ses papiers. Mademoiselle Colombe, directrice de l'imprimerie, a été aussi conduite en prison.

On est allé pour saisir M Fréron, auteur de l'*Orateur du Peuple;* mais on ne l'a pas trouvé chez lui.

M. Suleau, auteur de plusieurs productions aristocratiques, est aussi arrêté.

MM. Legendre, Danton et Camille Desmoulins ont quitté Paris ; on assure qu'il y avait ordre de les constituer prisonniers.

On a arrêté l'auteur d'un ouvrage intitulé le *Père Duchesne.* Il

(1) Marat, dans le premier numéro de son journal qui suivit cette razzia, proteste contre toute participation de Verrières à la rédaction de l'*Ami du Peuple :* « M. Verrières, dit-il, est auteur de l'*Ami de la Loi.* Son style n'est pas le mien. Il est excellent patriote ; mais il n'est pas moi. »

ne faut pas confondre cette feuille avec celle portant le même titre, et qui se publie par lettres rédigées dans des sentiments de paix et de patriotisme qui font honneur au cœur de l'auteur, excellent citoyen et jouissant de l'estime de tous les vrais patriotes (1).

En vertu d'un ordre des comités des recherches et des rapports, la garde nationale est allée pour se saisir de M. l'abbé Royou ; mais on ne l'a pas trouvé chez lui. On a mis le scellé sur une partie de ses papiers, et on s'est emparé de l'autre.

L'*Ami du Roi*, le *Journal de la Cour et de la Ville*, etc., et la *Gazette de Paris*, n'ont pas paru aujourd'hui.

L'Assemblée avait rendu, le 18, un décret qui déclarait séditieux et perturbateurs toutes personnes qui auraient provoqué au meurtre, à l'incendie, au pillage, ou conseillé formellement la désobéissance à la loi, soit par des placards, soit par des écrits publics et colportés, soit par des discours tenus dans les lieux ou assemblées publics, et enjoignait aux officiers publics de les faire arrêter, et de les remettre aux tribunaux, pour être punies suivant la loi. Il y eut alors une réaction de quelques jours en faveur de l'ordre; les deux opinions extrêmes furent également frappées. Mais l'Assemblée, comme fatiguée par ces actes d'énergie inaccoutumée, retomba bientôt dans ses incertitudes et son inaction, la presse dans sa licence et dans ses excès.

(1) « Le Père Duchesne et sa femme, disent les *Révolutions de Paris*, ont été rendus à leur ménage, sous la condition d'être à l'avenir plus circonspects. On connaît la valeur de cette injonction, dont on faisait usage avec succès au temps passé, tout prêt à revenir. » Le journal de Prudhomme s'élève d'ailleurs avec une grande force contre ces violences, dans un morceau que nous espérons pouvoir citer. — Nous verrons à l'article consacré aux *Pères Duchesne* quel était celui auquel le *Moniteur* décerne avec tant de complaisance un brevet de patriotisme.

Il faut dire aussi que la situation des dépositaires de l'autorité était des plus difficiles. A la suite des journées d'octobre, la Commune dénonce au Châtelet la feuille incendiaire de Marat, afin que le procureur du roi ait à s'opposer *aux excès aussi dangereux qu'inquiétants de la presse.* Le Châtelet fait saisir les presses de l'*Ami du Peuple,* et lance contre Marat un décret de prise de corps ; mais les Cordeliers prennent les armes pour le défendre, l'enlèvent de chez lui et le conduisent en lieu de sûreté. Et cette affaire, sur laquelle nous reviendrons, faillit amener la guerre civile dans Paris.

Un autre jour, en février 1793, c'est la Convention qui se soulève à la lecture de quelques articles de Marat, et l'*Ami du Peuple* est décrété d'accusation ; mais le jury du tribunal révolutionnaire est composé de ses fidèles Jacobins, et Marat, acquitté, est ramené triomphalement par le peuple au sein de la Convention.

Trois mois après, la Convention s'attaque au *Père Duchesne,* et elle se heurte à la Commune, qui se dresse devant elle pour lui arracher son substitut. Arrêtons-nous un instant sur ce duel, dont la liberté de la presse fut le prétexte, entre les deux pouvoirs rivaux.

Un des premiers actes de la Commission des Douze, chargée, comme on sait, de la recherche des complots contre l'ordre et la liberté publique,

avait été d'ordonner l'arrestation d'Hébert, que sa
position à la Commune et sa popularité comme journaliste semblaient rendre inviolable (21 mai 1793).
C'était un coup hardi; l'effet en fut prodigieux. La
Commune se constitue en permanence; elle arrête
qu'elle dénoncera à la Convention l'atteinte portée
aux droits de l'homme et à la liberté de la presse, que
les quarante-huit sections seront prévenues de l'arrestation du citoyen Hébert, qui a été arraché à ses
fonctions de magistrat du peuple, et qu'une expédition de son adresse à la Convention leur sera portée
par des cavaliers.

De son côté, le club des Cordeliers, « société des
amis des droits de l'homme et du citoyen, séant
au Musée, rue de Thionville », prenait l'arrêté suivant :

La Société, instruite qu'au mépris de la déclaration des droits
éternels et impérissables qui consacrent la liberté la plus illimitée
des opinions, deux de ses membres, les citoyens Hébert et Varlet,
apôtres de la liberté, ont été arrêtés la nuit dernière pour avoir émis
librement leurs opinions dans leurs discours et dans leurs écrits :

Déclare qu'elle regarde comme des actes de tyrannie les attentats commis contre les citoyens Varlet et Hébert ;

Déclare qu'elle regarde comme un outrage sanglant fait à elle-même et à tous les patriotes de la République et de l'univers
cette conduite illégale et liberticide ;

Arrête que des commissaires pris dans son sein porteront à
l'instant à la Commune, aux quarante-huit sections et aux sociétés
populaires de Paris, cet arrêté, avec invitation pressante de prendre dans leur sagesse les moyens les plus vigoureux de résistance à l'oppression.

Les sections, répondant à ce double appel, dé-
clarent qu'elles prennent Hébert sous leur sauvegarde, et envoient dès députés à la Convention pour
réclamer sa mise en liberté.

Il n'est pas enfin jusqu'à des citoyennes qui font
des proclamations dans les rues, et invitent les
citoyens à se porter à l'Abbaye. C'est dans cette
prison qu'Hébert avait été enfermé. A la première
nouvelle de son arrestation, Chaumette était allé
pour le voir; mais il n'avait pu lui parler, parce
qu'il reposait. « C'est une preuve, ajoutait-il en
rendant compte de sa démarche au conseil, qu'Hébert est innocent, car le crime ne sommeille pas. »
Il y retourne un peu plus tard, et il peut cette fois
embrasser son digne substitut. Hébert est tranquille, dit-il, et prie le Conseil de l'être sur son
compte. Mais, comme on attaque la liberté de la
presse en attaquant Hébert en sa qualité de journaliste, Chaumette demande que la chambre où est
enfermé le martyr de la vérité soit appelée *chambre
de la liberté de la presse,* comme il y avait à la Bastille la *tour de la liberté.*

Cédant à cette formidable pression, la Convention
finit par décréter non-seulement la mise en liberté
d'Hébert, mais encore la cassation de la Commission des Douze. Le 28, le Père Duchesne rentrait
triomphalement à la Commune, au milieu des applaudissements de ses collègues et de tous les ci-

toyens présents, qui l'embrassaient et le serraient dans leurs bras, et Chaumette demandait que la Commission des Douze fût traduite au tribunal révolutionnaire.

En présence de pareils faits, les hésitations des pouvoirs s'expliquent aisément, dans un temps d'ailleurs où tous les pouvoirs étaient confondus et sans force. — « JE N'OSE PAS ! » répondait, avec un sentiment de peine, le procureur du roi, à Malouet, qui était allé lui dénoncer un pamphlet de Marat. — « Eh bien ! lui répliquait avec indignation l'intrépide député qui fit aux écarts de la presse une si constante et si courageuse opposition, jetez donc un crêpe sur l'autel de la justice, pour que tous les citoyens apprennent qu'il n'y a plus de lois ! »

Et puis, si les excès de la presse étaient tels qu'ils dussent alarmer ses meilleurs amis, on comprend que les plus tièdes hésitassent dès qu'il s'agissait de porter atteinte à cette liberté que l'on considérait comme le fondement et la sauvegarde de toutes les autres. Aussi, n'était-ce jamais sans quelque impatience que nos premières assemblées écoutaient les accusations portées contre elle à la tribune, et toutes les fois qu'il fut question de lui donner des entraves, quelles qu'elles fussent, elle ne manqua pas de trouver d'éloquents défenseurs.

Dans un rapport, au nom du comité de l'imposition, sur le droit de timbre, Rœderer, répondant à certaines propositions dirigées contre les écrits périodiques, s'exprimait ainsi (8 janvier 1794) :

Votre comité ne vous propose pas encore d'établir des droits de timbre sur les journaux. On sait combien, dans les circonstances présentes, il importe de ne pas mettre d'entraves à la publication des nouvelles. D'ailleurs, les papiers-nouvelles rapportent au trésor par les droits qu'ils paient à la poste. La *Feuille villageoise*, dont on connaît toute l'utilité, paie à la poste, pour chaque journal, un droit égal à la moitié de la souscription (1).

Six mois après (16 août), cette question du droit de transport se présenta devant l'Assemblée constituante dans la discussion d'un décret relatif aux postes. L'article 17 de ce décret était ainsi conçu :

La taxe des journaux et autres feuilles périodiques sera la même pour tout le royaume, savoir : pour ceux qui paraissent tous les jours, de huit deniers pour chaque feuille d'impression, et pour les autres de douze deniers. La taxe sera de moitié pour les ouvrages qui ne seront que d'une demi-feuille, et les suppléments seront taxés en proportion.

Il s'éleva sur cet article un débat assez long :

M. DAUCHY. Dans l'état actuel, quelques papiers ci-devant privilégiés, tels que le *Mercure de France*, la *Gazette de France*, paient cinq à six deniers de port par feuille d'impression. Les autres feuilles qui paraissent tous les jours paient huit deniers. Ces taxations sont purement arbitraires; il faudra que désormais elles soient fixées par une loi. Nous avons examiné si on pouvait ajouter à ce prix; mais nous avons reconnu que ce serait aller

(1) C'est seulement sous le Directoire, comme nous le verrons plus tard, par une loi du 9 vendémiaire an VI, que les journaux furent assujettis au timbre.

contre le but de l'Assemblée, soit que l'on considère la question sous un rapport fiscal, soit qu'on la considère sous le rapport de l'utilité publique. Si on augmentait cette taxe, il n'est aucun papier public qui pût être vendu.

M. BIAUZAT. Je déclare que je crois qu'il est très-intéressant de favoriser la circulation des journaux. Mais je vois que le prix du port des journaux sera d'un vingt-quatrième du prix des lettres. Ce prix n'est sans doute pas suffisant pour les frais de la poste, et je ne crois pas que l'envoi des journaux doive être à la charge de la nation.

M. LAROCHEFOUCAULD. Votre comité des contributions publiques a examiné cette question dans plusieurs conférences tenues avec le directoire des postes. Il est résulté de cet examen, non seulement que, par le taux qui est proposé, les frais de la poste seront recouvrés, mais qu'il y aura un peu d'excédant. Votre comité n'a pas cru qu'il fût convenable, ni même possible, d'établir une branche de revenu vraiment lucrative sur la circulation des feuilles publiques. Si vous examinez cet objet sous un point de vue fiscal, je vous dirai qu'en augmentant le tarif vous diminuez le produit, en rendant la circulation de plusieurs feuilles impossible ; le plus léger surhaussement de taxe priverait de tout bénéfice les auteurs des productions les plus utiles, telles que les journaux d'agriculture, de physique, d'histoire naturelle, de médecine, etc., qui par leur nature ne sont pas susceptibles d'avoir un grand nombre de souscripteurs ; et les journaux que l'on aurait peut-être en vue d'écarter sous le poids d'un impôt onéreux seraient précisément ceux que l'avide curiosité du public ferait résister à la surtaxe. Personne d'ailleurs ne révoquera en doute que, de tous les commerces, celui des idées soit le plus précieux, et je crois que vous devez le favoriser de toutes les manières. (On applaudit.)

La question revint en l'an V, alors que le Directoire cherchait à entraver la liberté de la presse par toutes sortes de moyens. On s'occupait d'un nouveau projet de tarif pour la poste aux lettres. Fabre de l'Aude avait proposé d'augmenter le prix du port des journaux.

Boissy d'Anglas objecte le danger d'anéantir la circulation de la pensée.

Réal dit que ce n'est pas la question, et qu'il s'agit uniquement de savoir si la taxe à payer ne doit pas être telle qu'elle couvre au moins les dépenses de transport : il propose de doubler la taxe actuelle.

Rouzet pense que, si le gouvernement avait regardé le transport des journaux comme onéreux à l'Etat, il n'aurait pas refusé de s'en dessaisir et de le confier à des entreprises particulières : il vote pour le maintien de la loi existante.

Bion convient que les frais ne sont pas couverts; mais il ajoute que c'est parce que le Directoire charge tous les jours la poste de mille trois cent huit livres pesant de journaux qui ne paient pas un sou.

Delahaye s'attache à prouver que, si l'amendement de Fabre est adopté, non-seulement la circulation des journaux est arrêtée, mais encore le coup le plus funeste est porté à l'esprit public.

Villetard dit que ces considérations peuvent être puissantes; mais que l'intérêt public fait un devoir, dans les circonstances présentes, de ne pas prodiguer les trésors de l'Etat : il appuie l'amendement.

Pelet de la Lozère ne peut voir dans des mesures telles que celle qu'on présente qu'un moyen indirect, mais sûr, d'enchaîner la liberté de la presse : « Ceux qui ont conçu depuis longtemps ce projet, dit-il, en connaissent-ils toutes les conséquences? et peuvent-ils oublier que la France fut asservie le jour où la liberté d'écrire fut anéantie? »

Thibault vote pour l'amendement de Réal, et déclare que nous ne sommes point assez riches pour être généreux.

Couchery annonce qu'il va proclamer une vérité dure, mais nécessaire : « C'est que, par ces propositions astucieuses contre les journaux, on cherche à rétablir une nouvelle tyrannie, et l'on veut l'amener par le silence de la terreur. On redoute l'indépendance des journaux : parce qu'on n'a pu acheter leur silence, on veut, par des impôts, arrêter cette explosion que, de toutes parts, ils provoquent contre les entreprises du pouvoir arbitraire. »

Bourdon traite ces craintes de chimériques : il appuie l'amendement de Réal, qui est adopté, ainsi qu'un autre de Gilbert-Desmolières, portant que les journaux ne pourront partir que sous bande, et qu'ils seront tous taxés, à l'exception du journal des *Défenseurs de la Patrie*, lorsqu'il sera envoyé aux armées seulement.

Parmi les entraves que l'on voulut mettre à la libre circulation de la pensée, nous devons mentionner l'obligation que l'on songea un instant à imposer aux auteurs d'ouvrages périodiques de les signer de leur nom. Camus fit adopter par le Conseil des Cinq-Cents, le 28 germinal an IV, une résolution dans ce sens, qui faisait de la signature une obligation, et rendait les imprimeurs responsables des ouvrages qui ne seraient pas signés; mais cette mesure fut rejetée le même jour par le Conseil des Anciens.

Ce ne fut pas, nous le verrons bientôt, la seule preuve que le Conseil des Anciens donna de sa modération et de ses dispositions libérales. La presse avait dans son sein un ardent défenseur, que je dois signaler à la reconnaissance des journalistes présents et futurs : c'était Decomberousse. Ce vertueux magistrat voulait moraliser la presse en lui appliquant l'antique institution des rosières. Il ne refusait pas d'avouer les torts de la plupart des journaux; mais il les attribuait en partie au peu d'encouragement qu'on leur avait donné. Il demandait donc que chaque année on proclamât, à la fête de la République, le nom du journaliste qui aurait le mieux servi la chose publique par ses feuilles.

Mais, en revanche, comme ils étaient houspillés

parfois au Conseil des Cinq-Cents, ces pauvres journalistes! Il ne faudrait pas croire, en effet, qu'ils
eussent le monopole des violences de langage ;
écoutez plutôt **M. Talot (9 brum. an V)** :

> Je viens attaquer les vrais assassins de la patrie ; je viens dé-
> noncer une trentaine de gredins, de publicistes, qui s'emparent
> de l'opinion publique et déchirent chaque jour le gouvernement...
> Eh quoi! la République n'aura-t-elle été fondée que pour alimenter
> deux classes ennemies de ses lois, les agioteurs et les journalistes!
> Institués pour fonder et améliorer la morale publique, ils ne sa
> vent que calomnier, diviser et flétrir. Les clubs ont rendu des
> services dans le commencement de la Révolution ; bientôt ils ont
> fini par se corrompre et devenir dangereux. Eh bien! chaque
> journaliste est un club ambulant, prêchant la révolte et la déso-
> béissance aux lois. Il est impossible qu'un gouvernement sub-
> siste et établisse l'ordre et l'harmonie au milieu d'éléments aussi
> destructeurs. Il faut une loi qui réprime enfin les délits de la
> presse, ou bien permettre à chacun de se servir de la même li-
> berté *pour presser les omoplates de son calomniateur.*

Cette liberté d'un nouveau genre de presse, un
des collègues de Talot, Bellegarde, en avait usé,
sans en attendre la permission, quelques jours auparavant, contre le citoyen Langlois, rédacteur du
Censeur des Journaux, qu'il n'avait pas craint de
frapper dans l'un des corridors du Conseil. Pour
ce fait, un arrêté des Cinq-Cents, pris en comité
secret, le 13 vendémiaire an V, avait ordonné à
l'agresseur de garder les arrêts pendant trois jours.

Le 18 pluviôse, Talot étant revenu à la charge,
et demandant qu'une discussion sur les délits de la

presse s'ouvrît à l'instant, Darracq s'oppose à ce
qu'on s'occupe de cette affaire; mais ce n'est pas
précisément par tendresse pour la presse. Il rappelle
qu'au commencement de la session, le Directoire
demanda une loi contre les *catins* : une commission
fut nommée; mais il n'y eut pas de rapport présenté, on n'en parla même pas : le ministre de la
police et la Salpétrière ont suffi. Les journalistes
sont semblables aux prostituées : comme elles, ils
ont leurs trotteuses, leurs promeneuses, et, comme
elles, ils distillent le venin : qu'on en agisse donc
avec eux comme avec les catins.

Le 25 germinal, Delmas, apostrophant les rédacteurs de journaux dans leurs tribunes, les accusait
d'avoir mille fois poignardé la République, et leur
imputait tous les crimes de la Révolution.

A l'époque où nous prenons ces scènes, il y avait,
on le sait, une réaction contre la presse, qui explique jusqu'à un certain point ces emportements.
Ils n'étaient pourtant pas nouveaux. Ainsi, à la
Convention, le 8 mars 1793, Duhem, demandant la
parole pour une motion importante, s'exprimait
ainsi :

Il faut faire taire ces insectes calomniateurs, qui sont les seuls,
les véritables obstacles des progrès de la Révolution. Je demande
que ces folliculaires, dont l'unique emploi est de corrompre l'esprit public, de calomnier la Convention nationale, de la représenter aux yeux de ses commettants comme indigne de sa mission;

il faut que ces hommes, qui s'attachent à calomnier les patriotes, que tous ces auteurs de journaux, que ces courriers qui vont jeter l'alarme dans tous les départements, que les rédacteurs de tous ces papiers incendiaires, ou plutôt somnifères, soient enfin soumis à la puissance nationale, et que ces reptiles impurs soient obligés, comme après la révolution du 10 août, de se cacher dans leur honte.

Je demande que la Convention chasse de son sein tous ces êtres immondes (*Un grand nombre de voix : Oui ! oui !*), et qu'on charge le comité de sûreté générale de les mettre à la raison ; je demande que les journalistes soient tous expulsés de cette salle.

— Laissons, laissons coasser dans la boue et la fange ces vils insectes, répond André. Mais il est une police particulière que la Convention a droit d'exercer dans son enceinte. Je crois que l'on peut, sans violer les principes, chasser des places qui leur sont accordées dans cette enceinte ceux des journalistes qui en abusent pour corrompre l'esprit public.

Je laisse à penser quelles tempêtes de pareilles diatribes devaient soulever dans la presse. Après avoir rapporté la violente sortie de Duhem, « jadis chaud patriote, et qui ne doit son entrée à la Convention qu'à ses motions d'une popularité excessive, les *Révolutions de Paris* s'écrient avec une juste indignation :

Et la Convention indignée ne s'est pas soulevée tout entière pour rappeler à l'ordre, avec censure et insertion au procès-verbal, celui de ses membres qui venait de la déshonorer en la supposant capable de mettre en question le principe sacré, seule base, seul boulevard de la République, le principe de la liberté de la presse ! Duhem, tu es un mauvais citoyen ou un lâche, choisis : un mauvais citoyen, en écartant des législateurs le seul frein capable de les retenir dans le devoir; un lâche, si tu ne sais pas braver les stylets de la calomnie. Et tu as pu trouver des complices !... Thureau de l'Yonne (afin que son département n'en ignore) demande que le *Bulletin* soit le seul qui puisse circuler dans toute la République.

Faites mieux, représentants du peuple, videz aussi vos tribunes, fermez les portes de votre salle d'assemblée; tenez vos séances à huis clos, afin de dérober vos turpitudes à l'œil sévère du public. Et c'est à la veille de jeter les fondements d'une constitution libre que la Convention entend de sang-froid de tels blasphèmes contre la liberté de la presse; il a fallu que Fonfrède en prît sérieusement la défense. Sachez, législateurs, que sans elle, sans la liberté de la presse, vous ne seriez pas rassemblés en Convention; sans elle, la contre-révolution ne serait pas à faire. Rougissez du parallèle : en 1788, l'an dernier du despotisme, Louis XVI appelle lui-même, provoque les lumières de toute la nation sur l'assemblée des notables et celle des Etats généraux; en 1793, l'an Ier de la République, des représentants d'un peuple libre, choisis pour lui rédiger des lois, proposent de proscrire la surveillance des écrivains; il est besoin qu'une discussion s'établisse et s'engage avant de passer à l'ordre du jour sur une motion aussi monstrueuse !

———

On voit par la motion de Duhem que des loges étaient affectées, dans l'Assemblée nationale, aux journalistes, ou, du moins, à certains journalistes. Il paraîtrait, en effet, que dans l'origine ce fut une faveur accordée à quelques journaux bien pensants, c'est-à-dire pensant comme la majorité de l'Assemblée — car la liberté, en toute circonstance, procédait par exception. On en jugera par quelques incidents que j'ai relevés dans le *Moniteur*.

Dans la séance permanente du 10 août 1792, un

député demande que les loges du *Logographe* et du *Journal des Débats* soient fermées : « Ces journalistes, dit-il tronquent les faits, dénaturent nos séances, et distillent avec l'art le plus perfide le poison de l'incivisme. »—Baudouin, entrepreneur de ces journaux, est entendu à la barre : il déclare que ni lui, ni ceux qui concourent aux opérations logographiques et typographiques de ces feuilles, ne partagent les intentions des rédacteurs. Il s'engage à changer ceux du *Logographe,* et à soustraire ce journal à toute influence étrangère. La fermeture de la loge du *Logographe* est néanmoins décrétée, sur l'insistance de Thuriot que ce sont des intrigants de la Cour, des capitalistes contre-révolutionnaires, qui sont les propriétaires de cette feuille, à la rédaction de laquelle président la perfidie et le crime. — Le 18, sur la réclamation des *notateurs* du *Logographe,* qui, collaborateurs passifs, en ont souvent blâmé la rédaction, et qui veulent entreprendre un autre ouvrage, plus fidèle et plus vrai, la loge leur est rendue. Là-dessus, Chabot veut qu'une commission examine s'il convient de décerner un local particulier à tel ou tel journal. Dans ce cas, il en demanderait un pour tous les journaux : car le *Logographe,* le *Moniteur* et autres, n'ont pas plus de droit à un local particulier que la *Gazette de Paris* et l'*Ami du Roi* (1).

(1) Quand Louis XVI, le 10 août 1792, se réfugia dans le sein de l'Assemblée

La même scène se reproduit au Conseil des Cinq-
Cents le 18 pluviôse an V : Dubois-Crancé dénonce
comme royalistes le *Précurseur*, l'*Eclair*, le *Gardien
de la Constitution*, les *Actes des Apôtres*, le *Messager
du Soir*, et demande que les tribunes des journalistes
soient évacuées par eux et rendues au public. —
Dumolard combat la proposition, et contre-dénonce,
comme incendiaires et anarchistes, le *Père Duchesne*, l'*Ami de la Patrie*, l'*Ami des Loïs*, le *Journal
des Hommes libres*, la *Sentinelle*. L'Assemblée passe
à l'ordre du jour, mais après de longs débats.

C'étaient, en effet, pour certains députés et dans
certaines circonstances, des témoins assez incommodes, que ces journalistes, épiant, contrôlant,
stéréotypant en quelque sorte, pour en instruire
l'univers, les moindres mots et les moindres gestes.
Mais plus souvent encore l'amour-propre y trouvait
son compte. Combien se pavanaient dans leur petite
célébrité, qui, sans les journaux, seraient demeurés
parfaitement inconnus ! Et puis, il est si doux de se
voir imprimé tout vif, de voir ses petites motions et
ses grands discours répercutés par ces mille échos,
après tout assez complaisants ! Et même les plus
brillants tournois, que serait-ce sans cette éclatante
publicité des journaux !

législative, c'est dans la loge du *Logographe*, ou, selon d'autres, du *Logotachygraphe*, qu'il prit place avec sa famille.

A ce sujet, la *Chronique de Paris* décoche ce trait à Barnave, qui s'était fait remarquer parmi les agresseurs de la presse :

« M. Barnave a décidément pris en grippe la philosophie et les journalistes ; chaque jour il fait une vive sortie contre l'une et contre les autres. On ne peut lui reprocher de l'ingratitude envers la première : ce n'est pas à elle qu'il doit ses *idées réelles et non métaphysiques,* et l'on ne dira jamais que c'est un enfant devenu fort qui bat sa mère. Mais, pour les journalistes, eh ! s'il veut faire son examen de conscience, il conviendra qu'il a bien quelques petits reproches à se faire : car, enfin, ne sont-ce pas les journalistes qui ont été les trompettes de sa gloire ? Il n'aurait pas dû oublier ce qu'il doit à des hommes qui, chaque jour, ont pris la peine d'achever ses phrases et de compléter ses idées, de débarrasser sa diction des *relativement à ce qui concerne,* des *par rapport à ce que,* des parenthèses éternelles, des phrases à la Maimbourg, qui défigurent tant soit peu le style de ce célèbre orateur, et enfin qui lui ont rendu l'important service d'*écrire* ses discours autrement qu'il ne les *parle.*

» Ce qu'il y a de singulier, c'est que ces boutades du jeune monsieur sont vivement applaudies. Les journalistes sont tentés de demander à l'Assemblée nationale si elle exige qu'ils ne parlent plus d'elle ni de ses opérations, et que leur profond respect se renferme dans un profond silence (1). »

Les assemblées, d'ailleurs, comptaient parmi leurs membres un certain nombre de journalistes, qu'on ne pouvait évincer. On ne fut pourtant pas sans y songer. Un conventionnel, Lacroix, demanda, le 9 mars 1793, que tous les membres de la Convention qui faisaient des journaux fussent tenus d'opter entre la qualité de folliculaire et celle de représentant du peuple. « Je vois avec peine, dit-il, que des représentants du peuple, qui sont envoyés ici pour faire de bonnes lois, pour s'occuper des intérêts du peuple, s'amusent à faire des journaux, à gangrener l'esprit des départements. » La motion fut appuyée par Thuriot : « Les députés qui font des journaux volent, dit-il, l'indemnité qu'ils reçoivent de la nation ; un représentant de la nation doit tous ses instants à la République ; il faut rétablir la nation dans ses droits » La Convention prit une ré-

(1) *Chronique de Paris*, 16 août 1791. — Le surlendemain la *Chronique* croit devoir expliquer cette expression : *phrase à la Maimbourg,* « que bien des personnes lui ont reprochée, et qui dans le fait ne peut être entendue que des gens de lettres. Comme M. Barnave pourrait en ignorer la signification, nous lui devons, ainsi qu'à nos lecteurs, de dire que Maimbourg était un jésuite historien dont les phrases, enchevêtrées de parenthèses qui enchâssent d'autres parenthèses qui en contiennent d'autres éternellement concentriques, tiennent une page et quelquefois deux pages de longueur, de sorte qu'il ne faut pas être asthmatique pour les lire. C'est ce que Madame de Sévigné appelait un *chien de style*, et ce dont Voltaire a pris la peine de se moquer ; et c'est aussi d'après ces autorités respectables que nous nous sommes permis d'en rire modérément, et en tout bien et tout honneur. »

Une autre fois, la *Chronique* donnait cette définition de Barnave à la tribune « C'est un orateur..... éloquent comme un adverbe, précis comme une parenthèse, et harmonieux comme une conjonction. »

solution dans ce sens ; mais elle fut rapportée deux mois après, et les journaux restèrent décidément maîtres de la place.

Il y avait bien un expédient encore, et qui fut plus d'une fois mis sur le tapis dans les assemblées qui se succédèrent : c'était d'avoir un journal à soi, un journal officiel, qui aurait fait qu'on eût été moins dans la dépendance des autres ; mais on ne s'y arrêta point, et les motifs en sont faciles à comprendre.

Cette question fut posée devant les Etats généraux dès les premiers jours de leur réunion, sous l'impression des débats que souleva la suppression du journal de Mirabeau (1); mais il ne pouvait s'agir alors que d'assurer la publicité des travaux de l'Assemblée. On lit à ce sujet dans le *Moniteur* :

COMMUNES. — *Séance du mercredi 20 mai.*

Après plusieurs observations préliminaires proposées par divers membres, et dont aucune n'a été réduite en motion, M. La Borde de Méreville a mis sur le bureau celle qui suit :

Qu'il soit formé provisoirement un comité de rédaction, composé de certaines personnes qui seront choisies au scrutin ;

Que tout ce que l'Assemblée jugera à propos de faire paraître en son nom, manuscrit ou imprimé, soit renvoyé à ce comité pour y être rédigé et présenté, ensuite lu par lui à l'Assemblée avant d'être publié ;

Que ce comité avisera au moyen de faire imprimer et parvenir

(1) Voir plus loin l'article consacré à Mirabeau et au *Courrier de Provence.*

sûrement dans les provinces ce que l'Assemblée jugera à propos de publier.

Cette motion est vivement combattue.

Plusieurs membres représentent qu'il ne faut pas décréter avant d'être constitué ce que l'on fera lorsqu'on sera constitué ; qu'il est imprudent de discuter, avant que l'Assemblée soit en activité pleine et légale, des questions sur lesquelles il lui appartiendra et n'appartiendra qu'à elle de prononcer ; que, quant à présent, elle n'a besoin que de notes à peu près semblables à ce qu'on appelle les notes du parlement d'Angleterre, et où les motions, leurs amendements, et le nombre des voix pour ou contre, sont simplement rapportés ; qu'il ne peut pas être intéressant de publier une notice aride ; mais qu'il est souverainement important de ne rien imprimer avec précipitation au nom de l'Assemblée.

Séance du vendredi 22 mai. — La motion de M. de La Borde continue d'être débattue.

M. de La Borde et M. Target proposent d'en restreindre l'objet à la seule impression d'un journal motivé de ce qui se passe, qui sera rédigé par un petit nombre de commissaires choisis au scrutin. Malgré ces amendements, elle ne trouve presque que des opposants. On dit que ce n'est pas le moment d'imprimer un journal motivé ; qu'on verra ce qu'il y aura à faire si les conférences n'ont pas une bonne issue ; que les adjoints du président tiennent note de ce qui se fait dans l'Assemblée ; que les commissaires sont chargés de faire de même pour les conférences, et qu'on trouvera toujours dans leur travail les matériaux de ce qu'il faudra écrire, s'il devient nécessaire un jour de rendre compte à la nation de la conduite de ses représentants.

On recueille les voix, et la motion est rejetée à la presqu'unanimité des suffrages.

Le lendemain, on lit une adresse de M. Panckoucke aux Etats généraux, dans laquelle il sollicite l'impression du journal de l'Assemblée nationale, comme supplément naturel du *Mercure de France,* le plus ancien des journaux, dépôt, en 1614 (!) des principaux actes des Etats généraux, consulté encore aujourd'hui à cause de l'authenticité de ses rapports ; il représente d'ailleurs que cent mille écus de redevance qu'il paie au gouvernement ou aux auteurs méritent quelques égards.

Plusieurs membres observent que cette adresse se lie à la motion qui vient d'être rejetée ; en conséquence elle n'a pas de suite.

La gazette manuscrite dont j'ai parlé ci-dessus, page 37 , nous fournit sur cet incident quelques détails un peu moins arides.

Le 20, dans la chambre de la noblesse, M. de La Borde a fait une motion dont l'objet était de créer un comité de rédaction, composé de vingt-quatre membres, qui serait chargé de rédiger tout ce que l'assemblée jugerait digne d'être rendu public, au moyen d'une imprimerie qui serait aux ordres des Etats généraux, et qui constaterait d'une manière solennelle les opérations des chambres. Les rapports peu exacts de quelques feuilles publiques, et la nécessité de les redresser, étaient le texte de cette motion. Elle a été assez vivement combattue dès le jour qu'elle a été faite ; mais le surlendemain 22, la motion ayant été reprise, la chaleur de ceux qui l'avaient combattue a été encore plus forte. On a exposé qu'un journal confié à la rédaction de vingt-quatre personnes élèverait une sorte d'aristocratie dans le sein d'un corps où tout doit mener à l'égalité, qu'il tendrait à transformer une assemblée nationale, chargée des plus grands intérêts, en une coterie de beaux esprits, où peut-être on se montrerait plus soigneux de bien dire que de bien faire, et qu'enfin l'idée seule d'annoncer un journal par des membres des Etats généraux était contraire à la dignité et aux devoirs des représentants d'une si grande nation. Toutes ces considérations ont déterminé l'assemblée à rejeter presque unanimement la motion du journal, qui n'a eu pour elle que trente-six voix. On ajoute qu'un membre a fait observer que les Etats généraux ne seraient pas sans inconvénients leurs propres historiens, et que la nation, attentive à tous leurs travaux, ne serait pas pour cela privée de l'avantage de les connaître, puisqu'au milieu des débats et des rapports qui four-millent dans une grande assemblée, et qui se communiquent par tant de bouches et par tant de plumes, les grandes vérités ne manqueraient pas de surnager. Il semble, en effet, que la liberté de la presse demandée dans presque tous les cahiers, doit garantir incessamment la nation de toute surprise sur les actes de la grande cause qui se plaide actuellement sous ses yeux : les partis peuvent bien surprendre un moment la foi publique, mais la surprise n'est jamais de longue durée lorsqu'elle est librement combattue, et c'est peut-être dans ces débats, quelque pénibles qu'ils soient pour les amours-propres particuliers, que le triomphe de la vérité s'établit avec plus de force et de succès vraiment durable.

Je trouve encore dans la même gazette cette mention, qui a sa petite importance :

Il paraît tant d'écrits sur les Etats généraux qu'on se trouve embarrassé sur le choix des lectures. Les faits exacts se trouveront désormais consignés dans le *Journal de Paris,* conformément à la permission qu'en ont reçue les auteurs; de sorte que ce journal servira de guide assuré au milieu des réflexions et des débats que les autres écrits rapporteront.

Plusieurs autres propositions furent faites aux assemblées qui suivirent pour la création d'un journal officiel; plusieurs essais furent même tentés : ainsi, le *Logotachygraphe* pour l'Assemblée législative, et pour les Conseils le *Tachygraphe,* dont l'établissement fut vivement combattu, entre autres par Pastoret, qui le croyait inutile, dangereux, inconstitutionnel. « L'armée, ajoutait-il, a encore des besoins; les fonctionnaires publics sont encore mal payés; les malheureux rentiers ne le sont pas, et on vous propose une dépense de *un million six cent mille francs* pour avoir un journal de plus, à l'instant même où l'on se plaint que la France en est inondée ! » Le *Tachygraphe* fut néanmoins adopté par les Cinq-Cents après une longue discussion, mais la résolution fut annulée par les Anciens.

Nous parlerons ailleurs du *Moniteur universel;* ici, nous nous bornerons à dire que ce n'est que depuis le mois de nivôse an VIII qu'il a reçu son caractère officiel et qu'il est devenu le journal du gouvernement.

On pourrait encore nommer le *Logographe*, qui, s'il ne fut jamais reconnu expressément comme journal officiel, s'en donnait volontiers les airs; cette feuille, d'ailleurs, fut créée dans des vues assez singulières, et qui méritent d'être rapportées. C'est à Beaulieu que j'emprunte ce trait curieux.

« Ce journal, dit-il, plus volumineux encore et plus exact que le *Moniteur*, fut imaginé, en 1790, par MM. Adrien Duport, de Lameth et autres députés du parti le plus révolutionnaire de l'Assemblée. Ils avaient eu cette idée pour se mettre à l'abri des sarcasmes que leurs adversaires lançaient à chaque instant contre eux, pour arrêter leurs cris, leurs interpellations, pour déjouer enfin tous les stratagèmes qu'ils mettaient en usage pour paralyser leurs opérations. Il était naturel de croire

que des hommes, la plupart d'une haute distinction, qui désiraient être respectés, craindraient de
rendre l'Europe spectatrice de débats où souvent
eux-mêmes ne se respectaient guère, n'aimeraient
pas à voir imprimées les expressions incohérentes
et peu décentes souvent que l'irréflexion et la violence leur arrachaient. Le *Logographe* eut une partie
du résultat qu'on avait attendu : il rendit pendant
quelque temps l'Assemblée un peu plus circons-
pecte.

» Ceux qui l'avaient conçu en firent les premiers
frais. On trouvait dans cette feuille tout ce qui avait
été dit dans chaque séance, et jusqu'aux expressions
les plus fugitives ; rien absolument n'était oublié.
Comme les recettes du *Logographe* ne pouvaient
couvrir ses dépenses, MM. de Lameth et leurs amis,
s'étant rapprochés du roi, le déterminèrent à faire
un fonds pour le soutenir, en lui faisant entendre
que la publication de tous les propos, au moins in-
considérés, qu'on tenait alors au Corps législatif,
ne pouvaient produire qu'un très-bon effet pour le
maintien ou la restauration de l'autorité royale.
Aussi les auteurs du 10 août détruisirent-ils le *Logographe*, comme un écho trop fidèle de toutes les
sottises qu'ils voulaient avoir le privilége de dire,
sans qu'on eût le droit de les publier (1). »

Quoi qu'il en soit, on voit de bons esprits re-

----

(1) Beaulieu, *Essais historiques sur la Révolution de France*, t. II, p. 39.

gretter, pendant le cours de la Révolution, l'absence
d'une feuille officielle.

« Si l'Assemblée nationale, disait la *Chronique de
Paris,* avait dépensé deux millions par an pour distribuer gratis à toutes les municipalités et à tous les
curés un bon journal de ses travaux, les malveil-
lants n'auraient pas réussi à les calomnier, les libelles incendiaires n'auraient pas trouvé de lecteurs, nous n'aurions pas éprouvé tant de crises, et
beaucoup de malheurs n'auraient pas eu lieu. » Et
elle ajoutait : « L'Assemblée nationale réparera sans
doute cette omission en faisant imprimer la Constitution française à quelques millions d'exemplaires,
pour qu'il y en ait un dans chaque maison. On doit
la faire traduire en breton, en béarnais, en langue-
docien, en italien, en allemand et en flamand, pour
les peuples des départements où ces idiomes sont en
usage. Pour éviter les frais d'envoi, chaque département devra être autorisé à faire une édition d'une
quantité proportionnée à sa population (1). »

Pour ce qui est de la Constitution, j'aurais volontiers opiné comme la *Chronique ;* mais je ne saurais partager entièrement sa confiance dans les effets d'un journal officiel : un pareil journal aurait
eu de bons résultats, incontestablement, mais il
aurait été impuissant à conjurer les ravages de la
mauvaise presse.

(1) *Chronique de Paris,* 12 septembre 1791.

A défaut de journal officiel, tous les gouvernements de la République, la Convention comme la royauté, eurent leurs journaux officieux, qu'ils subventionnaient d'une ou d'autre façon.

Nous avons déjà nommé quelques feuilles dont la liste civile faisait les frais, entre autres le *Chant du Coq*. On voit dans le rapport fait par Valazé au nom de la commission des Vingt-Quatre, le 6 novembre 1792, sur les papiers de l'armoire de fer et autres, que le *Postillon de la Guerre* avait reçu, en mai et juin, 8,000 livres, et le *Logographe,* en trois mois, 34,560 livres.

La Convention faisait circuler le *Père Duchesne* dans tous les départements, et l'envoyait par ballots aux armées ; et ce n'était pas le seul journal dont elle favorisât la propagande. Dans la séance du 24 octobre 1793, Chabot propose à l'assemblée de déclarer que nul comité et nul ministre ne pourra solder aucune feuille publique, et que les rédacteurs répondront personnellement des calomnies qu'ils inséreront dans leurs journaux contre les comités et les membres de la Convention. C'est en payant des folliculaires, ajoute-t-il, que Roland est parvenu à couvrir d'ignominie les défenseurs de la liberté.

Ce grief contre Roland, on le trouve encore formulé avec beaucoup de vivacité dans les journaux du temps.

Le bonhomme Roland, pour un bigot, paraît si familier avec le mensonge qu'il n'en rougit plus, pas même des plus puants. On sait qu'il a produit un compte où il prétend, d'après une addition par sous et par deniers, n'avoir dépensé que 27,000 livres sur les sommes immenses mises à sa disposition pour frais extraordinaires. Qu'il nous dise donc qui paie les affiches de la *Sentinelle*, placard destiné depuis près d'une année à endormir le peuple, à flagorner Roland, et dont le prix doit aller au moins à 20,000 livres par année ! Qu'il nous dise qui paie les feuilles de Gorsas et Dulaure, dont il prend quelques centaines d'exemplaires par'jour ! Qu'il nous dise qui paie les libelles de Gorsas et Dulaure, que l'on distribue chaque jour aux députés sous toute espèce de formes, tantôt sous celles de placards ou de journaux et tantôt sous celles de feuilles volantes ou de brochures (1) !

Gorsas, Dulaure, la *Chronique* et tous les papiers nouveaux sont vendus à Roland, dit encore Marat, à l'exception de quelques feuilles patriotiques, telles que Audouin, qui se remonte, Camille, qui pourrait être meilleur, et Prudhomme, qui ne vaut pas grand'chose. Le *Républicain*, qui a remplacé le *Logographe*, est fait à ses frais ; les rédacteurs sont : Riffe, grenadier des Filles-Thomas, Deslandes et Roucher. Roland cherche à raccoler les folliculaires, il vient d'être dénoncé par le *Père Duchesne*, auquel il proposait de l'argent pour le flagorner, comme l'honnête Gorsas, qui se prostitue au plus offrant et dernier enchérisseur (2).

En cela, cependant, Roland ne suivait pas seulement les errements de ses prédécesseurs, il usait d'un droit que la loi lui avait expressément accordé, je dirais presque d'un devoir qu'elle lui avait imposé, et le compte qu'il rendit de sa gestion à la Convention prouve qu'il n'en avait pas abusé. Un décret avait mis à sa disposition, « pour

---

(1) *Journal de la République française,* n° 38, novembre 1792.
(2) *Id.,* n° 61, 30 novembre 1792.

frais de correspondance et d'impression des écrits
propres à éclairer sur les trames criminelles des ennemis de l'Etat », un fonds de 100,000 livres, dont
l'emploi était laissé à sa volonté. Il en avait dépensé
seulement 33,000 livres, et il en rapportait l'état,
avec les noms des parties prenantes et les quit-
tances. Nous reproduirons quelques articles de ce
compte « par sous et deniers », auquel Marat fait allusion, et c'est à lui-même que nous les emprun-
terons :

Au citoyen Reynier, imprimeur, pour impressions et ports de
la *Sentinelle* (en six articles), 9,078 liv. (1).

Au même, pour plusieurs trimestres de la *Chronique,* deux
lettres de Thomas Payne, lettre de Brissot, affiches de Gonchon,
l'orateur du faubourg Saint-Antoine, etc., 3,683 liv.

Au citoyen Courier, imprimeur, pour impression et pour un
certain nombre d'exemplaires de la *Trompette du Père Duchesne*
(en trois fois), 396 liv.

Au citoyen Colomb, imprimeur, pour 11,600 exemplaires (en
trois fois) du *Journal des débats et de la correspondance des Jacobins,* 580 liv.

Souscription pour trois mois au *Journal des débats et décrets de
l'Assemblée nationale* en faveur de la municipalité de Magnes, 15 liv.

Souscription pour le *Courrier de Paris dans les départements,*
pour trois mois, en faveur de la société des Jacobins de Fau-
quembergen, département du Pas-de-Calais, 22 liv. 10 s.

Au citoyen Hélie, pour la *Feuille villageoise,* troisième année,
en faveur du curé d'Antouillet, département de l'Eure, 9 liv.

---

(1) M Thiers semble croire que c'est après la retraite de Roland que la *Sentinelle* fut subventionnée. « Roland, dit-il, pendant son ministère, avait alloué des
fonds pour éclairer l'opinion publique par des écrits, et c'est avec un reste de ces
fonds qu'on imprimait la *Sentinelle.* » Il y a là, comme le montre le compte de
Roland, une erreur évidente.

Au citoyen Lepage, pour 600 exemplaires du n° 1167 du *Patriote français,* 20 octobre ; pour 500 exemplaires du n° 1196, 18 novembre ; pour 500 exemplaires du n° 1215, 6 décembre ; pour 1,600 exemplaires de l'*Adresse à tous les républicains,* et pour 1,000 exemplaires de la *Réponse à Clootz,* 1,280 liv.

Ayant pensé que l'un des meilleurs moyens pour répandre l'instruction était de faire connaître les bons écrits déjà faits, il m'est arrivé de choisir, parmi les numéros de journaux publiés depuis le 10 août, ceux qui pouvaient être les plus conformes à cette vue : c'est ainsi que j'ai pris et répandu divers numéros du *Thermomètre du jour,* du citoyen Dulaure (en deux fois), 452 liv. 10 sous.

Dans les mêmes vues, j'ai arrêté de prendre par jour un nombre d'exemplaires du *Courrier des Départements,* et de les faire expédier. En conséquence, pour 15 collections et pour 100 exemplaires chaque jour, pour lesquels le rédacteur a réduit son prix à moitié, c'est-à-dire à ses simples déboursés, et ce depuis le mois d'août jusques et y compris le mois de janvier, 3,082 liv. 8 sous.

Les autres articles concernent des écrits de diverse nature, parmi lesquels je remarque :

Observations de Favier sur l'Autriche, ouvrage qui expose ce que l'alliance avec cette maison a coûté à la France, 571 liv. — *Influence de la liberté sur la santé, la morale et le bonheur,* 352 liv. — Placard intitulé la *Dernière heure,* invitant les citoyens à se lever lors de l'invasion des Prussiens, 235 liv. — A Reynier, pour impression de diverses brochures et avis pour être distribués aux soldats autrichiens, du 28 août au 22 septembre, 4,275 liv. — Au citoyen Bonnemain, pour avoir été employé à la recherche et expédition d'écrits politiques propres à l'instruction, 300 liv. — Au citoyen Rousseau, pour 360 exemplaires d'une brochure intitulée *Chants du patriotisme,* etc. (1), 508 liv.

---

(1) « Ces chants, lit-on dans la *Chronique de Paris* (7 mai 1792, supplément), nous présentent l'instruction la plus solide sous les attraits piquants du plaisir le

10 sous ; au même pour *Dialogues en chansons sur le succès du roi Guillaume,* 11 liv. 10 sous. — Pour impression de chansons patriotiques en l'honneur de la liberté française, 24 liv. — Pour mille exemplaires de noëls et cantiques patriotiques et républicains, 235 liv.

« Ce fonds, ajoutait Roland, a causé de grandes inquiétudes : on voit si elles sont fondées ; on voit à quoi se réduisent les millions dont on a prétendu

plus naturel aux Français. L'auteur consacre cet ouvrage à rappeler à tous les citoyens les époques les plus intéressantes de la Révolution, et à en graver le souvenir dans le cœur de leurs enfants. On ne saurait donc trop engager les pères et mères à le mettre entre les mains de notre jeunesse citoyenne, qui y puisera les meilleurs principes ; d'ailleurs, le prix en est si modique qu'on doit le considérer comme un véritable présent. »

On s'abonnait à raison de 10 sols par mois pour Paris, et de 15 sols pour les départements, franc de port ; il paraissait huit numéros par mois.

Voici sur le même sujet un article que je trouve également dans la *Chronique,* et qui a naturellement sa place ici.

Chansons, chansons.

De simples ressorts font souvent jouer de grandes machines, et les événements qui étonnent le monde ont presque toujours des causes sur lesquelles l'attention daigne à peine se fixer.

Tous les peuples aiment le chant ; tous ne chantent pas également bien, mais tous chantent, et sur tous le chant produit de l'effet. Le cannibale a des chants qui l'excitent à déchirer les membres palpitants d'un ennemi vaincu ; celui ci a des chants qui lui font braver le supplice en insultant ses bourreaux.

Tous les sauvages ont des chansons de guerre et des chansons de plaisir. Le chant est de tous les temps, de tous les lieux, de toutes les saisons.

Si l'Italie est le pays du chant, la France est le pays des chansons, et elles sont mieux chantées en France qu'en Italie. Je prierai le général Anselme de m'écrire un mot à cet égard, soit de Naples, soit de Rome, ou d'ailleurs.

Je propose donc d'ajouter nos chansons à nos canons : celles-là seront pour les chaumières, ceux-ci seront pour les châteaux.

Chacun sait que l'on doit des égards aux nobles : ainsi les canonniers seront chargés de la première visite, et, comme elle ne sera jamais longue, les chanteurs les suivront de près. Ils célébreront nos lois, notre liberté ; ils en inspireront l'amour à des peuples étonnés d'oser en prononcer le nom.

Les chansons feront un effet plus prompt que les écrits, en seront les précurseurs, et répandront déjà des étincelles de lumières.

La chanson des Marseillais éclaire, inspire et réjouit à la fois : elle suffirait seule pour subjuguer toute la jeunesse brabançonne.

Je conclus à ce que l'on attache quatre chanteurs à chacune de nos armées. Faire notre révolution en chantant est un moyen presque sûr de l'empêcher de *finir par des chansons.*

que je disposais à mon gré. » — Sottes raisons, mon bon homme! lui répondait la calomnie, je veux dire Marat : si ce n'est sur ce chapitre que vous avez volé, c'est donc sur un autre; rien ne vous a été plus facile, par exemple, que de voler deux ou trois millions sur les quarante mis à votre disposition pour le monopole des grains (1).

Et les bons amis de Marat lui venaient bravement à la rescousse.

On nourrirait 4,000 familles indigentes avec ce qu'il en coûte par jour pour faire distribuer le venin de l'aristocratie disseminé dans une foule de journaux que l'on fait colporter sous les titres de *Père Duchesne*, de *Contre-Poison*, d'*Ami du Roi*, de *Journal du Clergé*, de *Journal de la Noblesse*, de *Journal de la Cour et de la Ville*, etc., à un liard la feuille.

C'est un citoyen actif qui donne cet avis à l'Ami du Peuple, et celui-ci, de son côté, fait insérer dans l'*Orateur du Peuple*, à la même époque, cette *annonce intéressante* :

On vient de m'informer que les mouchards de l'état major, non contents de mettre un des leurs en sentinelle dans toutes les casernes de la troupe du centre, pour empêcher les braves soldats de lire l'*Ami du Peuple*, ont posté aux portes de la plupart des compagnies réputées patriotes de vieilles coquines avec d'infâmes papiers aristocratiques et despotiques, qu'elles distribuent à très-bas prix, souvent même pour rien.

Un autre citoyen, non moins actif, et, par des-

(1) *Journal de la République française*, n° 131, 23 février 1793.

sus, soldat de la patrie, écrit encore à l'*Ami du Peuple* :

Vous êtes, mon cher Marat, la terreur des scélérats qui sont au timon des affaires, l'épouvantail de leurs agents subalternes... Jugez à quel point ils redoutent la lumière, l'éclat de vos précieux écrits, par les sommes immenses qu'ils dépensent continuellement pour tâcher d'en contre-balancer la salutaire influence. Il n'y a pas de jour qui ne voie éclore une multitude de pamphlets contre vous, distribués avec profusion aux colporteurs ; et non seulement on les leur donne gratis, on y joint encore une forte rétribution, afin de les engager à les distribuer avec fracas. Ces libelles dégoûtants sont imprimés avec soin, sur du papier superbe ; mais ils sont si pauvres de faits, si vides de raisons, que dix mille pamphlets de cette espèce ne sauraient effacer les impressions du moindre de vos numéros, imprimés assez incorrectement et sur papier bis.

Tel est un pamphlet intitulé le *Contre-Poison*, ordure de la plume d'un scélérat soudoyé par le général pour dénigrer M. d'Orléans, M. Ch. Lameth et l'Ami du Peuple. C'est une espèce d'homélie de l'infâme Estienne, mouchard, assassin et voleur, qui se met à citer Jean-Jacques et à prêcher la soumission aux lois, crainte d'être reconnu.

Tel est encore le faux *Ami du Peuple,* entrepris pour répandre, à la faveur d'un nom chéri de tous les bons patriotes, l'affreuse doctrine du monarchisme. Cette feuille est du sieur Pastoret, blanchisseur ordinaire de Duport, le garde des sceaux.

Tous ces papiers se distribuent gratuitement aux colporteurs, et on leur paie une prime d'un sou par numéro pour qu'ils les crient à un liard dans les rues.

Le correspondant de l'*Ami du Peuple* entre ensuite dans des calculs qu'il résume ainsi :

Chaque jour voit éclore vingt pamphlets de cette espèce ; à les mettre l'un dans l'autre à 1,500 liv., c'est 3,000 liv. que vous leur coûtez journellement : c'est donc 10,950,000 liv. par an que ces voleurs puisent dans le trésor de la nation pour empêcher les effets salutaires de votre feuille ; sans compter ce qu'ils payent aux Royou, Du Rosoy, Meude-Monpas, etc., dont les calomnies sont principalement dirigées contre vous.

Voilà, citoyens infortunés, à quoi vont les trésors de la nation, le produit de vos impôts, les fruits de vos privations, de votre industrie, de votre sueur ! Ils les consument à soudoyer des espions, des barbouilleurs de papier, pour vous tromper, vous aveugler, vous enchaîner et vous perdre (1).

On trouve, d'ailleurs, dans tous les journaux patriotes, des plaintes fréquentes contre cet abus, qui, pour n'avoir pas les proportions que lui donnent les amis de Marat, n'en était pas moins réel ; et il y eut à ce sujet, au Conseil des Cinq-Cents, le 9 frimaire an IV, un débat qui nous a semblé curieux à reproduire. C'est Pénières qui ouvrit le feu.

L'ancien gouvernement crut devoir faire rédiger quelques journaux pour diriger l'opinion publique vers les vrais principes de la liberté ; son arrêté subsiste encore, et ces journaux sont distribués chaque jour dans cette enceinte. C'est de ces journaux que je viens vous entretenir un moment, pour prévenir le mal qu'ils pourraient faire s'ils cessaient d'être rédigés dans des intentions pures. Vous avez dû remarquer que l'un de ces journaux s'attache, depuis plusieurs jours, à désigner différents de nos collègues, et à jeter la défaveur sur les opérations du conseil des Cinq-Cents. J'ouvre le numéro d'hier du *Journal des Patriotes de* 89, et j'y lis :

« Les Cinq-Cents s'occupent des assignats en *financiers* ; il était inutile de s'enfermer dix grands jours pour cela. *Parturient mon-*

(1) *L'Ami du Peuple,* n° 358.

tes... Crassous a parfaitement parlé ; mais s'il croit avoir prouvé que le plan actuel n'est point une *démonétisation* ; s'il croit m'avoir convaincu qu'il n'offre pas un nouvel aliment à l'infâme agiotage ; s'il croit que ses réflexions rendront à l'assignat le crédit que l'opinion lui enlève, il se trompe. »

C'en est assez, sans doute, pour vous faire sentir le mal que peut faire un pareil article. Un représentant attaqué isolément dans de pareils écrits se trouve dans une position bien plus fâcheuse encore. S'il répond, il s'engage dans un combat polémique qui absorbe les instants qu'il doit à la chose publique ; s'il ne répond pas, il compromet sa réputation, son honneur, sa vie même : car vous savez quels malheurs ont éprouvés plusieurs d'entre nous pour avoir négligé de répondre à la calomnie.

Faut-il vous rappeler quelques époques de la Convention nationale ? Vous vous souvenez que ce furent dans les journaux que, dès le commencement de la session, les partis s'attaquant sans cesse, s'acharnèrent l'un contre l'autre et se jurèrent une guerre à mort, cette guerre sanglante qui coûta la vie à tant d'estimables républicains. Vous vous rappelez que ce fut sur l'allégation des journaux que plusieurs de nos collègues furent mis hors la loi, et que, si le vertueux Roland fut proscrit et se donna la mort, c'est qu'il fut accusé d'avoir empoisonné l'esprit public par des journaux.

Je ne parlerai pas des feuilles des Marat et des Hébert, pour les comparer à celles que rédigent en ce moment quelques hommes qui ont profité de l'amnistie, mais qui auraient dû garder le silence.

Je demande que, par mesure de police, le Conseil arrête que toute distribution de journaux aux frais du gouvernement cessera dès ce moment.

Plusieurs autres membres demandent l'ordre du jour.

ANDRÉ DUMONT. Au nombre des journaux qu'on nous distribue, il en est qui, sous prétexte de diriger l'opinion publique, la dénaturent et jettent un vernis de ridicule sur les délibérations du Conseil. Pouvez-vous tolérer qu'aux frais du gouvernement on avilisse la législature et le gouvernement ? Certes, jamais on n'a vu d'impudence pareille.

Si l'on veut à toute force nous faire des distributions, qu'on nous donne le *Journal des Débats !* Mais qu'avons-nous besoin de journalistes qui enveniment les intentions les plus pures, qui aigrissent les esprits les moins susceptibles de l'être ! S'il était un journal qu'on pût, avec quelque pudeur, distribuer aux frais du gouvernement, ce serait la *Sentinelle ;* mais celui des *Patriotes de* 89 ne peut être distribué parmi nous. J'appuie la motion de Pénières.

UNE VOIX. La liberté de la presse !

ANDRÉ DUMONT. Je n'attaque point la liberté de la presse. Que les journalistes impriment tout ce qu'ils voudront, ils sont parfaitement libres de le faire ; mais que ce soit à leurs frais, et non à ceux du gouvernement. Vous voulez de l'économie, eh bien ! c'en est une que de supprimer une distribution journalière de cinq à six mille exemplaires.

. . . .

COLOMBEL. Le 13 vendémiaire a ouvert les yeux. Le gouvernement, traîné dons la boue, a dû donner un antidote aux écrits empoisonnés qui circulaient avant cette époque fameuse. Il a dû employer pour arrêter ce torrent contre-révolutionnaire et royaliste des écrivains patriotes. Celui que l'on inculpe est de ce nombre ; il a fait ses preuves, et il lui a fallu du courage pour se charger d'une tâche aussi pénible que glorieuse.

LESAGE-SENAULT. Oui ! oui ! (Des murmures s'élèvent. — Le tumulte se prolonge.)

COLOMBEL. Ce serait une grande imprudence que d'empêcher en ce moment la distribution du journal qu'on attaque.

Songez que les journaux de l'état-major de Charette reparaissent avec une nouvelle audace, qu'ils continuent à pervertir l'esprit public ; la *Correspondance politique,* le *Messager du soir,* sont distribués gratuitement. Et le gouvernement n'aurait pas le droit de faire distribuer dans les départements des feuilles patriotiques destinées à servir de contre-poison aux écrits chouans qu'on y fait passer ! Cette mesure est d'autant plus urgente que c'est un déshonneur dans les départements de se dire républicain.

TALLIEN. Quel a été l'objet du gouvernement, quand il a eu recours à des plumes patriotes? A cette époque, qui ne doit jamais s'éloigner de notre mémoire, l'opinion publique était partout égarée et pervertie.

On répandait avec profusion les journaux les plus dangereux ; le *Messager du soir*, la *Quotidienne*, le *Courrier républicain*, étaient adressés gratuitement de tous les côtés, on les disséminait dans nos camps, on en infestait nos armées pour les pousser à la désertion. A Paris, on conspirait ouvertement, et la conjuration était puissamment secondée par tous les journaux payés par Pitt. Ce ne sont pas ici de vains mots : la correspondance de Lemaître a prouvé la vérité de ce que je dis ; la journée du 13 vendémiaire a dû ouvrir les yeux aux plus incrédules.

Que voulait-on ? Détruire la Convention, renverser la liberté, égorger les patriotes. Que devait faire le gouvernement ? Ranimer l'esprit public, éclairer les citoyens. Il se trouva des hommes généreux qui voulurent bien se charger de cette tâche.

Certes, il faut en convenir, il y a eu du courage à s'opposer des premiers à ce torrent contre-révolutionnaire. Aussi Richer-Serisy, à la section Lepelletier, avait mis ces écrivains de la patrie hors la loi; sans la victoire du 13, ils eussent porté leurs têtes sur l'échafaud. Leurs écrits fournissent encore un moyen facile aux représentants de correspondre avec les départements. Adressez ces journaux aux administrations, ils se perdront. Chacun de nous peut, au contraire, les adresser à des patriotes connus; ils les répandent, on les lit. N'ôtez pas aux paresseux, et je suis du nombre, un moyen si aisé d'entretenir des relations utiles. Si quelqu'un de ces journaux paraît à l'un de nous contenir des choses dangereuses, qu'il le garde. Quand le gouvernement sera bien assis, sans doute il ne faudra plus de moyens particuliers pour diriger l'esprit public; mais, quant à présent, je demande l'ordre du jour.

L'ordre du jour fut adopté après deux épreuves, et le Directoire continua les errements de ses prédécesseurs : nous avons vu Bion lui reprocher de charger tous les jours la poste de 1,300 livres de journaux qui ne payaient pas.

—

Ce n'était pas seulement à l'Assemblée nationale que les journaux avaient ainsi continuellement affaire ; il leur fallait encore compter avec la municipalité parisienne, comme nous l'avons déjà vu, avec les clubs, avec les sociétés plus ou moins patriotiques, avec les autorités départementales, avec tout le monde enfin.

La municipalité de Paris, — nous ne parlons point encore de la terrible Commune du 10 août, — ne borna point son action contre la presse à de simples règlements de police que l'on aurait pu regarder comme rentrant, jusqu'à un certain point, dans ses attributions. Déjà quelques-unes des mesures que nous avons rapportées dépassaient évidemment les limites de son autorité ; elle alla plus loin encore. A la fin de septembre 1789, s'attaquant à Marat, elle le mandait à sa barre pour avoir inculpé l'administration de la ville.

Le 15 janvier 1790, elle prenait l'arrêté suivant :

L'assemblée, profondément affectée de la lecture qui lui a été faite par M. Boucher d'Argis, conseiller au Châtelet, de plusieurs articles d'une feuille périodique portant pour titre l'*Ami du Peu-*

ple, par M. Marat ; justement indignée de toutes les atrocités auxquelles se livre l'auteur de cette feuille contre un magistrat qui,
depuis tant d'années, ne cesse de donner des preuves de son intégrité, de son zèle, de ses lumières, de son dévouement à la
chose publique, et particulièrement à la défense des citoyens indigents ; convaincue, par les détails dans lesquels M. d'Argis est
entré, que sa conduite comme magistrat et comme rapporteur
dans l'affaire de M. Bezenval est irréprochable ;

Considérant que c'est en vain que nous espérons jouir de la
liberté sous l'empire des lois, si l'on ne s'empresse pas de réprimer la licence effrénée avec laquelle quelques feuilles périodiques, et nommément celle intitulée l'*Ami du Peuple,* se déchaî-
nent contre les citoyens les plus respectables, contre un tribunal
et des magistrats justement honorés de la confiance de l'Assemblée nationale et du public ; que les écrits incendiaires, en exci-
tant le peuple à violer la sainteté des lois, à profaner le sanctuaire de la justice, à se porter aux derniers excès contre ceux
qui en sont les organes et les ministres, manifestent la coupable
intention de plonger la capitale dans tous les désordres de l'anarchie, d'appeler sur les habitants tous les malheurs qui sont les
suites nécessaires de la dissolution de la société, qui ne peut
subsister que par l'influence des lois et l'autorité des magistrats ;

Considérant que la liberté salutaire de la presse n'est pas l'abus
dangereux de calomnier impunément ; que chez le peuple jusqu'à
présent le plus libre de l'Europe, en Angleterre, les auteurs et
les imprimeurs sont responsables des ouvrages qu'ils répandent
dans le public ; que la déclaration des droits de l'homme et du
citoyen décrétée par l'Assemblée nationale est bien loin d'autoriser ces écrits qui ne respirent que la sédition, la révolte et la
calomnie ;

Considérant que les représentants de la Commune manqueraient au plus sacré de leurs devoirs s'ils ne cherchaient à pré-
server leurs concitoyens des poisons mortels dont ces sortes
d'écrits sont infectés, et à les garantir de leur funeste contagion,
et si en même temps ils n'offraient à l'innocence opprimée et à

la vertu persécutée tous les secours et toute la protection qui sont en son pouvoir :

. A arrêté qu'il serait ordonné au procureur syndic de la Commune de dénoncer, par devant le tribunal qui doit en connaître, les dernières feuilles d'un écrit intitulé l'*Ami du Peuple,* par M. Marat, et nommément le n° 83, et de suivre avec toute l'activité possible l'effet de cette dénonciation; que l'assemblée consignerait dans son procès-verbal les témoignages honorables qui sont dus à la conduite et au patriotisme de M. Boucher d'Argis, considéré comme citoyen et comme magistrat. Enfin, elle déclare qu'elle met sous la sauvegarde de la Commune de Paris la personne de M. Boucher d'Argis.

Marat fait suivre de longues observations cet « indigne arrêté, où tout est mauvaise foi, astuce, hypocrisie, prévarication et outrage. »

Mais, Messieurs, est-ce bien la licence des écrits véhéments que vous voulez proscrire, ou les vérités hardies qui vous désespèrent? Il est facile d'en juger à votre acharnement contre les *Révolutions de Paris,* les *Révolutions de Brabant* et surtout l'*Ami du Peuple,* aux précautions que vous prenez pour les supprimer, tandis que vous laissez circuler en liberté l'*Adresse aux Provinces, Ouvrez les yeux,* le *Pater,* le *Credo,* et mille pamphlets anti-patriotiques, séditieux, exécrables. Quoi! vous laissez en paix leurs coupables auteurs, et vous traînez sans pudeur, sans honte, sans remords, l'*Ami du Peuple* devant un tribunal où vous savez qu'il n'a que d'implacables ennemis ! et pour vous mettre à couvert, une fois pour toutes, des traits perçants de vérité qui partent de sa plume, vous voulez le traîner sur l'autel et le lier sous le glaive des bourreaux !

La municipalité, en effet, était loin d'être impartiale et désintéressée dans cette chasse qu'elle faisait à une certaine presse. Les auteurs de l'*Histoire parlementaire de la Révolution* vont nous donner la clef de sa conduite en cette circonstance :

« Avant le 14 juillet, le mouvement fut populaire, c'est-à-dire unanime. Mais après cette journée, lorsque la cour parut définitivement vaincue, on vit apparaître deux peuples dans le tiers-état. La bourgeoisie chercha à se constituer comme classe gouvernante. Alors on vit naître ce système que les écrivains de 1789 nommèrent le despotisme bourgeois. Ce nouvel ordre commença à trôner dans les hôtels-de-ville, dans les districts ; il chercha à s'attribuer le privilége d'être armé, en formant à lui seul la garde nationale. Nous le verrons à Paris s'efforcer de fermer les clubs, puis essayer de faire taire la presse lorsqu'elle était hostile à ses prétentions ; nous le verrons même, plus tard, protéger les priviléges bourgeois et écarter les réclamations des salariés. Mais toutes les fois que la noblesse ou le clergé viendront à élever la voix, nous retrouverons la bourgeoisie aussi animée que le premier jour, et en appelant encore à la violence populaire.

» Ainsi, dès 1789, la bourgeoisie chercha à confisquer la Révolution à son profit. Or, une nation qui agit révolutionnairement travaille toujours pour un avenir plus ou moins éloigné, pour conquérir quelque bien dont les générations futures seules pourront jouir. Dans un pareil mouvement, celui qui pense à son intérêt particulier, à cet intérêt qui mourra avec lui, celui-là s'isole nécessairement des destinées sociales, et dès l'instant même, involontairement, par la nécessité de la position qu'il a choisie, il devient réactionnaire. C'est ce qui arriva à la bourgeoisie de 1789. De peur de perdre la position supérieure où les événements l'avaient poussée, elle voulut arrêter le mouvement révolutionnaire, et les écrivains patriotes l'accusèrent en effet de ne poursuivre la noblesse et le clergé qu'afin de prendre leur place, et de vouloir substituer l'aristocratie des richesses à celle de la naissance (1). »

« Les aristocrates de l'Hôtel-de-ville ne cessent de s'opposer à la publication des papiers qui peuvent éclairer le peuple. On arrête continuellement les colporteurs. On a saisi ces jours derniers jusqu'aux *Révolutions de Paris*, jusqu'au *Courrier national*. On s'embarrasse peu d'enlever le pain du pauvre; on croit être exempt de la restitution en disant aux malheureux colporteurs qu'ils se fassent rendre leur argent par l'imprimeur. Quand cessera-t-on de porter atteinte aux droits de propriété? Quand cessera-t-on de violer les lois de la liberté (2)? »

Dans cette guerre, Marat se distingue au premier rang par la hardiesse et la violence de ses attaques; dès les premiers mois de la Révolution, il engage contre la municipalité parisienne, contre le divin Motier et le vertueux Bailly, nommément, une lutte

---

(1) *Histoire parlementaire de la Révolution*, t. II, préf., p. ij.
(2) Le *Fouet national*, n° 5, du 20 octobre 1789.

acharnée, dont on peut suivre les péripéties dans son journal et dans celui de Fréron, son digne frère d'armes. Nous y reviendrons quand nous nous occuperons de ces deux journalistes; ici, nous devons nous borner à quelques traits généraux.

En février 1792, la Commune, frappant d'un autre côté, dénonçait à l'accusateur public le *Journal de la Cour et de la Ville.* Dans les premiers jours de mai 1793, elle défendait la circulation du *Patriote français,* et le dénonçait à l'accusateur public comme tendant à empêcher le recrutement.

Quelques jours après, Brissot et Gorsas étaient, de compagnie, mis sur la sellette municipale, et s'entendaient faire un étrange procès.

Dans la séance du 15 mai, Chaumette prend la parole, et s'exprime ainsi : « On persécute les citoyens qui restent fidèles aux principes, et on laisse de vils libellistes répandre leurs poisons: soutenons les principes, et, s'il le faut, nous servirons encore la République sur l'échafaud..... Roussillon, membre du tribunal révolutionnaire, est constamment occupé à la recherche des faits qui intéressent le bien public. Il m'a remis ce matin un extrait des journaux de Gorsas et de Brissot qui ont été publiés dans les premiers jours de septembre dernier, où le premier, nouveau Janus, paraît légitimer les massacres qui ont eu lieu à cette époque, et qu'il dit être *d'une justice terrible, mais nécessaire ;* le second, ajoute-t-il, dit que le peuple frappait des têtes coupables; tandis qu'actuellement ils traitent de brigands leurs auteurs. »

Le Conseil arrête que les premières opinions de Gorsas et de Brissot sur les événements de septembre dernier seront imprimées contradictoirement avec celles qu'ils manifestent aujourd'hui sur les mêmes faits, en deux colonnes, ayant pour titre: *Le Gorsas du mois de septembre, et le Gorsas d'aujourd'hui;* qu'elles seront affichées, et que mention sera faite au procès-verbal des découvertes de Roussillon.

En janvier 1793, un député, le marquis de Villette, était cité à la police municipale en vertu d'arrêtés pris par deux sections de Paris, pour répondre d'un article inséré par lui dans un journal.

Un autre jour, la feuille de Marat est saisie par les ordres de Bailly et de Lafayette.

Les mêmes faits se reproduisaient dans les départements : on vit des autorités départementales arrêter de leur propre chef la circulation des journaux qui ne leur convenaient pas.

Le 13 mai 1793, les représentants de la nation députés par la Convention nationale dans les départements et près l'armée de la Vendée prenaient l'arrêté suivant :

Nous, représentants de la nation, députés par la Convention nationale dans les départements et près l'armée de la Vendée, voulant, dans les circonstances actuelles, écraser le fanatisme et l'aristocratie, qui s'efforcent, 'un et l'autre, de fomenter et d'étendre le germe de la guerre civile qui se manifeste dans la Vendée et dans les départements limitrophes ; persuadés de l'indispensable nécessité de diriger tous les esprits vers un centre commun, si nécessaire à l'inviolabilité du corps politique, et d'opposer la force et l'énergie des principes républicains aux progrès destructeurs d'une doctrine contre-révolutionnaire semée avec tant de profusion par tous les ennemis de la liberté ; occupés à chercher les causes qui ont pu, dans le département du Loiret, et notamment à Orléans, égarer l'esprit public ; convaincus, plus que jamais, que l'esprit républicain n'est entravé dans sa marche que par les journalistes imposteurs, qui, dans le récit des faits, les aggravent, atténuent ou dénaturent, au gré des passions et de l'esprit qui les animent ;

Considérant que cette classe d'écrivains faméliques qui obstruent toutes les avenues du temple de la liberté ou en souillent l'enceinte par leur présence a fait une spéculation criminelle de fortune sur la diversité des sentiments, depuis la Révolution, et qu'elle se vend sans pudeur au plus offrant de nos oppresseurs, tantôt pour assoupir la vigilance d'un peuple crédule, en lui présentant sous des rapports mensongers l'amorce d'une espérance illusoire, tantôt pour ébranler le courage de nos généreux défenseurs, en attiédissant le patriotisme des citoyens peu instruits, par l'exagération frauduleuse de nos pertes, quand ils dissimulent nos succès avec une affectation coupable ;

Considérant que les influences pestilentielles de ces folliculaires à gages obscurcissent notre horizon politique, en répandant un nuage épais sur les fourberies et l'intrigue, qui sont sans cesse en embuscade pour étouffer le cri de la vérité ;

Considérant que, si, d'après la Déclaration des Droits, la liberté de la presse est illimitée, il en résulte aussi que *la liberté de choisir entre les productions qu'elle nous transmet* doit l'être par le même principe, et que la souveraineté représentative d'un peuple entier peut, sans outrepasser les bornes de ses pouvoirs, dénoncer à l'opinion publique tous les écrits tendant à l'égarer et à la corrompre ;

Considérant que les corps administratifs, mal organisés dans les départements où l'esprit public est dépravé par des spéculations mercantiles, favorisent l'introduction de ces écrits insidieux, à l'exclusion de quelques journaux sincères et véridiques; et pour prémunir les bons citoyens de ce poison dangereux, qui ne circule au milieu d'eux qu'afin de leur inspirer le goût de leur esclavage et des fers honteux sous lesquels ils gémissent, au gré de leurs tyrans orgueilleux :

Nous avons arrêté de vouer au mépris et à l'exécration des lecteurs, dans toute l'étendue du département, faisant défense expresse à tous les directeurs des postes des villes et lieux de son arrondissement de les recevoir et faire distribuer directement ou indirectement, les journaux intitulés : le *Patriote français,* le *Courrier des Départements,* le *Journal français,* le *Journal des Amis de la Vérité,* la *Chronique du Mois,* la *Chronique de Paris,* le *Courrier français,* le *Thermomètre du Jour,* le *Courrier de l'Egalité,* le *Mercure universel,* le *Journal de Perlet,* les *Révolutions de Paris,* les *Annales politiques et littéraires,* le *Journal des débats de la Convention ,* le MONITEUR UNIVERSEL , la *Gazette nationale de France,* le *Journal des Amis,* la *Quotidienne,* les *Nouvelles politiques, nationales et étrangères,* le *Courrier de l'Europe,* la FEUILLE VILLAGEOISE, etc., etc., comme subversifs des vrais principes en matière politique; comme marqués au coin d'une partialité révoltante dans le rapport des différentes opinions émises à la Convention nationale ; comme tendant à corrompre l'esprit public; comme attentatoires à l'égalité, qui est la seule base fondamentale de la liberté publique et individuelle ;

Invitons tous les bons citoyens à ne lire que les feuilles intitulées : le *Journal universel,* par Audouin, le *Républicain, ou Journal des hommes libres de tous les pays,* in-4°; le *Journal des Bataves,* le *Journal de l'Instruction publique,* le *Courrier universel,* le *Mensonge et la Vérité,* le *Journal populaire, ou le Peuple et ses Amis,* l'*Ami des Citoyens,* l'*Ami du Peuple ;*

Arrêtons que le présent sera imprimé et affiché.

A Orléans, le 13 mai, l'an second de la République.

       Signé : BOURBOTTE, de l'Yonne; J. JULIEN, de Toulouse.

Le *Moniteur*, en publiant cette pièce, l'accompagne des réflexions suivantes : « Nous abandonnons cet arrêté à l'indignation publique, en attendant que la Convention nationale en ait fait justice, en vengeant la liberté de la presse, si indignement outragée. Pour ce qui nous concerne dans cet acte d'autorité, nous ne dirons qu'un mot. Ce n'est pas la première fois que nous sommes proscrits ; les citoyens Julien et Bourbotte, représentants d'un peuple libre, ne sont pas les seuls qui nous aient joué ce tour : Léopold, François, Frédéric-Guillaume, Catherine II, ont été de leur avis et leur ont donné l'exemple (1). Quant à la *Feuille villageoise,* la chose est tout à fait nouvelle. C'est un dernier trait au tableau, et certes il sera précieux dans l'histoire édifiante du proconsulat en France (2). »

Le rédacteur du *Journal universel,* placé en tête des journaux recommandés par ces étranges proconsuls, répudiant la faveur qui lui était faite, adressait le jour même, *à 9 heures du matin,* au *Moniteur* et à quelques autres journaux, la protestation suivante :

(1) « Les numéros du *Moniteur* viennent d'être arrêtés aux frontières de l'Allemagne, dans les villes de Mons, Tournay, Bruxelles, etc. Les tyrans du Nord redoutent l'effet des réflexions que fait naître la partie politique de cet excellent journal ; ils se coalisent pour en arrêter le cours. Ligue aussi ridicule que vaine ! Dans ce siècle, les progrès des lumières imitent la rapidité d'un torrent : en vain y oppose-t-on une forte digue ; ses flots, suspendus un moment, s'élancent bientôt avec plus d'impétuosité, et couvrent un plus large espace. » (*Chronique de Paris,* 7 août 1791.)

C'est ce que disait Renaudot, à peu près dans les mêmes termes, cent soixante ans auparavant.

(2) *Moniteur* du 24 mai 1793, n° 144.

Paris, le 24 mai 1793, l'an II de la
République française, 9 heures du matin.

Citoyen rédacteur,

Je viens de lire dans le n° 144 du *Moniteur* un arrêté des représentants de la nation dans les départements et près l'armée de
la Vendée : cet arrêté, signé Bourbotte et Julien, a de quoi me
surprendre. Et, en effet, comment arrive-t-il que moi qui n'ai
jamais appartenu qu'aux principes, je sois rangé le premier sur
la liste des écrivains que l'on recommande ? Je crois bien que,
parmi les journaux proscrits par ces deux députés, *il en est* que
désavouent dans leur cœur les vrais républicains ; mais quel
triomphe laisserez-vous à la raison, à la vérité, au patriotisme,
en leur ôtant la facilité de combattre la folie, le mensonge et
l'aristocratie ? Quant à moi, je déclare que c'est me rendre le
plus mauvais service (tout en violant les principes) que de m'inscrire dans le petit nombre des élus. Eh ! de quel droit, s'il vous
plaît, mes collègues, m'accordez-vous l'honneur de votre protection ? Si vous aviez le pouvoir de me placer parmi vos amis, vous
auriez donc celui de me ranger parmi ceux que vous n'aimez pas ?
D'autres intercaleraient peut-être ici cette phrase de Jean-Jacques : « Il ne faut pas que les chefs d'une grande nation épars
pour la gouverner puissent trancher du souverain, chacun dans
leur département, et commencer par se rendre indépendants,
pour devenir à la fin les maîtres. » Mais moi, je n'en tire aucune
conclusion, car vous n'êtes point *chefs*, car vous *ne gouvernez pas*,
car vous n'êtes point indépendants, de moi tout le premier, qui
use de mon droit de réclamer contre l'honneur de votre protection. Mon journal a toujours été à moi, à moi seul ; il n'appartiendra jamais à qui que ce soit, et seront toujours mal venus
ceux qui auront l'air de me mettre dans un autre parti que celui
de la liberté, de l'égalité, du peuple souverain.

Signé : P.-J. AUDOUIN, député de Seine-et-Oise à la Convention
nationale, et depuis quatre ans auteur du *Journal universel*, sur
lequel n'ont pas plus de droit ceux qui se disent patriotes, que
ceux qui passent pour aristocrates.

Tous les pouvoirs étaient mêlés et confondus.

Du reste, l'ingérence de la municipalité parisienne dans les affaires de presse était acceptée par tout le monde, même par l'Assemblée nationale, qui semblait ne pas demander mieux que de se débarrasser du souci de mettre à la raison cette nuée turbulente de folliculaires.

Dans la séance du 30 septembre 1790, un député, Moreau, ayant dénoncé le dernier numéro du journal de Marat, on étouffa bientôt sa voix. « Puisque vous le jugez nécessaire, dénoncez, lui a-t-on dit, ces feuilles devant la municipalité de Paris. La fonction de l'Assemblée nationale est de s'occuper des intérêts généraux du royaume, et non pas de faire la police des rues, et non pas de surveiller les filoux, les assassins, et les libellistes, non moins odieux et non moins criminels. Leur dernière feuille paraît toujours la plus infâme, parce que c'est la seule dont on se souvienne, mais toutes le sont à peu près également. C'est par une loi générale, qui n'a pas pu être faite encore, que le Corps législatif doit instituer les moyens de réprimer et de punir les attentats de ces hommes dont le métier est d'empoisonner ce qu'il y a de plus sacré dans un empire, la raison du peuple. » Et l'on passa à l'ordre du jour (1).

C'est à la Commune que sont adressées les dénon-

_____

(1) *Journal de Paris*, 1er octobre 1790.

ciations contre la *mauvaise* presse, et tout le monde se croit en droit de la dénoncer, de faire la police des journaux.

Gorsas, « ayant cru devoir, dans un de ses numéros, proscrire les districts de Paris par une diatribe injurieuse aux citoyens qui les composent, aux travaux dont on s'y occupe, et aux délibérations qu'on y prend », fut dénoncé le même jour à l'assemblée générale du district de Saint-Honoré par un sieur Beaulieu, qui à la lecture du paragraphe séditieux ajouta « quelques réflexions tendant à établir combien de tels écrits, par leur licence et leur déraison, tendaient à produire la division et le désordre. L'objet mis en délibération, il fut arrêté, à l'unanimité de l'assemblée, que la feuille du sieur Gorsas du jeudi 5 novembre serait dénoncée à la commune de Paris. »

Gorsas, « qui avait sans doute des admirateurs partout, fut instruit, le soir même, et de la délibération, et du nom du dénonciateur. Dès le lendemain il s'en vengeait à sa manière, en se permettant des personnalités sur le compte du sieur Beaulieu. » Réclamation de celui-ci, qui demande une place dans la *Chronique de Paris*, afin d'avertir Gorsas qu'il lui pardonne l'injure dont il l'a gratifié pour avoir rempli son devoir.

Il est impossible que le sieur Gorsas ignore que le devoir d'un citoyen est de prévenir de tout son pouvoir les désordres qu'il prévoit, de dénoncer les écrivains séditieux et les feuilles incendiaires, et de faire ce qui dépend de lui pour arrêter les progrès du mal que peuvent causer les déclamations faméliques de celui qui n'écrit avec violence que dans la seule vue de multiplier ses lecteurs et d'augmenter son bénéfice.

Le sieur Beaulieu est comédien au théâtre et citoyen dans son district ; il remplit ses devoirs partout. Il s'estime heureux d'égayer ses concitoyens ; mais il maudirait son existence si, comme celle de certaines gens, elle ne pouvait se soutenir qu'en entretenant et faisant tourner à son profit les haines, les dissensions, les désordres de toute espèce, enfin tous les maux attachés à notre situation actuelle (1).

Une autre fois, c'est l'assemblée du district de Saint-André-des-Arts, qui, ayant eu connaissance d'un nouveau journal intitulé l'*Ami du Roi, des Français, de l'ordre, et surtout de la vérité, par les continuateurs de Fréron*, déclare unanimement qu'elle se porte dénonciatrice au tribunal de police de ce journal, comme contenant des principes absolument contraires à la vérité, à la tranquillité publique, à la Constitution, à la confiance et au respect qui sont dus aux représentants de la nation ; comme tendant à détruire, par les plus noires calomnies, par les propos les plus séditieux que puissent produire la perfidie et la mauvaise foi, le grand ouvrage de la régénération, pour rappeler, s'il était possible, l'ancien régime, qu'il canonise. En conséquence, elle arrête que le prospectus et le premier numéro du journal dont il s'agit seront sur-le-

(1) *Chronique de Paris,* 8 novembre 1789.

champ adressés, avec le présent arrêté, à M. le procureur-syndic de la Commune, avec invitation formelle tant de provoquer, par tous les moyens qui
sont en son pouvoir, la suppression de cette feuille,
que de poursuivre la juste punition de ses auteurs
et distributeurs (1).

Il n'est pas jusqu'aux dames de la Halle qui ne
croient devoir aller protester à la Commune contre
les funestes effets des libelles, et en demander la
punition.

« Plusieurs dames de la Halle se sont présentées
au Comité de Police, désirant de faire connaître leur
profession de foi sur leurs sentiments patriotiques.
Elles ont remarqué que les libelles injurieux vendus au peuple, dissipant l'argent destiné au ménage, ont le double inconvénient de le priver du
nécessaire absolu, et de porter à des excès coupables. Elles ont requis la punition légale des auteurs
de ces sortes d'écrits, des libraires et imprimeurs
qui prêtent leur ministère à les rendre publics, et
ont demandé acte de leurs sentiments et de leur déclaration. Le Comité de Police a loué leurs sentiments patriotiques, et les a exhortées à employer
tous leurs efforts pour contenir dans leur devoir
tous ceux et celles qui pourraient être induits en erreur par les libelles et motions scandaleuses (2). »

(1) *Chronique de Paris*, 17 octobre 1789.
(2) *Ibid.*, 6 juin 1790.

On le sait, d'ailleurs, dénoncer était alors un acte
de civisme que les corps, les sociétés, les individus,
pratiquaient avec une patriotique émulation. « Il
s'est établi à Paris un système de calomnie journalière sous le nom hypocrite de *dénonciation,* et,
comme ces délations habituelles ont souvent des
suites fâcheuses pour les dénoncés, il s'y répand un
esprit de terreur qui fait l'ignominie du règne de
l'égalité et de la liberté. » (*Chronique de Paris,*
6 mars 1793, *de Paris.*)

« Vous avez peut-être connu, écrit P. Manuel
au même journal (11 février 1793), l'*incrédule* qui
avait fait sa fortune en pariant un écu contre toutes
les nouvelles. Je serais bien sûr de faire la mienne
en pariant le plus petit des assignats contre toutes
les dénonciations.

» Il faut bien que nous ne soyons pas tout à fait
républicains : car ce qui n'est pas juste et ce qui n'est
pas vrai se fait et se dit encore. La calomnie passe
pour du courage dans ces sociétés qui n'ont plus
rien à faire pour la liberté, si elles ne veulent rien
faire pour la loi. Là, le plaisir des patriotes mêmes
est de découvrir dans la vie d'un homme public
surtout, des erreurs et des faiblesses, comme si
dans le plus beau bouquet de fleurs on ne trouvait
pas toujours des feuilles et des herbes. Leur souffle
impur ternit les meilleures actions.... »

Les plus absurdes dénonciations, les calomnies

les plus odieuses, trouvaient des échos complaisants dans certaines feuilles, dans celle de Marat surtout, et cela s'explique ; mais on est étonné de voir des sociétés composées d'hommes de sens ériger en quelque sorte la dénonciation en vertu, et prendre les dénonciateurs sous leur protection.

Extrait du procès-verbal de la séance des Amis de la Constitution du lundi 24 janvier 1790.

Après des débats également utiles et précieux pour la tranquillité publique, sur la motion d'un honorable membre que tous les amis de la Constitution fissent le serment de défendre de leur fortune et de leur sang tout citoyen qui aurait le courage de se dévouer à la dénonciation des traîtres à la patrie et des conspirateurs contre la liberté, à l'instant la société entière a prêté ce nouveau serment, et a arrêté unanimement qu'il en fût fait mention dans son procès-verbal.

> Victor BROGLIE, président ; VILLARS,
> Alexandre BEAUHARNOIS, VOIDEL,
> G. BENNECARRÈRE, secrétaires.

C'était comme une maladie, dont on ne manquait pas dès ce temps-là de se moquer.

Aux auteurs de la Chronique de Paris.

Citoyens, je m'adresse à vous avec confiance pour vous témoigner mes sollicitudes, à cause d'une place que je viens de manquer, quoique je la poursuive depuis trois mois. Je ne puis pas vous dire tout ce que j'ai fait pour dénicher le mauvais citoyen qui l'occupe ; dénonciations, affiches, placards, journaux, lettres anonymes, pseudonymes et homonymes, j'ai tout employé ; rien n'y a fait : ce scélérat a gardé sa place, et j'ai perdu mon temps et mon argent. Je vous prie, en conséquence, de me prêter

un assignat de cent sols, que je vous rendrai quand je pourrai.
Je suis votre concitoyen.

JACQUES DÉNONCE.

Aux mêmes.

Je vous prierai, Citoyens, au premier jour, de communiquer
au public le prospectus d'un journal que je vais lui vendre, et
qui a pour objet de recueillir toutes les dénonciations, calomnies,
médisances et autres moyens de s'avancer aux emplois qui se
pratiquent chaque jour dans cette ville. Les amateurs aperce-
vront aisément les avantages de mon plan. En effet, on ne sait à
qui s'adresser pour désigner au public les hommes atroces, les
traîtres, les scélérats, les perfides, les mauvais citoyens, les
contre-révolutionnaires, les gueux, les monstres, qui occupent
différents emplois dans la République, et qu'il est important de
débusquer pour donner leurs places aux bons citoyens. Mon journal remplira cet objet. J'y recevrai toutes les dénonciations, d'où
qu'elles me viennent. J'invite, en conséquence, tous les ambitieux bons citoyens de m'envoyer tout ce qu'ils voudront, même
sans preuves : je serai exact à l'insérer, car mon profit dépend de
mon exactitude. Comme il y a environ six mille places à donner,
et au moins cent demandants pour chacune, je ne puis manquer
d'avoir pour souscripteurs une bonne partie des prétendants. Ils
verront d'un coup d'œil, et comme en ordre de bataille, tous les
mauvais citoyens qu'ils peuvent débusquer. Je donnerai le signal
de la charge, ce sera à eux à livrer le combat (1).

D'honnêtes citoyens qui ne voulaient pas la mort
du pécheur, et qui n'avaient pas de journal à leur
disposition, se bornaient à dénoncer les coupables
à l'opinion publique dans quelque brochure ano-
dine.

(1) *Chronique de Paris*, 2 mars 1793.

Dénonciation des Journalistes, par un citoyen actif.

(Contre les *feuillistes* Carra, Marat, Fréron, Gorsas.)

Des hommes qu'aucun ouvrage, aucune action, aucune entreprise, n'avait 'pu retirer de la misère et de l'obscurité, se sont tout à coup élevés au milieu de la Révolution comme l'écume à la surface de la cuve en fermentation. Ces hommes se sont faits journalistes, historiens de tous les jours ; ils ont fondé leurs spéculations sur des bases excellentes : la curiosité et la méchanceté ; en se mettant aux gages de l'une, ils alimentent l'autre. Echos de la calomnie et tambours dans l'armée des différents partis, ils sèment les haines ; les craintes servent l'envie ; l'ambition appelle les alarmes, et ils soutiennent ainsi les émotions populaires d'une main, pour en tracer de l'autre l'excès à leurs lecteurs. Il leur faut des révolutions pour avoir des souscripteurs, et des insurrections pour avoir des idées.

Ces hommes sonnent le tocsin continuel : il est temps d'éclairer le peuple sur ce qu'ils veulent et ce qu'ils sont...

On a cru devoir révéler ici au peuple combien sont dangereux aujourd'hui ces hommes qui vivent des troubles dont ils ont semé les causes la veille. Nous invitons les citoyens à lire les journaux avec cet esprit de défiance que l'on doit au récit de tout homme menteur avéré : car un journaliste est, en effet, un menteur de profession, un menteur privilégié. J'en excepte ceux qui écrivent sur des documents authentiques, tels que le *Moniteur,* le *Journal de Paris,* la *Feuille villageoise* et la *Gazette universelle;* encore peut-on reprocher à cette dernière de céder trop aisément au désir de primer dans la carrière où elle marche, en donnant au public des communications suspectes, en publiant sans correctif des écrits apocryphes.

Il est encore d'autres journaux estimables, sans doute, et le discernement de nos lecteurs nous dispense de les nommer.

Dénonciation de plusieurs écrivains incendiaires.

Les hommes simples et crédules qui chérissent de bonne foi la patrie et la vérité demandent naïvement qui sont les défenseurs de l'une et de l'autre. D'un côté des citoyens obscurs leur prêchent l'obéissance aux lois, le respect pour l'Assemblée nationale, la confiance aux magistrats qu'ils ont nommés, l'amour de l'ordre, de la Constitution et de la paix. De l'autre côté, des écrivains trop fameux, Carra, Marat, Martel (Fréron), Brissot, Desmoulins, Audouin, et tant d'autres, leur disent que les lois sont détestables, l'Assemblée corrompue, les magistrats perfides, la Constitution violée et la guerre civile imminente. Marat les excite, au nom de la patrie, à la révolte et à l'assassinat.

Qui faut-il croire ? disent les hommes faibles et naïfs. Citoyens, pouvez-vous hésiter ! Eloignons des soupçons trop fondés de perfidie ; supposons que ces journalistes incendiaires ne soient payés par personne et qu'ils écrivent d'après leur cœur : quel serait le résultat de leurs abominables conseils ? Le meurtre, le pillage, et la destruction de tous les pouvoirs établis.

On connaît l'importance et les prétentions de certains clubs, et l'on ne s'étonnera pas de les voir, eux aussi, morigéner, dénoncer, châtier les journaux. Il faut, du reste, leur rendre cette justice, qu'ils n'épargnaient pas les leurs. Nous lisons dans le *Journal des débats des Jacobins*, n° 334 :

Club des Jacobins, séance du 21 décembre 1792. — Un citoyen dénonce le Journal des débats de la société, et, à l'appui, il donne lecture du numéro de la séance de dimanche. Pour vous faire sentir, dit-il, combien ce journal est perfide, il me suffira de vous dire que Gorsas, pour décrier la société, a pris l'extrait littéral de la séance de dimanche.

Le dénonciateur n'accuse pas le rédacteur d'avoir déguisé la vérité, mais d'avoir rédigé le journal avec perfidie. Deux articles relatifs à Marat sont le principal objet de sa dénonciation. Il trouve qu'il y a de la perfidie à parler des applaudissements universels que reçoit l'Ami du Peuple lorsqu'il entre aux Jacobins ; il trouve une égale perfidie dans le rédacteur d'avoir appris au public que Marat avait eu la parole de préférence à un autre citoyen qui l'avait avant lui. L'opinant conclut en demandant que le rédacteur du Journal des débats soit chassé sur-le-champ de la société.

Cette proposition est vivement applaudie.

Ce rédacteur, disent un grand nombre, est évidemment vendu à la faction ; il est à la solde de Brissot et de Roland : il faut le chasser.

Chabot ne pense pas qu'il suffise de chasser ce perfide journaliste ; mais il opine pour chasser de la compagnie tous les journalistes qui se trouvent dans la société, avec une défense formelle d'y jamais rentrer. Il excepte de cette proscription générale le *Créole* et *Audouin*, qui ont su, dit-il, se conserver purs au milieu de la corruption universelle ; mais, à l'exception de ces deux journaux, dont la pureté est restée immaculée, Chabot veut que l'on expulse, sans en excepter Marat, tous ces empoisonneurs publics qui corrompent l'opinion et qui sont à la solde de Roland.

Cette proposition est applaudie.

Il est également arrêté que l'on chassera sur-le-champ tous les journalistes de la société.

Le rédacteur du Journal des débats prend promptement la fuite, emporté par le vent des huées universelles.

Dans la séance du 11 septembre 1793, un membre, Dufourny, se plaint du journal de la société, le *Journal de la Montagne,* qui ne marche pas droit dans les principes de la société.

J'ai vu avec surprise dans ce journal un article destiné à indi_ quer la manière de faire un bon roi. Je suis fort surpris que l'auteur ait cru qu'il puisse y en avoir de bons, et qu'il se soit permis de nous apprendre à en faire de tels ou à les élever. Je demande donc qu'il se rétracte sur cet article.

A un mois de là, c'est le *Bulletin du Tribunal révolutionnaire*, ce long et sanglant martyrologe, qu'Hébert dénonce à la tribune des Jacobins comme coupable d'incivisme, à propos du procès des Girondins.

L'astuce et l'imposture que l'auteur de ce journal met dans sa rédaction sont inconcevables. Il n'est pas de feuille plus dangereuse pour l'opinion publique, et Brissot lui-même n'aurait pu écrire en sa faveur avec plus d'adresse. Je demande que la société, qui a un journal à elle, dont elle surveille les principes, envoie au tribunal révolutionnaire une commission de cinq ou six membres, afin que le *Journal de la Montagne* rende compte de ce procès fameux d'une manière exacte et certaine, et qu'on ne laisse plus flotter l'opinion entre les récits imposteurs des folliculaires.

Un citoyen insiste sur la dénonciation contre le *Bulletin* : cette feuille est tellement dangereuse, qu'il est essentiel d'en arrêter la circulation. Il demande, en conséquence, qu'une commission soit chargée d'en dénoncer le rédacteur au Comité de Sûreté générale.

Hébert demande qu'on généralise cette question en poursuivant tous les auteurs des journaux qui ont rendu d'une manière fausse et perverse le jugement de la veuve Capet. — La motion est adoptée.

Après les clubs, c'étaient les cafés, sortes de clubs au petit pied, qui traduisaient les journaux à leur tribunal, et leur demandaient compte de leurs opinions.

Voici, par exemple, un trait qui suffirait à lui seul pour peindre ce que nous pourrions appeler la condition sociale de la presse.

Les patriotes du café Zoppi, vulgairement dit Procope, profondément affligés de la licence des auteurs de la partie politique du *Mercure de France*, de la *Gazette de Paris*, de l'*Ami du Roi*, des *Actes des Apôtres*, de la *Chronique du Manége*, du *Journal de la Cour et de la Ville*, convaincus qu'ils sont tous calomniateurs de la partie saine de l'Assemblée nationale, et les détracteurs forcenés de la Constitution française, qu'ils ne respirent que meurtres, qu'ils voudraient, s'il était possible, imprimer leurs feuilles avec le sang des meilleurs citoyens ; justement alarmés des maux que peuvent causer ces papiers infâmes dans les départements, où la plupart sont envoyés, distribués gratis, avec profusion, et interprétés de manière à séduire les esprits faibles, ont délibéré sur les moyens d'arrêter cette frénésie, aussi scandaleuse que funeste.

Mais, persuadés que l'humanité doit être la base du patriotisme ; que les moyens de rigueur sont les derniers à employer pour rappeler au devoir ; oubliant pour un instant l'audace avec laquelle ces ennemis de la liberté ont bravé les avis sages et paisibles des écrivains patriotes ; se rappelant que ces libellistes, dont cependant on ne prononce les noms qu'avec horreur, sont des hommes, et par conséquent leurs frères ; voulant bien croire enfin que leur erreur est plutôt l'effet de l'aveuglement que d'un crime volontaire ;

Ont arrêté unanimement :

Qu'il serait député aux rédacteurs des feuilles incendiaires ci-dessus nommées plusieurs membres de la société patriotique dudit café, à l'effet de les ramener dans le bon chemin par des paroles de paix.

En conséquence de la délibération ci-dessus, nous soussignés nous sommes transportés chez les sieurs Royou, Panckoucke, Gauthier, Montigny, Marchand, Durozoy, Mallet-Dupan, et leur avons porté, au nom des patriotes dudit café, le vœu de tous les patriotes de la France. — *Suivent les signatures.*

La *Chronique de Paris,* à laquelle nous empruntons cette citation, ajoute (19 novembre 1790) :

Cet arrêté a eu son exécution hier matin. Le sieur Durozoy avait mis son innocence au grand air ; ses manuscrits et imprimés ont été saisis. Les autres libellistes ont été trouvés chez eux et admonestés. Quoique le sieur abbé Royou ait plusieurs chambres, comme feu Denys le Tyran, il a été rencontré dans la rue, mais protégé contre la fureur du peuple par ceux mêmes qui venaient lui faire une injonction charitable. Et tous les susdits ont pris l'engagement d'être désormais moins incendiaires, de mettre moins de mensonges, moins de calomnies, moins d'injures, autant que cela pourra se faire sans perdre leurs abonnés. La veuve Fréron a été fort scandalisée de cette visite : elle a cru un instant que c'étaient les tapissiers du Palais-Royal qui venaient lui donner un coup de main pour son déménagement ; mais elle s'est apaisée quand elle a vu que ce n'était qu'une députation patriotique, et que les orateurs étaient aussi modérés dans leurs gestes qu'énergiques dans leurs propositions. La péroraison de chaque discours a fini par la menace faite aux susdits hurleurs aristocrates, s'ils ne viennent pas à résipiscence, comme une conduite aussi fraternelle doit le faire espérer, de les faire promener dans Paris sur un âne, la face tournée du côté de la queue.

Le 14 avril 1791 le marquis de Villette écrivait à ses concitoyens par la voie de la *Chronique de Paris :*

« Frères et amis, j'ai pris la liberté d'effacer, à l'angle de ma maison, cette inscription : Quai des Théatins, et je viens d'y substituer : Quai de Voltaire. C'est chez moi qu'est mort ce grand homme. Son souvenir est immortel comme ses ouvrages. Nous aurons toujours un Voltaire, et nous n'aurons jamais de Théatins.

J'invite les bons patriotes de la rue Plastrière à mettre le nom de J.-J. Rousseau aux quatre encoignures de leurs maisons. Il importe aux cœurs sensibles, aux âmes ardentes, de songer, en traversant cette rue, que Rousseau y habitait au troisième étage ; mais il n'importe guère de savoir que jadis on y faisait du plâtre.... »

Les habitués du café Procope-Zoppi s'empressaient de lui adresser le même jour une lettre de félicitations.

Frère et ami, nous avons lu avec un vrai plaisir la lettre que vous adressez à vos concitoyens par la voie de la *Chronique* de ce jour ; nous vous félicitons sur le changement que vous avez fait à la dénomination du superbe quai que vous habitez, et nous sommes sûrs que tous les habitants de la ville l'approuveront : cette dénomination nouvelle rappellera à nous et à nos neveux les sentiments de reconnaissance et d'admiration dus aux talents et à la mémoire de Voltaire. Ainsi doivent être honorés les services rendus à la patrie et à l'humanité par ces hommes précieux qui, devant le despotisme et ses fureurs, ont eu le courage d'allumer le flambeau de la raison et de la philosophie, et de placer au haut de nos cités comme un fanal salutaire.

Mais si ces honneurs sont une dette, il doit paraître également juste de vouer à l'opprobre universel, par des dénominations caractéristiques, ces hommes obscurs, vils esclaves soudoyés du despotisme expirant, qui, par leurs écrits impurs et fangeux, répandus avec profusion dans toutes les parties de l'empire, cherchent à égarer le civisme de nos frères, et à détruire les influences salutaires d'une révolution qui doit faire le bonheur des Français.

Nous regardons comme juste de donner aux égouts de notre ville les noms de Mallet du Pan, abbé Royou, Montjoye, Durosoy, Pelletier, Gauthier, Meude-Monpas, Rivarol et autres, et de porter même cette espèce de flétrissure civique jusque sur les noms des grands ennemis connus de notre liberté.

Nous nous sommes, en conséquence, déterminés à faire part de nos idées à tous nos concitoyens, pour avoir leur vœu sur la manière d'exécuter une justice légitime, que des êtres libres peuvent et doivent se faire, d'êtres malfaisants qui se réjouissent des troubles que leurs écrits fomentent dans diverses parties de l'Etat, et même au dehors.

Nous sommes, avec une loyale fraternité, vos frères et amis.

Les habitués du café Procope-Zoppy.

Les Egouts :

Rue de Tournon.............	Egout Mallet du Pan.
Rue Saint-André-des-Arts......	Egout abbé Royou.
Rue Saint-Honoré, barrière des Sergents.	Egout Durosoy.
Au bas du pont Saint-Michel...	Egout Gauthier.
Rue Montmartre.............	Egout des Monarchiens.
Rue du Temple.............	Egout Pelletier.
Rue de Seine, F. S. G.	Egout Rivarol.
Rue Saint-Honoré et Saint-Florentin...................	Egout Guignard.
Rue Jacob.................	Egout Mounier.
Rue des Egouts.............	Egout Meude-Monpas.
Rue des Cordeliers...........	Egout Montjoye.
Rue du Ponceau.............	Egout l'abbé Maury.
Vieille rue du Temple........	Egout Cardinal-Collier.
La voirie.................	Suleau.

Une politesse en vaut une autre. Charles Villette répondait à Messieurs du café Procope–Zoppi :

Frères et amis, rien n'est plus honorable pour moi que le suffrage des bons patriotes du célèbre *café Procope*. La renommée
n'avait pas attendu l'époque de la Révolution pour jeter de l'éclat
sur ce rendez-vous de l'esprit et du civisme. Il est dès sa naissance la terreur des sots, et donne souvent l'exemple d'honorer
les talents et les grandes vertus.

Le croiriez-vous, Messieurs? cette inscription si simple a
trouvé des contradicteurs. Mais les contradictions doivent cesser;
car j'ai laissé le nom des *Théatins* pour ceux qui ont le malheur
de ne pas aimer le nom de *Voltaire*.

Vous voudriez faire justice de ces hypocrites gagés qui signent
chaque jour dix proclamations de guerre civile, et qui ne se
sauvent de la haine que par le mépris ; mais c'est leur faire
beaucoup trop d'honneur que d'attacher quelque permanence à
leur souvenir.

Les assassins de la patrie ne doivent pas être mieux traités
que les assassins des rois, et nous ne lirions pas sans horreur ;
Egout Ravaillac, Egout Damiens.

Je suis, Messieurs, avec une fraternité bien sincère, votre ad-
mirateur et votre ami (1).

On sait, d'ailleurs, quels furent le rôle et l'influence des cafés, et notamment des cafés Zoppi,
de Foy et du Caveau, à cette époque agitée. « A
peine née, disent MM. de Goncourt, la Révolution
pousse les hommes les uns vers les autres, les assemble, frotte les idées contre les idées, les paroles contre
les paroles, pour, de ces associations et de ces
chocs, faire jaillir la flamme, l'éclair, la liberté. Un
grand besoin de communications quotidiennes, une
fraternité nouvelle, une pente à l'épanchement, à
la manifestation, une curiosité et une impatience

(1) *Chronique de Paris,* 14, 16 et 17 avril 1791.

d'apprendre, mêlent les individus aux individus ; et avec la gazette, qui devient le journal, qui, de chronique, passe pouvoir, et, de passe-temps, le pain même de la France, les cafés grandissent et se font clubs ; leurs tables sont tribunes, leurs habitués orateurs, leurs bruits motions. L'été pluvieux de 1789 fait les cafés pleins. Les cafés, qu'on disait tout à l'heure des manufactures d'esprit, tant bonnes que mauvaises, deviennent la presse parlée de la Révolution. Les cafés ont un drapeau, et l'on juge de l'opinion d'un homme à Paris, dit mademoiselle Boudon, par le café dont il est l'habitué, « comme vous savez que l'on jugeait à Athènes qu'un citoyen professait les sentiments d'Aristote ou de Zénon, suivant qu'il fréquentait le Lycée ou le Portique (1). »

» Le café Procope, devenu le café Zoppi, ce café tout à l'heure tribunal de l'Opéra, de la Comédie, de l'auteur du jour, où se réunissait la fleur de parterre du dix-huitième siècle, tous ces jugeurs, ces moqueurs, ces hommes méchants comme un public, c'est à présent le point de réunion pour les « zélés enfants de la liberté triomphante. » A tire d'aile l'épigramme s'en envole, pleurant ses grands combats autour d'un *couplet* de tragédie, pleurant ses tranquilles insurrections d'amour-propre et ses vic-

(1) Quelques cafés servaient d'intermédiaires entre les journaux et le public, de bureau de correspondance et même de distribution. Ainsi le *Journal du Diable*, de Labenette, prie les personnes « qui désireraient entretenir une correspondance utile avec le Diable d'envoyer leurs réflexions et leurs découvertes chez MM. Lenoir et Leboucher, au café de Lafayette, rue des Mauvais-Garçons. »

toires sans larmes. C'est un bureau de rédaction
d'adresses et de communications aux journaux patriotiques.

» A la mort de Franklin, « les amis de la Révolution et de l'humanité, assemblés au café Procope,
tenu par M. Zoppi, voulant rendre à la mémoire
du célèbre Franklin tous les honneurs qui lui sont
dus », couvrent de crêpes tous les lustres, tendent
de noir la seconde salle, mettent sur la porte d'entrée : *Franklin est mort,* couronnent de feuilles de
chêne, entourent de cyprès son buste, au bas duquel
on lit : *Vir deus,* l'ornent d'accessoires symboliques,
de sphères, de cartes, de serpents se mordant la
queue, et pleurent l'Américain avec des torrents
d'éloquence (1).

» A cinq heures, tous les jours, les habitués du
café Zoppi se forment en club délibérant. Ils députent vingt des leurs pour aller rendre visite au journal des *Actes des Apôtres*, « les bons apôtres du
despotisme » ; ils députent des commissaires du
peuple chez le petit Gautier et chez « tous les barbouilleurs de papier du côté de la droiture. »
Quand viennent les menaces de guerre, les habitués du café Zoppi se cotisent « pour composer une
caisse de fusils et pour en faire une offrande sur
l'autel de la patrie, dans le temple des lois. »

___

(1) « Un orateur y a lu un discours simple, mais pathétique, dans lequel il a
rappelé les bienfaits de cet illustre philosophe. Pour honorer ses mânes d'une manière encore plus digne, on a fait aux pauvres une distribution de pain à laquelle
chacun s'est empressé de concourir. » (*Chronique de Paris*, 17 juin 1790.)

» Le déjà fameux Hébert est des habitués de
Zoppi. Zoppi érige une de ses salles en salle des
hommes illustres ; il promet incessamment une statue de Mucius Scévola, pour faire pendant au bas-
relief de Mirabeau, couronné par deux génies qui
pleurent.

» Parfois, à 9 heures du soir, le café Zoppi allume un feu devant sa porte, et y jette les *Petites
Affiches* ou quelque autre feuille modérée.... (1) »

Ces *brûlures* étaient un divertissement fort à la
mode, que les plus petits cafés se donnaient volontiers à l'imitation des grands, et, si l'on en jugeait
d'après les quelques comptes-rendus de ces exécutions que nous ont transmis les journaux (2), d'a-
près les procès-verbaux qui en étaient solennellement dressés, les choses se seraient passées avec un
sérieux auquel on a vraiment quelque peine à croire
quand on se rappelle les lieux et les acteurs.

L'an second de la liberté, le vendredi 1er octobre, après midi,
nous soussignés citoyens habitués du café Marchand, situé rue
Saint-Honoré, au coin de celle Tirechappe, tous duement assemblés, après lecture faite à haute et intelligible voix du n° 93 du
Journal général de la Cour et de la Ville, avons reconnu que l'article où il est question des assignats, commençant par ces mots....
est, en tout son contenu, contraire aux principes de la Constitu-

(1) *Histoire de la Société française pendant la Révolution,* p 197 et suiv.
(2) Ces comptes-rendus étaient évidemment rédigés par les auteurs eux-mêmes,
et la plupart du temps publiés à leurs frais. C'était une petite satisfaction d'amour-
propre qu'ils pouvaient se donner, moyennant trois ou quatre sous la ligne, dans
les suppléments de la *Chronique,* d'où j'ai tiré notamment les deux suivants.

tion, ne prêchant que la révolte et l'aristocratie ; avons délibéré
à la pluralité des voix :

1° Que, comme depuis le commencement du cours dudit journal, il ne s'y est jamais trouvé une phrase où le bon sens et la
vérité se rencontrent, il est temps de le chasser de la bonne
société ;

2° Que, comme il ne peut y avoir qu'un être gangrené, aussi
méprisable dans sa personne que dans ses écrits, qui en soit le
rédacteur, il mérite tout le mépris des bons citoyens, et, en attendant que la vindicte publique nous délivre d'un pareil libelle,
avons livré le présent article aux voix, de la majorité desquelles
est résulté que ladite feuille a été condamnée et brûlée publiquement devant la porte dudit café. Et ont, après l'exécution,
signé avec nous secrétaire greffier....

Nous, Jean Dupuy...., Nicolas MAURI,..., tous habitués du café
du carré de la Porte Saint-Denis, après lecture faite du n° 8 de
la *Gazette des Cours de l'Europe, le Royaliste ami de l'humanité,*
avons jugé digne d'être brûlé le susdit journal, et le brûlons en
présence des membres soussignés, pour être contraire à l'opinion
générale, au vœu de la nation et au bien public.

Fait au café des Arts, carré et porte Saint-Denis, à Paris, le
27 septembre, l'an deuxième de la liberté, nommé anciennement
1790.

Note des Rédacteurs. Nous avons imprimé cette délibération
pour prouver qu'on peut s'appeler Mauri et être bon citoyen.

Quelques jours après, le même journal était également condamné au café du Salon, boulevard des
Italiens, comme une gazette impure, digne de figurer
à côté du *Journal général de France,* des *Actes des
Apôtres* et de la *Gazette de Paris.*

Nous.... avons trouvé ladite feuille contradictoire à son titre
d'ami du roi, attendu que le roi s'est identifié avec la Révolu-

tion, et que ladite feuille est anti-révolutionnaire ; contradictoire à celui d'ami de l'humanité, parce qu'elle ne tend à rien moins qu'à insinuer à ses lecteurs que l'ancien régime était préférable à celui de la liberté et de l'égalité ; que, si ces principes se propageaient, nous aurions la guerre civile ;

Avons observé de plus que le rédacteur est plein d'ironie pour les discours des députés patriotes, et qu'il cite avec enthousiasme ceux du parti contraire aux intérêts de la nation ;

Avons encore remarqué que le susdit rédacteur est obstrué d'aristocratie, pour avoir, dans son n° 10, comparé les *Sybarides* tricolores, dans leur orgie du 2 octobre, au chevalier français qui a si justement mérité les titres de sans peur et sans reproche, et qui n'eût jamais sali un jour de sa vie à forger des fers à sa patrie :

Avons arrêté que la susdite feuille serait foulée aux pieds et livrée au crochet du premier chiffonnier passant.

Invitons le rédacteur à changer d'opinion, ou à prier ses abonnés de ne pas laisser échapper un seul numéro, sous peine d'encourir l'improbation et le mépris de ses concitoyens.

Et ce n'étaient pas seulement leurs opinions politiques qui exposaient les écrivains à ces exécutions populaires. Par exemple, il n'était pas permis à un critique de trouver mauvaise une pièce que le parterre avait applaudie.

« Il est arrivé hier aux Italiens une scène qui prouve combien le public est jaloux d'user des droits que lui donne la liberté des théâtres, et au théâtre.

» M. Ducray–Duminil, rédacteur d'un journal ci-devant privilégié, nommé les *Petites Affiches, à louer ou à vendre* (1), s'était permis de trouver la pièce

(1) Ducray-Duminil avait succédé, en 1790, à l'abbé Aubert dans la rédaction des *Petites Affiches ;* nous en reparlerons.

et la musique de *Paul et Virginie* détestables. Le public, seul juge en pareil cas, ayant manifesté, à la première représentation, le plaisir qu'il y éprouvait, a trouvé qu'il y avait de l'impudence à ce journaliste de vouloir lui prouver qu'il avait tort d'applaudir et de s'amuser sans son consentement. Après le spectacle, il a exigé que cette feuille fût déchirée sur le théâtre, et madame Saint-Aubin a été l'exécuteur de sa justice.

» Quand on saura que M. Ducray-Duminil fait de la musique qu'on ne chante nulle part, et des pièces qu'on ne jouera jamais, on ne s'étonnera plus de lui voir trouver mauvais les ouvrages des autres. Rien de plus dangereux que ces petits juges à demi-connaissance, et l'on peut dire de celui-ci ce que Piron disait de l'abbé Desfontaines :

> Oui, *c'est l'eunuque au milieu du sérail* :
> *Il n'y* peut *rien, et nuit à qui* peut *faire* (1). »

Je trouve encore dans la *Chronique de Paris* du 14 mars 1793, sous la rubrique SPECTACLES, — *Théâtre de la Nation,* ce fait assez curieux :

« On a vu dans les journaux qu'une députation de la Société des Défenseurs de la République a dénoncé à la Commune une pièce nouvelle, annoncée depuis quelques jours par le théâtre de la Na-

(2) *Chronique de Paris,* 19 janvier 1791. — Cet article porte la signature de Fiévée, qui commença à souscrire la *Chronique* comme imprimeur le 2 mai 1791; c'est assurément l'un des premiers essais du futur directeur des *Débats* et correspondant de Napoléon.

tion. Cette pièce est intitulée *Hécube*; c'est une imitation de la tragédie d'Euripide. Le sujet est, comme on sait, le sacrifice de Polyxène sur le tombeau d'Achille, l'assassinat de Polydore dans la Thrace, et la cruelle situation d'Hécube, partagée entre son fils et sa fille. L'auteur assure qu'elle ne contient rien, d'ailleurs, de relatif aux circonstances ; cependant, par amour pour la paix, il en suspend quant à présent les représentations, et il va la faire connaître par l'impression. »

D'autres fois ces redresseurs de torts allaient accomplir leurs exploits au domicile des journaux.

« Avant-hier, plusieurs jeunes citoyens se sont transportés chez le sieur Gattey, libraire aristocrate au Palais-Royal. Ils ont d'abord purifié sa boutique, infectée du souffle des mauvais citoyens, par des fumigations de vinaigre et de sucre ; ils ont ensuite saisi l'édition des *Actes des Apôtres* et de la *Déclaration* signée aux Capucins, sans causer aucun désordre, et ils ont brûlé lesdits *Actes des Apôtres,* en déclarant au sieur Gattey qu'ils lui conseillaient de ne plus spéculer sur l'aristocratie. Ils ont de plus intimé audit Gattey que le premier aristocrate, bien connu pour tel, qu'ils rencontreraient chez lui, serait plongé dans le bassin du Palais-Royal, pour y recevoir un *baptême patriotique;* mais qu'en même temps il serait reconduit chez lui, et qu'on pourvoirait à ce qu'il ne lui fût fait aucun mal.

» De là ils se sont transportés sur la grande place du Parvis-Notre-Dame, et y ont publiquement lacéré et brûlé la *Déclaration* de la minorité et la protestation du chapitre de Notre-Dame, et, dans le même moment, l'air a retenti de ces cris : *Vive la Nation ! Vive le Roi ! Vive la Loi ! Vive la Liberté !*

» On assure qu'un article insultant pour la garde nationale a déterminé ces jeunes gens à cette expédition. Nous sommes étonnés que le sieur Gattey, qui porte toujours la redingote uniforme, ait eu l'impudence de vendre des écrits outrageants à la garde nationale, et nous croyons que pour cette action seule il mériterait d'être renvoyé d'un corps qu'il déshonore, avec une *cartouche jaune,* comme l'a été le rédacteur des *Actes des Apôtres* (1). »

Ces scènes se renouvelaient le lendemain dans le voisinage.

« Samedi, on a brûlé dans la rue de l'Echelle une foule de pamphlets aristocratiques. De là les exécuteurs de cette justice populaire ont été rue Saint-Honoré, vis-à-vis les écuries du Roi, au bureau de la *Gazette de Paris.* Ils ont livré aux flammes ce journal anti-patriotique, composé sous les ordres et aux frais du révérendissime père en Dieu Antoine-Jules de Clermont-Tonnerre, évêque de Châlons-sur-Marne, par M. du Rozoi, poète sifflé à la Comédie Italienne, resifflé à la Comédie Française, et

(1) *Chronique de Paris,* 23 mai 1790.

persifflé dans le monde, et auteur des motions qui
ont fait siffler dans l'Assemblée nationale le susdit
révérendissime père en Dieu Antoine-Jules de Clermont-Tonnerre, évêque de Châlons-sur-Marne, et
par M. Josse-Olivier de Meude–Monpas, gentil-
homme-SERVANT. La susdite *Gazette de Paris* ayant
été réduite en cendres, la foule s'est portée au
Palais-Royal, où l'on a brûlé l'enseigne du bureau
où l'on souscrivait pour ce journal (1). »

Trop heureux encore les journalistes si cela se
fût borné à ces jeux relativement innocents ; mais
ils furent trop souvent victimes des plus déplorables
excès.

Dans la nuit du 9 au 10 mars 1793, racontent
les *Révolutions de Paris,* une bande d'hommes armés de pistolets, de sabres et de marteaux, se présente à neuf heures du soir chez Gorsas, rue
Tiquetonne, enfonce les portes, brise les casses et
les presses de son imprimerie. Gorsas, armé d'un
pistolet, se fait jour à travers les brigands, gagne
un mur, l'escalade, passe dans une maison voisine
et vole à sa section, heureux d'en être quitte pour
le dégât, car le projet était de l'assassiner. On mit le
feu chez lui, mais il fut éteint sur–le–champ.

Les deux cents spadassins qui s'étaient portés
chez le rédacteur du *Courrier des Départements* di-

(1) *Chronique de Paris,* 24 mai.

rigent leurs pas vers la rue Serpente, aux deux extrémités de laquelle ils placent des sentinelles. Ces *braves* vont droit aux bureaux de la *Chronique*. Une jeune fille se présente : c'est la sœur de Garnery, absent. Deux pistolets sont posés sur sa gorge : « Si tu cries, tu es morte », lui dit-on. On en fait autant à l'imprimeur et à quelques voisins qui sortaient de chez eux pour vaquer à leurs affaires. Les excès commis chez Gorsas se répètent dans l'imprimerie de Fiévée ; tout y est brisé, fracassé ; les brigands n'en sortent que pour se transporter chez un journaliste, rue Guénégaud, où, dans l'accès de leur rage, ils blessèrent dangereusement deux femmes qui demeuraient dans la même maison.

« Croient-ils, ces spadassins, s'écrie l'écrivain des *Révolutions,* croient-ils anéantir la liberté de la presse en brisant les presses d'une imprimerie ! Scélérats ! sachez que, les eussiez-vous brisées toutes cette nuit-là, le lendemain d'autres étaient sur pied ! Sachez qu'il n'est pas au pouvoir de la Convention, ni du Comité de Sûreté générale, ni du Comité soi-disant révolutionnaire, de réduire la République à n'avoir d'autres journaux que le *Bulletin ;* sachez que vous ne viendrez pas à bout de reporter la France au siècle barbare des Goths et des Vandales : nous sommes trop avancés pour le souffrir, et vous vous y prenez trop tard pour le tenter avec succès.....

» Bien loin de croire que le peuple ait été pour quelque chose dans ces attentats, ajoute le journaliste, on peut au contraire reprocher aux citoyens de ne s'être pas montrés sensibles autant qu'ils le devaient à un événement de cette nature. A la fin de février, on pille les magasins de chandelle et de sucre ; dans les premiers jours de mars, on commence l'exécution du complot contre toutes les imprimeries : à quoi ne doit-on pas s'attendre si chaque maître de maison, si chaque propriétaire, au défaut de lois et de magistrats, ne prend aucune mesure pour prévenir ou arrêter de tels brigandages ! Le peuple ne semble pas non plus persuadé autant qu'il le faudrait de l'importance qu'il y a pour lui à ce que la liberté de la presse ne souffre aucune sorte d'atteinte. Jadis on condamnait au feu l'incendiaire d'une grange, d'une meule de blé : le brigand qui ravage une imprimerie est bien plus coupable encore, car la liberté de la presse est peut-être le seul frein des accapareurs. Qu'on se rappelle les persécutions exercées contre le Prévôt de Beaumont pour avoir dénoncé le pacte de famine concerté par Breteuil, Laverdy, Lenoir, Sartine, etc. (1). »

Il va sans dire que les journalistes étaient exposés alors, comme ils l'ont toujours été, aux provo-

(1) *Révolutions de Paris*, t. xv, 9-16 mars 1793, n° 192.

cations des spadassins, et même à des voies de
fait ; nous avons déjà cité l'exemple de Langlois,
maltraité par un député dans les couloirs de l'Assemblée. Voici une scène d'un autre genre, assez
plaisamment racontée par la *Chronique de Paris*
(8 août 1791) :

« Vendredi soir, il y a eu un duel au Palais-
Royal. Il a été proposé suivant l'ancien régime, et
accepté suivant le nouveau. Le proposant était un
homme habile à l'épée et au pistolet, M. Sainte-
Luce ; l'acceptant, qui n'est pas celui qui a *reçu,*
est un homme courageux et armé d'un bâton dont
il se sert fort bien contre les enragés et les spadassins : c'est M. Gorsas, bon patriote. Comme on
vient de rembourser les officiers du *Point d'honneur,* personne n'a pu empêcher M. Gorsas d'ouvrir, pendant quelques minutes, un libre cours à
son ressentiment. Des philosophes ennemis du duel
et témoins de celui-ci ont paru fort contents de la
forme nouvelle de ce combat *singulier.*

» *N. B.* M. Gorsas est prié de communiquer le
modèle de sa canne à tous les journalistes patriotes. »

En somme, comme on le voit, la liberté illimitée
dont jouissait la presse pendant la Révolution était
singulièrement tempérée par cette loi de Lynch,

qui me semble bien propre à faire regretter la vraie loi, si sévère qu'elle puisse être.

Les journalistes, d'ailleurs, j'ai à peine besoin de le dire, pouvaient toujours être appelés à rendre compte de leurs écrits devant les tribunaux légaux. La chose était assez rare, il est vrai, mais il y en a des exemples, et j'en citerai quelques-uns dans des espèces diverses.

Ainsi Camille Desmoulins ayant, dans un de ses articles, nommé le duc de Crillon, et l'ayant appelé citoyen douteux et anti-jacobin, celui-ci assigna le pauvre journaliste pour qu'il eût à se rétracter, sous peine de 100,000 livres de dommages et intérêts.

Je me rétracte, dit Desmoulins ; mais je demande à M. de Crillon où est cette liberté de la presse, qu'il a lui-même fait décréter, si je ne puis énoncer un doute sur le patriotisme d'un citoyen... Je vois bien que pour faire un journal libre et ne point craindre les assignations, ni des juges corrompus, il faut renoncer à être citoyen actif, suivre le précepte de l'Evangile : *Donner ce qu'on a,* ne tenir à rien, et se retirer dans un grenier ou dans un tonneau *insaisissable,* et je suis bien décidé à prendre ce parti, plutôt que de trahir la vérité et ma conscience.

Oui, je viens de prendre ce parti : je me suis débarrassé du peu que j'avais acquis par mes veilles, et d'un pécule que je puis bien appeler *quasi castrense.* A présent viennent les huissiers quand ils voudront ! J'échapperai à l'inquisition, comme le moucheron à la toile d'araignée, en passant au travers (1).

La *Chronique de Paris* s'élève avec force contre un procès aussi peu fondé en apparence ; elle y voit ou

_____

(1) *Révolutions de France et de Brabant,* t. III, p. 242.

feint d'y voir, — car c'était là une tendance, ou peut-être une tactique, assez habituelle, chez les journaux patriotes, — le résultat d'un complot contre la presse.

« M. Berthon (de Crillon), dit-elle, a poursuivi au Châtelet M. Desmoulins, auteur des *Révolutions de France et de Brabant,* ouvrage dont l'exagération même est encore nécessaire. Il lui a demandé *cent mille livres* de dommages-intérêts pour avoir dit qu'il était un citoyen douteux, et, le Châtelet ayant condamné M. Desmoulins, M. Berthon a bien voulu *faire grâce de la somme,* et s'est contenté de faire tapisser les rues de la rétractation de M. Desmoulins, aux frais de cet écrivain.

» M. Berthon, ne vous êtes-vous point ici conduit comme la comtesse de Pimbèche, qui, dans les *Plaideurs,* assigne Chicaneau pour qu'il ait à déclarer

> *Qu'il la tient pour sensée, et point du tout pour folle ?*

» Cent mille livres ou se rétracter, le parti ne peut être incertain ; mais comment M. Berthon a-t-il pu ne pas voir qu'une pareille rétractation ne prouve rien ? que ce placard, en apprenant au peuple ce qu'un écrivain accrédité a pensé de lui, excitera la méfiance et fera examiner avec plus de soin sa conduite et ses motions à l'Assemblée nationale ?

» Et quel tribunal a pu condamner un écrivain pour avoir dit qu'un homme public, dont tout le monde a le droit de juger les actions, est un citoyen *douteux*. Tout homme qui entend un député dire des choses qu'il croit contraires au bien de son pays peut l'appeler un citoyen douteux ; c'est à lui à justifier son opinion.

» M. Camille Desmoulins, dont l'âme est républicaine, ayant entendu le discours de M. Berthon sur le droit de paix et de guerre et sur le traitement des ministres, a pu l'appeler, d'après ses principes, un *citoyen douteux*; il a dit ce que beaucoup d'autres ont pensé, et toutes les rétractations du monde ne serviront qu'à tapisser les pierres et à faire gagner les afficheurs. M. Berthon aurait donc mieux fait de ne pas attaquer un des défenseurs de la liberté ; car, par cette action publique, il donne un nouveau prétexte pour répéter encore que son patriotisme est douteux. »

Mais, ajoutait la *Chronique,* il se formait dès lors une ligue redoutable contre la liberté de la presse ; ce que les *aristocrates* n'avaient pu faire, les ministériels osaient l'entreprendre. Déjà des coups avaient été portés à quelques écrivains qui, par leur exagération, pouvaient justifier cet attentat aux yeux des patriotes tièdes et peu instruits. Fréron avait été arrêté dans une sorte de guet-apens, et les hommes qui étaient le plus éloignés d'approuver sa violence et ses principes ne savaient comment qualifier la conduite du tribunal de police à son égard. Assigné pour être entendu, il arrivait avec confiance pour se défendre, et les juges l'avaient fait arrêter dans la salle même où il venait se justifier. M. Mitouflet, à qui l'on devait des proclamations et des réquisitoires très-sages, en avait fait un cette fois plein de fiel et d'amertume, qui respirait la colère et la passion, qui enfin était moins une dénonciation de Fréron qu'une satire de cet écrivain, qu'il appelait *folliculaire*, une diatribe contre les journalistes, qu'il traitait d'*auteurs faméliques*, et un libelle contre la liberté de la presse, à laquelle il osait attenter.

Mais c'était surtout contre Camille Desmoulins que les coups étaient dirigés. En même temps qu'il était poursuivi par le duc de Crillon, MM. Malouet et Grégoire Riquetti s'unissaient contre lui. Une attaque plus grave encore, c'était celle de M. Talon, qui assignait Camille au Châtelet pour avoir mal parlé du Châtelet, qui devenait ainsi juge et partie. Et de quoi s'agissait-il? D'un propos que Desmoulins assurait lui avoir été tenu par M. Honoré Riquetti (Mirabeau l'aîné), et qu'il avait rapporté dans son journal. M. Talon criait à la calomnie, demandait 20,000 livres ou une rétractation, impression d'affiches, etc. M. Boucher d'Argis, déjà accusé lui-même par Desmoulins, l'assignait.

Aucun procureur n'osait occuper pour lui; lui-même, redoutant le sort de Fréron, il n'osait se présenter à l'audience, et il ne pouvait manquer d'être condamné, comme il l'avait été dans l'affaire Berthon.

L'auteur d'un journal intitulé le *Républicain* était également poursuivi pour le même fait.

« Nous le répétons encore, tous les bons esprits doivent se réunir pour repousser ces attentats contre la liberté de la presse, la plus précieuse de toutes les libertés (1). »

J'ai déjà dit que certains journaux, ceux de Marat et de Fréron, par exemple, étaient remplis journellement des plus odieuses dénonciations, que leur adressaient une foule de citoyens *très-actifs,* contre les aristocrates, mot, comme l'on sait, très-élastique et très-commode. Les victimes de ces dénonciations devaient la plupart du temps courber la tête en silence, si elles n'étaient pas en position de les mépriser; il s'en trouvait parfois cependant qui regimbaient et se rappelaient qu'il y avait encore des juges à Paris. Parmi les affaires de ce genre, une des plus curieuses que nous ayons rencontrées, au moins par le nom des acteurs, est un procès en diffamation intenté, en janvier 1790, par « Charles–Henri Sanson, exécuteur des jugements

(1) *Chronique de Paris,* 2 juillet 1790.

criminels de la ville, prévôté et vicomté de Paris, au sieur Prudhomme, marchand papetier, se disant éditeur et propriétaire du journal intitulé *Révolutions de Paris, dédiées à la nation et au district des Petits-Augustins ;* le sieur Gorsas, auteur du *Courrier de Paris dans les provinces, et des provinces à Paris,* journal ayant pour épigraphe : *Vires acquirit eundo ;* et le sieur Quillau, imprimeur dudit journal ; le sieur de Beaulieu, auteur d'une feuille périodique ayant pour titre *Assemblée nationale ; 61° séance dans la capitale. Suite des nouvelles de Paris ;* le sieur Guillaume junior, imprimeur de ladite feuille ; ledit sieur Guillaume, imprimeur d'une autre feuille, sans nom d'auteur, intitulée l'*Espion de Paris et des provinces, ou Nouvelles les plus secrètes du jour,* avec cette épigraphe : *Le mot d'espion ne fait peur qu'aux coupables* (1) ; le sieur Descentis, auteur d'un journal ayant pour titre le *Courrier de Paris, ou le Publiciste français, journal politique, libre et impartial, par une société de gens de lettres,* avec cette épigraphe : *Nec lædere, nec adulari ;* la veuve Hérissant, imprimeur de ladite feuille périodique ; le sieur Camille Desmoulins, auteur des *Révolutions de France et de Brabant ;* et le sieur Garnery, libraire-distributeur dudit journal », qui l'avaient accusé de comploter pour les aristo-

---

(1) « Ce véridique journal, qui annonçait des nouvelles si secrètes qu'elles étaien ignorées de ceux mêmes qu'elles concernaient, est tombé au second numéro. »

crates et avaient faussement annoncé qu'il était arrêté.

J'ai été assez heureux pour déterrer, après bien des recherches, le plaidoyer que prononça, dans cette cause, au tribunal de police de l'hôtel-de-ville de Paris, le mercredi 27 janvier 1790, M⁰ Maton de la Varenne, avocat de Sanson. C'est une pièce assez curieuse pour que nous en reproduisions quelques parties.

Messieurs, si l'avocat, interprète des lois, n'était pas impassible comme elles; si les préjugés, ces enfants monstrueux d'une imagination en délire, pouvaient glacer son courage; s'il n'accordait les secours de son ministère qu'à des hommes qui occupent un rang distingué dans la société; si enfin il faisait acception des personnes, nous ne nous serions pas chargé de la cause que nous venons plaider à votre tribunal.

Mais, Messieurs, ce qui honore particulièrement notre ministère, c'est la protection spéciale que nous accordons au faible, à l'homme isolé que l'on opprime injustement, à la veuve et à l'orphelin que l'on dépouille, à l'accusé qui nous invoque. Toute considération qui pourrait nous empêcher de remplir notre devoir serait un crime.

Diffamation sans exemple, calomnies atroces, libelles infâmes, telles sont les armes dont quelques périodistes audacieux, sans frein comme sans pudeur, n'ont pas honte de se servir contre le citoyen irréprochable qui se trouve aujourd'hui forcé de réclamer votre justice

Nous avons eu l'honneur, Messieurs, de vous lire, à votre audience du 24 de ce mois, les différents libelles périodiques où l'on présente celui que je défends comme un des principaux chefs d'une *aristocratie* et de complots infâmes, tendants à empêcher l'heureuse régénération qui se prépare; vous avez vu que sa maison y est désignée comme le repaire infâme où se rassemblent les ennemis de la nation pour concerter sa ruine, comme le foyer de toutes les conjurations qui nous alarment, comme le laboratoire impur où se fabriquent tous les écrits crapuleusement incendiaires qui inondent la capitale et les provinces ; vous avez vu des transcriptions d'interrogatoires qui n'ont jamais été subis par mon client, et les aveux qu'on lui fait faire de ses prétendus crimes. Sans doute, Messieurs, vous avez été saisis d'indignation, comme tous les bons citoyens, en voyant jusqu'à quel point la malignité peut égarer des écrivains dont les talents seraient utiles à leur patrie s'ils les employaient à lui montrer ses priviléges et ses droits, à éclairer les peuples, à instruire les rois et les dépositaires de l'autorité. Daignez écouter une nouvelle lecture de ces licencieux pamphlets, et celle de plusieurs autres dont vos oreilles n'ont pas encore été frappées : elle vous fera voir que jamais la diffamation et la calomnie ne se montrèrent avec plus d'audace, et vous sentirez combien il est nécessaire de réprimer promptement des désordres qui exposent la sûreté individuelle de celui que je défends.

Suivent les articles incriminés. Ils s'accordent à dire que Sanson avait chez lui des presses sur lesquelles s'imprimaient tous les abominables libelles qu'on faisait circuler dans les provinces pour les exciter à la révolte et aux meurtres. C'était dans la laide et tortueuse rue Saint-Jean, dans la maison odieuse d'un bourreau, que se tenaient des assemblées dont les *honorables membres* s'occupaient utilement à rédiger leurs pensées ; c'était de ce foyer que s'élançaient ces écrits incendiaires qu'on faisait circuler ensuite sous le cachet respectable de l'Assemblée nationale... (*Courrier* de Gorsas.)

C'était là que se tenaient des assemblées nocturnes présidées par des aristocrates qui ne rougissaient pas de s'associer à un homme qui tôt ou tard aurait été obligé par état de venger sur cette horde de Catilinas les maux qu'ils préparaient aux amis de la Constitution; c'était dans ce repaire que s'imprimaient les libelles incendiaires qui tendaient à soulever le peuple... (*Espion de Paris et des provinces.*)

— On vient de découvrir que les aristocrates ont des presses privées à leur usage. On ne croira jamais où ils les avaient établies !... Chez SANSON, bourreau de Paris ! Le district des Capucins de la Chaussée-d'Antin y a fait une descente, et il les a trouvées occupées à travailler pour l'aristocratie. Jugez, citoyens, par les relations qu'ont déjà les aristocrates avec l'honnête M. *Sanson,* le parti qu'ils tireraient de ses services et de ses talents s'ils étaient les plus forts. (*Révolutions de Paris.*)

— Les beaux esprits de la faction verte viennent de publier le prospectus d'un *Journal lyrique,* où ils se proposent de mettre les décrets en vaudevilles et en ponts-neufs, pour tourner en ridicule l'auguste assemblée, etc. On assure que ce journal est le recueil facétieux des couplets que chantait naguère la table-ronde des aristocrates à ses petits soupers chez le bourreau de Paris. Soit rancune contre la lanterne et contre M. Guillotin, soit que la visite de tant de beau monde lui tourne la tête, M. Sanson régalait le cercle de son mieux. (*Révolutions de France et de Brabant*)

Bref, les presses aristocratiques avaient été enlevées, et l'honorable bourreau arrêté et incarcéré. L'*Assemblée nationale* allait jusqu'à donner son interrogatoire.

Je vous le demande, Messieurs, continue Mᵉ Maton, je le de-

mande au public qui m'entend, je le demande aux sieurs Prudhomme, Gorsas, de Beaulieu, Descentis et Desmoulins eux-
mêmes, et à leurs imprimeurs et distributeurs, la diffamation et
la calomnie peuvent-elles verser leurs poisons avec plus de fureur ? Non, sans doute, et lorsqu'on lit de pareilles atrocités, le
sang s'allume, la prudence, la modération, que l'immortel Dagues-
seau met au rang des devoirs essentiels de l'orateur, le respect
dû à la majorité de votre audience, peuvent à peine contenir les
élans de l'indignation.

L'avocat entre ensuite dans l'examen de la question de droit, et il termine ainsi :

Vous avez entendu, Messieurs, les principaux moyens de ma
cause. Elle est celle du public, elle intéresse la sûreté individuelle du citoyen que je défends et de sa famille. Ce sont les
droits d'homme qu'il réclame, c'est une réparation qu'il demande
à son honneur attaqué de toutes parts : vous êtes trop justes
pour la lui refuser. Quelle qu'elle soit, elle sera toujours bien
inférieure au préjudice que lui causent les calomnies dont j'ai eu
l'honneur de vous rendre compte : le trait ne retourne point à
l'arc d'où il est parti.

S'il était permis à celui que je défends de vous réitérer ici les
sentiments qu'il nous a témoignés en réclamant notre ministère,
s'il lui était permis de faire à votre audience sa profession de foi,
de vous peindre lui-même son patriotisme, il vous dirait, Messieurs, comme il nous l'a dit à nous-même : « Qu'ai-je fait à ceux
qui m'outragent sans pitié, comme sans justice, dans les écrits
que je suis forcé de vous dénoncer ? Quelles preuves donneront-
ils à l'appui des imputations atroces qu'ils impriment contre moi ?
Quel intérêt ont-ils à diffamer sans sujet un citoyen irréprochable,
déjà assez malheureux d'exercer un état qui livre journellement
à sa sensibilité les plus déchirants combats? Mes chers concitoyens, continuerait celui que je défends, serait-ce dans l'instant
où ma patrie se régénère, où elle détruit le préjugé odieux qui
me vouait injustement à l'infamie, serait-ce enfin dans un ins-

tant où ma patrie me rétablit dans mes droits d'homme et de
citoyen que j'aurais l'infâme lâcheté de la trahir ? Non, sans doute,
et bien loin de tremper dans des complots et de participer à des
attentats dont l'idée seule me fait horreur, je voue à la honte et
à l'exécration de tous les siècles ces hommes pervers qui veulent
renverser le superbe édifice élevé par le patriotisme des pères
de la patrie, et qui osent, dans leur délire sacrilége, menacer des
têtes si chères. »

M. le procureur-syndic-adjoint vous a peint, dans une de vos
précédentes audiences, avec toute l'énergie et l'éloquence qui ca-
ractérisent tous ses écrits, les dangereux effets de ces libelles
qu'enfante journellement ce qu'on appelle la *liberté de la presse*,
liberté qui est en quelque sorte le droit de calomnier, liberté qui
méconnaît toutes les bienséances, qui viole toutes les lois, liberté
enfin qui, naissante à peine, est déjà dégénérée en licence, et qui
a fait disparaître la sévérité de nos formes et la sagesse de nos
principes. Je laisse à la sagesse et aux lumières du ministère public les conclusions ultérieures qu'il convient de prendre; j'observe, en terminant, que l'impression et l'affiche de trois mille
exemplaires de votre sentence à intervenir suffiront à peine pour
désabuser cette ville et la province des calomnies dont se plaint
celui que je défends; il attend de votre justice un jugement qui
apprenne à la France, à l'Europe entière, que le bon ordre est
l'objet continuel de vos sollicitudes, que les droits de tous les
citoyens vous sont également précieux, et que vous ne faites acception de personne.

A la suite du plaidoyer se trouvent les extraits
de cinq jugements rendus le même jour 27 janvier 1790; par quatre de ces jugements, le tribunal
donne acte à Prudhomme, Beaulieu, Descentis et
Camille Desmoulins — ce dernier s'était présenté
en personne à l'audience — de leur déclaration
qu'ils sont prêts à se rétracter; ordonne qu'ils le

feront dans leur plus prochain numéro, et leur fait défense de plus à l'avenir se permettre de telles imputations. Le cinquième donne défaut contre Gorsas et le condamne à 100 livres de dommages-intérêts, ordonne en outre que l'article incriminé sera supprimé *comme calomnieux,* et que le jugement sera imprimé et affiché au nombre de trois cents exemplaires, aux frais de Gorsas, et envoyé aux soixante districts.

Gorsas ayant formé opposition, l'affaire revint le 3 février. Nouveau plaidoyer de M° Maton de la Varenne.

Le jugement aussi doux qu'équitable que vous avez rendu le 27 du mois dernier contre le sieur Gorsas, sur les conclusions du ministère public, nous avait fait croire que ce journaliste s'empresserait d'y souscrire et de réparer ainsi une faute digne de toute votre sévérité; mais nous reconnaissons avec douleur que nous avons pensé de lui trop favorablement.

Le sieur Gorsas, égaré sans doute par des conseils perfides, a formé opposition à votre sentence. Se ferait-il donc illusion jusqu'au point de croire qu'on peut calomnier impunément des gens de bien, parce qu'ils paraissent sans protecteur et sans appui ? Ignore-t-il donc que les tribunaux sont ouverts à tous les hommes, sans distinction, et que les libellistes y trouvent toujours le châtiment réservé aux ennemis du bien public ?...

C'est après avoir répandu dans toute l'Europe les calomnies que vous savez contre un citoyen connu par son patriotisme, que le sieur Gorsas prétend trouver grâce devant vous, et se faire décharger des justes condamnations que vous avez prononcées contre lui à l'une de vos dernières audiences. Certainement, Messieurs, ce libelliste s'abuse, et le fol espoir qu'il a conçu d'échapper à la punition qu'il mérite est un outrage fait à votre sagesse, à vos principes, et à la loi dont vous êtes les organes.

Le sieur Gorsas ne s'est pas contenté de faire circuler partout les accusations calomnieuses dont nous venons de vous rendre compte ; il a encore osé, depuis la réparation que lui en a demandée celui que je défends, le mettre au nombre de ce qu'il appelle des *vagabonds soudoyés,* et s'étonner de ce qu'un exécuteur des arrêts criminels trouve des faiseurs d'exploits civils et des occupants aux tribunaux.

Voudrait-il donc, ce folliculaire diffamateur, nous obliger à jeter un coup d'œil sévère sur sa conduite ? Voudrait-il que nous vous fassions connaître l'opinion qu'il a donnée de lui dans le district des Cordeliers, sur lequel il demeurait précédemment, et les motions patriotiques qui y ont été faites contre lui pour d'autres calomnies répandues dans une de ses feuilles ? Non, Messieurs ! Le sieur Sanson aura pour lui plus d'indulgence. Que le sieur Gorsas cesse donc ses calomnies, qu'il redoute l'instant où celui que je défends serait forcé de mettre au jour certaines actions que sa modestie lui fait tenir secrètes, et de prouver qu'il n'est pas un *vagabond soudoyé.* Qu'il apprenne enfin, le sieur Gorsas, qu'on ne se présente pas dans les tribunaux pour y demander justice quand on mène une conduite douteuse, et quand on professe des sentiments anti-patriotiques.

Quant à l'étonnement que témoigne le sieur Gorsas sur ce que nous avons le courage de défendre le sieur Sanson dans les tribunaux, nous nous contenterons de lui répondre, avec les sages représentants de la nation, *que les hommes naissent et demeurent égaux en droits ;* que nous regardons comme la plus noble de nos fonctions celle de défendre l'opprimé, quel qu'il soit, contre ses oppresseurs, et que nous ne calculons pas ce que la mauvaise foi, la calomnie et la vengeance méditent contre nous, quand il s'agit de remplir notre devoir.

Nous déplorions, à l'une de vos précédentes audiences, les dangereux effets de la liberté de la presse. Par quelle fatalité, Messieurs, sommes-nous déjà forcé de gémir sur ce bienfait, encore nouveau, de la raison et de la philosophie, qui renverse les

9.

limites qu'un despotisme odieux fixait aux connaissances humaines ? Pourquoi faut-il que la plus belle prérogative d'un peuple libre soit déjà devenue l'instrument de la calomnie entre les mains de quelques hommes qu'elle devrait éclairer sur leurs devoirs ? Que le sieur Gorsas, loin de persécuter injustement les gens de bien, consacre ses talents à les défendre, qu'il éclaire les opinions et les principes, qu'il cite toujours les hommes au tribunal de la raison, et nous serons alors les premiers à l'admirer.

Mais, Messieurs, il est temps que vous fassiez cesser le scandale que causent dans cette capitale et dans les provinces les calomnies qu'il s'est permises; il est temps que vous punissiez une diffamation effrayante par les conséquences qu'elle a déjà dans plusieurs villes du royaume. Celui que je défends vous confie sa vengeance. Des dommages et intérêts, l'impression et l'affiche de votre jugement à intervenir, en un mot la confirmation de la sentence à laquelle le sieur Gorsas est opposant, peuvent seuls apporter quelque remède au mal qu'il a produit par ses libelles périodiques. Malheur à lui s'il persistait à refuser de reconnaître la sagesse des condamnations que vous avez prononcées contre lui, et s'il ne se rendait pas son propre juge ! Ce serait alors un méchant qu'il faudrait abandonner à toute la rigueur des lois, à sa conscience et au mépris public.

Sur l'offre de Gorsas de se rétracter, le tribunal réduit à 20 liv. les dommages et intérêts, et à 200 le nombre des exemplaires du jugement à imprimer, et confirme pour le surplus sa précédente sentence.

Enfin le factum se termine par cette lettre de Maton de la Varenne à Gorsas, écrite le surlendemain.

Ce 5 février 1790.

J'avais tout lieu de croire, Monsieur, d'après la parole que vous m'avez donnée mercredi dernier, à l'audience, que vous rétracteriez le lendemain les calomnies répandues contre le sieur Sanson dans plusieurs numéros de votre feuille. Dans cette confiance, et par considération pour MM. M..... de B... . et C..... de G....., je consentais, *à votre prière,* d'engager mon client à ne point faire afficher le jugement du tribunal de police ; mon intention était même d'empêcher toutes poursuites ultérieures ; mais on m'apporte à l'instant votre feuille du 28 janvier dernier (1) et celle d'aujourd'hui, dans lesquelles vous vous permettez de nouvelles injures et des réflexions faites pour mortifier un homme sensible. Malgré tout le plaisir que j'aurais eu à vous obliger, je n'en suis plus le maître. Votre nouvelle insulte à mon client le détermine, ainsi que sa famille, contre laquelle il règne partout la plus grande fermentation, à rendre public un jugement que je voulais ensevelir dans l'oubli.

Quant au ridicule que vous avez voulu jeter indirectement sur moi, en annonçant dans votre feuille du 28 janvier qu'on avait conclu, entre autres choses, à ce que *le mot* BOURREAU *fût rayé du Dictionnaire de l'Académie,* je ne crois pas qu'il exige de ma part une réponse sérieuse. Vos lecteurs judicieux se persuaderont sans peine qu'un avocat ne prendrait jamais des conclusions de cette nature ; il verront bien que le mot *bourreau* n'était pas l'objet principal de celles qui ont été prises, et que le sieur Sanson vous demandait réparation des calomnies que vous avez fait circuler contre lui dans toute la France.

(1) On y lit, sous le titre d'*Anecdote :*

« On a plaidé hier à la Commune une cause très-singulière, entre *Sanson,* BOURREAU de la ville, prévôté et vicomté de Paris, et quelques gens de lettres. On nous a assuré que l'un des points capitaux du procès était que ce BOURREAU ne veut pas qu'on l'appelle BOURREAU, attendu qu'il y a un, ou quatre, ou dix arrêts du Conseil qui entendent qu'on l'appelle exécuteur des arrêts criminels.

» On nous a assuré encore qu'entre autres conclusions il a pris celle-ci : « Que le mot BOURREAU fût rayé du Dictionnaire de l'Académie. »

» Ce serait bien le cas d'appliquer ce mot : *Carnifex ! quoquo nisi carnificis nomine tu appellandus ?*

» On nous assure enfin qu'un avocat des parties avait pris au tragique cette affaire, et qu'il avait dit, entre autres choses, qu'un bourreau ne pouvait plaider qu'avec la lanterne du coin de la rue de la Vannerie. »

Nous annonçons que cette dernière assertion du sieur Gorsas est aussi fausse que toutes les autres. Un avocat connaît trop la dignité de ses fonctions pour se permettre d'aussi sottes plaisanteries.

Il m'en coûte, Monsieur, de ne pouvoir vous éviter un désagrément que vous cause votre plaisir opiniâtre à chagriner un honnête homme. Je connais les égards que se doivent entre eux les gens de lettres : à ce titre j'aurais été flatté d'entrer dans vos vues ; mais il est des circonstances où l'on ne peut suivre le vœu de son cœur à l'égard des personnes que l'on désirerait pouvoir convaincre de son estime.

J'ai encore rencontré dans les brochures de l'époque une « *Réclamation de M. Sanson,* exécuteur des hautes œuvres, contre l'insertion de son nom dans une prétendue liste des membres qui composent la Société des Amis de la Constitution, ou lettre adressée à M. Laclos, rédacteur du *Journal de la Société des Amis de la Constitution.* » C'est un libelle apocryphe, qui ne manque pas de sel ; nous en reproduirons quelques phrases.

Je viens de voir, Monsieur, avec le plus grand étonnement, une liste dans laquelle on m'a cruellement calomnié : cette liste est celle des membres qui composent, dit-on, le club des Jacobins ; et je vous avoue que c'est avec le plus vif regret que j'ai vu mon nom placé immédiatement entre ceux de M. Charles Lameth et de M. Barnave.

Je ne connais ces deux braves patriotes que de réputation et par leurs hauts faits ; et, il m'est permis de le dire, puisque c'est moi qui parle de moi-même, je n'ai pas encore atteint le degré de célébrité où ils sont parvenus, et je ne suis point encore digne de marcher avec eux sur la même ligne.

Ma modestie se refuse à un pareil parallèle. J'ai acquis, à la vérité, une certaine renommée ; l'art que j'exerce m'a valu un nom ; mais je ne prétends point aller sur les brisées des autres, et m'approprier une gloire qui n'est due qu'à eux. D'ailleurs, je ne suis, Monsieur, et vous le savez, qu'en sous-ordre ; je ne peux, par conséquent, m'assimiler à des chefs qui se sont à eux-mêmes frayé une route nouvelle, tandis que moi je suis tout bonnement le chemin que m'ont tracé mes prédécesseurs.

Vous voyez, Monsieur, jusqu'où va la méchanceté de certains êtres, qui, sûrement, enviant ma place, n'ont composé cette liste que pour me faire deux ennemis de MM. de Lameth et Barnave, en faisant croire à ces derniers que je les rivalise, et que je veux faire assaut de réputation avec eux. Non, Monsieur, je sais trop ce que je dois à ces grands maîtres ; je suis trop loin derrière eux pour prétendre même à les approcher de si tôt. D'ailleurs, quand j'aurais formé ces chimériques projets, la justice d'aujourd'hui est un peu trop pressante pour me procurer souvent des occasions de m'illustrer. Ces messieurs, au contraire, font naître et commandent les circonstances. Dès lors, si j'avais même assez de vanité pour croire qu'il y a entre nous parité de talents, je me trouverais encore loin de compter avec eux.

Je n'ai même pas, Monsieur, assez de gloriole pour me croire en état d'être comparé à Nicolas Coupe-Tête ; à plus forte raison ne pourrais-je me mettre dans l'imagination que je suis le rival de gloire de ces messieurs. Dans tous les cas possibles, je n'aurai jamais à mes ordres que deux ou trois valets au plus, tandis que MM. Charles Lameth et Barnave commandent en chef une armée de gens dont le plus petit pourrait être mon maître.

Vous êtes, Monsieur, l'ami des deux personnes dont on a voulu m'enlever la bienveillance : faites-leur connaître, je vous prie, combien je suis mortifié moi-même de cette circonstance... Faites-leur sentir — et peut-être l'ont-ils déjà éprouvé eux-mêmes — que dans notre carrière on a souvent bien des ennemis, et que, dès lors, c'est à un de ces êtres vils qui se cachent sous le masque de l'anonyme qu'ils doivent attribuer cette petite fanfaronnade, dont je n'aurais jamais été capable.

Sollicitez-les, Monsieur, en ma faveur ; engagez-les — j'ose vous en supplier au nom de ma femme et de mes enfants, qui n'ont point d'autre ressource — engagez-les à oublier cette calomnie répandue avec tant d'aigreur sur moi; persuadez-les bien de ma modestie, et dites-leur que, loin de prétendre figurer à côté d'eux, je reconnais la supériorité de leurs talents sur les miens, et que je n'aspire qu'au second rang après eux : après de si grands hommes, la seconde place est encore honorable...

J'ai l'honneur d'être, etc.

SANSON,
Exécuteur des hautes œuvres.

Paris, ce 11 février 1791.

L'affaire de Sanson fut suivie de deux autres, plus curieuses encore, et sur lesquelles j'insisterai, parce qu'elles m'ont paru éminemment caractéristiques : on ne trouverait pas beaucoup de pages, en effet, qui peignissent mieux la presse, ou du moins une certaine presse de cette époque, on pourrait presque dire l'époque elle-même. Ces deux procès, d'ailleurs, curieux jusque dans leurs moindres détails, nous feront faire connaissance, par anticipation, avec deux des journalistes les plus influents de la Révolution.

On sait avec quel acharnement haineux Marat et Fréron ne cessèrent de poursuivre Lafayette et Bailly; les noms du divin Motier et du vertueux Sylvain reviennent à toutes les pages de leurs feuilles, avec un luxe d'épithètes dont on aurait à peine cru notre langue susceptible. Il va sans dire que tous ceux qui tenaient par quelque lien au maire et au général, tous ceux qui les approchaient, qui leur étaient seulement sympathiques, participaient à l'animosité, aux invectives, dont ils étaient l'objet ; c'étaient tous des espions, des mouchards. Mouchard ! c'était le grand mot, c'était le signe de réprobation dont Marat marquait, dans ses feuilles, les amis de ses ennemis, et il n'aurait pas tenu à lui qu'on ne le leur imprimât effectivement sur la face.

Pour se purger de ces vils scélérats et ne plus s'exposer à en recevoir aucun dans leur sein, l'*Ami du Peuple* invite toutes les sociétés patriotiques à imprimer sur le front de chaque mouchard qui s'y introduira, un fer rouge portant ces mots : *Espion public* (1).

— A moins qu'on ne prenne le parti de marquer d'une manière à être toujours reconnus les mouchards qui seront pris, il sera de toute impossibilité de jamais se débarrasser de cette engeance maudite. J'ai proposé de les flétrir d'un fer chaud sur le front ; cela serait très-bien si l'opération n'était pas si longue : il vaut donc mieux leur couper le nez. Que les fripons qui les protégent crient à la barbarie tant qu'ils voudront, il faudra nécessairement en venir là (2).

Marat, d'ailleurs, voyait des mouchards partout, et son digne lieutenant voyait volontiers par ses yeux.

(1) L'*Ami du Peuple,* n° 307.
(2) *Id ,* n° 347.

Lundi dernier, un mouchard, déguisé sous l'habit uniforme, vint chez un des meilleurs patriotes de Paris pour le prier d'engager l'Ami du Peuple, avec lequel il lui croyait des relations, à ne plus le tympaniser dans son journal. On va croire d'abord que ce mouchard est le sieur Estienne ; point du tout : c'était Carle, commandant du bataillon de Henri IV. A peine eut-il décliné son nom, que le citoyen, saisi d'une juste indignation, l'apostropha en ces termes : « Oses-tu donc, scélérat ! venir empoisonner de ta présence l'air pur que je respire ici ! Sors promptement de ma maison ! » Et comme le peuple s'attroupait et parlait déjà de lanterner le fameux Carle : « Non, dit le maître du logis, vos mains seraient souillées si vous les portiez sur lui ; laissez faire cette besogne au bourreau. — Sors, te dis-je, vil mouchard ! et va dire à ton maître que si je le rencontre, je le traiterai comme toi. » — Et s'adressant au cocher : « Cocher ! s'écrie le patriote, ne t'avise plus de déposer à ma porte une marchandise aussi pestiférée ! un mouchard ! un coupe-jarret du général ! Remporte au plus vite ton infâme cargaison ! »

Cette scène, qui s'est passée en plein jour, a eu pour témoins plus de soixante personnes (1).

L'Ami du Peuple, acceptant sans contrôle toutes les dénonciations qu'on lui adressait, prodiguait cette épithète de mouchard avec une libéralité toute républicaine. Il s'attirait bien de temps à autre quelques réclamations dans le genre de celle-ci :

Je l'honneur de vous inviter a venir le 9 du présent à la mairie ; je vous y attenderê depuis 9 heures du matin jusqu'à midi afin de me justifier d'une inculpation que vous avé fait contre moi dans votre nnmèro de dimanche. Comme je ne connais poin ses sorte de chose là, vous aurai la bonté de me dire quelle sont les personne qui vous on si bien instruit sur mon compte.... Il est

(1) *L'Orateur du Peuple*, t. IV, p. 369.

constant que je été un des plus malheureux des vainqueurs de la
Bastille, comme vous le dite : mais je ne jamais été dans les
ville sentimen dont on me sugere vis a vis la face du ciel et de
la terre.

Signé Le Blanc, rue St,Bon, N. 18

Paris, ce 10 décembre 1790.

Le lendemain, un autre citoyen honnête invitait
Marat, au nom de la patrie, à se rétracter sur le
nom de Ducastel, qu'il avait inscrit dans la liste
des infâmes vendus à un petit ambitieux à double
face, et qu'il paie on ne sait avec quel argent, pour
se faire prôner, ledit Ducastel préférant languir
toute sa vie dans la misère qui l'écrase plutôt que
de faire un métier infamant.

A ces deux réclamations, Marat répondait :

Il y a cent individus à Paris du nom de Ducastel et de Le Blanc ;
par quel hasard se fait-il que, n'ayant joint à ces noms ni sur-
noms, ni qualités, ni demeures, deux des vainqueurs de la Bastille se plaignent comme s'y croyant désignés, et me somment de
me rétracter ? Ce n'est pas ma faute s'ils croient se reconnaître,
et il n'en faudrait pas davantage pour prononcer leur condamnation (1).

De pareils arguments n'étaient pas très-rassu-
rants, et l'on comprend que le plus grand nombre
de ceux que l'Ami du Peuple dénonçait ainsi à la
vindicte de ses faubouriens crussent devoir prudemment garder le silence et s'effacer autant que
possible. Cependant j'ai trouvé jusqu'à deux réclamations portées de ce chef devant les tribunaux.

(1) *L'Ami du Peuple*, n° 306.

Le premier qui attacha le grelot fut un nommé Estienne, se disant *ingénieur*, dont nous avons déjà rencontré le nom, mais sur lequel nous ne possédons guère d'autres renseignements que ceux que nous donnent eux-mêmes ses vindicatifs ennemis ; or, nous laissons à penser s'ils l'ont flatté.

Avant de reproduire le portrait qu'ils en ont tracé, et pour mettre le lecteur à même de le mieux apprécier, je dois dire comment s'engagea ce grand duel des espions et des journalistes démocratiques, qui occupa Paris plusieurs mois.

Marat et Fréron, raconte Estienne lui-même dans un factum dont nous parlerons bientôt, ces deux journalistes incendiaires, ces deux folliculaires connus par l'atrocité des maximes qu'ils professent, et par la rage avec laquelle ils déchirent indifféremment tous les citoyens, s'étaient permis de le calomnier impudemment et de le dénoncer à cette sorte de gens dont la fureur semble n'attendre pour signal que la publication de leurs écrits séditieux, et cela parce qu'il avait parlé avantageusement de Lafayette. Il demanda en conséquence la saisie des numéros où il était diffamé, et provoqua à cet effet une descente judiciaire à l'imprimerie Henri IV, où s'imprimaient l'*Ami* et l'*Orateur du Peuple* (1). « Ce

(1) Cette imprimerie, dit Estienne, quoique sous le nom de la demoiselle Colombe, appartenait à un certain abbé Robin, qui en était prote et correcteur. C'est pour cela que le peuple a cru que ces deux feuilles étaient faites par quelque ecclésiastique, et on était d'autant plus porté à le croire, que Marat, lui qui dit n'épargner personne, n'a jamais parlé des abus ni des prévarications du clergé.

vil scélérat eut l'insigne impudence d'extorquer au département de police un ordre pour faire saisir les journaux de l'*Ami* et de l'*Orateur du Peuple*, et il a trouvé des commissaires de section assez ignares ou assez esclaves pour faire, à son commandement, le métier de *captureurs*, de *recors* et de *happechairs*. »

Fréron nous a conservé le procès-verbal dressé au domicile de la demoiselle Colombe, dans un de ses numéros (n° 63, t. iv), qu'il a consacré tout entier à cette affaire, et que nous reproduirons pour la plus grande partie.

Enlèvement prémédité de l'Ami du Peuple et de l'Orateur du Peuple, dans la nuit de mardi dernier.

Descente de six commissaires de la section Henri IV pour saisir leurs journaux.

Indignes vexations ordonnées par le département de police.

Vengeance atroce du sieur Estienne, marchant à la tête de l'expédition.

Attentats inouïs contre la liberté et la propriété.

Procès-verbal, monument d'opprobre pour les commissaires.

Fredaines du compère Estienne.

Quel prix retirons-nous de nos veilles patriotiques ? Des vexations arbitraires, des décrets de prise de corps, des guets-apens, des saisies de nos ouvrages, des descentes prétendues juridiques chez nos imprimeurs, enfin tout ce que la rage du despotisme, auquel nous livrons un combat à mort, peut enfanter d'illégal et d'oppressif. Soutenus de notre seul courage, nous marchons à travers les traits et les feux ; nous bravons et les dernières convulsions du Châtelet, et les ordres iniques d'une municipalité corrompue, et les attentats de quelques sections où domine l'aristocratie, et le fer des assassins à gages, et les phalanges de mou-

chards, et les galopins de l'état-major, et les proscriptions du
dictateur, et les ruades du cheval blanc. Et dans quelles .vues,
chers concitoyens ? Uniquement pour vous garantir de tous les
piéges que vos exécrables ennemis ne cessent de tendre à votre
liberté ! Voilà ce qui les irrite ! Combien de trames n'eussent-
elles pas réussi sans l'incorruptible vigilance de quelques écrivains patriotes ! S'il était possible d'étouffer leurs voix ou de les
ensevelir dans un cachot, la contre-révolution aurait lieu ; mais,
sachant que pour se soustraire à là tyrannie, ils se condamnent,
par un excès de patriotisme que j'oserai appeler héroïque, a un
exil volontaire, à vivre dans des souterrains, d'où ils font entendre les fiers accents de la vérité, à changer tous les jours de
retraite, à empoisonner eux-mêmes leurs corps, afin de conserver
libres leur esprit et leur plume, qui peuvent être utiles à la chose
publique, leurs ennemis, qui sont les vôtres, chers concitoyens,
désespérant de les charger de chaînes, les abreuvent de mille
dégoûts pour les rebuter de la carrière. Il faut que vous sachiez
quelles infâmes manœuvres on vient encore d'employer contre
l'Ami du Peuple et l'Orateur du Peuple. Ils furent avertis, ces
jours derniers, que l'ordre était donné de les enlever au milieu
de la nuit. S'ils n'avaient pas les plus justes raisons pour craindre la ciguë, il y a longtemps qu'ils se seraient constitués prisonniers, afin de .confondre leurs lâches accusateurs. Mais les
mêmes juges anthropophages, les ogres du Châtelet, qui voulaient
dévorer les têtes de MM. d'Orléans et Mirabeau, ne feraient
qu'une bouchée (passez-moi l'expression) de l'Orateur et de l'Ami
du Peuple. Il est donc prudent de ne pas s'exposer à être broyé
tout vif par leur mâchoire venimeuse. L'expédition projetée avait
été précédée d'une visite dans leur imprimerie, faite par ordre
du département de police, à la réquisition du fameux Estienne,
démasqué dans ces feuilles, et qui marchait à la tête des commissaires de la section exécutrice; mais ce que je pourrais dire
ici vous instruira moins que l'étrange procès-verbal dressé par la
meute aboyante, interrogante et saisissante, que menait en laisse
le compère Estienne.

« Ce jourd'hui quatorze décembre mil sept cent quatre-vingt-dix, huit heures de relevée, sur la présentation et la remise que nous a fait le sieur Antoine Estienne, ingénieur et homme de lettres, d'une ordonnance de l'administration de police en date de ce jour, par laquelle nous sommes autorisés à nous transporter à l'imprimerie d'Henri IV, indiquée sur l'imprimé qui a pour titre l'*Orateur,* à l'effet de lui faire reconnaître ou méconnaître ledit imprimé, ensemble celui qui a pour titre l'*Ami du Peuple,* et d'en indiquer l'auteur, et, dans le cas où l'édition desdits deux écrits s'y trouverait, de s'en emparer et de la faire déposer au comité de notre section, aux risques, périls et fortune dudit sieur Estienne, pour, du tout, en être référé au département de police. Nous.....

. . . .

» Avons représenté à la demoiselle Colombe l'*Orateur du Peuple,* par Martel, n° 57, et l'avons invitée à nous déclarer si cette feuille avait été imprimée chez elle.

» Nous a répondu qu'elle avait été imprimée chez elle, et qu'elle aimait mieux avoir imprimé cette feuille que le *Journal de la Cour et de la Ville,* l'*Ami du Roi* et la *Gazette de Paris.*

. . . .

» Et à l'instant, ladite demoiselle Colombe nous a déclaré qu'elle protestait contre la visite faite dans son domicile et dans son imprimerie, la regardant comme illégale, comme attentatoire au droit des citoyens dont le domicile ne peut être inspecté que par un tribunal revêtu de pouvoir suffisant ; en conséquence elle se réserve de se pourvoir contre les personnes qui se sont permis cette visite devant les tribunaux compétents, et à la face de la nation, intéressée à conserver la liberté de tous ses membres.

» Avons invité ladite demoiselle Colombe à nous indiquer l'auteur de l'*Orateur du Peuple* et celui de l'*Ami du Peuple.*

» A répondu qu'elle le dira en temps et lieu à qui il appartiendra.

» Nous a de plus observé, ladite demoiselle Colombe, que, l'ordre de la municipalité, qu'elle taxe d'arbitraire, ne s'étendant qu'à faire reconnaître les numéros 57 de l'*Orateur du Peuple* et 307 de l'*Ami du Peuple,* les personnes présentes et visitantes se sont pourtant permis d'inspecter les formes d'impression qui allaient être mises sous presse, et qui, par conséquent, ne pouvaient avoir aucune relation avec les numéros indiqués par le sieur Estienne, plaignant, et assistant à la présente visite. ..... »

Fréron revient sur cette saisie dans son numéro suivant.

Notable effronterie du sieur Estienne, libelliste et mouchard aux gages du sieur Mottié.
Prévarications punissables du sieur Thorillon, administrateur du département de police.
Stupidité des commissaires de la section de Henri IV.

Le coup d'autorité commis dans l'imprimerie de Henri IV en vertu d'une ordonnance du département de police est un attentat que doit flétrir l'indignation publique, et digne de toute la rigueur des lois.

Cette ordonnance est signée Thorillon ; je demanderai donc à cet illustre et digne successeur des Lenoir et des Bruguières, d'inquisitoriale mémoire, de quel droit, sous l'empire de la liberté, il donne l'ordre de violer les domiciles, de porter le trouble au sein des familles, de s'emparer même des propriétés, puisque l'édition d'un ouvrage est bien certainement une propriété. Est-ce donc pour l'opprimer et le voler que le peuple lui a confié l'emploi qu'il exerce ? Comment ! sur la simple réquisition d'un particulier, sans s'informer si sa plainte est ou n'est pas fondée, sans demander à entendre contradictoirement les citoyens inculpés, un administrateur de police se permettra de mettre en mouvement toute une section, et de lui ordonner la mission la plus vexatoire et la plus inconstitutionnelle ! Je dis plus, le sieur Thorillon a évidemment passé ses pouvoirs. Veiller à la sûreté, à la propreté, à l'illumination de la ville, prévenir les rixes ou les dissiper, donner la chasse aux voleurs, garantir enfin de toute atteinte la vie et la fortune des habitants de la cité, c'est à quoi se réduisent principalement les fonctions tutélaires du département de police. Or, qu'a de commun avec elles la publication des écrits? Depuis quand, sous le nouveau régime, la pensée est-elle du domaine de la police? De plus, montrez-nous, maître Thorillon, la loi qui vous autorise à cette violation des décrets? Vous êtes ou coupable, ou ignorant : ignorant, si vous ne connaissez pas l'article de la Déclaration des Droits qui consacre la liberté de la presse; coupable, si, le connaissant, vous osez l'enfreindre d'une manière si scandaleuse.

Il y aurait encore bien d'autres reproches à faire à l'inquisiteur Thorillon, comme de n'avoir pas senti que le département de police n'est pas un tribunal, de n'avoir point référé de cette affaire au conseil de la commune, ni même à ses confrères du département de police, puisque l'ordonnance est revêtue de sa seule signature. On pourrait lui demander comment il a pu enjoindre à des commissaires de section, dans le cas où l'édition de l'*Ami* et de l'*Orateur du Peuple* se trouverait à l'imprimerie, de s'en *emparer*, et de la faire déposer au comité de la section, aux risques, périls et fortune dudit sieur Estienne, pour, du tout, être référé au département de police; c'est-à-dire qu'il dépendra d'un membre du département de police, non seulement de paralyser la circulation des écrits, mais même de gêner le commerce, d'attenter aux propriétés les plus sacrées, de saisir partout où bon lui semblera les ouvrages dont lui-même se constituera juge, et que, d'après une pareille usurpation de pouvoir, si on ne s'empresse de la réprimer, il saisira demain l'*Histoire philosophique* de l'abbé Raynal, l'*Encyclopédie*, le *Contrat social*, et les ouvrages de Mably. Il est donc incontestable que le sieur Thorillon doit être destitué de sa place, comme le plus stupide et le plus despote des administrateurs. Il n'est pas moins évident qu'il a fait taire son devoir et sa conscience pour servir bassement la plate fureur du sieur Estienne et la vengeance du sieur Mottié.

Quant au compère Estienne, mouchard en titre du général, logé, dit-il, sur les gouttières, mais qui distribue gratis des milliers de pamphlets en l'honneur et gloire de Lafayette et de son bucéphale, sa conduite est le comble de l'impudence. Il faut être aussi effronté que l'est ce gredin, pour oser, contre la liberté de la presse, ce que n'ont pu les Malouet, les Maury et tout le cul-de-sac ! Il faut avoir bu toute honte pour se constituer lui-même juge et partie, à la tête des imbéciles commissaires de la section ! Il y a plus, c'est que le compère Estienne, qui colporte lui-même ses rapsodies dans la rue Percée, qui, dès qu'il y paraît, entend crier : *Au chat! au chat!* par tous les colporteurs, a composé contre l'*Ami* et l'*Orateur du Peuple* une demi-feuille d'injures, en réponse à leurs articles, et cela trois jours avant la visite des commissaires. Il avait donc usé du droit naturel de récrimination ; il avait repoussé, autant qu'il était en lui, les graves inculpations dont il reste toujours bardé. Pouvait-on s'attendre qu'il aurait encore l'incroyable impudence d'extorquer un ordre au départe-ment de police, de le porter à la section de Henri IV, et de mar-cher lui-même à la tête des commissaires pour participer à son exécution ! Un rôle aussi odieux n'a pu être rempli que par le plus vil des scélérats ! Et vous, Cuvillier, Bailleul, Briceau et Lambert, si vous aviez connu les vrais principes de la liberté, vous auriez foulé aux pieds, comme illégale et inconstitutionnelle, l'ordonnance du département de police, et vous ne vous seriez pas couverts de l'opprobre éternel de l'avoir exécutée! Vienne l'or-ganisation des tribunaux, et vous serez tous pris à parti, lâches instruments du despotisme, à commencer par Thorillon et Sbri-gani Estienne, l'un des vainqueurs, non de la Bastille, mais de la liberté et des droits de l'homme et du citoyen (1).

Estienne « couronna tant d'effronterie par faire assigner au tribunal de police la dame propriétaire de l'imprimerie de Henri IV. » C'est Marat qui va nous raconter ce deuxième acte.

(1) *L'Orateur du Peuple*, t. III, nᵒˢ 63 et 64.

*Portrait du nommé Languedoc, se disant Estienne, mouchard fa-
vori du maire et du général. — Vrais principes sur lesquels doit
reposer la liberté de la presse.*

Le nommé Languedoc, se disant Estienne, mouchard favori du
sieur Mottié, vient (à l'instigation de son digne patron) de faire
assigner la demoiselle Colombe, propriétaire de l'imprimerie de
Henri IV, « de comparoir au tribunal de police, pour voir dire
que défenses lui seront faites de plus à l'avenir faire imprimer ni
distribuer aucune feuille soit de l'*Ami du Peuple,* par Marat, soit
de l'*Orateur du Peuple,* par Martel, ou autres quelconques, tendantes à déshonorer, flétrir, même faire assassiner le demandeur,
ainsi qu'il résulte des feuilles de l'*Ami du Peuple,* nᵒˢ 300, 304,
306, 307, et de l'*Orateur du Peuple,* nᵒ 57, partie desquelles elle
a reconnu ; qu'elle sera tenue de se rétracter et de reconnaître le
demandeur pour un homme d'honneur et de probité, incapable de
toutes les horreurs et calomnies atroces contre lui insérées dans
lesdites feuilles, de lui en passer acte par devant notaire, en présence de tel nombre de personnes qu'il voudra choisir : sinon, que
la sentence vaudra ledit acte, qu'elle sera condamnée, et par
corps, à vingt-cinq mille livres de dommages et intérêts par forme
de réparation civile, attendu les coups qu'elle a portés par ses
calomnies à la réputation du demandeur, jeune homme qui a besoin de la considération publique pour son état, et de l'estime
de ses concitoyens ; et encore par rapport aux précautions et
mesures qu'il a été nécessité de prendre pour la conservation de
ses jours, qui ont été dans le plus grand danger par l'impression
que lesdites feuilles ont faite dans l'esprit du peuple ; et que la
sentence à intervenir sera imprimée et affichée au nombre de six
mille exemplaires, aux frais de ladite demoiselle Colombe, qui
sera, en outre, condamnée aux dépens, sauf à M. le procureur
syndic de la Commune, dont le demandeur requiert la jonction,
à prendre telle conclusion qu'il avisera bon être pour la vindicte,
la sûreté et la tranquillité publique. »

Observations de l'Ami du Peuple.

Il importe essentiellement au repos et au bonheur de la nation d'éclairer sans cesse la conduite des fonctionnaires publics, d'examiner leurs projets, de suivre leur gestion, de rechercher leurs démarches, de dénoncer ce qu'on y trouve de louche, d'é- quivoque, de suspect, d'abusif, de criminel ; à plus forte raison de dénoncer leurs menées, leurs trames, leurs complots, leurs conspirations, *sans que le dénonciateur puisse jamais être recher- ché par aucun tribunal, n'étant comptable qu'à celui du public de tout ce qu'il croit ou prétend faire pour le salut du peuple.* Comme nulle erreur n'est criminelle tant que l'homme n'est pas infail- lible, quelles que soient les inculpations dont le dénonciateur charge les agents de l'autorité, on ne saurait lui en faire un crime. Mais il n'a droit à la confiance et à l'estime de ses conci- toyens qu'autant que ses intentions sont pures et que ses vues sont droites. Ainsi, lorsqu'il répand l'alarme sans sujet, que la perte de la confiance publique soit sa punition ; lorsqu'il diffame malignement d'honnêtes fonctionnaires, que le mépris public soit son châtiment.

Tels sont les principes de la censure dans tout état libre ; tels sont ceux que je n'ai cessé de prêcher depuis la Révolution, contre les juristes ignares qui prétendaient prendre à parti les écrivains patriotes. Pour les faire triompher, j'ai foulé aux pieds les dé- crets de prise de corps lancés par des tribunaux corrompus, à la réquisition des ennemis de la liberté. J'ai bravé le pouvoir des jugeurs du Châtelet et du tribunal de police, la fureur de leurs satellites, la rage de leurs coupe-jarrets. La raison s'est fait en- tendre, ces principes ont été reçus, et je m'applaudis d'avoir été le premier, j'ose même dire le seul des défenseurs de la patrie, qui se soit fait un devoir de former à cet égard l'esprit public.

Si les mandataires du peuple, les agents de l'autorité, les fonc- tionnaires publics, de quelque abus d'autorité qu'ils soient ac- cusés, ne peuvent avoir aucun recours aux tribunaux, à plus forte raison leurs subalternes, leurs valets, leurs satellites, leurs suppôts, leurs espions... Je ne dirai point que le tribunal de police, fût-il indépendant et impartial, est incompétent pour connaître des dénonciations publiques, et que, s'il pouvait s'immiscer dans des causes de cette nature, il aurait bientôt anéanti la liberté, en écrasant ses défenseurs ; mais je dis qu'aucun tribunal humain ne peut en connaître, que l'Assemblée nationale elle-même est sans pouvoir pour restreindre la liberté de la presse...

C'est le lot de tout homme public d'être exposé aux traits des méchants ; ils glissent sans effet, lorsque sa conduite est intacte et que ses intentions sont pures : aussi la médisance n'est-elle à redouter que pour les malversateurs, les prévaricateurs, les fripons, les traîtres et les conspirateurs ; l'homme de bien rit de la calomnie. J'ai prêché d'exemple : depuis que j'ai pris la plume pour défendre les droits du peuple, les fripons au timon des affaires, dont j'ai tant de fois dérangé les projets et fait aller les complots en fumée, m'ont fait accuser par mille plumes vénales de me vendre tour à tour aux différents partis. J'ai fait voir, dans ma dénonciation contre Necker, l'absurdité de ces inculpations, et, dès lors, j'ai gardé le silence. Il n'y a pas quinze jours encore que j'ai été traité, en mauvais vers, de fripon soudoyé, dans la *Chronique de Paris,* par un sieur Delaulne, grenadier volontaire du bataillon de la Trinité. Il rougirait de sa sottise s'il n'était trop bouché pour réfléchir que, des monceaux d'or ne pouvant être le prix de la vie, je n'ai pu me vendre, moi, qui me suis mis cent fois à la brèche pour le pauvre peuple, moi qui vois chaque jour dix mille poignards levés sur ma tête, moi dont le corps sera mis en hachis si j'ai le malheur de tomber entre les mains des assassins qui sont sur mes traces, moi qui ne leur ai échappé que par un miracle continuel de la Providence, moi qui ne saurais me flatter que ce miracle dure encore longtemps. Or, je ne me suis pas avisé d'honorer ce benêt d'un mot de réponse, ni de faire le moindre reproche à l'auteur de la *Chronique,* qui a cru, en me tympanisant, faire sa cour aux ennemis de la Révolution, et être à deux mains avec les deux partis pour la vente de sa feuille.

Non seulement je n'ai demandé aucune satisfaction des outrages que j'ai reçus pour la cause de la liberté, mais dans la guerre que j'ai faite aux méchants, j'ai toujours redouté le malheur de me méprendre et d'offenser un homme de bien. Vous en avez pris le masque, mons Languedoc, et vous criez au meurtre en vous voyant démasqué comme espion..... Croyez-vous donc m'être inconnu? Croyez-vous que j'ignore que... Le voilà ce beau sire de bien qui veut qu'on le reconnaisse pour homme d'honneur et de probité, qui prétend qu'on lui en donne acte, ou qu'on lui compte vingt-cinq mille livres, parce qu'un jeune homme comme lui a besoin de la considération publique pour son état de mouchard!... Mons Languedoc, je vous conseille de vous taire et de vous cacher de honte. Vous n'aurez jamais de mon imprimeur, soyez-en sûr, ni réparation, ni argent. Quant à moi, je vous promets de vous faire pendre, si je puis. Et ne vous croyez pas trop en sûreté au milieu des aristocrates du faubourg Saint-Germain : il n'est pas dit que mes braves concitoyens du faubourg ne vous viennent relancer rue de Bussy.

Cependant Estienne, sans s'effrayer de ces menaces, persista dans sa demande, et un jugement rendu par défaut lui adjugea ses conclusions.

On comprendra maintenant le redoublement de fureur de l'*Ami* et de l'*Orateur du Peuple* contre Estienne, et les couleurs sous lesquelles ils le peignent.

Parmi les écrivailleurs aux gages du général, il y a un nommé Estienne, qui s'intitule vainqueur de la Bastille; il est attaché à l'état-major, et il se pavane sous une double épaulette. Il est auteur d'une foule de rapsodies en l'honneur de son héros, qui, tendrement ému de savoir que toutes les nuits il couchait à la belle étoile, et que son alcôve était un des parapets du Pont-Neuf, lui a payé un fort joli logement. C'est ce même Estienne qui promène dans Paris un petit misérable embryon de journal dont il est le père, et qu'il a baptisé du noble titre de *Rogo-*

miste... Mais comme personne ne veut de son rogome, pas même les colporteurs, qui ont trouvé que c'était un composé de fiel et de pavots, il s'est jeté dans la carrière du pamphlet... (1).

Un chapitre de la vie du fameux mouchard Estienne.
Comme quoi il s'est fait chasser de chez plusieurs libraires à cause des saignées qu'il faisait au comptoir.
Manière spirituelle dont il se fit inscrire sur la liste des vainqueurs de la Bastille.
Coup-d'œil sur plusieurs ouvrages de sa composition.
Etrennes à ce grand homme.

S'il y eut jamais un personnage digne d'être comparé à Guzman d'Alfarache, c'est, à coup sûr, le fameux Estienne. Pas de métier qu'il n'ait fait, pas de rôle qu'il n'ait joué, excepté pourtant celui d'honnête homme. Il a toujours su maîtriser son étoile, et son avancement est bien la preuve de son savoir-faire. Il a commencé sur le pont Neuf par la sellette et a fini par l'épaulette; c'est là ce qui s'appelle faire son chemin ! Mais avant la Révolution il n'avait déployé que des talents obscurs dans la boutique de quelques libraires du quai des Augustins; il excellait surtout dans l'art d'écrémer un comptoir quand les maîtres avaient le dos tourné...

A l'aide du titre de vainqueur de la Bastille, titre subtilisé tout de même que les écus des libraires ses anciens patrons, il trouva moyen de s'introduire chez le grand général, qui l'accueillit avec le catinisme qu'on lui connaît. Pour se rendre agréable au patron, Estienne se donna pour un homme de lettres dont la plume se consacrait à célébrer les exploits du héros qui, comme lui, avait paru quand tout était fait..... Le voilà donc qui sue, qui se travaille pour le compte du divin Mottié; il vomit sur le papier mille calomnies aussi atroces que dégoûtantes contre M. d'Orléans et les députés les plus chers à la nation. Pamphlets, pots-pourris farcis d'impostures et du style le plus crapuleux, sont distribués par milliers dans les faubourgs et sortent de sa

(1) *L'Orateur du Peuple*, t. III, p. 424.

fabrique. Chacune de ses calomnies est payée au poids de l'or. Il ne tarde pas d'accoucher dans un ruisseau du *Journal des Halles,* écrit dans le style d'un mouchard renforcé (1)...

Et c'est ce fripon fieffé, fleurdelisé ou ayant mérité de l'être, qui a eu l'impudence d'aller crier au meurtre chez le commissaire Thorillon, et de venir à main armée violer l'asile d'un citoyen ! Et le tribunal de police n'est pas encore assez déhonté pour accueillir la plainte de pareils scélérats, ses agents secrets !... Et M. Thorillon serre dans ses bras un patriote de cette bonne foi, de cette candeur, de cette innocence ! Pauvres commissaires de la section d'Henri IV, vous marchez sous les enseignes de cet honnête homme ! Tribunal de police, vous osez écrire dans l'assignation pour vingt mille francs que *ce jeune homme a besoin* de l'estime publique ! C'est pour le plus ordurier des calomniateurs, le plus vil des mouchards, qu'on assiége les domiciles (2) !...

— Voyez cet Estienne ! Le malheureux s'était acquis, aux yeux des vrais patriotes, une gloire immortelle, en combattant avec ses frères d'armes sous les remparts de la Bastille ! Il souille bientôt lui-même sa couronne civique, et il n'a pas honte de trafiquer avec le général de sa plume, de son honneur, du patriotisme qu'il avait montré ; et c'est sans remords qu'il préfère au superbe titre de vainqueur de la Bastille celui de mouchard du sieur Mottié ! O âme pétrie de fange et de scélératesse !...

Voilà pourtant, citoyens, voilà l'homme qui nous traite de calomniateurs, l'homme dont le sieur Thorillon n'a pas rougi d'accueillir la plainte et de servir le ressentiment ! Voilà l'homme en faveur duquel le département de police ose violer le domicile des citoyens et attenter à leur propriété ! C'est pour un espion, pour un assassin avéré, qu'on se permet d'attaquer la liberté de la presse, de faire taire les lois constitutionnelles, de persécuter sans relâche et de dépouiller les écrivains patriotes, tandis que les journalistes du parti contraire sont ouvertement protégés par le sieur Mottié, et ont même des gardes d'honneur à leur porte,

(1) Plus loin, Fréron met encore sur le compte d'Estienne le *Contrepoison,* qu'il aurait inventé avec son digne acolyte Dusaulchoy.

(2) *L'Orateur du Peuple,* t. IV, p. 95.

ainsi que Durosoy s'en est vanté dans la *Gazette de Paris !* C'est
pour un être de cette espèce que l'on compromet toute une section, *en avant, marche !* et que le tribunal de police vient de se
flétrir d'un opprobre ineffaçable en nous condamnant par sentence à payer vingt mille francs au sieur Estienne, parce que,
dit la sentence, nous avons *traité de mouchard ce jeune homme,
qui a besoin de la considération publique pour son état, et de l'estime de ses concitoyens ;* et que ces juges iniques et sans pudeur,
dont le sieur Mottié dispose comme de pantins, ainsi qu'il dispo-
sait des Mandrins du Châtelet, ordonnent le plus gaîment du
monde que nous serons *tenus* à nous *rétracter* et à reconnaître
le sieur Estienne *pour un homme d'honneur* (1) *et de probité.*
Donnez donc vingt mille francs au compère Estienne ! Estimez
donc l'assassin Estienne ! Empressez-vous de lui délivrer un bel
et bon certificat de vie et mœurs ! C'est un si vertueux *jeune
homme !*

Tribunal de police, vous avez prévariqué ! Maître Thorillon,
un châtiment exemplaire doit vous punir aux yeux du peuple,
qui vous a nommé un de ses administrateurs, et non un de ses
bourreaux (2) !

On voit en quelle estime Marat et Fréron tenaient
les magistrats, quel respect ils professaient pour
la justice. Ils n'étaient pourtant pas sans craindre
ses atteintes, et, si insaisissables qu'ils fussent, ils

---

(1) On ne peut point réparer l'honneur de gens qui n'en ont point, et tels sont
les espions de police, appelés *mouches* et *mouchards* du nom d'Antoine Mouchy
ou Monchy, plus connu sous le nom de Desmochares, prêtre et docteur de Sor-
bonne, grand persécuteur des protestants, qu'il faisait périr cruellement, sur les
dénonciations calomnieuses de ses espions, dont il les entourait sans cesse.
Je dis plus : c'est que dans le droit romain, soit le titre *De denunciatoribus et
delatoribus,* soit dans le Digeste, soit au Code de Justinien ou au Code Théodosien,
il y a des lois qui infligent la peine de mort contre les espions qui ont eu le malheur de réussir trois fois dans leurs horribles rapports. On trouverait peut-être
de semblables dispositions dans le Code de Hermogénien, dans les Basiliques, et
plusieurs autres collections de lois : car tous les législateurs ont cru avec raison
devoir exterminer ces pestes publiques. (*L'Orateur du Peuple,* t. IV, p. 304.)
(2) *L'Orateur du Peuple,* t. IV, p. 42.

ne pouvaient demeurer sous le coup de la sentence rendue au profit d'Estienne. Ils résolurent donc d'en obtenir *per fas et nefas* la cassation. Ils comptaient y parvenir à l'aide d'une pression exercée par le peuple, par leur peuple, sur les magistrats, et à cet effet ils font appel au ban et à l'arrière-ban de leurs amis.

Ecoutez Marat battre le rappel.

Infâme conduite des municipaux du tribunal de police dans la cause de l'imprimeur de l'Ami et de l'Orateur du Peuple. — Prévarications qu'ils ont commises et turpitudes dont ils se sont couverts dans cette affaire. — Dangers extrêmes auxquels ils exposent la sûreté publique. — Nécessité indispensable où sont tous les bons citoyens de se confédérer entre eux pour leur défense commune (1).

..... Apprenez, citoyens, à quel point le tribunal de police a prévariqué, à quel point il a fait gémir la pudeur, dans le jugement qu'il a rendu sous la dictée d'un scélérat digne du dernier supplice.

Depuis l'instant où l'Ami du Peuple a pris la plume pour défendre vos droits et votre liberté, les ennemis de la Révolution, alarmés de sa franchise, de sa vigilance, de son zèle, ont employé mille rubriques pour vous enlever votre défenseur. Celle sur laquelle ils comptaient le plus était de le rendre suspect à

---

(1) On voit que Marat n'était pas aussi entendu que Fréron dans l'art des titres. Ses sommaires sont en un paquet, et en romain. Ceux de l'*Orateur du Peuple* étaient aussi, dans l'origine, en un seul tenant ; mais il y avait à cela des inconvénients qui n'avaient point échappé à Fréron : les crieurs n'étaient pas généralement très-lettrés, et le plus grand nombre, sans doute, ne lisaient pas très-couramment. Il a donc soin de « prévenir MM. les colporteurs, dans les premiers numéros de son 3e volume, que dans quelques jours les titres seront imprimés en petit romain, comme ceux du *Journal universel*, et qu'ils formeront une ligne séparée les uns des autres. »

vos yeux, en l'accusant tour à tour d'être vendu aux princes, aux ministres, aux nobles, aux prélats, aux financiers, aux robins, aux aristocrates, aux puissances étrangères. Que de barbouilleurs soudoyés ont été mis à l'œuvre ! Dans le nombre s'est d'abord signalé le nommé Gorsas, vendu à l'agioteur génevois pour m'accabler chaque matin d'invectives dégoûtantes. Depuis la fuite de Necker, on dit que l'illustre folliculaire est devenu patriote : la belle conversion ! Mais quelles turpitudes n'efface pas le repentir ! A Gorsas a succédé le nommé Languedoc, vendu au divin Mottié pour me calomnier trois fois la semaine à cent écus par mois... (Suit une nouvelle biographie, avec variations, de ce Languedoc, fils d'un valet de ville de Milhau, département de la Verron (*sic*), qui... s'est fait inscrire par effronterie sur la liste des vainqueurs de la Bastille, etc.)

Ce libelliste infâme, avec lequel il était bien permis de prendre quelque liberté, m'est dénoncé, avec d'autres misérables, comme mouchard du général : je les nomme... Un scélérat de cette espèce, démasqué publiquement, devait s'ensevelir de honte ; mais le maire et le général contre-révolutionnaires en ont besoin pour tâcher d'arrêter le cours des écrits de l'Ami du Peuple : ils le poussent donc à poursuivre, en offrant de payer tous les frais de la procédure. Sur sa plainte, l'administration municipale s'empresse de lancer un ordre d'entrer à main armée chez l'imprimeur de l'*Ami* et de l'*Orateur du Peuple*, et d'enlever l'édition entière de leurs feuilles. Le lendemain, l'imprimeur est assigné pour faire réparation à cet infâme, pour le reconnaître comme un homme de probité et d'honneur, faute de quoi pour lui payer 25,000 livres, dont un jeune homme comme lui a besoin pour faire son chemin dans le monde. Vingt-quatre heures après l'assignation, le tribunal de police rend sentence telle que la demande leur protégé.

C'est de cette sentence illégale, inique, atroce, honteuse, dont mon imprimeur appelle. En la rendant, le tribunal a fait preuve de prostitution aux ennemis de la patrie ; il a violé l'asile des citoyens pour attenter à la liberté de la presse ; il s'est déclaré l'appui des espions du général, et le persécuteur des défenseurs du peuple ; en un mot, il s'est montré l'ennemi le plus cruel de la Révolution...

Citoyens, portez-vous en foule à la Ville ; demandez justice à grands cris ; ne souffrez pas un seul soldat dans la salle d'audience, moins encore que la garde s'empare d'aucun d'entre vous !

— *Avis aux citoyens.* Citoyens, c'est aujourd'hui que doit être portée devant le tribunal de police la cause la plus importante à votre sûreté et à votre liberté...

— Je renouvelle ici mes vives instances à tous les patriotes de se porter en foule au tribunal de police : c'est leur propre cause que celle de l'imprimeur de l'*Ami* et de l'*Orateur de Peuple.* Il y a tout à croire que l'indigne tribunal de police essaiera de remettre la cause, dans la vue de confirmer la sentence un beau jour où il ne sera pas contenu par les amis de la liberté ; mais l'auditoire ne doit point souffrir ces échappatoires : il doit demander à grands cris que la cause soit jugée ; il doit demander en même temps la punition infamante et corporelle de l'infâme Estienne, que les ennemis de la patrie font mouvoir pour ruiner la liberté de la presse, ce boulevard inébranlable de la sûreté et de la liberté publiques (1).

C'était là d'ailleurs, chez Marat, un procédé habituel, auquel il recourait dans toutes les circonstances analogues. Je lis dans l'*Orateur du Peuple*, t. III, p. 265 :

L'Ami du Peuple à l'Orateur du Peuple.

Cher frère d'armes, un petit coin de votre feuille, je vous prie, pour un de nos concitoyens opprimés.

C'est ce matin que doit être jugé l'infortuné Riston. Peut-être une sentence indigne couronnera-t-elle dix mois d'affreuses persécutions, dix mois écoulés dans le séjour des crimes, dix mois

---

(1) *L'Ami du Peuple*, nᵒˢ 330, 334, 356.

consacrés à l'insomnie, aux alarmes, aux fureurs de l'indignation, aux angoisses du désespoir. Juste ciel, à quelles épreuves tu réserves l'homme de bien ! Aux dispositions que ses juges ont manifestées dans leur dernier arrêt, comment se reposer sur leur justice ! Citoyens, c'est à vous à faire respecter les lois ! Volez au Palais ! Vous avez aujourd'hui trois grands objets à remplir : contenir dans le devoir des juges corrompus, épouvanter le crime et sauver l'innocence.

Et à quelques pages de là (282) :

> Hier, on a jugé M. Riston. Le jugement est un plus ample informé de six mois, pendant lequel temps cette innocente victime gardera prison. Le peuple, indigné de la scélératesse de Le Blanc de Verneuil, s'est porté en foule autour de sa maison pour la réduire en cendres. Il a été poursuivi ; mais il a eu le temps de s'évader, et la maison a été garantie.

Les bons amis de Marat ne lui firent point défaut dans la circonstance qui nous occupe. Estienne, suivant ce qu'il rapporte lui-même, s'étant présenté pour plaider sa cause, fut assailli, à la porte du tribunal, et tellement malmené, qu'il dut se réfugier dans le corps-de-garde de la Réserve. Il chercha vainement des défenseurs ; il n'en put trouver qui voulussent courir le risque d'être assommés. La cause fut remise plusieurs fois, et, le dernier jour, le péril était si grand, que les juges eux-mêmes furent menacés, insultés, et coururent les plus grands risques. Bref, ils auraient été forcés, non pas de déclarer sa demande mal fondée, mais de le juger non recevable, par la raison qu'il ne s'était pas présenté devant eux. Voilà le récit d'Estienne ;

écoutez maintenant Fréron et ses aboyeurs; c'est tout une Iliade.

N° XX

Concours nombreux de citoyens au tribunal de police pour assister à la cause de l'Ami et de l'Orateur du Peuple.

Arrivée de soixante vainqueurs de la Bastille, intervenant au procès.

Grande confusion des mouchards et d'Estienne, chef de la bande.

Ruse de guerre du tribunal de police.

Dénonciation d'un arrêté de la section Notre-Dame, lequel est dans les principes du club monarchique, qui en avait pris un semblable.

Manœuvre des chanoines de Notre-Dame, qui font choisir pour orateur de la députation un de leurs anciens enfants de chœur.

Mercredi dernier, on devait plaider au tribunal de police la cause de l'*Ami* et de l'*Orateur du Peuple*. Une foule considérable de citoyens s'était portée à l'hôtel de ville pour voir de quel côté les juges feraient pencher la balance, et s'ils soutiendraient, par une nouvelle iniquité, les vexations despotiques du confrère Thorillon. Leur embarras était extrême. C'était la cause de la liberté de la presse, de la liberté individuelle; c'était un combat à outrance qui allait être livré à l'espionnage et aux mouchards. La Déclaration des Droits à la main, le brave Verrière, avocat des deux écrivains patriotes et de leur imprimeur, attendait que la lice lui fût ouverte. L'homme de lettres Estienne devait prendre en main la défense de tous les mouchards insultés dans sa personne; mais que devint ce grand homme, ce fin limier, ce nouveau Desbrugnières, quand il vit entrer dans la salle soixante vainqueurs de la Bastille, l'intrépide Santerre à leur tête, et qui se proposaient d'intervenir au procès! Son courage héroïque fit place à une sueur froide dont furent saisis tous ses membres; en sa qualité d'ingénieur, il comptait sur l'effet d'une batterie qu'il avait assez habilement disposée, de concert avec le tribunal. Au moment que la cause allait être enfin appelée, tombe, comme des nues, une députation de la section de Notre-Dame, précédée de son orateur. C'était un coup de parti que de rendre bien odieux l'*Ami du Peuple,* avant la discussion de l'affaire, et de bien le noircir dans l'opinion du public présent à l'audience, afin que la sentence qu'on tenait toute prête, loin d'exciter aucun murmure, parût encore une peine trop légère. Peuple, voilà les juges à qui vous avez commis la défense de vos droits les plus chers !

La députation ayant été introduite jusqu'au bureau, où les juges jouaient à merveille l'air étonné, le Cicéron de la troupe lit l'extrait suivant des délibérations des assemblées générales de la section de Notre-Dame, en date du mercredi 22 décembre. Attention, citoyens ! figurez-vous que vous êtes à l'audience. Voici donc cette pièce intéressante, qu'on a même cru devoir répandre, et pour cause, par la voie de l'impression :

« Lecture faite de ces mots : *Et toi, monarque indigne du trône,* etc., p. 8 d'un imprimé intitulé l'*Ami du Peuple ou le Publiciste parisien,* etc., par Marat, auteur de l'*Offrande à la Patrie,* n° 309, un des membres de l'assemblée a dit :

» Vous l'avez entendu, Messieurs !... Sans doute, si vous connaissez la bouche impure qui le profère, le blasphème vous inspire plus de mépris que de courroux ; mais laisserons-nous respirer dans la capitale, au milieu de nous, un monstre scélérat altéré de sang... Le conseil du crime en est un, et nous ne pouvons nous défendre de provoquer la punition du coupable sans en commettre un autre nous-mêmes..... Prouvons, Messieurs, prouvons aux provinces que, comme elles, ennemis du despotisme, notre vœu, comme le leur, est d'établir sur ses ruines la véritable monarchie, et que nous voulons vivre libres et fidèles à nos serments. Rassurons-les au plus tôt, garantissons-leur l'inviolabilité du trône dont la garde nous est confiée. Qu'elles sachent que nos corps forment un rempart autour du roi qu'ils environnent, et qu'aucun attentat contre sa personne n'échapperait à notre vengeance la plus cruelle.

» La section de Notre-Dame, pénétrée de la plus profonde douleur et de la plus vive indignation, a arrêté par acclamation de dénoncer ledit imprimé à M. le procureur de la Commune et au tribunal de police, avec instance de provoquer efficacement toute la sévérité des lois contre les auteur et imprimeur de cet écrit. A arrêté que la présente délibération serait imprimée au nombre de deux cents exemplaires et envoyée aux quarante-sept autres sections. A arrêté qu'elle nomme MM. Houard, Beaupré, Pommageot et Vanbeck, députés, à l'effet de porter, le plus tôt possible, cette dénonciation à M. le procureur de la Commune, tribunal de la police séant.

» Pour extrait conforme au procès-verbal, signé : Roux, président ; Teisson, secrétaire. »

Sans m'arrêter à faire sentir les beautés de ce chef-d'œuvre de style et d'éloquence, je ferai observer, pour preuve que c'était un coup monté par le tribunal de police, la date du 22 décembre et ces expressions : *porter le plus tôt possible,* lesquelles contrastent si fort avec la lenteur combinée qu'on a mise à remplir les vœux impatients de la section, puisque ce n'est que quinze jours après, ce n'est que le 5 janvier, jour précis où on savait que le tribunal devait juger la cause de l'*Ami du Peuple,* que la députation est venue à point nommé, et a paru devant les juges comme si elle fût sortie d'une embuscade. Tout cela sent furieusement le Thorillon. Il était trop tard pour s'occuper de l'affaire des écrivains patriotes, la cause fut remise à hier ; mais de tous les côtés de la salle ce ne fut qu'un cri contre les membres de la députation ; l'on avait bien vu que c'était un jeu concerté. Un large et gros sapeur à moustaches patriotiques saisit au collet l'orateur tout décontenancé. Estienne, qui était avec quelques commandants de son ordre, parmi lesquels se trouvait Dubois, chien barbet du général, Estienne n'eut pas beau jeu ; il fut interpellé par le public, et une pluie de crachats le baptisa mouchard. D'autres petits espions subalternes reçurent cent coups de pieds au cul qu'on les chargea d'aller rapporter à leur patron, le divin Mottié. Languedoc, dit Estienne, mourant de frayeur, s'enfuit et court encore ; il n'attendit pas seulement la fin de 'audience. On croit qu'il se ressouviendra de la leçon. Il y eut des motions pour lui couper les oreilles, avec celles de l'orateur monarchien, et de les déposer sur le bureau avec le discours.....

N° XXI

Prévarication criminelle du sieur Desmousseaux, substitut du procureur de la Commune, qui lève le siége.

La cause en faveur de la liberté de la presse et la dénonciation d'Estienne, Hulin, Leblanc et autres mouchards entretenus par le général et le maire, devait être plaidée samedi au tribunal de police ; mais en parlant de mouchards, le général et le maire ne veulent pas qu'on les juge. La cause avait été remise depuis plusieurs audiences ; elle était indiquée à samedi. A trois heures passées, il n'en était point encore question. Le peuple, déjà mécontent de ce que, vers midi, on avait fait filer dans la salle une douzaine de gardes nationaux, la bayonnette au bout du fusil, avait crié : *Point de bayonnettes ! il n'y a point d'ennemis ici. Veut-on nous faire la guerre ?* Et les bayonnettes avaient été rengaînées. Cependant l'impatience s'allume, et, à trois heures sonnées, on demande la cause contre les mouchards, contre Estienne. Le prophète Marat avait annoncé que les juges ne la feraient point plaider ; ils n'ont pas voulu le démentir. Le tribunal ne paraît pas faire attention au vœu général. On redouble d'instances. Les juges délibèrent ; le président dit que les causes s'appelaient à tour de rôle, que celle-là viendrait à son tour, qu'elle était au rôle. Ce n'était point répondre : nouvelles instances. Le sieur Desmousseaux, nouveau substitut du procureur de la Commune, se lève, et d'un ton aigre, brutal et impérieux, dit, avec un air de mépris, en s'adressant au peuple, que l'ordre de la justice ne peut être changé, qu'il requiert l'exécution des décrets. Autant valait-il qu'il se tût que de se faire huer et que de donner une nouvelle preuve de sa médiocrité, de son insuffisance et de sa platitude. Le peuple accueillit fort mal cette gaucherie du *dandin* municipal, et lui manifesta beaucoup d'humeur, moins peut-être pour les paroles que pour le ton et l'air. Alors il se lève, pâlit de colère, et avec un plus grand dédain encore il s'écrie que la justice ne peut se rendre au sein du tumulte et des passions, qu'on la viole dans son sanctuaire, que l'on n'est point ici comme au spectacle, etc. A ces mots, le tumulte s'accroît, le cri est général. « Je requiers que le tribunal lève le siège » ; et il quitte sa place, passe devant les juges et sort le premier (sa place est après les juges). Le tribunal le suit, ils ont la lâcheté de lever le siège.

L'indignation est à son comble ; on les accable de reproches, surtout Desmousseaux....

Verrière met le tribunal au pied du mur en demandant qu'il détermine un jour fixe pour l'audience, et que ce jour soit annoncé au peuple par un officier de la garde nationale ; et, en effet, on s'empressa de lui faire savoir que la cause viendrait sans faute aujourd'hui.

Citoyens épris de la liberté, de l'égalité, c'est bien moins la cause de l'*Ami* et de l'*Orateur du Peuple* que la vôtre dont il s'agit ici. Que deviendriez-vous, bon Dieu ! si on parvenait à enchaîner la plume de vos plus véridiques défenseurs ? Que deviendriez-vous si vous laissiez se multiplier dans vos murs cette race infâme de mouchards, ces bataillons de délateurs vendus à Bailly et à Mottié ? Portez-vous en foule au tribunal, patriotes des deux sexes ; que votre présence imposante sauve aux juges l'affront de prononcer un jugement inique, et à vous la douleur de voir river vos fers. Ne souffrez pas que Desmousseaux préside lundi un tribunal qu'il déshonore ; forcez-le de déposer l'écharpe municipale : il a outragé la majesté du peuple ; il a refusé de rendre la justice ; il est indigne de ce saint ministère.

Peut-être voudra-t-on, dans l'espoir de juger à huis clos, empêcher le peuple de monter à l'audience ; car la dernière fois on avait osé fermer une porte qu'au nom des décrets et de la liberté la garde de la ville a ouverte ; on ne peut, sans crime, vous ôter le droit d'assister aux jugements qui intéressent la société dont vous êtes membres : ainsi, franchissez tous les obstacles que la mauvaise foi et la partialité des juges pourraient vous opposer.

Mes chers compatriotes, dit de son côté l'*Ami du Peuple*, l'énergie que vous venez de déployer dans une cause qui vous intéresse de si près est digne de la grandeur des intérêts que vous avez à soutenir, elle vous couvre de gloire ; mais n'oubliez pas que vous n'auriez rien fait pour votre sûreté et votre liberté, en vous déclarant hautement pour les écrivains qui vous défendent au péril de leur vie, si vous n'alliez pas jusqu'au bout ; si vous négligiez de vous rendre aujourd'hui sur les neuf heures à la Ville, en y conduisant tous les amis de la patrie, pour empêcher que la salle ne soit remplie de suppôts du despotisme ; rubrique à laquelle les membres du tribunal auront infailliblement recours, Rien n'égale leur perfidie. Ils se vantent de leur intégrité ; mais, s'ils étaient justes, auraient-ils rendu une sentence inique et honteuse contre deux écrivains patriotes, et auriez-vous aujourd'hui besoin de vous montrer pour soutenir vos défenseurs !....

Nº XXIII

Cause gagnée au tribunal de police contre le mouchard Estienne. Victoire signalée de l'Ami et de l'Orateur du Peuple.

Le grand sceau des mouchards imprimé, par sentence, sur le front de Leblanc et de l'ingénieur Estienne.

M. Bailly interpellé par un citoyen de ne point présider le tribunal, en sa qualité de juge et partie.

Récusation du maire, qui dégringole du siége.

La cause remise avec tant d'affectation par le tribunal de police y avait attiré avant-hier une foule prodigieuse. L'auditoire était bien composé ; l'avant-salle était pleine de grenadiers et de chasseurs. Le brave capitaine Verrière, bossu comme Luxembourg, et défenseur des parties, eut beaucoup de peine à pénétrer. Le commandant du poste, le prenant pour le duc de Gèvres, a commandé deux grenadiers pour lui faire faire place ; aussitôt le peuple s'écrie : *Hors la garde! nous sommes souverains ici! Point de garde!* Tumulte ; la garde se retire ; on réclame du maire, président, qu'il fasse respecter la *souveraineté* du peuple.....

Est venue enfin la cause de l'*Ami* et de l'*Orateur du Peuple*, ou plutôt de leur imprimeur, contre l'escogriffe Estienne ; c'était la grande pièce, le grand sent du tremplain. Siècles futurs, pourrez-vous le croire ! Ce brave, qui était si intrépide avec l'ordonnance Thorillon, si hardi avec le commissaire Cuvilliers, si rodomont à l'audience du 18 décembre, où il prenait par défaut une sentence qui le déclarait homme d'honneur et de probité, et non mouchard, et non barbouilleur de papier pour le général son Mécène ; eh bien ! ce paladin auquel le fameux du Rocher eût, dans son bon temps, porté envie, a eu la faiblesse de faire signifier, à neuf heures du matin, tant à la demoiselle Colombe, propriétaire de l'imprimerie de Henri IV, qu'au procureur-syndic, un acte, tout à la fois sa condamnation, l'insulte la plus grave au tribunal et l'injure la plus sanglante à la souveraineté du peuple assemblé, à la garde nationale elle-même : il a déclaré que les circonstances où il se trouvait de n'oser paraître au tribunal, ni lui, ni un défenseur pour soutenir ses intérêts, sans être exposés à y perdre la vie l'un et l'autre, que ce danger lui étant manifesté par les dispositions les plus menaçantes de ses ennemis et d'une cabale, il demandait que la cause fût remise à quinzaine, pendant lequel temps il serait pourvu à la sûreté de sa personne et de celle de son défenseur, et que, dans le cas où l'on jugerait, il protestait de tous jugements.

Après la lecture de cet acte, l'indignation fut générale. Le sieur Desmousseaux, portant la parole, a fait sentir combien il était impudent ; que dans un tribunal, dans une assemblée aussi auguste d'un peuple libre, il ne pouvait y avoir aucun danger pour aucun citoyen ; qu'au contraire c'était l'asile le plus sacré, que l'assemblée elle-même protégerait la liberté individuelle ; et il a conclu à ce que la cause fût appelée. Remarquez bien que Bailly toujours présidait. Le défenseur (M. Verrière) attendait qu'il fût admis à parler pour interpeller enfin M. le maire de s'abstenir d'en connaître ; mais alors le sieur Mandart, auteur de la *Souveraineté du Peuple*, a pris la parole, et, plein d'une sainte impatience, a dit à M. le maire qu'il devait se récuser dans cette cause, puisqu'elle l'intéressait. Alors mons Bailly, tout honteux et tout cramoisi, a consulté s'il ferait son devoir ; il a été délibéré, sans doute, si la récusation d'un citoyen serait admise. Après un long colloque, le maire a dit : « Quoiqu'un juge ne doive être récusé que des parties, il suffit qu'un seul citoyen ait manifesté son vœu pour que je m'y rende, et je quitte le siège ; je ne veux être suspect à qui que ce soit. » Une voix s'éleva du milieu de la salle pour lui dire : « A tous vous êtes suspect. » Et le public de faire chorus et d'applaudir en criant : « Bravo ! bravo ! » en voyant le pied de nez qui venait d'être ajouté à celui du maire ne plus obombrer le tribunal (1).

Alors le défenseur de la demoiselle Colombe a pris la parole ; mais se trouvant sans contradicteurs, n'ayant à combattre ni Estienne, ni son défenseur, tous deux absents, il était évident qu'Estienne s'abandonnait lui-même à la réformation nécessaire de la sentence du 18 décembre. Comme la demoiselle Colombe n'avait rien de plus à demander et à obtenir, l'intervention des vainqueurs de la Bastille était sans objet ; il n'y avait donc rien à dire pour prouver qu'Estienne était un barbouilleur aux gages du général, un mouchard payé par le maire et le général...

Le jugement rendu a reçu la demoiselle Colombe opposante à la sentence du 18 décembre, et y faisant droit, faute par ledit Estienne d'être comparu, ni défenseur, l'a déclaré non recevable en sa demande et l'a condamné aux dépens.

Ainsi voilà donc la sentence du tribunal de police obtenue par Estienne comme non avenue : donc la sentence de l'opinion publique qui l'a jugée inique, tortionnaire, oppressive dans tous ses points, est confirmée par celle des juges eux-mêmes ! Donc ils se reconnaissent publiquement pour prévaricateurs !

Marat consacre aussi tout un numéro (n° 338, 12 janvier 1791) à célébrer cette grande victoire, cet *événement*, comme il l'appelle. Au fond, cepen-

(1) Homme inepte, dit Marat, en racontant cette scène, c'est la délicatesse et le devoir qui vous imposaient l'obligation de vous récuser vous-même pour juge dans une cause où vous êtes partie : si vous aviez eu quelque honnêteté, quelque pudeur, auriez-vous attendu que le public vous en donnât l'ordre ? Ne négligeons pas ici d'observer que la retraite du maire est un aveu tacite de ses turpitudes.

dant, il est loin d'être satisfait de ce résultat; il gourmande son lieutenant, qui paraît disposé à s'en contenter.

Un mot à l'Orateur du Peuple.

Vous avez donc oublié, mon cher frère d'armes, le conseil que je vous ai donné d'être éternellement sur vos gardes, et de voir en noir nos fonctionnaires publics, tant nationaux que judiciaires et municipaux, puisque ces gens-là, à un très-petit nombre près, sont des valets de la cour, des créatures du cabinet, des suppôts de l'ancien régime. Vous chantez victoire parce que le tribunal de police a bien voulu déclarer que c'était à tort, c'est-à-dire contre toute justice, toute raison, toute pudeur, qu'il avait rendu une sentence inconsidérée contre l'imprimeur des deux écrivains patriotes; mais vous ne voyez pas qu'au lieu de réparer ses iniquités, il a traîtreusement mis les parties hors de cour, dans l'espoir de dérober au public les turpitudes du vertueux Bailly et du divin Mottié. De grâce, ne gâtez pas mon ouvrage et n'encensez personne, pas même le défenseur de la cause, qui n'a encore rien fait pour le porter aux nues. Je le requiers d'interjeter appel sans délai; car il faut d'amples dommages à notre imprimeur, et, par dessus tout, il faut à la société justice complète des assassins soudoyés dont Estienne est le meneur. Si notre imprimeur et son défenseur bronchaient, je les couvrirais d'opprobre, et je les dévouerais à l'exécration publique. Soyez-en sûr.

Et il essaie de démontrer à ses lecteurs la perfidie, l'imbécillité des jugeurs à gages.

Comme l'infâme Estienne n'a point de fortune connue, en le condamnant aux dépens le tribunal de police n'a pas accordé une obole à sa partie adverse. Le jugement rendu contre lui est une véritable dérision.

Mais j'ai bien d'autres reproches à lui faire : ce n'est point de lésinerie, c'est d'imbécillité, ou plutôt de perfidie, que je l'accuse. Non, ce n'était pas une amende pécuniaire, c'était une peine infamante, une peine afflictive, une peine capitale, qu'il devait prononcer contre les accusés......

De pareils scélérats sont des monstres d'autant plus redoutables, qu'ils sont hautement protégés par le maire et le général pour massacrer peu à peu les défenseurs de la liberté. L'intérêt de la société, l'amour de la patrie, la liberté, la sûreté publique et individuelle, exigent que leurs crimes soient dévoilés publiquement, et qu'ils périssent sur un gibet. Ce sont tous ces grands intérêts qui me pressent de poursuivre ces malfaiteurs jusqu'à ce que la terre en soit délivrée. En conséquence, je vous somme, vous, l'éditeur de l'*Ami du Peuple*, d'interjeter appel et de mettre au néant la sentence indigne du tribunal de police, dont l'unique objet est d'en imposer au public et de couvrir d'un voile impénétrable les mystères d'iniquité du chef de la municipalité et du chef de la garde parisienne, avec les crimes des assassins à leur solde. Je vous somme de remplir avec courage et constance ce devoir sacré de bon citoyen et d'homme d'honneur, sous peine d'être poursuivi vous-même comme infâme, si vous consentiez jamais à composer avec ces monstres. Et afin de donner à cette cause la célébrité que mérite son importance, tout ce que contient la capitale d'hommes éloquents, intègres et courageux, seront invités à la plaider.

Le voici donc arrivé, mes chers concitoyens, ce moment si longtemps attendu, où la publicité de la procédure mettra un terme à nos maux ; où la honte d'avouer des sentiments injustes et de manifester des maximes d'oppression, forcera des juges corrompus de sacrifier à la justice ; où la crainte de l'opprobre amènera à capitulation les malversateurs, enchaînera les perfides agents de l'autorité, et glacera d'effroi les conspirateurs. Qu'ils étayent tant qu'ils voudront des décrets iniques d'un législateur vénal, le sentiment inné de la justice et la pudeur publique leur imposeront silence et feront triompher l'équité.

Accourez, ô vous tous qui aimez la justice ! remplissez ses temples ; votre seule présence suffira pour contenir des juges corrompus, et sauver la patrie.

Il paraît que cet appel demeura sans effet, et que, dans tous les cas, il ne trouva point d'écho dans la presse, qui, au grand regret de Marat, ne partageait pas, en général, sa monomanie contre les espions. C'est du moins ce qui semble résulter d'une note qui termine le n° 362 (5 février 1791) de l'*Ami du Peuple*.

Au lieu de trouver dans les *Révolutions de Paris* le tableau fidèle des hordes d'espions et de coupe-jarrets dont Bailly et Mottié infestent la capitale, pour opprimer les amis de la liberté, étouffer la voix publique contre leurs noirs attentats et opérer une contre-révolution, on n'y trouve qu'un article abstrait et languissant sur l'espionnage.

Je ne dirai rien du *Journal universel*, dont l'auteur timide cherche à cacher sa crainte de déplaire au maire et au général sous le soin qu'il a de n'avancer que des faits dont il a été témoin oculaire.

Je ne dirai rien ici non plus des *Révolutions de France et de Brabant* (nommées, à juste titre, les *Tracasseries de Camille*), dont l'auteur, depuis sa dénonciation à l'Assemblée nationale, s'est étudié à parler sans rien dire. Mais il n'est pas juste que ces lâches abusent plus longtemps du titre d'écrivains patriotes; ils en ignorent les devoirs, il est temps qu'ils apprennent enfin à les remplir.

Nous n'avons point ici à apprécier Estienne, dont les torts, quels qu'ils puissent avoir été, — et je ne sais s'il en eut d'autres que de servir, avec plus ou moins de désintéressement, une cause qu'il

croyait bonne, — ne sauraient excuser tant de violences; nous reviendrons, d'ailleurs, sur ce personnage, en parlant des journaux qui lui sont attri-
bués, et qui sont généralement écrits dans le style
poissard. Ayant « en vain poursuivi devant les tribunaux la punition des calomnies publiées contre
lui, et l'accès de la justice lui étant interdit par des
gens qui, plusieurs fois, avaient mis sa vie en danger, il crut devoir porter sa cause au tribunal de
l'opinion publique; il publia donc une *Dénonciation des libelles intitulés l'Ami du Peuple et l'Orateur
du Peuple*. Ce factum est terminé par des *Réflexions
sur la liberté de la presse,* qui m'ont paru de nature
à donner de cet écrivain une tout autre idée que
celle qu'en auraient pu faire concevoir les attaques
de Marat et de Fréron; j'en reproduirai quelques
passages.

Pour peu qu'on y réfléchisse, n'est-il pas étonnant que des
écrivains furieux outragent impunément les citoyens les plus respectables, qu'ils prêchent hautement la sédition, le meurtre, le
carnage et les assassinats? N'est-il pas étonnant de voir des écrivains à gages encenser les idoles les plus méprisables et dénigrer
insolemment les hommes les plus vertueux et les meilleurs amis
de la liberté et de la patrie? Comment se fait-il que dans Paris,
les représentants de la nation, le monarque, les magistrats, la
garde nationale elle-même, soient insultés impunément par des
scélérats dont le nom est connu, dont l'imprimeur est connu,
dont les feuilles se vendent publiquement? Comment se fait-il que
ces forcenés prennent un grand empire sur la partie du peuple
que l'on travaille de toute manière, et que chaque jour ils in-

vitent à des exécutions sanglantes, à des massacres, à de nouvelles cruautés? Comment se fait-il que ces monstres appellent impunément le peuple, et lui marquent les victimes qu'il doit immoler? Comment se fait-il que l'on prêche publiquement le régicide, que l'on applaudisse avec fureur aux maximes détestables, et que l'on essaie d'accoutumer un peuple célèbre par l'amour qu'il portait à ses rois à les mépriser, à ne plus frémir au nom d'un crime qui ne devrait jamais souiller la bouche d'un français. Ces scélérats s'indignent que la famille royale n'ait pas été exterminée, ils s'indignent que le *lion n'ait pas été immolé sur l'autel de la patrie, le jour de la Fédération.* « Et toi, monarque indigne du trône, s'écrie Marat (n° 309, page 8), perfide conspirateur contre la patrie, lâche bourreau! marche à la tête de l'Assemblée nationale, avec le sac, la corde et la cendre ; demande pardon au ciel et à la terre ; efface par tes larmes les crimes dont tu es couvert ; que les remords vengeurs veillent sans cesse au fond de ton cœur, et le garantissent à jamais de nouveaux forfaits. »

. . . .

Personne n'est plus que moi partisan de la liberté de la presse, et, faisant profession d'aimer les lettres, je crois pouvoir donner ici mon sentiment sur cet important sujet.

L'homme est né libre, et l'auteur de la nature l'a doué d'une intelligence qui fait la plus belle partie de son être. Si l'homme a le droit de disposer à son gré de lui-même, s'il est maître de ses actions, à plus forte raison doit-il être libre de penser et d'exprimer ses pensées.

Cette faculté de penser, très-limitée dans l'état naturel, s'étend et s'agrandit dans l'état de la société; c'est en cela que l'état social l'emporte de beaucoup sur l'état naturel, en ce qu'il augmente la sphère de notre intelligence, et qu'en élevant l'esprit de l'homme aux connaissances les plus sublimes, il l'attache à des objets dignes de lui.

Les gouvernements, qui sont la forme et la règle par lesquelles se régit la société, ne peuvent pas être libres, si la faculté de penser et de communiquer ses pensées a des bornes; l'homme s'éclaire non-seulement par ses propres méditations, mais encore par les pensées des autres : cette communication est le charme de la vie, la source des plus belles productions du génie, qui ne prend quelquefois son essor que lorsqu'un trait de lumière vient le frapper.

Je crois donc que *la libre communication des pensées et des opinions est un des droits les plus précieux de l'homme, et que tout citoyen peut parler, écrire, imprimer librement (Art. II de la Déclaration des Droits de l'Homme).*

Mais cette faculté précieuse, qui fait partie de notre liberté, doit avoir les mêmes limites. Qu'est-ce que la liberté? C'est le droit de faire ce qui ne nuit pas aux autres. Aussi l'*exercice des droits naturels de chaque homme n'est que ce qui assure aux autres membres de la société la profession de ces mêmes droits (Art. IV).*

Ecrivez, écrivez librement, communiquez vos pensées, instruisez vos semblables, enseignez-leur l'amour de la patrie, de leurs devoirs et de la vertu ; mais respectez leurs droits, respectez leurs propriétés, leur honneur, ou, si vous les attaquez, soyez *responsables.* Rendez-vous utiles par de bons ouvrages, prêchez la soumission aux lois; mais fuyez les injures et la calomnie : ce sont les armes de la bassesse et du vice. . . . .

Ce genre trop facile, qui nous accoutume à parler de tout sans choix, négligemment, et sans aucun ordre dans les idées, ce genre, dis-je, est le tombeau du vrai talent; il ne convient qu'à des gens d'un mérite superficiel, et que la faim presse d'écrire. Gare à ceux qu'ils vont rencontrer dans leur chemin! Comme la malignité se repaît avec délices de sarcasmes, de calomnies, de mensonges, d'horreurs et d'atrocités, plus le folliculaire sera mordant, audacieux, scélérat, plus il trouvera de débit dans ses feuilles. C'est ainsi que se soutiennent, à la honte d'un peuple libre, les écrits incendiaires et de mauvais ton dont nous sommes inondés....

Et l'on oserait invoquer la liberté de la presse ! Français! si telle est l'idée que vous vous êtes formée de la liberté, reprenez vos fers, vous n'êtes pas dignes de vous compter parmi les peuples libres. Sachez que la liberté n'existe point sans le respect des propriétés et du droit naturel de chaque citoyen;

sachez que la liberté n'est pas le droit de faire tout ce qui nous plaît, mais seulement ce qui ne nuit à personne ; sachez que tous les folliculaires ne sont pas moins à craindre que le scélérat dont la plume homicide est souvent plus dangereuse que le couteau des assassins.

Eh ! ne confondez point la licence et la liberté ! Si vous ne savez pas les distinguer, je vous prédis que vous n'êtes pas faits pour goûter les fruits d'une sage constitution ; vous serez sans cesse agités et dans une crise continuelle, vos lois seront toujours insuffisantes, et dans vos mouvements convulsifs vous ressemblerez à ces malades abandonnés, qu'il faut remuer sans cesse, et qui cherchent en vain une position dans laquelle ils se trouvent bien, mais qui s'agitent jusqu'à la mort. Il en sera de même de vous : après avoir essayé tous les changements, si la liberté, qui demande des mœurs et de la vertu, vous paraît insupportable, si la licence vous flatte, cet état ne peut pas durer, et vous retomberez sous le despotisme, que je regarde comme la mort des hommes libres.

Aussi l'Assemblée nationale, en décrétant la libre circulation des pensées et la faculté de publier ses opinions a-t-elle déclaré les auteurs *responsables* de l'abus qu'ils feront de cette liberté (*Art. II, Déclaration des Droits de l'Homme*). Voyez, dans tous les gouvernements libres, les lois portées contre les délits de la presse. La publicité, sans doute, est la sauvegarde du peuple, comme l'a dit un des hommes célèbres de notre siècle ; mais la licence est le fléau des nations, et si, dans les attaques qu'elle porte à un gouvernement, la force publique est insuffisante et les lois sans vigueur, tout est perdu, car le despotisme se trouve précisément là où les lois n'ont plus d'effet.

L'exemple d'Estienne n'était pas fait pour enhardir ceux qui se trouvaient dans le même cas, ceux - qui avaient à se plaindre, comme lui, des attaques de Marat et de Fréron. Cependant ce procès fut presque immédiatement suivi d'un autre du même genre, qui en fut comme le couronnement. Les plaignants étaient encore des vainqueurs *brevetés* de la Bastille, et, de leur état, ouvriers ou marchands. Agissaient-ils de leur propre mouvement, ou bien, comme le donnaient à entendre leurs peu scrupuleux adversaires, obéissaient-ils à une impulsion supérieure, c'est ce que nous ne saurions dire. Toujours est-il que, plus heureux en cela qu'Estienne, ils trouvèrent un avocat pour soutenir leur plainte, et un avocat d'un certain renom, M° Maton de la Varenne, celui que nous connaissons déjà, le « défenseur des bourreaux. »

M° Maton, « avocat et soldat citoyen », publia pour ses clients un mémoire que j'ai rencontré dans mes recherches, et dont une analyse sommaire va nous donner la clef de ce procès, non moins curieux que le précédent.

On se rappelle, lisons-nous dans ce factum, comment les Français, devenus autant de CÉSARS et de BRUTUS, conquirent en quelques heures et détruisirent la Bastille, monument antique du despotisme, qui avait résisté aux armées de Turenne et de Louis XIV, et les noms glorieux des guerriers qui ont péri ou risqué leur vie à ce fameux siége, qu'on peut regarder comme l'époque de la liberté française. Kabers s'y est particulièrement distingué, et en a été rapporté couvert de blessures, qui ont mis pendant plusieurs mois ses jours dans le plus grand danger.

A peine **M.** de Lafayette, qui n'était alors que chef provisoire de la milice bourgeoise, aujourd'hui garde nationale parisienne, eut-il été informé des actions héroïques des conquérants de la Bastille, qu'il se transporta chez chacun d'eux, pour leur donner les éloges qu'ils méritaient, et les secours dont ils pouvaient avoir besoin. Parmi les blessés qu'on lui avait désignés, on lui avait nommé avec enthousiasme Kabers, comme ayant fait des prodiges de valeur qui l'avaient fait regarder comme un dieu tutélaire, en même temps qu'ils répandaient la terreur au milieu des assiégés. Alors, pénétré d'admiration, le général va visiter ce brave citoyen, qu'il trouve saisi d'une fièvre dévorante, et luttant contre la mort, dont les horreurs, qui l'environnaient déjà, étaient d'autant plus effrayantes qu'il avait encore une pleine connaissance Le jeune héros s'approche du guerrier expirant, dans les yeux duquel brillaient encore ce courage et cette intrépidité qu'il avait montrés au siége; il l'embrasse mille fois, l'arrose de ses larmes, donne à l'épouse éplorée les consolations que son malheur exige, et se retire, en lui présentant 72 livres, qu'elle refuse généreusement, en disant que son mari a combattu pour le bonheur de la nation, mais non pour de l'argent, dont il n'a pas besoin. Telle a été la conduite de cette femme ; elle a prouvé que la véritable grandeur d'âme et la vertu appartiennent au peuple rustique comme à celui dont l'esprit a été cultivé par l'éducation.

Guéri de ses blessures, échappé à la mort qui l'avait menacé, il a osé être reconnaissant ; il a parlé partout du général avec un attendrissement qui a déplu aux ennemis de la Révolution, et voilà la cause des persécutions et des calomnies dont nous avons à rendre compte. Heureux celui que ses vertus rendent ainsi l'objet de la haine d'une certaine classe dont l'amitié porterait la plus cruelle atteinte à leur honneur !...

Alors les épithètes de *mouchards du général et de la municipalité* furent inventées pour ceux qui étaient dans le cas de Kabers ; on les leur prodigua publiquement ; on les dénonça partout, et principalement dans quelques journaux dont l'existence est déjà oubliée, comme des traîtres dont il fallait craindre l'intimité ; on leur suscita une infinité de querelles, et on souleva contre eux le peuple, qu'on égarait par des manœuvres infâmes....

Le sieur Marat, se disant l'Ami du Peuple, publiait dans son numéro du 10 décembre (n° 306), un article dont voici le sommaire : « Dénonciation faite au Comité national des Recherches de plusieurs vainqueurs de la Bastille qui ont eu l'infamie de se faire mouchards du divin Bailly et de l'héroïque Mottié. » On lit encore, pages 2, 3 et 4 de cette feuille incendiaire, une *prétendue* lettre dans laquelle Kabers et une vingtaine d'autres citoyens, peut-être aussi très-respectables, sont désignés comme « ceux des vainqueurs de la Bastille que les chefs de la municipalité et de la garde nationale ne rougissent pas de soudoyer pour en faire des mouchards à leurs ordres, et opprimer la liberté par les mains mêmes qui l'ont conquise.

L'*Orateur du Peuple*, répétant ces calomnies, t. IV, n° 5, crut devoir aussi accuser Kabers et consorts d'être aux gages du général, « par les ordres duquel ils se répandaient dans tous les lieux publics, afin d'y faire dominer son système d'oppression, coloré du nom de *royalisme ;* de renouveler dans l'enceinte d'une ville libre l'inquisition tyrannique et vexatoire de l'ancienne et exécrable police ; de tramer sourdement contre la liberté individuelle, en attendant que le général — à qui le journaliste donne les épithètes de *flatteur du peuple,* de *valet des rois,* de *dieu qui a commencé par des autels et qui finira par la lanterne,* — pût porter les derniers coups à la liberté publique. »

C'est par de semblables écrits et par les manœuvres des ennemis du nouveau régime, dont ils affectent de se montrer les zélés partisans, qu'on est parvenu à tromper un peuple ami de l'ordre.

En conséquence, le sieur Kabers demande contre les sieurs Marat et Fréron la suppression du n° 306 de l'*Ami du Peuple* et du n° 5 du tome iv de l'*Orateur du Peuple*, comme *gratuitement diffamatoires et calomnieux ;* qu'il leur soit fait défense d'en composer contre eux de semblables à l'avenir ; qu'ils soient tenus de les reconnaître pour *bons patriotes, incapables de servir d'espions et de mouchards, amis de la chose publique et ennemis du despotisme, à la destruction duquel ils ont coopéré de la manière la plus glorieuse ;* qu'ils soient tenus de leur en passer acte en présence de douze militaires de la garde parisienne ; sinon, que le jugement à intervenir en tienne lieu. Ils concluent, en outre, à 1,200 livres de dommages-intérêts et aux dépens contre les sieurs Marat et Fréron, à l'impression et affiche.

Il fallait bien quelque courage pour se charger d'une pareille cause, et s'attaquer à l'Ami du Peuple et à ses terribles faubouriens. Maton ne se dissimulait point le danger de la mission qu'il avait assumée ; on avait d'ailleurs eu soin de l'en prévenir par des lettres dans le genre de celle-ci :

J'apprends que vous allez vous déshonorer en plaidant pour les mouchards du général ; je n'en puis croire le bruit public. S'il était fondé, malheureusement pour vous, je m'attacherais à Maton comme à Necker et Mottié, et, pour en faire un *Azazel* du barreau, ce serait tout au plus l'affaire de huit jours.

Vous me connaissez.

L'auteur de ce billet était un journaliste que
Maton ne veut pas nommer. Rien, du reste, ne saurait l'ébranler : il est convaincu de l'innocence de
ses clients, et il croirait manquer à son caractère
s'il les abandonnait. Les preuves nombreuses de
patriotisme qu'il a données le mettent d'ailleurs
au-dessus du soupçon d'incivisme.

Non, non, les vaines clameurs des ennemis de nos clients ne
nous intimideront point, lorsque nous parlons au nom de l'innocence. Les lettres anonymes par lesquelles on nous annonce
que les journalistes vont nous *traîner dans la boue,* le danger
dont on dit nos jours et notre domicile menacés, les piéges qu'on
sème sous nos pas, et l'espionnage honteux qu'exercent à notre
égard quelques soi-disant patriotes, ne nous empêcheront pas de
remplir un devoir que nous prescrit notre conscience. Qu'on
nous administre la preuve légale des inculpations dirigées contre
nos clients, qu'on mette sous nos yeux les dispositions qu'on dit
avoir été faites contre eux : ami zélé du nouveau régime, *enrôlé
nous-même sous les drapeaux de la liberté,* nous abandonnerons
sur-le-champ leur défense.

C'est ce qu'il croit devoir répéter, la veille de
l'audience, à messieurs des clubs des Jacobins et
des Cordeliers, auxquels on l'avait dénoncé :

Messieurs,

J'ai l'honneur de vous envoyer un mémoire dont je vous prie
très-instamment de faire lecture aujourd'hui, s'il vous est possible, votre assemblée tenante.

Quoique la réunion de plusieurs citoyens, quelque nombreuse
qu'elle soit, ne puisse jamais passer pour un tribunal, et recevoir
des dénonciations contre aucun autre, j'ai cependant à cœur de
dissiper les doutes que vous pourriez avoir sur mon patriotisme.

Lisez-moi, Messieurs, avec toute l'impartialité dont je vous crois capables. Si quelqu'un de vous peut m'administrer aujourd'hui, ou demain avant l'audience, des pièces qui justifient les imputations atroces qu'on fait à mes clients, je vous donne ma parole d'honneur d'abandonner une cause dans laquelle la liberté publique pourrait se trouver compromise.

Je suis, avec le respect que se doivent les bons citoyens, etc.

Il écrit encore dans le même sens à Fréron, comme nous l'avons vu, dans l'affaire Sanson, écrire à Gorsas ; car c'est un homme de formes que M° Maton. C'est dans l'*Orateur du Peuple* que nous trouvons sa lettre, avec la réponse de Fréron :

A l'Orateur du Peuple.

Monsieur, je suis chargé par les sieurs.... de demander contre vous la suppression du n° 5 de votre tome IV, où vous les accusez de payer des citoyens pour contraindre les opinions publiques aux Tuileries et au Palais-Royal. Il m'en coûte d'autant plus d'en venir à cette extrémité à votre égard que je vous ai toujours estimé particulièrement. Si vous voulez vous rétracter, mes clients ne donneront pas de suite à leur demande. Je ne me chargerais pas de leur défense si quelqu'un pouvait me prouver qu'ils méritassent les reproches qu'on leur fait d'être des mouchards vendus au général et à la municipalité. Je vous invite donc, Monsieur, à faire cesser leurs justes plaintes, et vous prie de me croire, avec les sentiments que je vous dois, votre, etc. *Signé* de la Varenne (1), rue Saint-Séverin, n° 20. Ce 16 janvier 1791.

(1) Roch Marcandier écrivait à Maton au sujet de ce nom, et toujours à l'occasion de la même affaire : « Vous êtes patriote, dites-vous. Je ne connais dignes de ce nom que ceux qui respectent les décrets du Sénat. Il en est un qui a supprimé la noblesse, et vous persistez à signer *de la Varenne,* quoique ce nom vous appartienne comme le royaume de la lune appartient à Arlequin. M. Maton, votre père, était honnête frère coupe-choux dans un couvent de capucins ; il a secoué le froc pour se marier.... »

Réponse.

J'ai reçu, mon cher petit bossu, votre lettre du 16 janvier. Je
ne suis point dupe de votre prévenance, pas plus que le public
ne l'est de vos talents et de votre délicatesse.... Vous n'êtes
dangereux, malgré votre bosse, ni par devant ni par derrière ;
mais vous l'êtes par vos propos et une soif insatiable d'argent ;
c'est ce qui vous perdra.... Vous annoncez à vos amis que l'audience où vous devez plaider aujourd'hui pour les mouchards
de Paris sera, si vous le demandez, à huis-clos, ce qui décèle
votre impudence et votre perfidie, et qui fait injure au tribunal même qui va vous entendre. Vous ajoutez que vous avez
le mot à l'oreille des juges et du procureur-syndic. Nous n'en
croyons rien. J'irai moi-même à l'audience vous entendre, et j'invite tous les patriotes à y venir, puisque la cause leur est commune. D'ailleurs, ce sera un spectacle vraiment nouveau que de
voir deux bossus plaider dans la même cause. Mais la bosse
de mon avocat est pleine de patriotisme ; au lieu que Maton le
dromadaire porte en croupe sur la cime de la sienne tous les
mouchards et coupe-jarrets de Paris (1)....

Aurait-il pu, par impossible, venir à la pensée
de Fréron de se rétracter, qu'il ne l'aurait point
osé. Son inflexible chef de file avait les yeux sur
lui, et, au premier vent qu'il a des avances qu'on
lui fait, il le *somme* de tenir ferme.

Je déclare que c'est à ma sollicitation que l'*Orateur du Peuple*
a parlé des mouchards du maire et du général, que j'avais dénoncés dans ma feuille n° 307. Je les ai dénoncés sur les notes
de plusieurs membres de l'Assemblée nationale et du Comité des
Recherches. Voulant donner à cette affaire la plus grande publicité, je somme l'*Orateur du Peuple* de ne point se laisser aller

(1) L'*Orateur du Peuple*, t. IV, p. 239.

aux propositions que les créatures du maire et du général ne manqueront pas de lui faire pour étouffer ces turpitudes. Je l'engage aussi à bien se donner de garde de se présenter en personne au tribunal de police, où les mouchards notés, et soufflés par le général, voudraient l'attirer, car j'apprends à l'instant qu'on a de sinistres projets contre lui. J'invite les vainqueurs de la Bastille et tous les bons patriotes à se porter aujourd'hui en foule à la Ville, pour empêcher les noirs projets des municipaux et de l'état-major parisien contre la liberté de la presse, qui les désole, pour confondre leurs mouchards et coupe-jarrets, pour en demander le supplice.

On dit que l'Ami du Peuple est aussi assigné. Il l'ignore ; mais ce qu'il sait très-bien, c'est qu'il ne reconnaît pas le tribunal de police pour juge compétent dans une affaire de cette nature. Si les écrivains patriotes ne doivent compte qu'au tribunal du public des dénonciations qu'ils croient devoir faire pour le salut du peuple contre ses fonctionnaires, à plus forte raison n'en doivent-ils aucun des dénonciations qu'ils font contre leurs agents subalternes, leurs satellites, leurs mouchards, leurs coupe-jarrets.

Pour réduire ce précepte en pratique, l'Ami du Peuple dénonce de nouveau le nommé Dumousseau, substitut au tribunal de police, comme patron des mouchards....

Suivent de longues lettres sur les sinistres projets des municipaux et de l'état-major parisien, qui ne savent quelle contenance tenir depuis qu'ils voient tout Paris soulevé d'indignation contre des chefs perfides, qui prodiguent à corrompre les citoyens l'argent qui devrait être employé à nourrir les pauvres. Le sieur Maton, ce petit intrigant, cet indigne suppôt de la chicane et du despotisme, qui n'a pas rougi l'année dernière de plaider pour les bourreaux contre les journalistes patriotes, a dit à un citoyen véridique que la cause serait plaidée à huis-clos, et qu'il avait le mot des juges. Un membre de l'état-major s'est vanté, dans un repas, que, si le public criait encore contre les mouchards, la garde enlèverait tous les citoyens qui oseraient dire un mot. Enfin, le jour de l'audience, le corps de la réserve ne sera composé que des coupe-jarrets du général, qui leur prodiguera l'argent et le vin pour les engager à faire mainbasse sur le public, s'il ose défendre les citoyens qu'on enlèvera, car le général, jouant de son reste, est déterminé à faire couler le sang.

« Au nom du ciel, cher Ami du Peuple! s'écrie en terminant un de ces bénévoles correspondants, publiez immédiatement ma lettre, et invitez tout ce qu'il y a de bons patriotes à se porter en foule à la Ville, et tous les bataillons amis de la liberté à se présenter pour la défendre. »

Réponse de l'Ami du Peuple.

Quoiqu'il ne soit pas probable que Mottié soit assez dépourvu de sens pour se porter à des attentats qui le feraient massacrer par la troupe elle-même, il est de la sagesse de prendre les précautions que dicte la prudence. En conséquence, j'aime à croire que les gardes nationaux de service aujourd'hui à la Ville n'oublieront jamais qu'il sont citoyens et les soldats de la patrie. Je somme ici le maire de faire consigner aujourd'hui dans leurs corps de garde toutes les compagnies de la troupe à cheval, sous peine de répondre sur sa tête des désordres qu'elle pourrait causer. J'invite tous les bataillons patriotes à envoyer des détachements à la Ville, pour prévenir la guerre civile dont nous menacent les scélérats que nous avons mis à notre tête, et que nous engrais-, sons ; nous invitons les sections du Théâtre-Français et de Saint-Jacques-l'Hôpital d'envoyer aujourd'hni une députation à l'audience. Citoyens! du courage, et la victoire est à nous. Démasquons sans crainte les agents du despotisme, en attendant que nous les fassions périr (1).

Ecoutons l'*Orateur du Peuple* sonner la charge de son côté.

Fameuse cause contre les mouchards payés par Bailly et Mottié,
  plaidée demain au tribunal de police.
Nouvelle persécution municipale contre l'Orateur du Peuple.
Assignation en six mille livres de dommages-intérêts à lui faite par
  les assassins de M. Rotondo.
Trames pour anéantir la liberté de la presse et immoler les écri-
  vains patriotes.
Assassins de Rotondo défendus par le digne avocat du bourreau,
  Me Maton de la Varenne.
Invitation aux citoyens de ne pas désemparer demain l'hôtel de
  ville que les mouchards leurs ennemis ne soient condamnés.

Vainement le tribunal de police avait-il affecté de remettre à plusieurs audiences successives la cause de l'*Ami* et de l'*Orateur du Peuple* contre le mouchard Estienne, dans l'espoir de confirmer l'infâme sentence dont ils appelaient, de laver complétement la turpitude vénale de Thorillon, et de justifier l'invasion des bouledogues Cuvillier, Briceau, etc., dans l'imprimerie de Henri IV : la voix foudroyante de l'opinion publique a forcé le tribunal d'être juste, en dépit des machinations de Bailly et de Mottié. Mais les juges n'ont point abandonné leur système d'oppression contre les écrivains missionnaires de la liberté. Ils veulent aujourd'hui prendre leur revanche contre le peuple lui-même, en

(1) *L'Ami du Peuple*, n° 345.

immolant un de ses plus zélés défenseurs, et c'est l'*Orateur* qu'ils ont choisi pour victime. Ils ne s'attaquent plus à l'imprimeur de son journal, ni à M. Marat, dont les écrits ont cette ressemblance avec la foudre qu'on ne voit jamais par quelles mains ils sont lancés. L'Orateur du Peuple offre du moins quelque prise; il existe, il se montre partout, il parcourt la capitale, non sans quelques précautions *portatives* pour sa sûreté; il paraît dans la tribune des Jacobins, il a un domicile connu, et il brave la rage des assassins en robe ou en uniforme. Las de poursuivre des fantômes, les chefs perfides de la municipalité réunissent à présent leurs efforts et dirigent leurs coups contre un citoyen visible et palpable. Trop adroits pour paraître les premiers en scène, ils s'adressent à des émissaires affidés pour intenter contre lui une action juridique dont ils puissent être les arbitres, afin de faire triompher l'espionnage, leur arme favorite, et succomber la liberté de la presse, ce fanal qui éclaire toutes leurs iniquités. Tel est le motif secret de la nouvelle agression dont je suis l'objet, comme on s'en convaincra par la lecture de la pièce suivante (suit l'assignation)....

Qui sont-ils ces personnages qui m'assignent en réparation d'honneur, qui s'annoncent comme d'excellents patriotes, des ennemis du despotisme? Citoyens, vous allez rougir et frémir!.... Ce sont les assassins de l'infortuné Rotondo....

Peuple, voilà enfin la cause contre les mouchards, ces chenilles qui rongent l'arbre et les fruits de notre liberté, portée devant vous et livrée à une discussion publique! Il faudra voir si leur grand souteneur Bailly osera présider le tribunal, après la leçon de l'autre jour. Les vainqueurs de la Bastille doivent intervenir. Jamais objet ne mérita de votre part une plus sérieuse attention, ni une plus grande affluence. Ne voyez-vous pas que le tribunal de police a calculé sur votre refroidissement? Déjouez par votre énergie, par le sentiment de votre dignité, de votre souveraineté, les pratiques infâmes qu'on ne rougit pas d'employer contre les écrivains qui s'immolent tous les jours pour le soutien de vos droits. Déjà l'avocat Maton se vante qu'il plaidera à huis-clos; déjà Mottié lui a promis de tripler la garde; déjà il ose dire tout haut que le tribunal est pour lui. Je vous préviens même que, par un tour du métier, et pour se rendre l'auditoire favorable, il doit parler de l'*Orateur* avec éloge. Croyez-moi, chers concitoyens, s'il me fait l'affront de me louer, répondez à cette ruse de guerre par des soufflets et des huées (1).

L'affaire vint le 19 janvier 1791, et les patriotes, on le pense bien, ne manquèrent pas au rendez-vous.

On s'est porté hier en foule au tribunal de police; la salle était pleine à y étouffer. Le petit Maton, défenseur des mouchards, a répandu dans la cause un fleuve de paroles, sans y mettre une goutte de bon sens. Il a d'abord fait son éloge et celui des ses honorables clients, ensuite il a fait semblant d'entamer le fond du procès, auquel il n'a fait aucun mal. Il a été hué à différentes reprises, comme cela lui était dû. Ce petit malheureux a voulu faire l'apologie du héros des deux mondes ; il a lu les passages les plus véhéments de l'*Ami* et de l'*Orateur du Peuple;* mais il s'est trouvé que, loin d'avoir des partisans, on en a beaucoup ri...

Verrière accabla son adversaire par des preuves et des raisonnements irrésistibles, et termina en s'écriant : « Par une bizarrerie qui n'a point d'exemple, c'est que, dans cette cause où il sera sans doute question pour la dernière fois des mouchards, ce sont deux bossus qui plaident l'un contre l'autre. » A ces mots, des applaudissements et un rire inextinguibles remplirent la salle d'audience.

Maton, qui voyait que les rieurs n'étaient pas de son côté, ne voulait point faire sa réplique. « L'intérêt de mes clients, a-t-il dit, exige que vous remettiez la cause à un autre jour, et la fatigue que j'éprouve ne me permet pas de continuer. »

Cahier de Gerville prit aussitôt la parole, et voulut sermonner un peu l'avocat Verrière : « Le tribunal pense comme vous qu'il ne faut point de mouchards, il professe les mêmes principes ;

(1) *L'Orateur du Peuple*, t. iv, p. 227.

mais vous avez tort de dire qu'il y a des mouchards. Je vous soutiens qu'il n'y en a pas : voyez les comptes de l'administration,
ils sont publics. » (M. Cahier en a menti : ces comptes ne sont pas
publics ; et en supposant qu'ils le fussent, on sait que l'article
Mouchards serait aussi soigneusement caché que le Livre rouge.)
Un citoyen, indigné de le voir ainsi s'écarter du vœu de la loi,
qui lui prescrit de recueillir les faits et de les balancer en les ré-
sumant, s'est écrié : *Au fait!* Cahier de Gerville, pour se venger
de l'apostrophe, demanda que la force publique fût introduite
dans la salle. Alors grandes huées pour le procureur-syndic. L'imbécile ignorait que la force publique était précisément ce qui
remplissait l'auditoire. Il faut rendre cette justice aux juges, ils
firent signe au sieur Cahier de se taire ; et les gardes nationaux qui
étaient dans la salle furent si fort indignés de l'insolence atroce
du procureur-syndic que plusieurs lui crièrent : *Ça ne prendra
pas !* Aussitôt le tribunal ordonna que la cause serait continuée à
huitaine. Maton le chameau se retira couvert de confusion, et
M. Verrière, défenseur des deux écrivains patriotes, sortit au
milieu des applaudissements et suivi d'un grand nombre de citoyens (1).

Le jour fixé pour la reprise de l'affaire, toutes
les mesures ont été prises par la municipalité
« pour contenir les citoyens par la terreur, et les
empêcher d'émettre leur vœu contre les mouchards » ; l'hôtel-de-ville était flanqué de deux
pièces de canon, mèche allumée (2).

Qu'espérait-on? Faire main basse sur les citoyens, après que
quelques boute-feu apostés dans la salle d'audience auraient fait
naître quelque rixe éclatante, afin que la force publique eût l'air

---

(1) L'*Orateur du Peuple*, t. IV, p. 251.
(2) Il est d'usage, dit Fréron lui-même, que, quand il y a conseil de guerre,
on fasse venir deux pièces de canon : or, il y avait précisément conseil ce jour-là ;
mais c'était là évidemment une coïncidence qui n'était pas fortuite.

d'intervenir tout naturellement. Aussi n'a-ton pas oublié de faire outrager personnellement le sieur Maillard, vainqueur de la Bastille, avec menaces de le poignarder. Si on eût fait couler son sang, le public eût vengé cet assassinat, et alors de quelles scènes tragiques l'hôtel-de-ville n'eût-il pas été le théâtre... Le peuple de l'extérieur, entendant les cris des citoyens dans l'intérieur, eût voulu alors franchir lés barrières pour voler au secours de leurs frères ; mais les deux pièces de canon auraient vomi le carnage et la mort sur une foule épouvantée : car l'objet unique est d'amener les choses au point de pouvoir tirer sur le peuple ; ce doit être pour les conspirateurs le signal de frapper, d'assassiner dans leurs foyers tous les patriotes, et pour la famille royale celui de gagner la frontière, à travers l'incendie, le massacre et le pillage.

Heureusement le tribunal de police, placé entre le double écueil de condamner ou d'absoudre les mouchards, a pris le parti honteux, mais prudent, de se récuser dans cette cause, et de déclarer à cet égard son incompétence (1).

Toujours, comme on le voit, le même système : c'est la municipalité qui suscite ces procès, puis elle recule au dernier moment, et abandonne ses prête-noms à la risée et aux fureurs de ceux qu'elle prétendait anéantir. Marat, lui, n'est pas plus satisfait de l'issue de ce procès que de celle du précédent ; ce résultat négatif lui fait pousser les hauts cris, dans un article qui est le résumé et le digne couronnement de ces deux drames.

Le peuple trahi et joué par ses mandataires.

La conduite du tribunal de police, patron des mouchards du général, contre les écrivains patriotes, est d'une atrocité et d'un scandale dont il n'y eut peut-être jamais d'exemple.

(1) *L'Orateur du Peuple*, t. IV, p. 307.

On sait avec quelle légèreté, quelle précipitation, il rendit une sentence sous la dictée du mouchard Estienne....

On sait avec quel artifice cet indigne tribunal s'étudia à épuiser par des renvois éternels la patience des défenseurs de l'*Ami* et de l'*Orateur du Peuple,* lorsqu'ils eurent appelé de ce jugement par défaut.

On sait à quels excès d'insolence, à quel horrible complot contre le public, les nommés Cahier et Dumousseau, faisant tous deux les fonctions de la partie publique, eurent recours pour se dispenser de juger cette cause et de prononcer contre les scélérats qu'ils protégeaient.

On sait avec quelle astuce ce tribunal inique mit les parties hors de cour...., avec quel artifice honteux il étouffa cette affaire scandaleuse....

On sait avec quel raffinement de scélératesse cet infâme tribunal reçut la plainte de nouveaux mouchards....

On sait avec quelle tartuferie ce perfide tribunal, voyant le public déterminé à avoir justice des espions du général, fit remettre la cause à huitaine, dans l'attente que le massacre projeté de la Chapelle amènerait la guerre civile, et que les patriotes se trouveraient eux-mêmes à la discrétion des mouchards dont ils poursuivaient le châtiment.

Enfin on sait avec quelle impudence ce tribunal atroce, voyant l'affreux complot de guerre civile déjoué, se déclare incompétent, pour ne pas prononcer contre d'infâmes espions; lui qui s'était reconnu très-compétent pour écraser deux patriotes. (Remarquons que tout à l'heure Marat protestait contre la compétence du tribunal.)

O citoyens! je vous l'ai dit cent fois, à la manière dont l'Assemblée nationale a organisé la machine politique, il est impossible qu'elle marche jamais, ou elle ne marchera que pour consommer votre ruine. Les ennemis de la Révolution tiennent toutes les places, et non-seulement ils vous refusent justice, mais ils se moquent de vous (1).

(1) *L'Ami du Peuple,* n° 355.

Epilogue.

Deux ou trois jours après, Kabers étant allé au faubourg Saint-Antoine, le peuple se jeta sur lui et le pendit. Heureusement la corde cassa; mais il fut moulu de coups, et il ne sauva sa vie qu'en demandant à être conduit au comité de la section, où il fit une confession générale de tous les crimes qu'il avait commis et de tous ceux qu'il était chargé de commettre encore, et dévoila toutes les turpitudes du dieu Mottié (1).

Suivant la version de l'*Orateur du Peuple*, une charrette de falourdes étant venue à passer, chacun s'était armé d'une bûche, et le pauvre diable avait été assommé sur la place. Et puis Fréron ajoute à son récit toute sorte d'agréables broderies : « La cavalerie arrive; on barricade les rues avec des charrettes. Survient le général Mappemonde; on lui crie de descendre du cheval blanc, et une femme le prend même par la botte pour l'en faire descendre. Il met chapeau bas; on lui crie : « Remets ton chapeau, général des mouchards; va, couvre-toi tant que tu voudras : tu es découvert, mon garçon ! »

(1) L'*Ami du Peuple*, n° 355.

CARACTÈRE ET ROLE DE LA PRESSE

IV

CARACTÈRE ET ROLE DE LA PRESSE

La presse, pendant les dix années de la Révolution, a traversé des phases bien diverses ; on peut cependant les ramener à trois grandes époques :

I. De 1789 au 10 août 1792, la presse jouit d'une liberté illimitée, c'est-à-dire que son action n'est entravée par aucun frein légal. Toutes les opinions peuvent se produire, tous les partis peuvent descendre dans l'arène et s'y combattre, sinon avec des chances, du moins avec des armes égales, avec les mêmes armes. Il n'y a d'autre loi que la loi du plus fort, une loi, il est vrai, plus redoutable que toutes les autres, qui tient lieu de toutes les autres.

II. Le 10 août met les royalistes et les constitutionnels hors de combat. La Gironde et la Montagne, restées maîtresses du champ de bataille, ne tardent pas à se diviser. Grâce à leur antagonisme, la liberté ne périt pas tout entière. Mais, la Gironde tombée, tout contre-poids a disparu, la terreur étouffe toutes les voix qui ne font pas chorus avec la Montagne, la parole est aux seuls enragés.

III. La France ne pouvait rester longtemps pliée sous un pareil joug. Le 9 thermidor est suivi d'une réaction violente, qui a son explication dans le régime auquel le pays venait d'échapper. La presse éclate de nouveau avec l'énergie d'une force longtemps et violemment comprimée. Mais, au lieu d'aider au rétablissement et à la consolidation de l'ordre, les journaux des partis extrêmes travaillent avec une rare unanimité au renversement du nouveau gouvernement, et le mettent bientôt dans la nécessité de recourir contre eux aux mesures révolutionnaires, aux coups d'Etat. Le 18 fructidor fut la Saint-Barthélemy des journalistes : la presse terrassée, abandonnée d'ailleurs par l'opinion publique, ne se relèvera, ne reprendra quelque vie, qu'après plus de quinze années de prostration.

On n'attend pas que je fasse l'histoire — impossible — de cette multitude de feuilles, la plupart, d'ailleurs, mort-nées, ou sans la moindre valeur. Tout l'espace qui m'est donné pour écrire les longues annales de la presse n'y aurait pas suffi, et j'en ai déjà consacré la meilleure partie aux journaux anciens. Si je n'eusse consulté que mes convenances, si je n'avais cherché que l'amusement du lecteur, c'est le contraire que j'aurais fait ; effleurant seulement la première période, j'aurais réservé la plus grande place à cette dernière, où les matériaux surabondent. J'ai cru faire une chose plus utile en portant mes plus grands efforts sur la partie la moins connue. Les journaux et les journalistes de la Révolution ont été déjà l'objet de plusieurs essais (1), et les explorateurs ne manqueront pas pour fouiller cette mine si riche et si attrayante.

Aujourd'hui, en effet, tout le monde est d'accord sur sa valeur, sur son importance, sur la nécessité pour tout écrivain qui veut retracer les péripéties de ce grand drame, d'interroger ceux qui en ont été les témoins, et souvent les acteurs. On sait quel parti M. Thiers, le premier, a su tirer des journaux révolutionnaires; l'*Histoire parlementaire de la Révolution,* de MM. Buchez et Roux, ce livre si consciencieux, si plein d'intérêt, n'est autre chose que le miroir fidèle des journaux du temps.

C'est là seulement, c'est dans les principaux organes de chaque parti, qu'on trouvera l'histoire de la Révolution, l'histoire vraie, authentique, écrite jour par jour par des contemporains, et commentée par d'autres contemporains. Nulle part on ne voit

(1) Je citerai, notamment, la *Bibliographie* de Deschiens, dont l'importance est connue de tout le monde; — l'*Histoire des Journaux et des Journalistes de la Révolution française,* par Léonard Gallois, ouvrage abondant en faits ; — *Un chapitre de la Révolution française,* et l'un des meilleurs, par Charles de Monseignat. Ces trois ouvrages, conçus à des points de vue différents, ont tous les trois des qualités qui les recommandent aux travailleurs, et m'ont été particulièrement d'un grand secours, ainsi que l'*Histoire parlementaire* de MM. Buchez et Roux, dont je me suis aussi très-utilement aidé.

plus clairement le but où tendaient les esprits, les
espérances que firent naître les premiers succès de
la réforme, les résistances qu'ils soulevèrent, les
mécomptes qui attendaient les vainqueurs aussi bien
que les vaincus, les excès des uns et des autres.
Nulle part ailleurs, comme le dit Deschiens, on ne
saurait trouver des renseignements plus utiles ni
plus sûrs. Dans les journaux, en effet, les événements se développent jour par jour, on peut les y
suivre à travers les dissimulations, les demi-confi-
dences, des hommes de parti ; et les vues, les projets
les plus secrets, finissent toujours par se laisser de-
viner, malgré tous les voiles dont on les enveloppe.
C'est surtout à l'approche des grands événements
qu'il importe de consulter les journaux des différents partis ; ceux qui, avant les journées des 5 et 6
octobre 1789, 18 février et 18 avril 1791, 20 juin
et 10 août 1792, 21 janvier et 31 mai 1793, 12 germinal, 1er et 2 prairial an III, 13 vendémiaire
an IV, 18 fructidor an V et 18 brumaire an VIII,
se combattaient à outrance, donnent souvent la
clé des événements : en les suivant dans leur lutte,
en comparant attentivement ce qu'ont dit les vainqueurs et les vaincus, l'on parvient à expliquer bien
des choses.

Comment l'historien peindrait-il les résistances
opposées aux premières réformes, résistances qui
ont eu tant d'influence sur la marche de la Révolu-

tion, s'il ne savait pas ce qu'ont dit Royou et Montjoie dans les *Amis du Roi,* de Rozoy dans la *Gazette
de Paris,* Peltier dans les *Actes des Apôtres,* Parisot
dans la *Feuille du Jour ;* s'il n'a lu et médité le *Journal à deux liards,* le *Journal royaliste,* le *Journal de
Louis XVI et de son Peuple?*

Comment apprécierait-il les moyens opposés à
ces résistances, s'il n'avait puisé des renseignements
dans le *Patriote français,* dans les *Annales patriotiques,* dans le *Journal de Paris,* de 89, 90 et 91,
dans les *Révolutions de France et de Brabant,* dans
les *Révolutions de Paris ;* s'il n'avait pas interrogé le
Journal de la Société des Amis de la Constitution?

Pourra-t-il parler sciemment du système de ceux
qui, dès l'origine, voulaient les deux chambres et le
gouvernement anglais modifié, s'il n'a pas étudié
ce système dans la partie politique du *Mercure de
France* rédigée par Mallet du Pan, dans le *Journal
politique* de Sabathier, dans la *Gazette universelle* de
Cerisier, et surtout dans le *Journal des Amis de la
Constitution monarchique?*

Que dira-t-il du projet de république fédérative,
s'il n'a consulté la *Chronique du Mois,* la *Bouche de
Fer,* le *Tribun du Peuple,* la *Chronique de Paris,* le
Patriote français, et les *Annales politiques,* de la fin
de 92 au 31 mai 93 ; s'il n'a pas été chercher la
pensée tout entière de la Gironde dans le *Bulletin
des Amis de la Vérité?*

Parmi les adversaires de la république fédérative, le *Journal des Hommes libres* est un des plus abondants en renseignements utiles. Dans le même parti se distinguent le premier *Journal de la Convention,* le *Journal de la Montagne,* qui fait suite, le *Républicain universel,* l'*Orateur du Peuple,* par Fréron, le *Journal des Clubs,* et, par-dessus tous, le *Journal des Débats et de la Correspondance des Jacobins.* C'est dans ce dernier journal surtout que l'on apprend à connaître les causes premières, les forces motrices et les moyens d'exécution de ce gouvernement révolutionnaire qui a pesé sur la France depuis 92 jusqu'au 9 thermidor an II.

Le parti modéré possède un assez grand nombre de journaux où les faits sont recueillis et appréciés avec bonne foi et impartialité : tels sont le *Modérateur,* les *Nouvelles politiques,* l'*Historien,* le *Cercle,* la *Clef du Cabinet des Souverains,* le *Conservateur de l'an V,* le *Journal d'Economie politique,* auxquels les Fontanes, les Suard, les Daunou, les Dupont de Nemours, les Rœderer, etc., ont attaché leur nom.

Le clergé aussi eut ses journaux, et ce ne sont ni les moins curieux, ni les moins instructifs.

Enfin l'historien doit consulter encore même les journalistes qui n'ont vu dans la Révolution que des objets de plaisanterie, qui n'ont eu d'autre but que d'attaquer par des épigrammes et des sarcasmes amers toutes les opinions et toutes les institutions.

On peut regretter de voir cet esprit de légèreté qui nous caractérise porté par quelques hommes jusqu'au milieu des plus sanglantes catastrophes ; mais on trouve dans ces petites feuilles mille détails précieux que l'on chercherait vainement ailleurs.

L'écrivain ne doit pas négliger non plus les journaux qui n'eurent qu'une existence éphémère ; si quelques-uns moururent de leur propre faiblesse, c'est la véracité de beaucoup d'autres qui les signala aux coups des dominateurs du jour.

Enfin il n'est pas, dans cette mine précieuse, si petit filon qui ne doive être exploré. Malheureusement des difficultés de toute nature en rendent l'accès peu abordable, et les guides manquent presque absolument ; c'est à peine, en effet, si l'on trouve dans les historiens de la Révolution quelques lignes sur les journaux : étrange omission, qu'il faut probablement attribuer aux aspérités du terrain.

C'est à aplanir ces aspérités que je me suis surtout appliqué ; ce qui importait à mon but, c'était précisément, sinon uniquement, de mettre les travailleurs en état de se diriger dans ce labyrinthe aux innombrables replis. Ce but est rempli, autant qu'il était possible, par la bibliographie qui termine cet ouvrage ; il me reste ici, et c'est à cela que je dois me borner, à tracer les grandes lignes, en appuyant plus fortement sur les traits qui intéressent l'histoire du journal.

Quant aux hommes de la presse, j'en agirai à leur égard comme j'ai fait avec les quelques journalistes que nous avons déjà rencontrés : j'en parlerai seulement en tant que journalistes. Ils ont joué sur la scène politique, tous ceux du moins qui méritent de nous occuper, un rôle dont l'appréciation n'entre point dans mon sujet. Que pourrais-je apprendre, d'ailleurs, sur des hommes tels que Mirabeau, Camille Desmoulins, Robespierre, etc. ? Et s'il reste quelque chose à dire sur ces grands acteurs du drame révolutionnaire, ce n'est pas accessoirement et à la légère qu'on le peut, qu'on le doit faire.

L'embarras serait grand si l'on voulait classer selon leurs opinions ou leurs doctrines cette foule de journaux ou de prétendus journaux éclos pendant la Révolution. Comme l'a dit fort justement un historien, déterminer en détail le caractère propre à chaque publication périodique, et expliquer d'une manière précise en quoi différaient les doctrines, ce serait un travail fastidieux, presque impossible d'ailleurs ; la liberté bégayait encore : les doctrines étaient donc généralement fort indécises et les points de vue très-divers. Il y avait plutôt des tendances que des systèmes ; encore ces tendances étaient-elles exposées à changer rapidement d'aspect, tant la Révolution, en se développant, amenait de subites découvertes sur les hommes et sur les choses! On se trouvait être un grand citoyen dans le premier numéro d'un journal, un citoyen suspect dans le second, un traître dans le troisième; et combien devinrent républicains sans même s'apercevoir qu'ils cessaient insensiblement d'être royalistes !

En somme, deux grands partis se trouvaient en présence : celui de l'attaque et celui de la résistance, les révolutionnaires et les contre-révolutionnaires. Nous allons passer en revue les principaux champions de chacun de ces partis, et, suivant autant que possible l'ordre chronologique, montrer comment la lutte s'est engagée et en marquer les différentes phases. Nous pénétrerons ensuite plus profondément dans les entrailles de notre sujet en faisant l'histoire des journaux qui réfléchissent le plus vivement la physionomie, le rôle de la presse, dans cette lutte gigantesque.

—

Ce fut un bien beau moment que les premiers
jours de la Révolution, que cette période, trop
courte, mais peut-être unique dans l'histoire, qui
sépare la date de la convocation des Etats généraux
des journées des 5 et 6 octobre. Un enthousiasme
universel et électrique s'était emparé des imagina-
tions, dit M. Ch. de Monseignat ; aux yeux séduits
par le mirage de l'espérance, brillait la colonne de
feu qui allait jaillir de la France comme d'un Sinaï
nouveau, guider le peuple vers la terre promise et
rayonner sur le monde. Une autre ère s'ouvrait,
une ère nouvelle, ère de justice, de fraternité, de
liberté. Belle illusion, trop tôt évanouie devant la
réalité.

« En 1789, aux premiers jours de la Révolution,
quel Français, quel homme n'adora pas la Liberté ?
Elle était vierge alors ; intéressante et fière, elle
s'avançait appuyée sur la bonne Egalité ; l'Humanité la précédait ; toutes les vertus, tous les biens
de la vie, accompagnaient ses pas... Des misérables

sont venus : ils se disaient les Apôtres de la Liberté, ils n'en étaient que les P........ Ils en ont fait une divinité terrible, une furie; ils ont calomnié sa morale, ils ont ensanglanté ses autels : précédée par la Terreur et la Mort, elle compta des sujets, des victimes; elle n'eut plus d'amis (1). »

Les premiers jours de la liberté furent aussi les meilleurs jours de la presse, dans laquelle se réflètent, sous des aspects divers, tous ces beaux rêves, toutes ces généreuses aspirations. Elle est pure encore des excès qui la déshonoreront trop tôt, et elle jouit d'une indépendance que les mauvaises passions ne tarderont pas à lui ravir.

Cette indépendance, la presse n'avait pas attendu qu'on la lui donnât; il semblait que par le fait seul de l'ouverture des Etats généraux toutes les lois restrictives, toutes les barrières, fussent tombées. La censure n'avait pas été abolie, mais elle était impuissante, et le lendemain de la prise de la Bastille elle disparut d'elle-même : fait important à constater, remarque avec raison M. Maron, parce qu'il prouve que la liberté de la presse n'est pas un droit octroyé, mais un droit conquis, au-dessus des subterfuges de la légalité (2).

Dès lors aussi le journal prend un caractère tout

(1) *Journal des Patriotes de 1789*, n° 1.
(2) « La liberté de la presse, en y comprenant les écrits périodiques, dit Lacretelle (*Histoire de France au 18e siècle*), avait été conquise sur un gouvernement intimidé, quatre mois avant la prise de la Bastille ; ce qui suffit pour expliquer la prise de la Bastille et toute la Révolution. »

nouveau. « Dans l'ancien régime, dit un pamphlet contemporain que nous avons déjà cité (1), c'était une feuille périodique qui parlait de la pluie et du beau temps, donnait des extraits de catalogues de libraires, et quelques lettres de messieurs les abonnés à monsieur le rédacteur, que, dans les cafés, on prenait bonnement pour des lettres (2). Par la voie de ces feuilles on était informé très-exactement du genre et du nombre des grimaces que telle ou telle actrice avait faites dans une pièce nouvelle, des angoisses de l'auteur sifflé, et de la jactance de celui qui avait été appelé sur la scène. Cet article était surtout précieux par l'impartialité de la critique.

» Mais que tout est changé ! Ces feuilles, autrefois la pâture de nos désœuvrés, sont à présent la pâture de toutes les classes de citoyens. On court après, on se les arrache, on les dévore. Nos politiques y lisent la régénération de l'empire, et y trouvent les hausses et les baisses de l'aristocratie. Les muses sont réduites au silence ; le journaliste seul

---

(1) *Dictionnaire national et anecdotique.*

(2) *Lettre au Rédacteur* : Ruse de journaliste que les nouveaux folliculaires ont usée à un tel point que personne n'en est plus la dupe. Un journaliste est-il à court de phrases pour combler la *membrure* de sa feuille, aussitôt il fait intervenir un soporifique correspondant, qui vous le gratifie d'une lettre d'une mortelle page, et quelquefois plus, quand ce journaliste est sans conscience. La lettre exige une réponse, souvent même plusieurs, et le journal se remplit. Mais il est des abonnés difficiles qui veulent le plein, et non le rempli, et qui, lorsque les lettres se multiplient, retirent ou cessent leur abonnement. L'expérience apprend que l'usage fréquent de la *Lettre au Rédacteur* est, dans un journal, un symptôme évident de caducité. (*Ibid.*)

est en scène, où il a le plus grand succès : aussi les journaux pleuvent tous les matins comme manne du ciel, et cinquante feuilles, ainsi que le soleil, viennent tous les jours éclairer l'horizon. »

« Aujourd'hui, dit un autre contemporain, les journalistes exercent le ministère public ; ils dénoncent, décrètent, règlent à l'extraordinaire, absolvent ou condamnent. Tous les jours ils montent à la tribune, et il est parmi eux des poitrines de Stentor qui se font entendre des quatre-vingt-trois départements. Les places pour entendre l'orateur ne coûtent que deux sols. » De cette tribune d'un nouveau genre tombent et se répandent en des milliers de mains, non pas quelques discours qu'il n'est donné qu'à un petit nombre d'entendre, mais régulièrement, tous les jours, des centaines de pamphlets, accessibles à toutes les intelligences et à toutes les fortunes. Et si quelque chose peut égaler l'audace de ces orateurs, si inexpérimentés pour la plupart, c'est la confiance de ceux qui les écoutent et suivent aveuglément leur impulsion.

Ce qui frappe tout d'abord, quand on considère la mêlée qui s'engage dès le milieu de l'année 1789, c'est, d'un côté, l'entrain, la vigueur, la fougue de l'attaque ; de l'autre la mollesse, la pusillanimité de la défense : contre vingt ennemis qui l'assaillent, la vieille citadelle trouve à peine un ami qui la défende.

L'attaque fut commencée, comme nous l'avons déjà vu, par les *Etats généraux* de Mirabeau, qui emporta de haute lutte la liberté de la presse, malgré l'Assemblée elle-même.

Il fut suivi de près — s'il n'en avait été devancé — par Brissot de Warville, qui, un mois avant l'ouverture des Etats généraux, avait arboré cette devise, qu'il donnait pour épigraphe à son *Patriote français* : « Une gazette libre est une sentinelle avancée qui veille sans cesse pour le peuple. »

En même temps le *Journal de Paris,* passé dans les mains de Garat et Condorcet, s'emparait des grandes questions à l'ordre du jour ; et le *Mercure,* affranchi du joug de la censure, devenait l'organe du parti constitutionnel, et se plaçait au premier rang parmi les journaux de la Révolution.

A leur suite se précipita une foule de combattants, parmi lesquels la liberté comptait bon nombre de valeureux soldats, mais qui comprenait un plus grand nombre encore de ces aventuriers qu'attirent le bruit et l'odeur du butin, de ces ambitieux décidés à faire des ruines publiques le marchepied de leur fortune.

Nous ne nommerons que les principaux parmi les combattants, renvoyant pour la multitude à notre Bibliographie. On vit successivement paraître :

* Le *Journal des Etats généraux*, depuis le *Logographe*, par Lehodey, qui, dans ses commence-

ments, fut le dépositaire des motions des députés révolutionnaires les plus notables, et que recommandent, en outre, la date de sa naissance et sa longue carrière, — mai 1789 - 10 août 1792.

Le *Bulletin de l'Assemblée nationale,* par Maret, depuis duc de Bassano, qui ne s'imprima qu'après la translation de l'Assemblée à Paris, mais qui se distribuait manuscrit depuis les premières séances des Etats généraux. Fondu depuis dans le *Moniteur universel,* dont il devint la partie capitale.

Le *Courrier de Versailles à Paris,* depuis le *Courrier des Départements,* œuvre lourde et diffuse du maître de pension Gorsas, créé journaliste par le succès de la satire l'*Ane promeneur*, et devenu depuis l'un des plus fougueux organes du parti girondin.

Le *Journal de Versailles,* par Regnault Saint-Jean-d'Angely, tableau fidèle des opérations de l'Assemblée.

Le *Point du Jour*, par Barrère, qui, louvoyant entre les partis, se fait remarquer d'abord par la modération de ses idées, puis bientôt après par son extrême violence.

Les *Révolutions de Paris,* par Loustalot, Prud-homme et Tournon, dont on connaît la fameuse épigraphe, véritable appel à l'insurrection : « Les grands ne nous paraissent grands que parce que nous sommes à genoux... Levons-nous ! »

L'*Assemblée nationale,* plus connue sous le nom de *Journal de Perlet*, qui traversa toute la Révolution, et eut beaucoup de vogue dans la classe moyenne, grâce à son patriotisme modéré.

L'*Observateur*, par Feydel, qui avait emprunté son épigraphe à Bailly : « La publicité est la sauvegarde du peuple » ; recueil populaire de nouvelles, de traits caustiques et d'anecdotes de toutes couleurs contre les *aristocrates*, entremêlées parfois de réflexions originales et piquantes sur les événements et leurs causes.

La *Chronique de Paris,* par Condorcet, Rabaut Saint-Etienne et Ducos, qui passait, au dire de Camille Desmoulins, pour le mieux fait des journaux de la capitale.

Le *Journal des Débats et Décrets,* par Barrère et Louvet, tableau fidèle, mais sec, des opérations de l'Assemblée ; souche du *Journal des Débats* actuel.

L'*Ami du Peuple*, par Marat, qui cachait des vues si sanguinaires sous cette belle devise : *Vitam impendere vero.*

Les *Annales patriotiques,* par Mercier et Carra ; l'oracle des sociétés populaires de la province.

Les *Annales de la Révolution*, ou recueil de pièces authentiques, par Bayard ; curieux pour l'histoire de la municipalité parisienne.

Les *Révolutions de France et de Brabant,* où Camille Desmoulins sema tant de verve, tant d'esprit, et s'é-

leva parfois à une éloquence dont lui seul à peu près
eut le secret parmi les journalistes de la Révolution.

Le *Journal universel,* par Audouin, qui eut une
grande célébrité, et contribua beaucoup à faire dé-
vier la Révolution de ses principes et à faire dégé-
nérer la liberté en anarchie.

Le *Moniteur,* qui, né en novembee 1789, n'a eu,
nous l'avons déjà dit, un caractère officiel que depuis le mois de nivôse an VIII, mais qui, avant
comme après, a toujours été pour le parti domi-
nant, quel qu'en fût l'esprit.

L'*Orateur du Peuple,* par Fréron, le digne lieutenant de l'*Ami du Peuple.*

Le *Mercure national,* journal démocratique, par
Carra, Tournon, Robert et Kéralio

En 1790 les rangs des journaux patriotes reçurent d'assez nombreux renforts. Nous citerons :

La *Bouche de Fer,* l'organe du club social, où
l'abbé Fauchet travestissait si étrangement l'Evangile pour le ployer aux idées démagogiques.

L'*Ami des Citoyens,* par Debrière.

Les *Evangélistes du Jour,* par Dulaure, assez pâle
opposition aux fameux *Actes des Apôtres.*

Le *Journal de la Société de* 1789, par Condorcet,
qui fut le précurseur des diverses feuilles que publia la société des Jacobins.

La *Feuille villageoise,* par Cerutti, Rabaut Saint-

Etienne, Grouvelle et Ginguené, dont le but était de propager dans les campagnes les principes de la Révolution, et qui eut un succès très-populaire pendant tout le cours de sa longue durée.

Le *Journal des Amis de la Constitution,* organe du club des Jacobins, par Choderlos-Laclos.

Le *Journal des Clubs,* par Leroux et Revol.

En 1791, nous signalons :

Le *Babillard,* feuille dans la nuance feuillantine, créée en vue des élections, « pour épier les mouvements de l'opinion publique, faire le tour des conversations, écouter aux portes. »

Le *Journal des Impartiaux,* organe du club de ce nom.

Le *Journal des Débats de la Société des Amis de la Constitution séante aux Jacobins,* publié par les Jacobins après la scission.

Le *Thermomètre du Jour*, par Dulaure.

L'*Ami des Citoyens,* journal fraternel, par Tallien.

La *Chronique du Mois,* par Clavière et Condorcet.

La *Correspondance patriotique,* par Dupont de Nemours.

Le *Républicain* ou le Défenseur du gouvernement représentatif, par Condorcet, Thomas Payne et Achille Duchâtelet.

C'est pendant cette année que commencèrent à retentir les grandes joies et les grandes colères du

Père Duchesne, dont la filiation remonte à l'année précédente, peut-être à 1789, et qui eut une si nombreuse et si turbulente famille.

Dans les premiers mois de 1792, Camille Desmoulins donne un nouveau journal, la *Tribune des Patriotes ;* Robespierre descend dans l'arène avec son *Défenseur de la Constitution* ; Louvet couvre les murs de ses placards payés par Roland pour achever d'avilir la royauté; on voit paraître un *Journal des Hommes du 14 juillet,* un *Bonnet rouge,* un *Journal des Sans-culottes :* les partis se serrent de plus près, et engagent avec un redoublement d'ardeur la bataille que termineront les piques du 20 juin et le canon du 10 août.

La cour demeura d'abord tranquille spectatrice de ce redoutable assaut, dont elle semblait ne pas comprendre tout le danger. A ces feuilles brûlantes elle n'opposa, dans les premiers mois, que la froide impassibilité de son organe officiel, la vieille *Gazette,* et celle-ci se bornait à peu près à enregistrer les actes du gouvernement, gardant le plus profond silence sur les faits révolutionnaires : ainsi elle ne dit mot de la prise de la Bastille, comme si elle eût craint, en la mentionnant dans ses colonnes, de lui donner une sorte de sanction, car elle ne pouvait supposer que son silence empêcherait le bruit de cette victoire populaire de retentir jusqu'au bout du monde. Par ce seul fait on jugera de l'aveuglement du gouvernement (1).

Avec la *Gazette*, il n'avait guère pour lui, dans les premiers jours de la lutte, que le *Journal général de France*, de l'abbé Fontenay, auquel vint en aide, au mois de juin, l'*Assemblée nationale*, de Beaulieu, et le *Courrier français*, de l'abbé Poncelin : faibles auxiliaires que ceux-là, qui croyaient pouvoir compter sur la modération dans un temps où, selon l'expression de Beaulieu lui-même, toutes les têtes étaient autant de volcans.

Le *Journal politique national des Etats généraux*, de l'abbé Sabathier ; la *Gazette universelle*, de Cerisier ; le *Modérateur*, de Fontanes ; le *Journal de la Société de* 1789, par Dupont de Nemours, Pastoret, André Chénier, tous organes, avec le *Mercure*, du parti constitutionnel monarchique, n'étaient pas des ennemis, sans doute, mais c'étaient des amis que l'on trouva tout d'abord fort incommodes et bien osés : car on était peu porté aux transactions ; tout ou rien, tel était le mot d'ordre que recevaient ceux que la cour consentait à regarder comme ses véritables amis.

Le premier défenseur du trône qui se soit ouver-

(1) « On observe que la *Gazette* a toujours gardé le plus profond silence sur tous les événements de la Révolution et sur les opérations de l'Assemblée nationale. Un mot expliquera l'énigme. La *Gazette* silencieuse est gardée à vue par dix-sept régisseurs ou censeurs, occupés dans leurs bureaux à étouffer tous les soupirs patriotiques de la *Gazette* captive, comme autrefois Domitien employait son temps à tuer les mouches qui osaient bourdonner dans son cabinet. » (*Annales patriotiques*, 19 octobre 1789.)

tement présenté sur la brèche, c'est le *Journal de la Cour et de la Ville,* plus connu sous le nom de *Petit Gauthier* (septembre 1789), répertoire de bonnes et de mauvaises plaisanteries, de traits malins et sanglants contre les révolutionnaires et leurs œuvres. Le ton de cette feuille, d'abord sérieux, tourna bientôt à la satire, à la raillerie. Ce fut là tout d'abord, en effet, l'arme favorite des journalistes du parti de la cour, c'est par des sarcasmes qu'ils s'imaginent terrasser leurs redoutables adversaires; il y en eut bien quelques-uns qui voulurent être sérieux et éloquents, mais le plus grand nombre visèrent à être spirituels et moqueurs, et ces derniers, il faut le dire, réussirent mieux que les premiers. L'*Ami du Roi* et les *Actes des Apôtres* sont la plus vive expression de ce double caractère de la polémique royaliste.

Parmi les feuilles qui suivirent la bannière de l'*Ami du Roi*, pendant les trois premières années, nous citerons :

La *Gazette de Paris,* par du Rozoy, dont le nom devra plus à sa mort courageuse qu'à la valeur de sa feuille, très-médiocre, où règne un ton lamentable et continuellement pleureur, très-capable de déparer les meilleures réflexions.

Le *Journal de Louis XVI et de son Peuple,* ou le Défenseur de l'Autel, du Trône et de la Patrie, qui marche de près sur les pas de son chef de file.

Le *Défenseur des Opprimés,* ou l'Ami du Clergé et de la Noblesse, et l'Ennemi des Factieux.

La *Feuille du Jour,* un peu moins violente et moins exclusive que la précédente, et recherchée pour son agréable persifflage.

L'*Indicateur,* journal des causes et des effets, distribué, lit-on dans le *Moniteur,* avec une profusion vraiment royale, sans s'inquiéter de l'humeur des gens, et n'en voulussent-ils pas.

Le *Journal de Suleau,* qui se distinguait par son extrême violence contre le duc d'Orléans et ses partisans.

Des nombreux imitateurs des *Actes des Apôtres* nous signalerons :

La *Chronique du Manége* et les *Sabbats jacobites,* « délassements en robe de chambre d'un homme de beaucoup d'esprit. »

La *Lanterne magique* et les *Déjeuners* de Mirabeau le jeune.

Le *Journal du Soir ou le petit Page,* qui n'eut qu'une courte existence, mais qui se fit remarquer par sa violence excessive. — Le *Journal à deux liards,* rédigé dans le même esprit.

La *Rocambole des Journaux,* ou Histoire aristo-capucino-comique de la Révolution, rédigée par dom Regius Anti-Jacobinus et compagnie.

Le *Journal en Vaudevilles,* les *Sottises de la Semaine.*

Le *Martyrologe national,* les *Quatre Evangélistes,* l'*Apocalypse,* etc.

Troupes légères du parti, qui n'avaient souvent qu'une existence éphémère, mais dont un public nombreux aimait à suivre les passes.

Nous ne devons pas oublier les *Lettres bougrement patriotiques du Père Duchesne,* par Lemaire, qui eurent un grand succès dans le peuple. Cette feuille, rédigée dans le style poissard, précéda celle d'Hébert, et c'est au parti constitutionnel encore que revient l'honneur d'avoir introduit ce genre dans le journalisme.

Ajoutons enfin, car la chose est digne de remarque, que la reine eut, en 1790, un *Véritable Ami,* mais qui paraît avoir bien peu vécu.

Nous n'avons fait que désigner les principaux champions; nous y reviendrons avec plus de détails, soit dans les études spéciales que nous consacrerons aux principaux journalistes, soit dans notre Bibliographie.

Une remarque à faire dès à présent, et qui est commune aux journaux des deux camps, c'est que la plupart étaient consacrés à des dissertations sur les événements et leurs causes, ou à la satire des hommes et des choses de la Révolution, plutôt qu'à la narration des faits. Un petit nombre seulement avaient la forme et le caractère de ce qu'on entend encore aujourd'hui par le mot de Gazette. Quelques-uns se bornaient presque exclusivement au compte-rendu des opérations des Assemblées, et ces dernières feuilles eurent une grande vogue pendant les premiers temps de la Constituante : chacun voulant savoir ce qui se passait à l'Assemblée, on s'arrachait, dans toutes les classes de la société, les moindres écrits qui en rendaient compte. Quelques journaux du soir surtout firent une fortune prodigieuse pour le temps, bien qu'ils fussent au fond parfaitement nuls ; et cela tandis que les feuilles les mieux faites n'obtenaient pas le moindre succès : c'est que, selon la remarque d'un journaliste contemporain, Beaulieu, le savoir-faire ne suffisait pas alors pour réussir : il fallait qu'il fût encore le faire du jour.

Un autre fait à noter, c'est que, « dans cette animosité et ce déchaînement bavard ou éloquent des haines, ce ne sont pas les grandes feuilles qui mènent la guerre ; ce sont ces petites feuilles qu'on appelle aujourd'hui la petite presse. Elles ont, ces petites feuilles, la colère, l'audace, l'initiative brave ; elles sont les premières au feu, les dernières à la retraite, et le sérieux de la lutte est en elles. La presse aristocratique appelle à elle et gage la moquerie, l'ironie, les vraisemblances amères de la calomnie, les colères d'un salon qui ne se respecte plus, les personnalités qui valent pis qu'un soufflet

sans doute, mais sur des joues du monde ; et elle
rit, et elle mord comme s'il lui suffisait d'attaquer
la Révolution à peu près comme un homme de
lettres mal né et séditieux qu'on voudrait empêcher
d'arriver à l'académie. — Les intelligents du journalisme révolutionnaire prennent le contre-pied de
cette polémique. Ils répondent par le style des halles,
par une langue qu'ils ramassent dans le ruisseau,
et qu'ils assouplissent sans l'allanguir, qu'ils font
maniable et docile, sans lui ôter de sa coloration
solide, de ses allures robustes. Ne vous laissez
pas tromper à l'aspect premier de ces journaux,
à ces b....., à ces f....., qui n'en sont, pour ainsi
parler, qu'une manière de ponctuation ; surmon-
tez le dégoût, et vous trouverez, au-delà de ce
parler de la Râpée, une tactique habile, un adroit
allèchement pour le populaire, une mise à sa portée
des thèses gouvernementales et des propositions
abstraites de la politique. Vous trouverez par delà
un idiome poussé de ton, nourri, vigoureux, rabe-
laisien, aidé à tous moments de termes comiques ou
grossiers venant à bien, un timbre juste, un esprit
de saillies remarquable, une dialectique serrée, un
gros bon sens carré et plébéien. Un jour viendra —
quand pour juger les œuvres on ne se rappellera
plus quelles mains ont tenu les plumes — où l'on
reconnaîtra esprit, originalité, éloquence même,
peut-être la seule véritable éloquence de la Révolu-

tion, aux Père Duchesne, et surtout à Hébert. En toute cette presse, qui se baisse, comme dit Montaigne, *jusqu'à l'estime guenilleuse de l'extrême infériorité,* et qui, pour mieux tenir les passions, caresse les instincts, il est chanté un *hosanna* jordanesque à toutes les grosses et bruyantes joies du peuple, gaies litanies de la bouteille, du brindezingue, de l'ivresse, du petit verre et du cabaret de Poirier, *au Petit Tambour ;* et Jean Bart, à ce peuple qui commence à avoir la pipe en bouche, n'oublie jamais de faire quelque petite flatterie à l'endroit du tabac, et de chatouiller agréablement les goûts du maître. L'influence d'une presse prenant l'habit, les amours et la fleur de langage de la canaille, les royalistes l'avaient comprise; et ils avaient commencé avant les Duchesne à mettre aux polémiques le langage de la rue; mais l'arme avait été bientôt tournée contre eux, et le succès et la popularité étaient restés aux puissants Vadés de la Révolution (1). »

———

Les journaux royalistes étaient, comme nous le disions, en grande minorité; ils crurent pouvoir suppléer au petit nombre par la violence. Ce furent eux, en effet, qui, les premiers, en proférant des

(1) De Goncourt, *Histoire de la Société française pendant la Révolution,* p. 253.

menaces de mort, habituèrent les esprits aux violences de la polémique, et, par suite, aux idées de
vengeance et de terreur. Le langage virulent de
l'*Ami du Roi* et des *Actes des Apôtres*, faisant de con-
tinuels appels aux coups d'Etat, demandant les têtes des six cents principaux révolutionnaires et la
confiscation de tous leurs biens, indiquant aux armées étrangères par combien de points elles pouvaient envahir la France, semblaient appeler les hi-
deuses représailles d'Hébert et de Marat. Il en fut
de même sous le rapport du style et des convenances littéraires : les premiers journaux écrits dans le
style du Père Duchesne furent des journaux royalistes ; les *Actes des Apôtres* abondent en jeux de
mots indécents jusqu'au cynisme, et l'*Ami du Roi*
porte l'invective à ses dernières limites.

En général, cependant, ce fut dans le camp royaliste que se déploya le plus d'esprit et de verve ; et
la victoire lui fût peut-être restée, si elle eût pu être
remportée à la pointe de la plume, et adjugée aux
mots heureux et aux saillies mordantes. Mais dans
les grandes crises des sociétés l'esprit compte pour
bien peu de chose, et les traits les plus acérés ressemblent au trait débile du vieux Priam : ils tombent à terre longtemps avant d'avoir atteint le but.

Quoi qu'il en soit, les journaux royalistes ont, de
ce chef, une incontestable supériorité sur leurs
adversaires. La multitude des écrivains patriotes

montrent, il faut le dire aussi, une ignorance qui n'a d'égale que leur présomption, et quant à la forme, leurs feuilles sont rédigées avec un égal mépris de la grammaire et du bon goût : des grands mots en place de pensées, des déclamations verbeuses au lieu de bonnes raisons; l'insolence prise pour la franchise d'un homme libre, et la grossièreté pour une vertu républicaine : voilà ce qu'on y voit généralement. Je parle, qu'on veuille bien le remarquer, de la multitude ; mais on peut dire qu'en général la presse de la Révolution ne brille pas sous le rapport du style et de l'art : nul écrivain supérieur n'est sorti de ses rangs; un seul, Camille Desmoulins, atteint par moments aux grandes qualités de l'écrivain.

La presse royaliste — qui d'ailleurs, disons-le à sa louange, est le refuge du courage civil pendant la Révolution — avait sur les feuilles révolutionnaires un autre avantage, qui aurait pu encore, jusqu'à un certain point, contrebalancer le nombre, s'il n'avait été amoindri par leur aveuglement : c'est l'unité. Les journaux patriotes se distinguaient par des nuances infinies comme le patriotisme lui-même ; chacun avait son clocher, son dada. Les journaux de la cour, au contraire, avaient un but unique, obéissaient à un même mot d'ordre. Ennemis des idées de liberté, amis des idées d'autorité, ils suivaient aveuglément la direction des

chefs parlementaires et de la cour. Il en résulta
une polémique toute négative, qui s'enferma, d'un
côté, dans la glorification du passé, et, de l'autre,
dans la critique des idées nouvelles. Une transac-
tion sincère eût pu être une planche de salut ; mais
elle en rejetait l'idée, prétendant, par un calcul
aussi faux que criminel, faire sortir le bien de l'excès
même du mal. Tout ou rien, nous l'avons déjà dit,
telle fut sa devise, et, pour avoir voulu tout sauver,
elle perdit tout.

Aussi bien, les journaux royalistes n'eurent sur
les événements d'autre influence que celle-là, ils ne
firent que hâter la catastrophe. Echos redondants
des sentiments les plus secrets de leur parti, ils les
rendaient avec une franchise insolente, et, comme
ces sentiments heurtaient tous les instincts généreux
qui faisaient battre alors le cœur de la nation, ils ne
réussirent qu'à irriter l'opinion et à soulever les colères qui firent plus tard une explosion si terrible.

Les journaux appelés patriotes, qui ont de beaucoup dépassé en importance les journaux royalistes,
sont divisés dès le début, nous venons de le dire,
par des nuances assez nombreuses et assez tran-
chées, mais qu'il serait d'autant plus difficile de
fixer d'une manière quelque peu certaine qu'il en
est dans le nombre, voire parmi les plus importants,
qui ont plus d'une fois varié : ainsi personne n'i-

gnore que Brissot, Condorcet, Carra, destinés à périr dans les rangs de la Gironde, se montrèrent, aux premiers jours de la Révolution, républicains plus ardents et plus impatients que d'autres journalistes qui devaient figurer plus tard au sommet de la Montagne, tels que Barrère et Robespierre.

On peut distinguer cependant les journaux franchement révolutionnaires, purement démocratiques, et les journaux relativement modérés, qui, s'attachant à des principes fixes, avaient la prétention de n'être ni révolutionnaires ni contre-révolutionnaires quand même.

Ce que voulaient les premiers, tout le monde le sait; seulement ils le voulaient par des moyens plus ou moins violents, et il y a une assez grande marge encore entre les *Révolutions de Paris,* par exemple, et les feuilles de Marat.

Les journaux modérés peuvent se ranger en trois catégories : les journaux constitutionnels, partisans du système anglais, de l'équilibre du pouvoir et des deux chambres; les journaux feuillants, ralliés à la Constitution de 91 pour la faire tourner au profit de l'autorité royale et du pouvoir exécutif, trop amoindri; et enfin les journaux girondins, qui acceptaient aussi la Constitution, mais seulement au nom de la souveraineté du peuple et en vue de la prépondérance du pouvoir législatif.

Le parti constitutionnel, qui est certainement de

tous les partis le plus honnête, le plus digne d'estime, le plus intelligent sous plusieurs rapports, qui présentait la solution la plus naturelle du problème du gouvernement, se résume dans le *Mercure de France*, rédigé par Mallet du Pan : c'est là, plutôt encore que dans les discours de Mounier et de Malouet, qu'il faut aller chercher le fond de ses doctrines et de sa politique.

Les feuillants auraient peut-être mieux représenté un véritable tiers parti que les constitutionnels, s'ils eussent sincèrement accepté l'œuvre de la Constituante ; en fait, ils ne méritent ce titre qu'en ce qu'ils ont attaqué avec une égale âpreté les ultra-royalistes et les révolutionnaires. Il faut chercher leur pensée dans les articles d'André Chénier publiés par le *Journal de Paris*.

Les Girondins sont représentés dans la presse par Brissot, Condorcet, Gorsas, etc. C'est dans les journaux de ce parti qu'on rencontre les travaux les plus sérieux et les plus étendus que la presse ait publiés pendant la Législative. Leurs principaux rédacteurs ne s'abandonnent pas exclusivement à la polémique personnelle ; ils se préoccupent encore de principes et de théories. La raison en est principalement dans la situation politique du parti qu'ils suivent. Les journaux girondins sont en quelque sorte les journaux officiels de l'époque ; ils sont donc forcés à plus de ménagements, à plus de réserve, que les journaux purement révolutionnaires, qui ne relevaient que de l'opinion, et même que les autres journaux relativement modérés, et qui ne l'étaient pas toujours, tant s'en faut. Le moyen d'être modéré, dans ces grandes convulsions sociales ! L'homme le plus froid, le plus désintéressé, est entraîné par un mouvement spontané, irrésistible, à épouser le fanatisme de son parti.

Quoi qu'il en soit, les journaux démocratiques eurent sur la marche de la Révolution une influence que les journaux royalistes furent impuissants à contrebalancer; leur rôle politique fut immense : ce sont eux qui préparèrent la Législative et la Convention. Si aucun d'eux ne fut à lui seul l'écho de l'opinion publique, à eux tous, malgré leurs variations, ils la représentent dans son unité, de même que chacun d'eux la représente dans quelqu'une de ses nuances ; s'ils différaient sur des points particuliers, et, relativement à l'époque, de peu d'importance, sur les points principaux qui intéressaient l'avenir de la Révolution, ils se réunissaient dans un commun accord, ne faisant plus entendre qu'une même voix, et entraînant la nation à leur suite.

En résumé, quand on étudie la marche de la presse durant cette première période de la Révolution, on la voit conserver pendant l'année 1789, au moins jusqu'aux journées d'octobre, des allures encore assez timides. Il y a bien, nous l'avons vu, quelques énergiques exceptions, mais généralement sa marche est loin d'être ferme et résolue. Elle accuse, mais vaguement ; elle se plaint, elle s'indigne, comme le peuple, sans trop savoir ce qu'il faut faire. Elle voit bien, en général, qu'il y aura « un second accès de Révolution » ; mais comment ? dans quel but précis ? elle ne saurait bien le dire. Pour l'indication des remèdes, la presse, ce jeune pouvoir devenu si grand tout à coup dans l'impuissance des autres, la presse même est impuissante.

En 1790 elle grandit singulièrement en hardiesse et en force ; cependant elle est encore hésitante. Ce n'est qu'en 1791 que les partis se dessinent nettement : les clubs prennent de la consistance ; les idées des Jacobins et du peuple se tournent vers la république, les royalistes redoublent d'efforts pour empêcher l'achèvement de l'œuvre révolutionnaire.

Un événement auquel nous avons déjà fait allusion (1) avait révélé, dès le commencement de 1790, certains dissentiments dans le camp de la presse révolutionnaire : je veux parler de l'expédition contre Marat. Cette affaire avait fait beaucoup de bruit dans Paris, et excité une rumeur générale : non pas qu'on s'intéressât beaucoup à l'Ami du

---

(1) Voyez ci-dessus, p. 115.

Peuple, mais on s'irritait contre l'emploi de moyens qui avaient failli ensanglanter Paris.

La presse ne pouvait manquer de s'en emparer. Le journal de Brissot, la *Chronique de Paris*, le *Moniteur*, la défendirent, mais timidement ; le journal de Carra n'en dit pas un mot. Ainsi deux partis se montraient déjà dans la presse patriote : celui des autorités communales et celui des principes. L'un voulait immobiliser le mouvement de la presse révolutionnaire dans le cercle des conquêtes faites en 1789 ; l'autre s'en rendait l'interprète. Cependant ils ne s'attaquaient pas encore entre eux, les hostilités n'avaient pas commencé. En général, les stationnaires se bornaient à garder le silence sur certains faits, et à louer les mesures prises par les corps constitués par la Révolution. Les autres, au contraire, avaient entrepris contre ceux-ci une guerre de chicane et de principes dont on voyait tous les jours l'effet.

On sait quelle irritation causa la fuite du roi ; elle ameuta contre la presse royaliste le ban et l'arrière-ban de la presse démocratique, elle eut même pour effet d'aliéner à la cause constitutionnelle certaines feuilles modérées, comme la *Chronique de Paris*, qui l'avaient soutenue, avec des restrictions plus ou moins prononcées, mais qui se montrèrent ensuite d'autant plus hostiles qu'elles croyaient avoir été plus conciliantes. Ce sont ces feuilles qui alors font entendre les premiers cris de proscription.

Nous avons répété souvent que les principes de la liberté de la presse n'étaient nullement applicables à un temps de révolution. L'événement prouve que nous ne nous étions pas trompés. Nous invitons tous les patriotes à donner la chasse à tous les papiers aristocratiques. Nous sommes dans un état de guerre, et nous ne devons pas souffrir d'hostilités parmi nous. Ainsi, à dater d'aujourd'hui, il ne faut souffrir la circulation ni de l'*Ami du Roi*, ni de *Mallet du Pan*, ni de la *Gazette de Paris*, ni des *Actes des Apôtres*, ni de *Gauthier*, etc., etc. (*Chronique de Paris*, 23 juin 1791.)

— Nous renouvelons la motion de donner la chasse aux papiers aristocratiques ; *Gauthier* a eu l'insolence de paraître avant-hier.

On a remarqué que le *Lendemain*, libelle périodique dirigé contre les Jacobins, a cessé de paraître précisément le *lendemain* de la fuite de Louis XVI.

Mallet du Pan a fui comme un roi. Royou a été arrêté et conduit au Comité des Recherches. (24 juin.)

— On nous a trompés sur le compte du pape Royou : il a caché son innocence au fond d'une cave. Nous avons de fortes raisons de croire que son journal se distribue la nuit Nous invitons tous les membres du corps administratif, tous les patriotes, à poursuivre le libelle du corsaire et des autres forbans de l'aristocratie. Nous ne devons plus souffrir qu'aucun de ces poisons soit mis dans la circulation ; il est du devoir du département de donner à la poste l'ordre de n'en laisser partir aucun.... Magistrats du peuple ! votre indifférence en pareil cas serait un crime. (27 juin.)

— L'*Ami du Roi* a paru hier matin. Nous répéterons sans cesse que les principes ne sont nullement applicables aux circonstances, que nous sommes dans un véritable état de guerre, et qu'il y a non pas même un faux héroïsme, mais de l'imbécillité, à souffrir ses ennemis, ou du moins à les laisser agir hostilement au milieu de nous. (30 juin.)

Et pourtant les rédacteurs de la *Chronique de Paris* étaient de zélés partisans de la liberté de la presse, comme nous le verrons quand nous en serons au chapitre de cette feuille, remarquable, du reste, parmi toutes celles de la Révolution.

Les rigueurs exercées contre la presse à la suite de la journée du 17 juillet (1) vinrent encore envenimer la lutte. On parut vouloir sévir également contre tous les partis extrêmes; mais, dans le fait, ce furent les journaux démocratiques qui portèrent presque tous les coups. De là des plaintes, une animosité, qui se comprennent aisément. Ajoutons que l'exécution des mandats lancés contre certains journaux fut accompagnée de violences qui ne pouvaient manquer de soulever de vives réclamations.

« La garde nationale, disent les *Révolutions de Paris,* loin de se refuser à toutes ces expéditions, auxquelles les troupes de ligne jadis ne se seraient prêtées qu'avec répugnance, y apporte un zèle pour la loi qui tient de l'acharnement, et ressemble à de la vengeance personnelle.

» Autrefois, il n'était pas rare de voir les gens dits de la robe courte fermer les yeux et dissimuler les victimes que leur désignait le despotisme ministé-

(1) Voyez ci-dessus, p. 113.

riel et parlementaire. Le despotisme municipal est
mieux servi. L'Orateur du Peuple est obligé de soutenir un siége pour échapper aux mains de ses captureurs. Le défenseur de Santerre est moins heureux, et l'on s'assure provisoirement de sa personne,
jusqu'à ce qu'on ait découvert la retraite de Marat.
Legendre, Danton, Sergent, Camille Desmoulins,
et une foule d'autres, attendent dans la retraite
leur tour d'être traduits au tribunal...

» Et il s'est trouvé des gens pour justifier les
nombreux assassinats du 17 au soir, et les délations, les *lettres de cachet,* les prises de corps, les
incarcérations, les saisies de papiers, les confiscations de presses et de caractères d'imprimerie, les
radiations de scrutin, et le spectacle sinistre de ce
drapeau couleur de sang appendu si longtemps aux
croisées de la maison commune, comme jadis on
attachait aux voûtes du temple métropolitain les drapeaux teints dans les cadavres des ennemis vaincus!

» Le *salut du peuple!* disent ces gens, bien payés
apparemment pour le dire...

» Il faut leur répondre : le salut du peuple est
dans une bonne Constitution...

» Le salut du peuple ne consiste pas à faire, à
toute heure de jour et de nuit, des descentes scandaleuses chez les particuliers, et à charger d'ordres
arbitraires les gardes nationaux, devenus des coupe-
jarrets. Si jamais les feuilles *incendiaires* de l'Ami

du Peuple ont pu allumer quelques cerveaux, depuis longtemps elles avaient cessé d'être à craindre. Les façons de parler, les figures de rhétorique de l'Orateur du Peuple, n'ont point fait verser depuis deux années une seule goutte du sang qu'on a répandu dans la soirée du 17. Il convenait mal à des citoyens armés et souillés de meurtres de venir mettre à la raison des écrivains accusés d'avoir conseillé le meurtre. Si dans leur indignation patriotique leur plume a distillé le fiel de la médisance et les poisons de la haine, il fallait les combattre avec les mêmes armes ; les bayonnettes n'ont que faire là, elles ne prouvent que la raison du plus fort.

» Si les circonstances, au-dessus desquelles nos législateurs surent avec tant de courage se placer au Jeu de Paume, ont plus d'empire sur eux dans la salle du Manége, et ne leur permettent plus que des décrets inconstitutionnels, il ne fallait pas renchérir sur eux et donner une extension coupable et odieuse à celui contre les écrivains désignés comme séditieux. La loi porte qu'on s'assurera de leurs personnes ; elle ne prononce pas confiscation et enlèvement des presses et des caractères. Le zèle de nos municipaux leur a fait franchir la borne de la justice, et même de l'équité.

» Marat n'avait point d'imprimerie depuis quelque temps ; il occupait celle de la demoiselle Colombe. Le nom de l'auteur devait mettre à l'abri le typographe, et lui laisser la faculté de travailler. Autrefois il y avait des délits qui paraissaient tellement graves, qu'ils entraînaient dans leur châtiment la démolition même de la maison natale du coupable. La municipalité voudrait-elle remettre en lumière ce code barbare, monument détruit de l'antique despotisme ?

» Le chien blessé d'un coup de pierre mord la pierre, à défaut de la personne qui la lui a lancée, et cela est tout naturel. La municipalité n'est pas aussi raisonnable. Malheur aux créanciers de celui qui l'a offensée ! Elle les enveloppe dans la disgrâce du prévenu, et leur enlève le gage de leurs propriétés. En l'absence de la personne capturée, sa femme et ses enfants ne pourront faire rouler ses presses pour satisfaire aux engagements contractés. Et comment s'acquitteront-ils du droit de patente et de leur don patriotique ? L'imprimerie est un meuble sacré, aussi sacré que le berceau du nouveau-né, que jadis les collecteurs ne respectaient pas toujours. Mais sommes-nous déjà revenus précisément au même point d'où nous étions partis avec le vœu bien prononcé de n'y jamais retourner ?

» Les citoyens les plus modérés furent révoltés à la vue du cortége affligeant de trois ou quatre voitures s'acheminant vers la maison commune, environnées de bayonnettes et chargées de tout l'attirail d'une imprimerie, à la suite des prisonniers accablés d'injures sur la route. Plusieurs colporteurs, garrottés, fermaient cette marche triomphale.

» Par un raffinement de perfidie, digne au reste du corps municipal qui se permet des applaudissements féroces à la lecture du procès-verbal des horreurs commises le 17 au Champ-de-Mars, on eut le soin de faire subir le même sort à Suleau et à Royou, afin que le peuple confonde dans la même classe les défenseurs ardents et courageux de la Révolution et ces folliculaires soudoyés par l'aristocratie (1).

» Mais la *Gazette de Paris,* dit encore la même feuille, mais les *Actes des Apôtres,* mais tout ce que l'aristocratie a produit de plus lâche, de plus atroce, contre l'Assemblée nationale, les pamphlets insidieux et pervers que le ministère fait fabriquer contre les députés patriotes et contre les écrivains qu'il n'a pu corrompre, circulent tranquillement, on les donne à ceux qui ne veulent pas les acheter ; et cependant on poursuit à outrance les journaux révolutionnaires. »

Ces doléances se retrouvent à chaque page dans les feuilles patriotiques de l'époque. Quelques extraits de la *Chronique de Paris,* journal relativement modéré, feront juger de la vivacité et du caractère que la lutte avait pris.

La *Chronique* approuve les poursuites dirigées

(1) *Révolutions de Paris,* t. IX, p. 103 et suiv.

contre Fréron, le digne émule du sanguinaire Marat, et à plus forte raison celles dirigées contre Marat lui-même, « ce monstre qui n'a cessé de prêcher le meurtre, qui dans sa feuille de la veille disait qu'il fallait arracher le cœur à M. de Lafayette, assassiner le roi et la reine, et empaler les membres de l'Assemblée nationale. »

Mais pourquoi ne pas sévir plus rigoureusement contre les journalistes aristocrates?

— On a décrété de prise de corps les énergumènes qui abusaient du beau nom de liberté pour provoquer les assassinats et enivrer le peuple de sang. La même justice demande que l'on sévisse contre les misérables qui ne cessent d'appeler la guerre civile, tels que Royou, Montjoie, Meude-Monpas, Durosoy, l'auteur du *Journal de la Cour et de la Ville,* et que l'on veille soigneusement pour empêcher la circulation de ces papiers empoisonnés, qui ont fait beaucoup plus de mal qu'on ne pense, et qu'on a trop méprisés. (2 juillet 1791.)

— Avant-hier on a affiché dans tout Paris un placard qui a pour titre : *Qui faut-il croire?* Nous n'en connaissons point les signataires, mais, à coup sûr, ils sont d'une insigne mauvaise foi. On y découvre un plan qui, de jour en jour, devient plus effrayant, celui d'étouffer la liberté de la presse. Les noms d'écrivains patriotes y sont méchamment entremêlés avec ceux d'hommes féroces et sanguinaires; ainsi, l'on voit M. *Carra* faisant le pendant de *Marat;* le patriote, mais inflexible *Brissot,* placé à côté de *Martel,* prête-nom de l'*Orateur du Peuple;* et sur ces hommes, les uns vertueux, les autres féroces, groupés d'une manière perfide, des *citoyens actifs,* mais ignorants ou dangereux, lancent indistinctement des traits, et crient *à l'assassin, à l'incendiaire.* Nous devons à l'impartialité dont nous faisons profession, et à l'intérêt de la chose publique, de désigner aux bons citoyens et leurs vrais défenseurs et leurs ennemis les plus cruels. Des esprits modérés et craintifs, mais de bonne foi, reprocheront peut-être un peu trop de roideur, un zèle trop ardent, à ceux dont nous nous déclarons les défenseurs ; mais attaquer leurs principes !... Ils sont purs et irréprochables.

Hier, la garde nationale s'est rendue chez l'*Ami du Roi Royou,* rue Saint-André-des-Arts. Par malheur, il était absent ; mais pour laisser des preuves non équivoques de la visite qu'elle lui avait faite, elle a emporté tous ses papiers, dont elle a chargé une voiture entière, dans l'intention de les lui mettre sous les yeux à la première entrevue qu'ils auraient ensemble.

Le soir, le bruit a couru que le loyal abbé avait été pris ; nous n'avons pas eu le temps de nous assurer du fait.

Au reste, il paraît qu'enfin la municipalité est bien résolue à ne plus laisser désormais ces vipères distiller tranquillement leur venin. Hier, une quarantaine de gardes nationaux, divisés par petits pelotons, étaient à la recherche de l'*Ami Montjoie,* qui, comme Denys le Tyran, a cent chambres différentes, et ne couche jamais deux nuits de suite dans la même. On a su, d'une manière indirecte, qu'il devait coucher le soir dans une maison de la rue de l'Arbre-Sec. Si réellement il s'y est rendu, il n'aura pu échapper aux poursuites dont il était l'objet. (24 juillet.)

—L'abbé Royou n'a point été arrêté ; mais, au défaut du frère, on a eu sa sœur, madame Fréron, co-propriétaire du journal de l'*Ami du Roi.* (25 juillet.)

— Les poursuites contre les journaux aristocratiques paraissent s'être bien ralenties. On n'a pas même inquiété Mallet du Pan, qui se promène au Luxembourg, entouré d'une noble escorte de chevaliers de Saint-Louis, tous ébahis de son éloquence et de son tendre dévouement à l'esclavage. Le *Journal de la Cour et de la Ville,* espèce de tombereau où les aristocrates font tous les jours leurs ordures, n'a pas souffert d'interruption. En revanche, les coins des rues sont tapissés d'affiches imprimées en gros caractères et en beau papier où l'on affecte de confondre MM. Carra et Brissot avec Marat et l'Orateur du Peuple. La profusion avec laquelle sont semées ces affiches très-dispendieuses prouve qu'il y a quelque dessein, que l'on ne fait encore que soupçonner, contre la liberté de la presse. Le titre seul : *Gallus cantat, gallus cantabit,* paraît fort indécent, et l'on serait tenté de le traduire par ce vers fameux : *Tout finit par des chansons.* Ecrivains *vraiment* patriotes, qui aimez la liberté pour elle, et non pour de l'argent et des honneurs, *comme tant d'autres,* serrez-vous, entendez-vous, défendez-vous. (1er août.)

— Les attentats des vils libellistes qui, tous les jours, outragent les lois, la patrie et les bons citoyens, sont à leur comble. Les aristocrates vont publiquement se faire inscrire dans la *Gazette de Paris,* comme défenseurs du roi. Ces inscriptions sont accompagnées de toutes les formules les plus dégoûtantes de l'esclavage. On murmure de l'indifférence que témoigne à cet égard la municipalité. Aucun honnête homme ne peut la blâmer d'avoir pris des mesures pour supprimer les papiers incendiaires. Mais Royou, Gauthier, Durozoy, ne valent-ils pas bien Marat et Martel? Et ne serait-il pas satisfaisant de voir des affiches rendre compte au public de la vengeance qu'on lui doit des impudents qui tous les jours blasphèment contre les lois, prêchent la révolte, appellent à grands cris les étrangers et les émigrants, et invitent les *hobereaux* à tirer l'épée contre leur patrie? Cette publicité serait plus à sa place que l'affiche qui ordonne de saisir les colporteurs qui crieront l'*Ami* ou l'*Orateur du Peuple,* affiche qui, pour le dire en passant, sent un peu l'arbitraire : car c'est punir avant le délit, c'est enchaîner la pensée à naître ; et pour que la loi punisse, il faut qu'elle ait été transgressée. Nous sommes persuadés que cette précaution n'a été inspirée que par l'amour de l'ordre ; mais il ne faut jamais s'écarter des principes. (5 août.)

— Les feuilletons aristocratiques continuent avec la même audace; l'*Ami du Roi* reprend sous le nom de l'*avocat Royou,* en attendant que le *Pape* sorte des catacombes où, à l'exemple des premiers fidèles, il est allé cacher son *innocence.* Le journal du *Petit Gauthier,* égout où se vident chaque matin les aristocrates, n'a pas même été interrompu, et continue à vomir sa bave infecte sur tous les citoyens. Que penser de l'inaction de la municipalité? Cet appareil du drapeau rouge, *suspendu pendant plus d'un mois,* ne menace-t-il que les amis de la Révolution? Que penser du silence des accusateurs pubics? Chez les Grecs, pendant le sommeil de ces magistrats, une loi permettait à chaque citoyen de se porter pour défenseur des lois outragées et des citoyens insultés. Il faut, puisque les accusateurs publics n'accusent point les ennemis de l'Etat, recueillir dans ces feuilles empestées des corps de délit, ce qui ne sera pas difficile, et les poursuivre devant les tribunaux. Le jugement nous apprendra ce que nous devons penser des choix que le peuple a faits dans la nomination de ses juges. Il n'y aura au moins dans cette marche ni ordre arbitraire, ni arrestation illégale, ni détention antérieure au prononcé de la loi. (9 août.)

— Toutes les âmes sensibles ont frémi au récit des horribles cruautés exercées près de Lyon. Nous ne cesserons de le répéter : la véritable cause de ces excès populaires sont les papiers aristocratiques. Ces feuilles incendiaires prêchent sans cesse la révolte et la guerre civile, et parlent à tous moments de la contre-révolution comme prochaine. Les aristocrates se réjouissent des sentiments de terreur et d'anxiété que ces idées font circuler dans le peuple ; et, malgré les cris des écrivains patriotes, les magistrats dorment à cet égard dans une coupable indifférence. Que les uns et les autres sont aveugles? La joie des premiers et la sécurité des seconds nous mènera peut-être aux plus affreux malheurs. Le peuple souffre avec une constance héroïque ; mais il peut se lasser et vouloir se délivrer une bonne fois de toutes ses inquiétudes. Magistrats choisis par le peuple, c'est à vous à venger les insultes que des misérables gagistes lui font tous les jours, et vous serez comptables de tous les maux dont ils seront les auteurs. Ne sera-ce donc que contre Marat, Fréron et les pétitionnaires du Champ-de-Mars que vous croirez devoir faire parler la loi? Un *Royou* s'est vanté d'avoir empêché plus de dix mille prêtres de prêter serment. Un *Gauthier* ne cesse de couvrir de boue et les citoyens, et le sénat, et les lois. Un *Durozoy* crie qu'*il faut que Paris soit réduit en cendres, pour que les lys refleurissent sur les ruines sanglantes de ses édifices et sur les cadavres de ses habitants.* Certes, ce sont là des délits bien autrement punissables que ceux qui ont fait hérisser les rues de bayonnettes, violer la sainteté des foyers domestiques, et troubler le repos des citoyens! Et ces délits ne sont pas punis! et les coupables redoublent tous les jours d'audace, et leurs feuilles sont lues par le peuple! Déployez donc la sévérité de la loi, et gardez-vous de donner lieu par votre négligence au développement terrible des fureurs populaires, qui, pour partir d'un principe de justice, n'en seraient pas moins funestes, et qu'il est si difficile d'arrêter. (18 août.)

Par ce langage d'une feuille, je le répète, relativement modérée, on peut juger du ton de la presse extrême et de l'animosité des partis. Fort heureusement d'ailleurs pour la liberté, la continuité de ces appels à la violence en neutralisait l'effet; si bien qu'un accusateur public du sixième arrondissement, L. A. Bernard, croyait devoir prendre en main la défense de la patrie, et en informait en ces termes les rédacteurs de la *Chronique,* le 18 août 1791 :

Messieurs, j'ai l'honneur de vous informer que mon tribunal informe contre les auteurs, imprimeurs et distributeurs de l'*Ami du Roi,* de la *Gazette de la Cour et de la Ville,* et du journal *Suleau,* de même que contre ceux de l'*Ami* et de l'*Orateur du Peuple.* Justice sera rendue, conformément à la loi et à la plus exacte impartialité.

Mais le patriotisme de ce brave M. Bernard l'aveuglait singulièrement sur la puissance de son tribunal; après tout, et je serais assez tenté de le croire, il n'avait peut-être d'autre prétention que de se faire une petite réclame.

Parmi les causes qui passionnèrent les querelles

de la presse, il faut citer encore la question de révi-
sion de la Constitution, derrière laquelle les patriotes voyaient une contre-révolution, et les élections
pour l'Assemblée législative.

« Ceux qui, dans les derniers temps de l'Assemblée, dit Beaulieu, voulurent maintenir la Constitution, imaginèrent de créer des journaux spécialement destinés à cet objet : de là l'*Ami de la Constitution*, publié par MM. Dupont de Nemours et
Méjean. La cour elle-même crut qu'elle ne devait
pas négliger ce moyen de conservation ; elle affecta
des fonds destinés à combattre les révolutionnaires,
et faire sentir les avantages de la charte constitutionnelle. Elle publia l'*Ami des Patriotes,* que MM. Du-
quesnoy, Regnault de Saint-Jean-d'Angely et Blin,
tous trois membres de l'Assemblée, se chargèrent
de rédiger ; mais, comme un journal exclusivement
dissertateur, écrit avec quelque élégance, ne pouvait être à la portée du petit peuple, il fallait trouver un langage qui lui fût plus familier, et dirigeât
ses passions dans un sens opposé à celui qu'il avait
suivi jusqu'alors. Un journal-affiche, placardé de
deux jours l'un dans les quartiers les plus popu-
leux de Paris, fut destiné à remplir cet objet. »

Ce journal-affiche était le *Chant du Coq*, dont
nous avons déjà parlé (1). C'est le député d'André
qui, si l'on en croit Beaulieu, aurait imaginé cette

(1) Voyez ci-dessus, p. 84.

feuille singulière, et elle était rédigée par Esmenard, le futur poète officiel du Consulat, qui la refondait ensuite dans une petite feuille intitulée le *Babillard,* qu'on distribuait par la voie des colporteurs.

Personne n'ignorait qui faisait les frais de cette publication, et c'était encore pour les journaux patriotes un sujet de violentes récriminations. « D'après des renseignements certains, dit la *Chronique,* on sait que l'affiche du *Chant du Coq* coûte par jour 600 livres, ce qui fait par mois 18,000 livres, et par an 216,000. (Et le lendemain elle apprend à ses lecteurs, ce qu'elle avait oublié de dire, que ce placard se trouve dans tous les villages à dix lieues à la ronde de Paris, ce qui doit doubler la somme.) Qu'on y réfléchisse, on verra quel est le principe de cette fureur. La liste civile seule peut soudoyer avec ce faste et cette persévérance, et c'est, pour le dire en passant, une des obligations que la liberté aura à ceux qui, pouvant modifier cet instrument de tyrannie et de corruption, ont eu grand soin d'en écarter l'idée, en invoquant la générosité de la nation, comme s'il y avait de la générosité dans l'injustice, comme s'il y avait de la générosité à laisser forger des fers, comme s'il y avait de la générosité à laisser au pouvoir exécutif la faculté de soudoyer plus de fripons ! »

Tous les partis, du reste, je l'ai déjà dit, avaien

recours à cette arme, et le *Chant du Coq* était, si l'on peut ainsi parler, contrebattu, notamment, par l'*Ami des Citoyens,* dont les principes paraissaient purs à la *Chronique* : « Une des meilleures preuves en leur faveur, dit-elle, c'est que les rédacteurs du *Chant du Coq-uin* (1) ont soin, chaque matin, de faire couvrir l'*Ami du Citoyen* par leur plaque, manière vraiment neuve de répondre, et qui n'entraîne pas une longue discussion. »

A l'approche des élections, des centaines de placards venaient chaque jour ajouter à l'agitation et surexciter les esprits. C'était un moyen à la portée de tous les *Jacques Dénonce,* et, sous ces affiches de toutes les couleurs et de tous les styles, les murs, selon l'énergique expression de la *Chronique,* semblaient suer la calomnie.

L'acceptation de la Constitution par le roi avait un instant suspendu la lutte, ou du moins en avait diminué la violence; mais, excitée par d'incurables défiances, elle n'avait pas tardé à recommencer plus vive et plus acharnée. « Toutes les concurrences de la presse, dit M. Michelet dans un tableau dont les traits sont un peu forcés, mais que nous nous laissons aller cependant d'autant plus volontiers à reproduire que les pages sur le journalisme

(1) « Les rédacteurs du *Chant du Coq* ne mettent plus de titre à leur affiche stipendiée depuis que les patriotes, qui connaissent bien les masques, ont ajouté au crayon la syllabe *uin*; ce qui fait le *Chant du Coquin.* »

sont excessivement rares dans les historiens de la Révolution, — toutes les concurrences, se déchaînant sur la trace de Marat, le suivent à l'aveugle dans les voies de la terreur.

» La presse comptait de bons esprits, hardis, mais élevés, humains, vraiment politiques. Pourquoi suivirent-ils Marat?

» Dans la situation infiniment critique où était la France, n'ayant ni la paix ni la guerre, ayant au cœur cette royauté ennemie, cette conspiration immense des prêtres et des nobles, la force publique se trouvant justement aux mains de ceux contre qui on devait la diriger, quelle force restait à la France? Nulle autre, ce semble au premier coup-d'œil, que la terreur populaire. Mais cette terreur avait un effroyable résultat : en paralysant la force ennemie, écartant l'obstacle actuel, momentané, elle allait créant toujours un obstacle qui devait croître et nécessiter l'emploi d'un nouveau degré de terreur.

» L'obstacle qu'elle suscita, qui pesa sur nous de partout, nous écrasa presque, c'est cette chose petite d'abord, faible, plaintive, qui monte, grandit, devient immense, un géant, un spectre sanglant, terrible contre la Terreur... le spectre de la Pitié !

» Il eût fallu un grand accord de toutes les énergies du temps, tel qu'on pouvait l'espérer difficilement d'une génération si mal préparée, pour organiser un pouvoir national vraiment actif, une justice redoutée, mais juste, pour être fort sans Terreur, pour prévenir par conséquent la réaction de la Pitié, qui a tué la Révolution.

» Les hommes dominants de l'époque différaient dans le principe bien moins qu'on ne croit. Le progrès de la lutte élargit la brèche entre eux, augmenta l'opposition. Chacun d'eux, à l'origine, aurait eu peu à sacrifier de ses idées pour s'entendre avec les autres. Ce qu'ils avaient à sacrifier surtout, et ce qu'ils ne purent jamais, c'étaient les tristes passions que l'ancien régime avait enracinées en eux : dans les uns, l'amour du plaisir, de l'argent; dans les autres, l'aigreur et la haine.

» Le plus grand obstacle, nous le répétons, fut la passion, bien plus que l'opposition des idées.

» Et ce qui manqua à ces hommes, du reste si éminents, ce fut le sacrifice, l'immolation de la passion. Le cœur, si j'osais le dire, quoique grand dans plusieurs d'entre eux, le cœur et l'amour du peuple ne furent pas assez grands encore.

» Voilà ce qui, les tenant isolés, sans lien, faibles, les obligea, dans le péril, de chercher toute une force factice dans l'exagération, dans la violence; voilà ce qui mit tous les orateurs des clubs, tous les rédacteurs de journaux, à la suite de celui qui, plus égaré, pouvait être sanguinaire sans hésitation ni remords. Voilà ce qui attela toute la presse à la charrette de Marat.

» Des causes personnelles, souvent bien petites, misérablement humaines, contribuaient à les faire tous violents. Ne rougissons pas d'en parler.

» La profonde incertitude où se trouvait le génie le plus fort, le plus pénétrant peut-être de toute la Révolution (c'est de Danton que je parle), sa fluctuation entre les partis, qui lui faisait, dit-on, recevoir de plusieurs côtés, comment pouvait-il la couvrir? Sous des paroles violentes.

» Son brillant ami, Camille Desmoulins, le plus grand écrivain du temps, plus pur d'argent, mais plus faible, est un artiste mobile. La concurrence de Marat, sa fixité dans la fureur, que personne ne peut égaler, jette par moments Camille dans des sorties violentes, une émulation de colère très-contraire à sa nature.

» Comment l'imprimeur Prudhomme, ayant perdu Loustalot, pourra-t-il soutenir les *Révolutions de Paris?* Il faut qu'il soit plus violent.

» Comment l'Orateur du Peuple, Fréron, l'intime ami de Camille Desmoulins et de Lucile, qui loge dans la même maison, qui aime et envie Lucile, comment peut-il espérer de briller devant l'éloquent, l'amusant Camille?... Par le talent? Non, mais par l'audace, peut-être : il sera plus violent.

» Mais en voici un qui commence et qui va les passer tous. Un aboyeur des théâtres, Hébert, a l'heureuse idée de réunir dans un journal tout ce qu'il y a de bassesses, de mots ignobles, de jurons, dans tous les autres journaux. La tâche est facile. On crie : « Grande colère du *Père Duchesne !* — Il est b..... en colère, ce matin, le *Père Duchesne !* » Le secret de cette éloquence, c'est d'ajouter f..... de trois mots en trois mots.

» Pauvre Marat, que feras-tu ? ceci est une concurrence. Vraiment, ta fureur est fade ; elle n'est pas, comme celle d'Hébert, assaisonnée de bassesse : tu m'as l'air d'un aristocrate. Il faut t'essayer à jurer aussi (16 janvier 91). Ce n'est pas sans des efforts inouïs, et toujours renouvelés, de rage et d'outrage, que tu peux tenir l'avant-garde.

» C'est un caractère du temps qui mérite d'être observé que cet entraînement mutuel. En suivant attentivement les dates, on comprendra mieux ceci ; c'est le seul moyen de saisir le mouvement qui les précipite, comme s'il y avait un prix proposé pour la violence, de suivre cette lutte à mort de clubs à clubs, de journaux à journaux. Là tout cri a son écho ; la fureur pousse à la fureur. Tel article produit tel article, et toujours plus violent. Malheur à qui reste derrière !.... Presque toujours Marat a l'avance sur les autres. Quelquefois passe devant Fréron, son imitateur. Prudhomme, plus modéré, a pourtant des numéros furieux. Alors Marat court après. Ainsi, en décembre 90, quand Prudhomme a proposé d'organiser un bataillon de

Scévolas contre les Tarquins, une troupe de tueurs de rois, Marat devient enragé, vomit mille choses sanguinaires.

» Ce *crescendo* de violence n'est pas un phénomène particulier aux journaux ; ils ne font généralement qu'exprimer, reproduire la violence des clubs. Ce qui fut hurlé le soir, s'imprime la nuit, à la hâte, se vend le matin. Les journalistes royalistes versent de même au public les flots de fiel, d'outrages et d'ironie, qu'ils ont puisés le soir dans les salons aristocratiques ; les réunions du pavillon de Flore, chez madame de Lamballe, celles que tiennent chez eux les grands seigneurs près d'émigrer, fournissent des armes à la presse, tout aussi bien que les clubs.

» L'émulation est terrible entre les deux presses. C'est un vertige de regarder ces millions de feuilles qui tourbillonnent dans les airs, se battent et se croisent. La presse révolutionnaire, toute furieuse d'elle-même, est encore aiguillonnée par la pénétrante ironie des feuilles et pamphlets royalistes. Ceux-ci pullulent à l'infini ; ils puisent à volonté dans les vingt-cinq millions annuels de la liste civile. Montmorin avoua à Alexandre de Lameth qu'il avait en peu de temps employé sept millions à acheter des Jacobins, à corrompre des écrivains, des orateurs. Ce que coûtaient les journaux royalistes, l'*Ami du Roi*, les *Actes des Apôtres*, etc., personne ne peut le dire, pas plus qu'on ne saura jamais ce que le duc d'Orléans a pu dépenser en émeutes.

» Lutte immonde, lutte sauvage, à coups d'écus. L'un assommé, l'autre avili. Le marché des âmes d'une part, et de l'autre la Terreur (1). »

Quoi qu'il en soit, pendant la Constituante, ce sont les journaux qui mènent l'opinion. Sous la Législative, les clubs sont tout puissants, et la presse n'échappe pas complétement à leur domination ; elle garde encore cependant une partie de son indépendance, et ce n'est même qu'après le 10 août et lors de la séparation définitive des Girondins et des Montagnards, que la presse ultra-révolutionnaire s'inféoda aux Jacobins.

C'en est fait dès lors de l'influence de la presse ; la direction, la grande initiative, lui échappe. Les écrivains révolutionnaires, voulant plaire au public ultra-révolutionnaire, écrivent naturellement pour les clubs, où s'est concentrée la Révolution, et surtout pour le public du plus puissant des clubs ; ils empruntent le langage et les sentiments de l'auditoire qu'ils veulent flatter, auditoire peu nombreux, mais en proie à la fièvre du fanatisme (2). Les jour-

---

(1) *Histoire de la Révolution*, t. II, p. 375.

(2) On sait que les principaux clubs avaient un organe en quelque sorte officiel. Quelques-uns de moindre importance se donnaient aussi parfois ce luxe ; ainsi un certain club des Dames publiait les *Evénements du Jour*, par une société de citoyennes.

naux extrêmes se laissent aller à tous les emportements ; ce ne sont plus que des pamphlets satiriques.

Les feuilles royalistes surtout, sentant de plus en plus le terrain fuir sous leurs pas, redoublent de violence. L'*Ami du Roi* n'est plus, dès les premiers mois de 1792, qu'une suite d'injures adressées à la Législative à l'occasion de chacun de ses actes. A chaque page, il menace, il maudit, il appelle « une prompte et terrible vengeance sur la tête de ces forcenés qui ont changé la salle du Manége en la caverne des Furies. » Il ouvre ainsi la séance du 15 : « Le temps est venu, dit M. Reboul, de faire main basse sur tous les clochers. C'est avec cette bassesse que s'expriment nos modernes Lycurgues ; des brigands qui se donnent rendez-vous pour détrousser des voyageurs ne parlent pas autrement. » — A la séance du 20, il résume en une phrase les travaux des législateurs depuis deux mois : « Ils consument le temps à des discussions scandaleuses, à des opérations tyranniques, et négligent les premiers besoins de l'Etat. Ils ont vexé les prêtres, dépouillé les émigrés, tourmenté les ministres, tracassé et contrarié le pouvoir exécutif : quelles mesures ont-ils prises pour soulager la misère du peuple, pour prévenir les séditions et les attroupements, pour faire baisser le prix des denrées par la concurrence et par l'abondance ? Ils

s'amusent à entendre raconter des malheurs et des désastres, et ne songent pas même à y remédier. »
— Les nouvelles qu'il donne se composent de rétractations des prêtres assermentés et de lettres d'émigrés où sont décrits les préparatifs de l'invasion, où sont circonstanciés les armements des puissances étrangères, où l'on dit que « bientôt les trompettes de la noblesse française entonneront à leur tour l'air *Ça ira.* »

On peut juger de ce que devait être le ton des feuilles moins graves que celle de l'abbé Royou. Dans les derniers jours de février, la municipalité dénonçait à l'accusateur public le *Journal de la Cour et de la Ville*, pour une provocation directe au meurtre et à l'assassinat. Gauthier s'écriait en parlant de la garde nationale : « Qu'attendez-vous? Faut-il que le sang ruisselle de toutes parts? Ne perdez pas de temps, mettez double charge dans vos fusils, faites marcher vos canons! Volez à l'affreux repaire des Jacobins, et exterminez-les tous jusqu'au dernier! »

Les journaux feuillants continuent d'imputer les désordres aux sociétés populaires et aux conspirations royalistes; leur polémique se borne à de violentes attaques contre la personne des meneurs les plus influents, et tout particulièrement contre Brissot.

La presse girondine garde encore quelque appa-

rence de modération, ou du moins de sang-froid ;
mais la modération, le sang-froid, ne sont plus de
saison ; le Père Duchesne lui-même paraît trop modéré, trop plaisant ; un seul homme est au niveau
de la partie la plus ardente des clubs : c'est Marat.
Il n'y a plus de liberté.

Du 10 Août au 9 Thermidor

—

Le 10 août mit hors de combat les journaux royalistes et constitutionnels. Voici comment la Commune de Paris, deux jours après la nuit mémorable
où elle avait déclaré que le *salut public exigeait*
qu'elle s'emparât de tous les pouvoirs, traitait les
vaincus :

> Sur la proposition de l'un de ses membres, le Conseil général
> arrête que les empoisonneurs de l'opinion publique, *tels que les*
> *auteurs des divers journaux contre-révolutionnaires,* seront arrêtés,
> et que leurs presses, caractères et instruments seront distribués
> entre les imprimeurs patriotes, qui seront mandés à cet effet.
>
> L'assemblée nomme MM. C....., P..... et T....., commissaires,
> à l'effet de se rendre au bureau de l'administration et d'envoi de
> la poste, pour arrêter l'envoi des papiers aristocratiques, entre
> autres : le *Journal royaliste,* l'*Ami du Roi,* la *Gazette universelle,*
> l'*Indicateur,* le *Mercure de France,* le *Journal de la Cour et de la*
> *Ville,* la *Feuille du Jour,* ouvrages flétris dans l'opinion publique,
> dont ils empêcheront l'envoi dans les provinces (1).

Parmi les proscrits, nous nommerons encore le
Journal de Paris. Ce furent Marat, Carra, Hébert,

(1) Procès-verbal de la Commune de Paris, séance du 12 août 1792.

Gorsas et quelques autres, qui se partagèrent les dépouilles des vaincus. Une chose digne de remarque, c'est que, le 10 mars suivant, par un juste retour, la populace brisait chez Gorsas les presses de l'*Ami du Roi,* que le journaliste girondin avait eues en partage.

A ces confiscations illégales se joignirent les vengeances populaires et des exécutions dans le genre de celles que nous avons déjà racontées. « La brûlure des journaux aristocratiques a été complète, dit la *Chronique;* on ne pense pas qu'ils renaissent de leurs cendres. Des théâtres et d'autres lieux publics ont aussi été menacés du même sort ; mais cette question a été ajournée, et nous espérons qu'elle le sera indéfiniment, à cause des voisins ; il vaut mieux les empêcher de rouvrir. » Plusieurs écrivains royalistes furent, en outre, mis en jugement, et il y en eut de condamnés à mort, notamment le rédacteur de la *Gazette de Paris,* du Rozoy, qui fut l'une des premières victimes du fameux tribunal révolutionnaire.

De ce moment, la presse démocratique régna seule et sans partage sur la scène politique, refusant à ses ennemis cette liberté qu'elle avait si souvent invoquée pour elle-même. La lutte s'établit dès lors entre la Gironde et la Montagne, unies dans la journée du 10 août pour la destruction, mais divisées dès qu'il s'agit de fonder un gouvernement et de

partager les bénéfices de la victoire; entre les journaux de Brissot, de Gorsas, de Carra, d'une part,
et, de l'autre, les feuilles de Marat, de Fréron, d'Hébert, de Robespierre.

Au commencement de 1793, le parti de la Gironde se créa un nouvel organe, en quelque sorte
officiel, le *Bulletin des Amis de la Vérité,* où étaient
exposés les principes qu'il professait, le plan de
conduite qu'il allait suivre, le système de république qu'il voulait faire prévaloir. A la même époque,
Fauchet lui vint en aide avec le *Journal des Amis.*

Les rangs des feuilles montagnardes se grossi-
rent du *Premier Journal de la Convention,* du *Journal
de la Montagne,* du *Courrier de l'Egalité,* du *Journal
des Sans-Culottes,* de l'*Anti-Brissotin* et de l'*Anti-
Fédéraliste,* dont le titre dit assez les intentions.
C'est à cette même époque, quelques jours après le
10 août, que commence le *Bulletin du Tribunal criminel révolutionnaire de Paris,* ce long martyrologe,
sur la première page duquel on avait mis pour épigraphe ces vers de Racine :

Celui qui met un frein à la fureur des flots
Sait aussi des méchants arrêter les complots.

Il se trouva cependant quelques écrivains courageux qui ne craignirent pas d'élever la voix en faveur des vaincus; nous citerons le *Véridique, ou
l'Antidote des Journaux,* feuille clandestine et aujour-

d'hui très-rare ; la *Feuille du Matin,* qui, pour flétrir les septembriseurs, empruntait le style du *Petit Gauthier ;* le *Journal français,* qui poursuivit les
Jacobins avec un courage qui n'eût pas été sans
danger pour ses auteurs, si la Gironde, qui se voyait
elle-même menacée, ne l'eût pris sous sa sauvegarde.

C'est grâce à cet état de lutte entre les deux
partis se faisant contre-poids, que la liberté de la
presse ne périt pas dès-lors tout-à-fait, que quelques feuilles modérées, telles que la *Quotidienne* et
les *Nouvelles politiques, nationales et étrangères,* purent se produire.

En résumé, pendant les premiers mois de la
Convention, c'est l'opinion girondine qui domine
dans la presse ; la plupart des journaux appartiennent à cette opinion ; presque tous sont en opposition, les uns avec les Jacobins en masse, les autres
au moins avec la députation et la Commune de Paris ; un très-petit nombre restent indifférents entre
les deux partis.

Les débats de la presse sont d'abord assez peu
animés. Les sentiments des écrivains se manifestent
plutôt dans la manière dont ils rendent compte des
discussions de la tribune, dans la couleur qu'ils
donnent aux discours de leurs adversaires politiques, que dans une polémique directe. Le *Patriote*

français se distingue entre tous les journaux girondins par l'habileté des commentaires interlinéaires dont il accompagne les moindres discours, par l'adresse de ses citations ; c'est lui, d'ailleurs, qui donne le mot aux nombreux journaux de sa couleur.

Mais la lutte, qui se passionne peu à peu, est surtout entre l'*Ami du Peuple* et le *Courrier des Départements.* On peut en ce moment considérer le journal de Marat et celui de Gorsas comme les enfants perdus des deux partis qui partagent la Convention ; c'est dans ces feuilles qu'on trouve leur pensée secrète. Du côté du premier combattent les *Révolutions de France et de Brabant,* le *Républicain,* le *Créole ;* du côté du second, la *Sentinelle* de Louvet et le *Journal de Perlet.* Ce dernier, dénoncé par Robespierre dans son discours sur la calomnie, n'attaque pas moins vivement que Gorsas ; mais il montre, dans sa polémique, plus d'indépendance, il obéit moins à la discipline du parti. Sa tactique est de grandir l'apparence des Jacobins, pour la faire paraître plus menaçante.

Parmi les feuilles militantes de cette période il faut encore citer les *Annales patriotiques.* Après avoir suivi quelque temps, pendant une absence de Carra, une ligne d'impartialité à peu près analogue à celle choisie par les *Révolutions de Paris,* elles avaient pris quelque chose de la tactique des Girondins ; seulement elles observaient une sorte de juste-milieu : il semblait que leur rédacteur en chef voulût se ménager des protecteurs.

L'histoire de la Révolution offre peu d'époques où les combats de la plume aient été plus vifs. Mais à la fin de 1792, la presse a déjà perdu de son animation et de son initiative. Les journaux ne sont plus remplis que de commentaires sur les questions à l'ordre du jour et sur le procès de Louis XVI; hors de là, ils ne présentent guère que des attaques personnelles, dans lesquelles éclate la profonde inimitié des deux grands partis qui divisent la France. Dans ce genre de guerre, Marat se distingue au premier rang.

Au commencement de 1793, l'intérêt se concentre de plus en plus dans la Convention ; c'est dans son sein que se poursuit la lutte entre les Jacobins et les Girondins, avec une violence, avec un acharnement, dont la presse n'est que le faible écho. Les débats de cette Assemblée dominent et écrasent toute la polémique. Ce n'est pas, d'ailleurs, par des articles spéciaux que les feuilles des divers partis se font la guerre ; les comptes-rendus des séances de la Convention sont encore le cadre habituel des attaques et des conflits de toute espèce entre les deux opinions rivales. L'*Ami du Peuple*, seul, renferme des détails extra-parlementaires d'un grand intérêt.

On sait comment la victoire demeura aux Jacobins.

La Gironde tombée, tout contre-poids a disparu :
la Terreur, qui jusque-là n'avait pesé que sur les
royalistes, plane sur la France entière, et étouffe
toutes les voix qui ne sont pas pour la Montagne,
une seule exceptée, celle du *Véritable Ami du Peuple*,
où pendant deux mois, avec un courage qu'il devait
payer de sa tête, Marcandier flétrit le *Comité de
malheur public,* les *hommes de proie,* les *paillasses
de la Montagne.*

A cette voix courageuse succéda celle de Camille
Desmoulins, qui s'était fait dans le *Vieux Cordelier*
l'organe du parti des indulgents, mais qui, lui
aussi, ne devait pas tarder à payer de son sang sa
noble protestation et ses tardives exhortations à la
clémence.

La parole est aux seuls enragés.

Le 9 thermidor fut suivi d'une réaction violente, qu'explique de reste le régime auquel la France venait d'échapper. « La terreur jacobine, dit Lucien Bonaparte, avait tellement pesé sur tout le monde, que la réaction devait être violente. Chaque jour, malgré les efforts de la Convention et de ses Comités, l'opinion se précipitait impétueuse vers un autre ordre d'idées. »

La presse eut une grande part à ce mouvement, soutenue, encouragée qu'elle était, par l'opinion publique, animée par l'espoir de l'avenir, et plus encore peut-être par la peur du passé. Les ressentiments, les aspirations, longtemps comprimés, firent explosion dans une foule de journaux qui poussaient à la contre-révolution, et dont quelques-uns même ne cachaient pas leurs prédilections monarchiques et leurs espérances d'une restauration prochaine : ainsi la *Quotidienne* et les *Nouvelles politiques,* que nous avons déjà nommées;

ainsi le *Courrier républicain*, le *Censeur des Journaux*, le *Journal des Rieurs*. Les noms des rédacteurs de ces feuilles en disent l'esprit : ce sont Michaud, de Fontanes, La Harpe, de Vauxcelles, Suard, Gallais, Martainville. Les Jacobins sont violemment attaqués par l'*Ami de la Convention*, l'*Observateur des Groupes*, l'*Observateur des Jacobins*, le *Contre-poison des Jacobins*, etc.

Ils trouvèrent un adversaire plus acharné encore dans un journal qui longtemps avait été l'une des plus fermes colonnes du parti, et l'avait disputé en virulence aux feuilles de Marat : je veux parler de l'*Orateur du Peuple*, dont le rédacteur avait opéré l'éclatante conversion que l'on sait. Dès avant que Merlin et les autres Thermidoriens fussent venus donner de nouveau le signal contre les Jacobins du haut de la tribune nationale, Fréron l'avait donné, dans l'*Orateur du Peuple*, à la jeunesse française. On lit dans ce journal (12 janvier) une invitation à cette jeunesse « de sortir de son sommeil léthargique et de venger la mort des vieillards, des femmes et des enfants, en exterminant les massacreurs et égorgeurs. »

Jusques à quand, dit Fréron, ceux qui ont des lumières ou des richesses se contenteront-ils de frapper l'air de plaintes inutiles ? Jusques à quand n'offriront-ils à la liberté, à la sécurité publique, qu'un tribut de vains soupirs et de faibles larmes ? N'êtes-vous bons qu'à jouir des plaisirs de la vie, qu'à méditer des voluptés, qu'à juger du mérite des comédiens ou des cuisiniers, de la prééminence de tel chanteur ou de tel tailleur? Les armes sont-elles trop lourdes pour votre bras ?... C'est nous, dites-vous, qui nous sommes levés contre les Jacobins, c'est nous qui avons assiégé leur repaire, c'est nous qui les avons chassés, c'est nous qui avons fermé leurs portes! Eh bien! la République vous en loue !... Mais le salut de la patrie réclame-encore votre intrépidité et cette audace impétueuse qu'aucun péril n'intimide jamais. Vous laisserez-vous égorger comme des moutons ? Laisserez-vous égorger vos vieux pères, vos femmes, vos enfants? Non, le serment en est déjà dans vos cœurs, vous ne souffrirez pas qu'une odieuse faction triomphe. Vous avez déjà fermé les Jacobins; vous ferez plus : vous les anéantirez.

A cette proclamation la *jeunesse française* répondit par une affiche dont tous les murs de Paris furent couverts pendant quelques jours; elle y prenait l'engagement solennel de se montrer digne d'un chef tel que l'Orateur du Peuple. Et Fréron, dans son numéro du 20 janvier, remerciait « cette jeunesse républicaine de son courage, de son patriotisme et de sa magnanimité », et l'exhortait à persévérer.

La journée du 13 vendémiaire intimida la réaction et la contint pendant quelques jours; mais elle reprit bientôt sa polémique passionnée sous l'égide de la Constitution de l'an III, qui, dans son article 353, consacrait une fois de plus le principe de la liberté de la presse. Sous le pouvoir directorial inauguré par cette Constitution, les journaux se multiplièrent, et leur audace s'accrut avec leur nombre. A ceux que nous venons de citer se joignirent, entre autres, le *Mémorial historique*, l'*Eclair*, le *Véridique*, le *Postillon*, le *Messager*, la *Feuille du Jour*, *Paris pendant l'Année 1795*, l'*Accusateur public*, l'*Invariable*, par le frère de l'Ami du Roi, les *Actes des Apôtres et des Martyrs*, la *Gazette de Paris*, le *Petit Gauthier*, le *Menteur*.

Le parti qui s'appelait démocratique, et qu'on désignait alors sous le nom de Jacobins, parce qu'il se prétendait le continuateur de cette société fameuse, avait aussi ses journaux, le *Tribun du Peuple*, l'*Ami du Peuple*, l'*Eclaireur du Peuple*, l'*Orateur plébéien*, le *Journal des Hommes libres*, etc.; mais il comptait bien moins de lecteurs que ses adversaires, et il parlait une langue dont de jour en jour on perdait l'intelligence.

Cette presse révolutionnaire était loin, de son côté, d'être sympathique au Directoire. Les Jacobins et les royalistes n'étaient pas coalisés, sans doute, ils étaient, au contraire, bien franchement ennemis ; mais l'impatience des premiers et la haine des seconds tendaient également à renverser le gouvernement, qui, d'ailleurs, n'avait l'appui d'aucune feuille importante, si l'on excepte le *Moniteur*, et encore le souvenir d'un passé trop voisin imposait-il à ce dernier journal une certaine réserve.

« On pourrait, dit un écrivain contemporain,

classer les journaux sur la même ligne et dans les rangs des factions qu'ils servaient ; mais, comme tous les laquais, ils outraient les vices de leurs maîtres.

» Dans le parti et sous les drapeaux du Directoire, on remarquait principalement :

» 1° L'*Ami des Lois*, qui avait porté l'audace de la calomnie à un degré vraiment curieux. N'est-ce donc rien que d'être à la tête d'un vice ? disait le marquis de Villette.

» 2° La *Clef du Cabinet*, qui réunissait toutes les platitudes de l'antichambre à tous les mauvais tons des corps-de-gardes ;

» 3° Le *Conservateur*, qui ne conservait pas plus de décence dans ses injures que de vérité dans ses nouvelles ;

» 4° Le *Journal des Hommes libres*, qu'avec grande raison on nommait par excellence le *Journal des Tigres ;*

» 5° Le *Moniteur*, qui noyait ses petites bassesses dans de longues dissertations ;

» 6° Le *Pacificateur*, ainsi nommé par antiphrase ;

» 7° Le *Rédacteur*, la sentine officielle du Directoire ;

» 9° Le *Révélateur*, posté dans la rue pour aboyer et mordre tous les passants.

» Le style de ces journaux était assorti à leur sujet. Chacun d'eux avait son rôle marqué.

» L'un était chargé de dénoncer comme fripon,
traître, conspirateur et royaliste, tel ou tel député;
l'autre apprenait à l'univers les vertus, les talents,
la noblesse, de tel ou tel Directeur. Celui-ci s'adressait aux armées, pour leur dire que la république
était au Luxembourg; celui-là parlait aux ouvriers,
et leur soutenait que le royalisme triomphait dans
les Conseils. Tous sonnaient le tocsin de la révolte
et appelaient à grands cris la guerre civile au milieu
de Paris. C'était un grand fléau; mais ce n'était pas
le plus à craindre.

» Le plus à craindre pour les Conseils était dans
les journaux mêmes qui servaient ou avaient l'air
de servir leur cause.

» Ils étaient en général mieux écrits et plus piquants que ceux de l'autre parti; mais on ne croira
point, dans quelques années d'ici, au degré de démence et d'exaltation auquel s'étaient portés la plupart de leurs rédacteurs. Il n'y en avait pas un qui
ne se crût un Bayle, un Basnage, un Addison, et,
par-dessus tout, le régulateur de l'Etat.

» C'était tous les matins un débordement d'avis,
de projets, de maximes, de morale, de religion, de
politique, qui n'a jamais eu de modèle, et qui, j'es-
père, n'en servira jamais. Chacun de ces messieurs
dictait du haut de son tribunal des arrêts irréfraga-
bles, prononçait des sentences majestueuses, traçait des plans superbes, provoquait une secousse

prochaine, réveillait des haines mal assoupies, rappelait des souvenirs fâcheux, marchait vers un but différent.

» Le moyen de s'entendre au milieu de cette cohue ! Ils se disaient les *magistrats de l'opinion publique,* et l'opinion publique, égarée par eux dans tous les sens, n'avait pas un seul point de ralliement.

» Quelques écrivains, également étrangers à l'or de l'Angleterre et à l'esprit de parti, se rallièrent autour de la Constitution; mais on ne les voyait pas. Ils réclamèrent les droits de l'honneur et de la raison; mais ils n'étaient point entendus. Les députés qui crurent voir le vœu de la France dans une vingtaine de journalistes suivirent leurs traces et s'égarèrent avec eux. »

Nous empruntons cette citation à une histoire du 18 fructidor (*Le 18 fructidor, ses causes et ses effets*), où elle est placée sous ce titre : *Une des causes du 18 fructidor fut la multitude et l'extravagance des journaux.* L'auteur de cet ouvrage, selon Barbier, serait Gallais, rédacteur de la *Quotidienne*, du *Censeur universel* et d'autres feuilles royalistes, et l'une des victimes du coup d'Etat. Ses appréciations ne sauraient être exemptes de partialité, et nous les donnons pour ce qu'elles valent; je ferai seulement remarquer que le *Journal des Hommes libres* était l'organe des Jacobins, et, s'il lui arriva, dans certaines

circonstances, de se ranger du côté du Directoire
contre les royalistes, ce ne fut pas assurément par
amour pour ce gouvernement, qu'il devait exécrer.
J'ajouterai que le Directoire avait pour journal officiel le *Rédacteur,* rédigé par Thuau-Granville, auquel on pourrait ajouter le *Défenseur de la Patrie*,
destiné aux armées, qui se composait sous les
yeux du gouvernement, et dont la partie diploma-
tique était revue par le ministre des affaires étrangères.

Quoi qu'il en soit, le danger, pour le Directoire,
n'était pas du côté des journaux démocratiques :
la position que leur avait faite le 9 thermidor, le
courant de l'opinion publique, les obligeait à une
certaine circonspection. Les journaux royalistes se
montraient beaucoup plus oseurs. Ce n'est pas qu'ils
affichassent ouvertement leurs desseins et leurs es—
pérances, mais ils critiquaient hardiment le passé
et le présent, et ils ramenaient incessamment les
esprits à des comparaisons avec une situation d'ordre, de calme et de sécurité, qu'ils indiquaient
comme inconciliable avec l'état républicain.

» Les écrivains royalistes, dit Lacretelle (1), jeunes pour la plupart, et d'un caractère assez ardent,
se piquaient moins de circonspection ; ils se retrou-

(1) *Histoire du Directoire*, t. 2, p. 16.

vaient avec étonnement, avec ivresse, dans une position plus favorable que celle d'où le canon du
13 vendémiaire les avait fait descendre pour quelques jours seulement. La province se montrait aussi
éprise que Paris des productions éphémères de leur
politique sémillante et passionnée. L'impatience
française ne pouvait plus s'accommoder des traités
politiques ; on était insatiable d'articles de journaux ; tout souriait à une polémique qui faisait pré-
sager la chute prochaine de cette Révolution que
tant de vœux avaient appelée. Il s'imprimait à Paris
seulement plus de soixante-dix journaux politiques
et quotidiens, parmi lesquels on en comptait à peine
trois ou quatre empreints de la couleur républicaine, et qui, favorables à l'autorité, ne trouvaient
qu'un petit nombre de lecteurs. L'offensive, dans
ces sortes de débats, obtient toujours une extrême
faveur. Il pleuvait des satires ménippées. La proscription que les écrivains royalistes avaient encou-
rue avait resserré leurs liens et leur amitié. Echap-
pés à la mitraille et aux commissions militaires, ils
se regardaient comme invulnérables. Quinze ou
vingt d'entre eux, et c'étaient les plus accrédités
dans l'opinion, se réunissaient habituellement. Rien
n'était plus gai, plus ouvert ni plus franc, que les
délibérations de ces jeunes publicistes ; leurs vœux
conspiraient pour la monarchie, quoiqu'ils ne s'en-
tendissent pas fort bien sur le mode de monarchie

qui devait être préféré. Le concert de leurs éloges
élevait fort haut une renommée qu'ils prenaient
sous leur protection ; ils préparaient les suffrages
pour les comices nouveaux : aussi se voyaient-ils
sollicités et flattés par les plus illustres candidats.
La Révolution suivait un tel cours rétrograde, que
d'être réputé ami de l'ordre était un titre à la popularité. Ces écrivains étaient si émerveillés de leur
pouvoir éphémère, qu'ils s'appelaient quelquefois,
dans leurs feuilles, magistrats de l'opinion publique. Ils riaient entre eux lorsqu'ils se saluaient de
ce titre ; mais ce qui nuisait le plus à leur dignité
magistrale, c'étaient les épigrammes acérées et per-
pétuelles dont ils assaillaient le parti ennemi. Le
manteau directorial, loin de mettre à l'abri de leurs
coups, les attirait de préférence. Cependant Carnot
était épargné, malgré le souvenir et du vote régicide et du Comité de Salut public. On désolait en
même temps des ministres ou des députés tels que
Merlin de Douai, Sièyes, Louvet, Chénier, Tallien
et Fréron. Richer-Sérisy était chargé du département des philippiques. Son style était inégal et peu
correct ; mais il avait de la verve et du coloris. Il
paraissait emporté par une passion trop vive pour
être contenue ; tout était absolu dans ses sentiments,
tranchant dans ses expressions, et c'est ce qui excitait l'enthousiasme des royalistes les plus prononcés. MM. Fiévée et Bertin, qui devaient suivre long-

temps la carrière de publiciste, et s'y élever beaucoup, s'annonçaient dans leurs feuilles spirituelles
comme des partisans des doctrines de Montesquieu.
M. Michaud, qui devait s'illustrer par l'*Histoire des
Croisades,* porta le courage et le zèle jusqu'à faire
un éloge des princes exilés. C'était un délit qui,
dans les lois révolutionnaires, emportait peine de
mort. Cet écrivain fut bientôt arrêté et traduit devant des jurés qui osèrent l'acquitter. Un grand et
salutaire effet illustrait cet emploi de journaliste,
qui ne fut point dédaigné par MM. de La Harpe,
Morellet, Fontanes, l'abbé Sicard, le spirituel abbé
de Vauxcelles, et quelques autres honorables vété-
rans de la littérature. »

Les journaux royalistes apportèrent bientôt si
peu de ménagements dans leurs attaques, ils provo-
quèrent tous les jours avec une telle audace au mépris et au renversement du gouvernement directorial, que celui-ci, après avoir vainement essayé de
se concilier cette presse hostile, ou de la réduire en
lui opposant un bataillon de folliculaires chèrement
soudoyés, voyant d'ailleurs les Conseils peu disposés à s'associer aux mesures qu'il réclamait, résolut de chercher son salut dans les coups d'Etat.

Cette exécution de la presse est une des phases
les plus importantes, assurément, et les plus curieuses, de l'histoire du journalisme, et elle est gé-

néralement assez mal connue ; je crois donc devoir m'y étendre quelque peu.

Aucune loi ne traçait alors les limites de la liberté de la presse, dont les Constitutions successives avaient seulement proclamé le principe. En vain des voix nombreuses et infatigables s'étaient élevées contre ce pouvoir naissant, ce contrôleur incommode, répétant, après Chabot, que « la presse avait été nécessaire pour amener le règne de la liberté, mais que, ce but une fois atteint, il ne fallait plus de liberté de la presse, de peur de compromettre la liberté elle-même » : les premières Assemblées s'étaient toujours refusées, comme nous l'avons vu, à bâillonner la mère des libertés, leur mère en quelque sorte; et quant au gouvernement précédent, la loi des suspects, avec le tribunal révolutionnaire pour l'appliquer, avait pu le dispenser de toute autre loi.

Dans les délibérations qui suivirent le 9 thermidor, la liberté de la presse ne pouvait être oubliée. Elle existait légalement, mais non effectivement; elle était même consacrée d'une manière illimitée dans la Déclaration des Droits, mais elle n'en avait pas moins été proscrite de fait sous le régime de la Terreur. « Une seule parole imprudente pouvant compromettre la tête des citoyens, dit M. Thiers, comment auraient-ils osé écrire ? Le sort de l'infortuné Camille Desmoulins avait assez prouvé l'état de la presse à cette époque. Durand-Maillane, ex-constituant, et l'un de ces esprits timides qui s'étaient complétement annulés pendant les orages de la Convention, demanda que la liberté de la presse fût de nouveau formellement garantie. « Nous n'avons jamais pu, dit cet excellent homme à ses collègues, nous faire entendre dans cette enceinte, sans être exposés à des insultes et à des menaces. Si vous voulez notre avis dans les discussions qui s'élèveront à l'avenir ; si vous voulez que nous puissions contribuer de nos lumières à l'œuvre commune, il faut donner de nouvelles sûretés à ceux qui voudront ou parler ou écrire. »

» Quelques jours après, Fréron, l'ami et le collègue de Barras dans sa mission à Toulon, le familier de Danton et de Camille Desmoulins, et, depuis leur mort, l'ennemi le plus fougueux du Comité de Salut public, Fréron unit sa voix à celle de Durand-Maillane, et demanda la liberté illimitée de la presse. Les avis se partagèrent. Ceux qui avaient vécu dans la contrainte pendant la dernière dictature, et qui voulaient enfin donner impunément leur avis sur toutes choses, ceux qui étaient disposés à réagir énergiquement contre la Révolution, demandaient une déclaration formelle pour garantir la liberté de parler et d'écrire. Les Montagnards, qui pressentaient l'usage qu'on se proposait de faire de cette liberté, qui voyaient un débordement d'ac-

cusations se préparer contre tous les hommes qui
avaient exercé quelques fonctions pendant la Terreur; beaucoup d'autres encore qui, sans avoir
de craintes personnelles, appréciaient le dangereux
moyen qu'on allait fournir aux contre-révolutionnaires, déjà fourmillant de toute part, s'opposaient
à une déclaration expresse. Ils donnaient pour raison que la Déclaration des Droits consacrait la liberté de la presse ; que la consacrer de nouveau
était inutile, puisque c'était proclamer un droit
déjà reconnu, et que, si on avait pour but de la
rendre illimitée, on commettait une imprudence.
— « Vous allez donc, dirent Bourdon (de l'Oise) et
Cambon, permettre au royalisme de surgir, et d'imprimer ce qu'il lui plaira contre l'institution de la
République? » Toutes ces propositions furent ren-
voyées aux comités compétents, pour examiner s'il
y avait lieu de faire une nouvelle déclaration (1). »
Ajoutons qu'elles n'en sortirent pas.

Cependant le gouvernement directorial n'avait
pas tardé à se préoccuper des attaques de la presse,
et il avait voulu obtenir des Conseils les moyens de
s'en défendre. Les Assemblées, dans les premiers
temps de l'établissement du Directoire, « lui accor-
daient assez facilement tout ce qu'il pouvait dési-
rer, tout ce qu'on pouvait lui accorder pour lui
donner de la consistance ; mais dès qu'il s'agissait

(1) Thiers, *Histoire de la Révolution*, éd. gr. in-8, t. III, p. 45.

d'un autre objet que celui des finances, dès qu'on
faisait vibrer une corde qui touchait aux passions
des différents partis, la plus légère étincelle pro-
duisait un incendie. La liberté de la presse, si souvent l'objet de violentes discussions dans les différentes assemblées législatives, devint encore un
nouveau ferment de discorde. La licence des journaux était portée au dernier période. Les feuilles
attachées au parti royaliste prêchaient scandaleuse-
ment le retour de la royauté, et, en déversant, par
des calomnies adroitement ménagées, la haine et le
mépris sur les républicains, servaient à souhait les
partisans de Louis XVIII. De leur côté, les journalistes attachés au système de l'anarchie évoquaient
hautement les mânes de Robespierre, de Marat, de
Babœuf ; ils proclamaient martyrs de la liberté les
ex-conventionnels Javogues, Huguet et autres, qui
avaient été fusillés pour la conspiration de Grenelle.
Le gouvernement aurait désiré que l'on mît un
frein à ces déclamations insensées, qui ne faisaient
qu'aigrir et fortifier les partis ; il vint à bout, par
des législateurs affidés, de faire entamer une discussion à ce sujet au Conseil des Cinq-Cents (1). »
Delaunay, dans une motion d'ordre, s'éleva contre
la licence des écrivains ; il désigna comme également dangereux, et ceux qui attaquaient le 9 thermidor, et ceux qui reproduisaient les opinions vain-

(1) *Histoire de la Révolution, par deux amis de la liberté,* t. xv, p. 250.

cues au 13 vendémiaire ; il demanda enfin qu'on
s'occupât de rechercher si les circonstances ne rendaient pas nécessaire une loi prohibitive de la liberté de la presse. On nomma une commission ;
puis, sur la motion de Tallien, on décida que le
Conseil n'attendrait point son rapport et passerait
outre. La discussion s'ouvrit en effet. Quelques-
uns se prononcèrent pour la liberté indéfinie, d'autres demandèrent une loi qui réprimât les délits
commis par la voie de la presse, d'autres un décret
restrictif de cette liberté ; finalement le Conseil passa
à l'ordre du jour. On était loin, en effet, d'être d'accord. L'opposition ne pouvait vouloir se priver d'un
moyen dont les excès, même ceux qui partaient de
l'opinion qui lui était le plus contraire, tendaient à
la fortifier. Enfin les principes et les croyances du
plus grand nombre répugnaient à des restrictions
qui, pour valoir, devaient être entières.

Cependant les Conseils avaient fini par accorder
aux sollicitations pressantes du Directoire la loi
du 27 germinal an IV, qui, frappant également les
factions extrêmes, punissait de mort toute provocation au renversement de l'ordre de choses exis-
tant, au rétablissement de la royauté ou à celui
de la Constitution de 1793 ; mais la sévérité de
cette loi en paralysa l'effet : on recula devant son
application.

Le vent, d'ailleurs, était à la liberté. « Robespierre mort, un cri avait couru la France : La liberté de la presse ! Et ce n'est pas un indifférent détail que, dans cette envolée furieuse d'imprimés contre le Robespierrisme, l'enchaînement de la presse soit dénoncé à l'opinion publique de façon aussi véhémente que la guillotine. Quand le Directoire, tiraillé sur les deux flancs et dépourvu de moyens répressifs, se retourne vers le jury et implore ses condamnations, le jury, qui garde vivante la mémoire de tout ce qu'a fait le silence et de tout ce qu'il a laissé faire, le jury, qui préfère les excès de la liberté aux excès de la servitude, n'a que verdicts d'acquittement pour toutes les paroles et pour tous les partis. Il acquitte les Vendémiairistes, il acquitte les Jacobins; il acquitte Lebois le terroriste, il acquitte Michaud le royaliste; il acquitte Langlois; il acquitte les libraires, il acquitte les éditeurs; il acquitte par tête et il acquitte en bloc; il acquitte les individus, il acquitte les fournées savamment combinées. Les haines personnelles de Merlin ne le touchent pas. Richer–Sérisy est acquitté une première fois, il est acquitté une seconde fois; le tribunal de cassation casse les deux acquittements : le jury de Seine-et-Oise acquitte une troisième fois l'auteur de l'*Accusateur public.*

» Ainsi désarmé par la conspiration de justice du jury, ainsi trahi dans son espoir de rigueurs,

mal défendu par la presse stipendiée, impuissant
à frapper le journal, tant qu'un Vendémiaire ne
jette pas les journalistes dans la rue, le Directoire
s'ingénie à susciter à la presse de petits tracas et de
petits embarras, à la fatiguer de petits coups d'arbitraire et de petites taquineries de détail, à l'inquiéter de menaces fiscales. Il travaille à faire établir
une surtaxe sur les journaux, visant à tuer l'abonnement ; il répand que, si le décret ne passe au
Conseil des Anciens, il tient en réserve un timbre,
et que, si le timbre ne suffit pas, il fera avancer une patente additionnelle. Il contrarie la criée
des journaux ; il fait empoigner de temps à autre
quelques journalistes, laisse bâtonner quelques
colporteurs, intimide quelques rédacteurs par de
grosses moustaches, organise comme une terreur
en sourdine. Les journalistes vivent cachés à la
campagne, et, de ces nouveaux souterrains des Cordeliers, lancent des diatribes plus violentes et des
numéros plus ardents. Dans ces escarmouches du
pouvoir et du journal, du pot de fer et du pot de
terre, le pot de fer perd le premier patience : le pouvoir s'emporte, et un jour que Poncelin s'est permis sur le compte de Barras des personnalités
plus vives que de coutume, Poncelin est saisi à sa
maison de campagne et entraîné au Luxembourg ;
une quinzaine d'assassins, — sans doute des amis
du Directeur, auxquels il eût été beau de défendre

le zèle, — le terrassent, lui lient les mains serrées
sur le dos, — c'est Poncelin qui parle, — le battent, le suspendent en l'air par les pieds, et le
fouettent! L'exécution fait grand bruit. Un procès-
verbal du récit de Poncelin est dressé chez le juge
de paix. La presse s'émeut. Barras accorde à Poncelin de visiter le Luxembourg; mais le supplicié
a-t-il peur, ou bien a-t-il fait marché de son silence?
Sa mémoire s'est tout-à-coup troublée : « il a rêvé
qu'on l'avait conduit au Luxembourg; il a rêvé
qu'on avait crocheté ses culottes et qu'on lui avait
administré ce que vous savez; il a rêvé que douze
ou quinze grands laquais avaient mis son derrière
en marmelade et son corps en crapaudine..... Oh!
le pauvre homme que ce M. Poncelin! s'écrie un
journaliste qui avait pris cette infamie à cœur; —
je veux être pendu si jamais il m'arrive de défendre
des fesses comme les siennes! »

» Cette exécution était plus qu'une plaisanterie,
et autre chose qu'une brutalité accidentelle : elle
était un symptôme. Je me trompe : elle était l'essai
d'un système et le commencement d'un régime,
du système que voulait l'enrichi Talot, du régime
que Darac demandait à la tribune des Cinq-Cents,
dans une langue que n'avait jamais ouïe la tribune
d'un peuple (1). »

(1) De Goncourt, *Histoire de la Société française sous le Directoire.*

Le Directoire revint à la charge le 9 brumaire an V. L'époque de l'élection partielle approchait, et il ne pouvait douter qu'elle ne se fît sous l'influence des journaux royalistes, et que le tiers conventionnel qui resterait subirait, à son tour, la dure loi de la minorité. « Par opposition au Directoire ou par royalisme, une foule de gens s'agitaient pour influencer les élections. A Paris, les électeurs de la Seine s'étaient réunis pour concerter leurs nominations ; ils se proposaient d'adresser les demandes suivantes aux candidats : *As-tu acquis des biens nationaux !* — *As-tu été journaliste ?* — *As-tu écrit, agi et fait quelque chose dans la Révolution ?* On ne devait nommer aucun de ceux qui répondraient affirmativement sur ces questions. De pareils préparatifs annonçaient combien était violente la réaction contre tous les hommes qui avaient pris part à la Révolution. Cent journaux déclamaient avec véhémence, et produisaient un véritable étourdissement sur les esprits. Le Directoire n'avait pour les réprimer que la loi qui punissait de mort les écrivains provoquant le retour à la royauté. Jamais des juges ne pouvaient consentir à appliquer une loi aussi cruelle. Il demanda pour la troisième fois aux Conseils de nouvelles dispositions législatives, qui lui furent encore refusées (1). »

Le Directoire avait adressé aux Cinq-Cents un

(1) Thiers, *Histoire de la Révolution*, gr. in-8°, t. III, p. 525.

message sur les journaux en général, et sur la répression de la calomnie écrite. Une vive agitation avait accueilli cette communication. Talot lance contre les journalistes une philippique que nous avons rapportée ailleurs. Mailhe pense que ce serait anéantir la liberté française que de consacrer le principe que la conduite et les actes des fonctionnaires ne peuvent être censurés : il vote pour le renvoi à la commission existante. (Murmures.) Boissy d'Anglas partage le même avis : il trouve étrange que le gouvernement s'élève contre les journaux, tandis qu'il a donné lui-même l'exemple de ces abus, en faisant distribuer pendant six mois des journaux détestables, où chacun des représentants du peuple était calomnié de la manière la plus indécente. Pastoret s'écrie qu'on veut, à l'approche des élections, enchaîner la voix des écrivains qui pourraient éclairer le peuple sur ses vrais amis, qu'on veut comprimer l'opinion nationale : il demande l'ordre du jour sur le message (1). Lecointe-Puyraveau dit qu'il ne s'agit pas ici de la liberté, mais bien de la licence de la

---

(1) Peu de temps après, Pastoret, dans un rapport sur le Code pénal, article *Calomnie*, s'écriait : « Le mal qu'un individu pourrait ressentir de la calomnie nous fera-t-il oublier le droit garanti par la Constitution d'examiner, de juger, de blâmer les opinions et les actions politiques des mandataires du peuple et de ses magistrats ? En entendant quelquefois des hommes puissants se livrer à de terribles imprécations, vouloir tout renverser et tout détruire, parce qu'un journaliste les a outragés, je me rappelle involontairement Charles II déclarant la guerre à la Hollande sous le prétexte qu'un tableau de la commune de Dort, qui représentait cette fameuse victoire de Chatam où Corneille de Wit brûla les vaisseaux anglais, était un libelle contre l'Angleterre... La vigilance, dans un pays libre, est

presse : il appuie la formation d'une commission spéciale. Cette dernière proposition fut adoptée.

La Commission de la Presse fit son rapport le 5 frimaire (25 novembre). Daunou, en son nom, proposa trois résolutions : l'une pour défendre d'annoncer les journaux ou écrits périodiques autrement que par leur titre général et habituel ; la seconde, pour l'établissement d'un journal officiel ; la troisième, contenant des dispositions contre la calomnie. La discussion commença huit jours après ; l'opposition fut vive et ne s'épargna pas les récriminations. Noailles parla le premier ; il demanda comment il se faisait que ceux qui étaient autrefois les plus ardents défenseurs de cette liberté en étaient aujourd'hui les plus ardents adversaires ; il opposa le langage du jour à celui qu'on tenait autrefois.

D'autres orateurs royalistes, et particulièrement MM. Pastoret et L'Emerer, s'opposèrent avec énergie et talent à des lois qui arrêtaient les progrès d'une opinion favorable à tous les vœux. Ils s'appuyaient sur la Constitution et l'expérience. N'était-ce pas sur la destruction de la liberté de la presse que Robespierre et les décemvirs avaient fondé leur monstrueuse tyrannie ? « Rougissez, disaient-ils

le devoir universel des amis de la patrie ; son exagération même est préférable à la stupide indolence des esclaves. Et où en serions-nous si, pour dévoiler les périls dont nous menaceraient des actions ou des systèmes politiques, il fallait paisiblement attendre le triomphe des conspirateurs ? »

aux Girondins, d'appeler le retour de ces lois qui ont fait verser le sang de vos amis, et qui vous ont fait errer de caverne en caverne. »

Malgré cette résistance les résolutions passèrent aux Cinq-Cents, bien qu'à une faible majorité; on décida même qu'un crédit de 1,600,000 francs serait ouvert pour les frais d'un journal tachygraphique officiel. Mais Portalis et Tronçon-Ducoudray attaquèrent ces projets avec force au Conseil des Anciens, et ils eurent le bonheur de se voir seconder par quelques-uns des Conventionnels. Ce fut surtout Baudin des Ardennes qui décida cette importante victoire.

En admettant, dit-il, que la presse soit une arme, et qu'elle le soit toujours, je demanderai, moi, si, parce qu'on peut blesser avec, il faut interdire le port d'armes, à moins que l'interdiction ne soit générale et pour tous. Je demanderai surtout pourquoi l'on veut qu'il y ait un plastron pour quelques-uns, car c'est ici le point délicat de la question et sur lequel il faut s'expliquer sans détours.

Quand on parle de la loi prohibitive sur la presse, les autorités constituées conserveront apparemment le droit d'écrire et de publier ce que bon leur semblera, tant par elles-mêmes que par les agents dont elles emploieront la plume : en sorte que le magistrat aura pour lui la force de la loi et celle de l'opinion contre le citoyen réduit à l'impuissance de prendre le public pour juge entre lui et celui qui se trouve revêtu de l'autorité. Où nous conduit cette doctrine, par laquelle on prétend affermir le gouvernement ? A le rendre oppresseur... Il n'y a point de république, point de démocratie, s'il n'existe un recours quelconque au peuple, et ce recours ne se trouve que dans l'appel à l'opinion publique par la voie de la presse.

La Constitution républicaine de l'an III·n'a pas été l'objet de ces démonstrations emphatiques prodiguées sans réflexion à celle de 1791 ; elle n'a pas été apportée dans le sein du Corps législatif par l'archiviste avec une garde d'honneur et une procession de vingt-quatre vieillards ; elle n'a pas été conduite en triomphe, comme celle de 1793, dans une arche qui s'est trouvée n'avoir été pour elle que l'urne sépulcrale. Moins d'engoûment et plus d'estime font un très-bon lot pour celle de 1795. Cependant, avec quelque soin que les pouvoirs y soient à la fois divisés et réglés, il pourrait arriver, s'ils ne se rattachaient à ce ressort commun, à cette précieuse liberté de la presse, qu'on aurait parcouru la chaîne entière des pouvoirs sans obtenir justice.

Que je sois opprimé par mon administration municipale, je dois recourir à celle du département ; elle peut se trouver faible, prévenue ou négligente. Je m'adresserai ensuite au ministre de l'intérieur ; mais il sera forcé de consulter ces mêmes administrations, qui peuvent le tromper. J'irai jusqu'au Directoire ; est-il possible d'exiger de lui qu'il entre dans tous les détails des affaires particulières ? Je présenterai une pétition au Corps législatif ; il prononcera, et il aura raison, un renvoi à ce gouvernement que j'ai vainement invoqué. Où donc est la garantie de ma liberté ? Dans le droit incontestable, imprescriptible, illimitable, que le pacte social m'assure, d'intéresser tous mes concitoyens à ma cause, de les en rendre juges par l'éclat de mes plaintes, que j'imprimerai.

Voilà certainement la sauvegarde du citoyen, et ce que redoute non seulement la tyrannie, mais encore la présomption et la médiocrité. La liberté de la presse les fait frissonner, parce qu'elle amène à sa suite ce qui leur est le plus redoutable, et cependant ce qui leur est le plus nécessaire, la contradiction et la censure. Il serait si doux de rendre muettes les cent bouches de la renommée, qui peuvent à tout heure s'aviser de publier que nous nous trompons ! — Qui ? nous ? — Oui, représentants, vous-mêmes ; et c'est parce que vous êtes si peu disposés à le croire qu'il faut qu'on vous rende le service de vous en avertir. — Passe encore ; mais si l'on s'avisait de nous rendre ridicules ! —

Citoyens, je conçois toute l'étendue d'un pareil danger, je suis touché de vos alarmes autant que je puis l'être ; mais c'est à ce prix que nous serons tous libres.

On l'a dit mille fois, ce n'est point par leurs écrits que Marat et Hébert étaient redoutables, si d'autres qu'eux et leurs pareils avaient pu librement écrire : leur exécrable influence dérivait du tribunal révolutionnaire, et surtout de la liberté de la *presse aux assignats,* avec laquelle on formait l'armée révolutionnaire, on faisait accepter la Constitution de 1793, on soudoyait des milliers d'agitateurs, on préparait tant de journées affreuses, on payait les hurlements des habitués des tribunes de la Convention, et l'on amenait enfin ce déluge de maux qui a failli nous submerger.

Voyez l'Assemblée constituante, si grande, si fidèle aux principes, si supérieure aux traits qu'on lui lançait dans les *Actes des Apôtres,* qu'elle laissait vendre publiquement dans ses avenues. Suivez, au contraire, la tyrannie dans ses vengeances, et vous la trouverez inplacable à l'égard des écrivains. Voyez, sous Robespierre, André Chénier sacrifié pour des articles qu'il insérait dans le *Journal de Paris* contre Brissot, qui fut immolé pour son *Patriote français...* Condorcet, Ducos, Rabaut, vous fûtes immolés, non parce que d'immondes reptiles plongés dans la fange de l'immoralité avaient publié des feuilles dégoûtantes, mais parce que vous aviez travaillé tous à cette *Chronique* abhorrée du monstre qu'elle n'avait pas ménagé. Et toi, Laréveillère-Lépaux, que j'estime assez pour te citer lors même que tu gouvernes, ne te vit-on pas réduit à soustraire ta tête aux poursuites qui la menacèrent si longtemps, pour ton article du *Cromwélisme* inséré dans ce même journal.

Quoi ! s'écrie-t-on, les journaux de la chouannerie et de l'anarchie continueront donc impunément d'attaquer la législature et le gouvernement ? En vérité, citoyens, il me semble que vous avez bien peu de confiance dans la stabilité de la République et de la Constitution, si vous tremblez pour leur sort à la lecture d'un pamphlet. L'Europe conjurée recule devant nos guerriers, et un journal vous donnerait des alarmes ! J'ai regret que vous me réduisiez à vous rappeler que l'ancien régime avait laissé dire sur

le théâtre par Figaro : *Il n'y a que les petits hommes qui redou-*
tent les petits écrits.

Citoyens, qui que vous soyez, renoncez à l'espérance d'enchaîner aucune vérité. Laissez-leur un libre cours : elles le prendront malgré vous, malgré vos efforts, malgré votre puissance,
malgré vos sophismes... O vous, qui redoutez que les journalistes
ne pervertissent l'opinion, songez-vous qu'elle est en vos mains?
Donnez le bonheur, préparez-le du moins ; que chaque jour four-
nisse à la patrie quelque nouveau gage de votre sagesse, de vos
lumières et de vos vertus. On abusera quelquefois de la liberté
de la presse, comme on abuse de la santé, de la fortune, du savoir,
de la puissance, sans que l'abus que l'on a fait de toutes ces choses
ait rendu leur utilité douteuse. Celui de la presse sera, je le désire, sévèrement réprimé.

Qu'on ait arrêté la distribution de l'*Eclaireur*, qu'assurément je
me suis bien gardé de lire : c'était un délit punissable que de répandre un écrit qui, ne portant aucun nom d'imprimeur ni d'auteur, n'offre point de garant de ce qu'il renferme. Je hais le lâche
qui frappe ainsi dans les ténèbres, et j'applaudis à son châtiment.
Quant à ceux qui signent, ou tout au moins donnent une adresse
en indiquant l'imprimeur, s'ils provoquent au crime, que font les
accusateurs publics, et pourquoi ne les poursuivent-ils point ? Ce
ne sera pas moi qui demanderai l'impunité des délits qui me
font horreur. Dans tout ce qui n'est d'ailleurs qu'opinion, controverse, je soutiens que la liberté d'écrire est la sauvegarde de la
liberté publique.

Ces principes prévalurent; la liberté de la presse
fut maintenue, et le conseil des Cinq-Cents, en
recevant cette notification de la part du Conseil des
Anciens, se borna à renvoyer à la commission
chargée de la classification des lois le soin d'ajouter, ou plutôt de proposer quelques additions au
Code pénal, relativement aux délits que cette liberté
d'imprimer pouvait entraîner.

« Assurément, dit Lucien Bonaparte, à qui nous l'empruntons, le discours dont nous venons de donner des fragments offre des raisonnements judicieux et une logique serrée ; mais nous croyons que, si, dans un gouvernement solidement établi, la liberté de la presse ne peut rien, ou peu de chose, contre des usages enracinés (et cependant l'expérience a prouvé le contraire dans le renversement de la monarchie, contre laquelle, sans doute, la presse a été un des leviers terribles que l'on ait fait mouvoir), il n'en est pas de même dans un gouvernement naissant, où rien de ce qui se fait, rien de ce qui s'écrit, n'est étranger aux factions qui le déchirent. Au lieu de les alimenter, il faut les étouffer, et ce n'est pas en jetant chaque jour des matières combustibles au milieu d'un incendie, qu'on vient à bout d'en éteindre les flammes ou d'en ralentir les progrès.

» A l'époque où Baudin parlait, il n'était pas exact de dire que les accusateurs publics réprimaient les délits de la presse. Baudin n'ignorait pas qu'il n'existait aucune loi répressive à cet égard ; il n'ignorait pas que les tribunaux de Paris étaient, en grande partie, composés d'ennemis du gouvernement, et qu'au lieu de rechercher les coupables qui avilissaient son autorité, ces juges se faisaient au contraire un devoir de les renvoyer absous lorsqu'ils étaient traduits devant eux ; et, en effet, les tribunaux, à cette époque, acquittaient tous les accusés pour le fait des journées de Vendémiaire, sur la déclaration du jury qu'il n'y avait point eu de conspiration, ou sur le défaut d'intention. Cette indulgence, sur laquelle le gouvernement était obligé de fermer les yeux, ne lui en déplaisait pas moins; mais s'il pardonnait le passé aux individus qu'il avait vaincus dans ces journées, il désirait arrêter leurs progrès pour l'avenir, et l'on ne peut blâmer cette prévoyance. Ses vœux ne furent pas exaucés. Qu'arriva-t-il de là? Que tous les journalistes, n'ayant plus de frein, et se croyant à l'abri de toute censure, de toute voie répressive, donnèrent, plus encore qu'auparavant, carrière à leur imagination déréglée, et que leurs calomnies et leur licence effrénée contribuèrent plus que toute autre cause à accélérer une journée désastreuse, celle du 18 fructidor (1). »

C'est l'opinion de presque tous les écrivains de l'époque, des royalistes comme des républicains : nous avons vu que c'était celle de Gallais; c'est également celle des deux Amis de la liberté, et ils l'exposent sous le même titre et presque dans les mêmes termes que l'auteur du 18 *Fructidor,* qui pourrait bien n'être pas Gallais. — C'est une question bibliographique que nous livrons aux Barbier futurs.

---

(1) *Mémoires de Lucien Bonaparte,* t. 1ᵉʳ.

« Une autre cause, disent-ils, de cette révolution (du 18 fructidor), et peut-être la plus puissante, fut la multitude des journaux. On se rappelle que, malgré les efforts de quelques députés, jamais le Directoire ne put parvenir à mettre un frein à la licence de la presse. Depuis la dernière discussion qui avait eu lieu à ce sujet, les journalistes, assurés de l'impunité, s'étaient multipliés à l'infini. Il existait en l'an V plus de deux cents feuilles périodiques, dont les auteurs, plus extravagants les uns que les autres, renchérissaient à l'envi de sottises, d'impertinence et de déraison. Parmi cette multitude de feuilles, on en comptait au plus une douzaine qui étaient du bord des républicains et des exagérés ; cinq ou six qui, voulant soutenir la Constitution de l'an III, sans qu'on y portât atteinte, et pressentant les désastres qui allaient fondre sur nous, prêchaient la concorde et conjuraient les partis de se réunir ; le reste était vendu au royalisme, soit par principes, soit par corruption. De part et d'autre, ces feuilles étaient aussi injustes que méprisables ; chacun y déversait la calomnie la plus odieuse sur les personnages opposés à son parti.

» Les journaux républicains soutenaient Barras, Rewbel et Laréveillère, et déversaient la haine contre Carnot, Barthélemy et la majorité des Conseils. Chacun des journalistes qui étaient de ce bord avait son rôle marqué.....

» Les journaux du parti opposé n'étaient pas plus raisonnables; quoiqu'en général ils fussent mieux écrits et plus piquants, beaucoup d'entre eux pourtant se déshonoraient par les grossières injures qu'ils débitaient sur le compte de tel ou tel individu; ils allaient jusqu'à faire un reproche à Laréveillère de sa difformité; Barras et Rewbel étaient traités par eux de fripons, d'hommes impurs; les directeurs Carnot et Barthélemy étaient les dieux tutélaires de la France, les trois autres en étaient les triumvirs, les bourreaux. Il faut avoir été témoin du délire de ces journalistes pour se faire une idée du degré d'exaltation auquel ils étaient parvenus. Il n'était pas un folliculaire du parti royaliste qui ne se crût un champion du prétendant, et qui ne fût convaincu qu'il allait lui devoir sa couronne...

« Ce furent ces journaux qui perdirent les Conseils, qu'ils prétendaient défendre. La race des écrivassiers politiques est, dans un pays agité, le fléau le plus terrible qu'il puisse recéler dans son sein (1). »

Le 18 fructidor fut la Saint-Barthélemy des journalistes. Un arrêté du Directoire, placardé dès le matin sur tous les murs de la capitale avec plusieurs autres, portait que quiconque rappellerait la

(1) *Histoire de la Révolution par deux amis de la liberté*, t. XVI, p. 272.

royauté ou la *Constitution de* 1793, ces deux éternels ennemis qu'il avait vainement essayé jusqu'a-
lors de se concilier ou de vaincre, serait immédiatement fusillé.

Par un autre arrêté, pris en vertu de l'art. 145
de l'acte constitutionnel, le Directoire ordonnait de
conduire dans la maison d'arrêt de la Force les
auteurs et imprimeurs des journaux intitulés le
Courrier des Départements, le *Courrier républicain,*
le *Journal de Perlet,* l'*Eclair,* le *Messager du Soir,*
le *Mercure universel,* la *Quotidienne,* le *Censeur des
Journaux,* l'*Auditeur national,* la *Gazette française,*
la *Gazette universelle,* le *Véridique,* le *Postillon des
Armées,* le *Précurseur,* le *Journal général de France,*
l'*Accusateur public,* les *Rapsodies,* la *Tribune ou
Journal des Elections,* le *Grondeur,* le *Journal des
Colonies,* le *Journal des Spectacles,* le *Déjeuner,* l'*Europe littéraire,* le *Correspondant,* le *Thé,* le *Mémorial,* les *Annales universelles,* le *Miroir,* les *Nouvelles
politiques,* les *Actes des Apôtres et des Martyrs,*
l'*Aurore* et l'*Etoile,* tous prévenus de conspiration
contre la sûreté intérieure et extérieure de la République, spécialement de provocation au rétablissement de la royauté et à la dissolution du gouvernement républicain, pour être poursuivis et jugés
comme tels, conformément à la loi du 28 germinal
an IV.

« Les journaux, dit l'historien du 18 fructidor

que nous citions tout à l'heure, pouvaient mettre obstacle aux projets du Directoire. On brisa leurs presses et on condamna leurs plus célèbres auteurs à la déportation.

» Cette mesure, prise plus vigoureusement, aurait été la conséquence des autres. On l'a beaucoup blâmée ; je ne sais pourquoi. Qui veut la fin, veut les moyens.

» Des usurpateurs de cette espèce doivent craindre toute espèce de lumières ; ils devaient donc la mettre sous le boisseau.

» Mais en cela même, comme en tout ce qu'ils font, leur ineptie perça au moins autant que leur inquiétude. On vit qu'ils tâtonnaient, qu'ils hésitaient, qu'ils étaient loin d'oser tout ce qu'ils pouvaient.

» Ils avaient fait un pas de géant vers leur but. Dans la stupeur profonde où l'entreprise de la veille avait jeté tous les esprits, ils pouvaient sans risque, ils devaient à leur sûreté, de tarir dans sa source ce torrent de lumière , dont la moindre étincelle pouvait les découvrir ou les brûler. Ils devaient arrêter sans scrupule, comme sans exception, tous les journaux, rétablir des censeurs, et ne laisser imprimer que des niaiseries.

» Au lieu de cela, ils prirent un arrêté qui condamnait vingt-deux journalistes, nominativement, à être traduits devant les tribunaux *comme conspi-*

rateurs, et, le lendemain, ils arrangèrent un décret qui en condamnait quarante-huit, y compris les vingt-deux premiers, à la déportation, laissant aux autres le soin de tromper la police, et à la police celui de les désoler ou de les tuer à coups d'épingles.

» Malgré la platitude des journaux qui survécurent et l'avilissement profond de leurs auteurs, il s'échappait de temps en temps de leur sein quelques éclairs qui sillonnaient la nue et faisaient pâlir les tyrans.

» Les tyrans s'en vengeaient en faisant arrêter le journal ; mais le coup était parti.

» Quand on a peur de la vérité, on ne doit pas même lui laisser la possibilité de se montrer avec un voile.

» En pareil cas, s'arrêter à moitié chemin, c'est n'avoir rien fait, ou plutôt c'est avoir montré sa faiblesse.

Nil actum reputans si quid superesset agendum.

Ce que dit Lucain avec magnificence de César peut s'appliquer avec horreur à la tyrannie.

» L'objet, comme la punition des tyrans, est de serrer constamment l'écrou qui presse leurs esclaves, et de ne s'arrêter qu'au maximum de la violence et de la terreur, sous peine d'avancer l'heure de leur chute, et d'être un jour plus tôt écrasés sous l'avalanche dont ils ont méprisé le noyau. »

Si l'on en croit le *Courrier de l'Europe,* on avait répandu dès le matin que les Invalides se porteraient dans les imprimeries de certains journaux ; mais ils ne furent pas chargés de cette expédition, qui eut lieu dès le 18, et se continua le 19, avec une espèce d'ordre. Dans quelques imprimeries la force armée précéda ceux qui s'étaient chargés de cette *correction,* et le dégât ne fut pas dans toutes aussi considérable.

Tous les rédacteurs des journaux frappés s'étaient hâtés de se mettre hors d'atteinte ; un seul, Lacretelle jeune, put être arrêté dans la journée, et paya de deux ans de prison sa collaboration à je ne sais trop quel journal.

Il en fut de même des députés condamnés à l'ostracisme ; comme les journalistes, plusieurs « purent se placer sous la garde de l'amitié, de l'estime, de la reconnaissance. »

Si secrètement que les directeurs eussent préparé leur coup d'Etat, ceux qu'il menaçait n'avaient pas été sans en avoir quelque vent ; mais jusqu'au dernier moment ils s'étaient refusés à y croire. On lisait dans l'*Invariable,* trois jours auparavant : « Quelqu'un a dit qu'on avait fait la paix aux dépens des journalistes, qu'on doit livrer au Directoire comme les brebis de la fable livrèrent leurs chiens aux loups. Ce traité me paraît impossible, 1° parce que, si les triumvirs sont des loups, les députés ne sont pas des brebis ; 2° parce que je ne vois pas comment on pourrait exécuter ce pacte assassin. Les journalistes n'appartiennent pas au Corps législatif ; ce n'est pas une proie qu'il dépend de lui de donner à dévorer, quand on lui supposerait cette lâcheté. On pourra tracasser les journalistes, on ne pourra jamais les opprimer tant qu'il existera des tribunaux protecteurs de la justice et de la liberté. Le triumvirat même, lorsque la passion lui laisse le moyen de réfléchir sur ses vrais intérêts, sent que les journaux, dont les rédacteurs répondent, sont moins dangereux pour lui que ne le seraient des pamphlets et des brochures anonymes dans lesquels on ne garderait aucun ménagement. Il n'y aurait qu'à perdre pour son autorité en contraignant les écrivains de changer la forme de leurs journaux : il serait criblé de traits plus acérés, sans savoir de quels mains ils partiraient, et sans aucun moyen de s'en garantir. Il aurait alors la calomnie à redouter, s'il est possible de le calomnier ; à présent il ne craint que la médisance. Mais je raisonne dans une fausse supposition : les journalistes ne peuvent être enchaînés que par le despotisme, puisque l'exercice de leurs fonctions est un droit inhérent de la liberté, et ne saurait en être séparé ni distingué. »

Le canon d'alarme qui réveilla Paris le 18 fructidor dissipa toutes les illusions, et les coups successifs qui frappèrent la presse firent assez voir quels ressentiments elle avait amoncelés contre elle.

« Le 18 tous les sacrifices *utiles* avaient été accomplis ; le 19, qui devait voir répandre sur les plaies de la veille le baume de l'indulgence, fut le jour des passions et de l'aveugle enthousiasme (1). » Une loi promulguée ce jour-là, sur la proposition du conseil des Cinq-Cents, plaça pour un an les journaux et les presses qui les imprimaient sous l'inspection de la police, qui pourrait les prohiber en conformité de l'art. 355 de l'acte constitutionnel.

La *Petite Poste du Soir* fait, sur cette disposition, des réflexions qui ont été souvent répétées depuis quelques années, presque textuellement, à propos du décret du 17 février :

« La loi du 19 fructidor, qui a mis tous les journaux sous la surveillance de la police, aurait dû, ce nous semble, être suivie d'une autre loi réglementaire qui déterminât, d'une manière bien claire et bien précise, le cas où la police peut et doit arrêter la circulation des écrits périodiques. Quel écrivain peut se flatter d'échapper à la surveillance, alors qu'il ne trouve dans aucune loi l'étendue du cercle qu'il peut courir et les bornes qui lui sont prescrites (des bornes à la liberté des opinions, sous un gou-

---

(1) Paganel, *Essais historiques et critiques sur la Révolution française.*

vernement représentatif !). Les législateurs, en laissant une si grande latitude à la police, ont singulièrement restreint le plus beau des domaines, celui de la pensée. La liberté de la presse est le défenseur le plus sûr de nos droits. C'en est fait de notre indépendance, de notre Constitution, si l'écrivain courageux, sans cesse arrêté, troublé, par une crainte d'autant plus funeste qu'elle n'a point de sujet déterminé, ne peut donner à son génie un essor libre et généreux. Nous ne voulons pas confondre la licence avec la liberté ; mais les républicains doivent jouir du plus bel apanage, celui de dénoncer à l'opinion les actes usurpatifs de la souveraineté du peuple, attentatoires à ses droits, subversifs de sa Constitution... Chaque fois que nous prenons la plume, il nous semble entendre bourdonner à nos oreilles un alguazil qui nous répète sans cesse :

« Parlez ; mais observez d'être de notre avis. »

Ce n'était pourtant pas encore assez pour les ennemis de cette puissance déchue ; c'était à qui lui donnerait son coup de pied.

Dans la séance du 18 au soir, Garnier de Saintes exprime son étonnement de ce que les mauvais journalistes aient été oubliés dans les mesures répressives :

Tout le monde sait que la classe qui a causé le plus de maux est celle des mauvais journalistes. Ce sont eux qui ont fomenté

les haines, exaspéré les esprits, excité aux vengeances, fait couler
à grands flots le sang des républicains, versé l'ironie, le mépris,
l'avilissement, sur le gouvernement actuel. Je demande le renvoi
à une commission, pour nous présenter contre eux des mesures
efficaces de répression. — Adopté.

Le lendemain, Bailleul insiste sur cette demande :

Vous n'avez point oublié votre arrêté d'hier relatif aux journalistes. Vous n'ignorez pas combien ils ont fait de mal ; vous
savez qu'ils étaient d'accord avec les conspirateurs et payés par
eux. Je demande qu'il soit envoyé un message au Directoire pour
l'inviter à vous transmettre les noms des propriétaires, imprimeurs et rédacteurs des journaux ; vous les ferez passer à une
commission spéciale, qui vous présentera les mesures convenables.

Cette proposition est adoptée ; la commission sera
composée de Bailleul, Talot et Garnier, trois implacables ennemis de la presse, avec lesquels nous
avons déjà fait connaissance.

Bailleul fait son rapport dès le lendemain, dans
la séance permanente de la nuit du 20 au 21.

Lorsque la France, constituée et couverte de gloire, marchait
au calme et au bonheur, détruire ses espérances et chercher à la
replonger dans de nouveaux malheurs, c'est un crime horrible,
qui exige une punition éclatante. Les chefs de cet infâme complot
sont coupables ; ceux dont ils se sont servis ne le sont pas moins.
Leur existence accuse la nature ; elle compromet le salut et le
bonheur de plusieurs millions d'hommes. Vous entendez que je
vous parle ici des journalistes conspirateurs. Ils ont été le fléau de
la République ; ils ont prêché, soufflé dans tous les cœurs l'insubordination aux lois, la destruction de toute morale et des répu-

tations les mieux établies, la soif des vengeances, l'exaspération des haines, l'horreur pour la République, le désir criminel de la royauté; ils ont constamment travaillé à la dissolution du corps social. Voilà leurs crimes; leur audace a été poussée à un tel excès qu'ils ont osé s'en faire gloire... Ce crime, je le répète, mérite un châtiment prompt... Il faut purger, avec la rapidité de l'éclair, le sol de la République, des ennemis qui ont conspiré sa ruine..... La Constitution est attaquée. Il n'y a de moyens légitimes pour la défendre que ceux qui anéantissent les conspirateurs. . . . .

Voici le projet que je suis chargé de vous présenter :

Art. Ier. Les propriétaires, entrepreneurs, les directeurs, auteurs, rédacteurs et collaborateurs des journaux dont les noms suivent (il y en a cinquante-quatre), seront déportés dans le lieu qui sera désigné par le Directoire.

II. Leurs biens seront séquestrés, et la main-levée du séquestre ne leur sera accordée qu'à la nouvelle authentique de leur arrivée au lieu de leur destination.

III. Le Directoire est autorisé à leur fournir des secours.

Plusieurs membres : Aux voix ! aux voix !

Salicetti. La mesure qu'on vous propose serait incomplète et inutile si le gouvernement n'a pas le droit de faire des visites domiciliaires pour atteindre les coupables. Je demande que ce droit lui soit accordé.

Poulain-Grandpré. La proposition de Salicetti est juste; je l'appuie, et je demande que les visites domiciliaires se fassent aux termes de la Constitution.

Julien Souhait. La question est importante, puisqu'il s'agit, par des visites domiciliaires, de jeter l'alarme parmi les citoyens. Le Conseil peut adopter cette mesure; mais je pense qu'il ne doit pas le faire sans connaître les dispositions prises par le gouvernement. (Murmures.) Si lui-même vous demandait cette mesure, vous pourriez la décréter ; mais puisqu'il ne le fait pas, je crois que c'est le cas de passer à l'ordre du jour.

Talot. Je ne sais pas ce que c'est que des représentants que le gouvernement doit mener par la main. Est-ce que, pour pren-

dre des mesures, vous avez besoin qu'il vous trace votre marche ?.
Celle qu'on vous propose est nécessaire. Les journalistes ont fait
tant de maux, que le jour est enfin venu de les en punir. Prêtez
l'oreille ; écoutez les mânes plaintives de tant de patriotes égorgés
par les journaux. Est-ce bien ici le lieu de raisonner comme un
juge de paix le fait dans les cas ordinaires ? Pour qui vous pro-
pose-t-on des ménagements ? Pour des scélérats qui n'avaient
dans le cœur que haine pour la République, et dans la bouche
que ces mots : *Mort aux républicains !* Quoi ! parce qu'un homme
se cachera, l'homme de la loi ne pourra le prendre dans le lieu
de sa retraite ? Votre mesure serait ridicule.

Je l'ai dit, et je le répète, nous marchions entre la potence et
la guillotine. Si nos ennemis eussent triomphé, ils n'eussent pas
suivi à notre égard toutes ces formes qu'ils réclament eux-
mêmes ; tous nous eussions péri par la corde ou sur l'échafaud.
Moins cruels, nous ne voulons pas de leur sang ; mais au moins
faisons en sorte que la peine qu'ils ont méritée leur soit infailliblement appliquée. Je demande que la proposition soit adoptée.

Mille applaudissements partent des tribunes.

Le Conseil arrête que, pour l'exécution du premier article, il
sera fait des visites domiciliaires, aux termes de la Constitution.

GAUDIN. La série des journalistes à déporter qu'on nous présente me paraît un peu forte. Il est impossible d'en retenir les
noms à une première lecture ; je demande qu'on en fasse une
seconde, et qu'on aille ensuite aux voix sur chacun d'eux. —
Adopté.

On fait lecture de la liste.

UN MEMBRE. Je ne fais point l'apologie de tous les journalistes,
mais il en est quelques-uns qui sont bons, et qu'il est de la justice de ne pas proscrire. Dans ce nombre, je range le journal
du soir des frères Chaigneau. Je demande qu'il soit effacé de la
liste.

BAILLEUL. J'y consens.

Le nom de ce journal est effacé.

DESMOLIN. Je trouve un vague singulier dans le premier article.
Qu'entend-on par le terme de *collaborateurs ?* Veut-on par là con-

damner à la déportation, pêle-mêle, tous ceux qui concourent à un journal, comme le prote, les ouvriers imprimeurs, etc. (*Une voix des tribunes* : Tant mieux.) Une voix dit tant mieux, et moi je dis tant pis...

BOURSIN. Si vous adoptez le mot de collaborateur, vous allez comprendre dans la peine terrible de la déportation une foule de citoyens; on l'appliquera aux marchands de papier. (Murmures.) Je ne vous ai cité cet extrême que pour vous faire sentir le ridicule et l'arbitraire du terme employé. Je vais plus loin, les preneurs de notes qui assistent à nos séances et qui n'ont aucune part aux articles, voulez-vous aussi les déporter ? (*Une voix* : Oui, ce sont des coquins.). . . . .

Le mot est retranché.

On discute les journaux les uns après les autres.

MALÈS. J'ai entendu nommer dans la liste de déportation le *Républicain français*. Je demande quel est ce journal ? Est-ce celui qui est signé *Chazot, Emmanuel Brosselard ?* (*Une voix* : Oui.) Dans ce cas-là, j'en demande le renvoi à la commission.

TALOT. Autant j'ai mis de chaleur à poursuivre les mauvais journalistes, autant je montrerai d'empressement à défendre les bons. Je demande l'ordre du jour sur ce journal, car enfin il n'est pas mauvais.

Le *Républicain français* est effacé de la liste.

GOMAIRE. Le *Mercure* est dans la liste; mais j'observe qu'il s'imprime chez Cussac, qui ne sait pas lire, et qui certes n'est pas un contre-révolutionnaire. Si on a inséré dans ce journal quelques mauvais articles, il n'y a aucune part. Je demande l'ordre du jour.

QUIROT. J'ai à citer un fait bien extraordinaire, qui jettera un grand jour sur les journalistes. Jamais il n'y a eu deux journaux plus opposés en principes que le *Mercure* et le *Révélateur*. Eh bien ! lisez leurs séances, elles sont exactement les mêmes.

POMME. Il n'y a là rien d'extraordinaire. Les preneurs de notes en fournissent à plusieurs journaux à la fois ; ensuite le rédacteur en chef les adapte à son journal. Au reste, je connais Cussac; c'est un imbécile, mais un honnête homme. Je demande l'ordre du jour.
— Adopté.

Le *Mercure* est effacé de la liste. On continue la lecture.

TALLIEN. Je viens d'entendre nommer le *Journal des Spectacles*. Je ne le connais pas. Mais renferme-t-il des articles contre-révolutionnaires ? (*Bailleul.* Je ne l'ai pas lu.) Dans ce cas-là, j'en demande le renvoi à la commission. — Adopté.

QUIROT. Si je ne consultais que les sentiments d'indignation si naturels à un homme qui a été violemment froissé par les journalistes, certes il n'est personne ici qui fût plus que moi porté à voter contre eux des mesures rigoureuses ; mais il est évident que celles que l'on vous propose sont injustes et forcées. Comment se décider à proscrire en masse quatre-vingts journalistes, tandis qu'il suffisait d'en frapper dix ou douze ? Et je suis bien convaincu que, parmi ces derniers, il en est quelques-uns que les Anglais salarient, tel que Suard. Quant à cette foule de folliculaires qui exercent ce métier pour vivre, ce serait, en vérité, leur faire trop d'honneur que de les comprendre dans une mesure générale. La mesure paraîtra injuste aux yeux de tous les bons citoyens ; elle ne frappera que sur les hommes ignorants et bornés, les autres se sauveront. Je demande que l'on se réduise à une douzaine.

Gaudin et Boulay appuient ces observations, et ils demandent le renvoi de la liste à la commission, afin qu'elle ait à faire un triage.

BAILLEUL. La commission a pris connaissance de tous les journaux dont elle vous a présenté la liste. Elle les trouve tous mauvais, et elle n'a aucun triage à faire. (*Une voix.* Tenons-nous-en à ceux désignés dans l'arrêté du Directoire.)

Le Conseil, consulté, passe à l'ordre du jour sur le renvoi de la liste à la commission.

BLAD. Beaucoup de nos collègues ne veulent pas voter sans connaissance de cause. Je demande que la liste soit imprimée et discutée vingt-quatre heures après la distribution. Pendant ce délai, les journalistes ne feront pas grand mal, et la peine qu'on propose de leur infliger est assez grave pour y réfléchir sérieusement. — Rejeté par l'ordre du jour.

On continue la lecture de la liste ; le secrétaire nomme l'*Historien*.

PLUSIEURS MEMBRES. Aux voix! aux voix!

QUELQUES VOIX. Le renvoi à la commission.

BELLEGARDE. Si l'on renvoie celui-là, il faut les renvoyer tous.

BOULAY. Il est possible que je sois dans l'erreur; mais j'ai des observations importantes à faire au Conseil sur l'*Historien*. Je le prie de vouloir bien les entendre. J'ai lu ce journal, et j'y ai trouvé d'excellents articles sur les clubs, sur les prêtres. Quelquefois, il est vrai, la tournure de l'auteur est épigrammatique; mais je ne crois pas que ce soit un motif de le déporter. J'y ai vu encore un grand nombre de morceaux relatifs aux divisions qui s'étaient élevées entre les autorités constituées, et ils m'ont paru faits dans les bons principes et dictés par un très-bon esprit; il en est même plusieurs qui étaient dans le sens du Directoire. Ce n'est pas par quelques traits épars qu'il faut juger les hommes, mais par l'ensemble de leur vie. Ce sont les lumières qui ont amené la Révolution, et Dupont de Nemours a contribué à les répandre par son excellent ouvrage des *Ephémérides du Citoyen*. D'ailleurs, il s'agit ici de la peine de la déportation : voudriez-vous en frapper un vieillard de soixante-dix ans? Je demande que l'*Historien* soit rayé de la liste.

PLUSIEURS VOIX. Appuyé.

TALLIEN. S'il ne s'agissait ici que d'un journal insignifiant, je ne prendrais pas la parole. On connaît mon opinion sur les journalistes : je veux leur liberté entière, quoique je n'aie pas à me louer d'eux, et que je ne sois pas leur enfant gâté. Quant à l'*Historien,* il ne doit pas être rangé dans la classe des journalistes vulgaires : son influence a été prodigieuse; lui seul a causé plus de mal que les autres, parce qu'à l'influence du talent pour la discussion, il joignait les sarcasmes sur les personnes et les institutions, et les tournait en ridicule. C'est cet homme dont Turgot disait qu'il avait beaucoup d'esprit, mais point de jugement; c'est cet homme qui voulait rétablir l'ancien régime, et qui, en ce moment, proteste le plus contre la révolution actuelle; c'est lui qu'on veut excepter! Je ne parle pas du compte qui est rendu des séances dans l'*Historien* : cet ouvrage est celui de citoyens estimables à tous égards, que je me garderai bien de confondre avec Dupont. Au reste, puisque vous adoptez une mesure aussi rigoureuse contre une foule de journaux insignifiants, je ne conçois pas comment vous pouvez faire grâce à celui-là, qui est infiniment plus dangereux. Je demande l'ordre du jour sur la radiation de la liste.

CHÉNIER. J'appuie les observations de Boulay. Je suis loin d'atténuer les torts de l'*Historien* : quelques-unes de ses opinions ont contristé les vrais républicains ; mais celles qu'il a émises sur certaines matières sont parfaitement conformes aux principes. Je n'en citerai pour exemple que ce qu'il a écrit sur les opinions religieuses ; il a, à cet égard, professé les leçons de la plus saine philosophie. Devons-nous traiter avec la même rigueur des hommes qui ont fait des fautes, commis des erreurs, et ceux qui ont commis des crimes ? Sans doute, vous devez avoir des égards pour un vieillard de près de quatre-vingts ans, ami de Turgot, et qui, dans l'Assemblée constituante, a constamment soutenu la cause de la liberté. — Je demande au moins le renvoi à la commission.

TALLIEN. Je demande à citer un fait : chacun sait que Dupont a dit au Conseil des Anciens : « Nous sommes ici le coupe-tête du Directoire. »

Après quelques autres pourparlers, le Conseil des Cinq-Cents, « considérant que, parmi les ennemis de la République et les complices de la conjuration royale, les plus actifs et les plus dangereux ont été les journalistes payés et dirigés par les agents royaux ; considérant que, pour étouffer la conspiration existante, prévenir la guerre civile et l'effusion générale du sang qui allait en être la suite inévitable, rien n'est plus instant que de purger le sol français des ennemis déclarés de la liberté et de la Constitution », déclare qu'il y a urgence, et

décrète la déportation des propriétaires et rédacteurs des journaux dont les noms suivent, exceptant
de la mesure, par une disposition expresse, les citoyens connus pour prendre habituellement des notes dans le Conseil :

Le *Messager du Soir*, — le *Miroir*, — les *Nouvelles politiques,
nationales et étrangères*, — l'*Observateur de l'Europe*, à Rouen, —
Perlet, — le *Petit Gauthier*, — la *Petite Poste*, — le *Postillon des
Armées ou Bulletin général de France*, — le *Précurseur*, — la *Quotidienne*, — les *Rapsodies du Jour*, — le *Spectateur du Nord*, —
le *Tableau de Paris*, — le *Thé*, — la *Tribune publique*, — le *Véridique*, — l'*Argus*, — les *Annales catholiques*, — les *Actes des
Apôtres*, — l'*Accusateur public*, — l'*Anti-terroriste*, à Toulouse,
— l'*Aurore*, — le *Censeur des Journaux*, — le *Courrier de Lyon*,
par Pelzin, — le *Courrier extraordinaire*, — le *Courrier républicain*, — le *Cri public, ou Frères et Amis*, par Vasselin, — le *Défenseur des vieilles institutions*, — le *Déjeuner*, — l'*Echo*, —
l'*Eclair*, — l'*Europe littéraire*, — la *Gazette française*, — la *Gazette universelle*, — le *Grondeur*, — l'*Impartial bruxellois*, —
l'*Impartial européen*, à Bruxelles, — l'*Invariable*, — le *Journal
des Journaux*, à Bordeaux, — le *Journal des Colonies*, —le *Journal
général de France, ou le Gardien de la Constitution*, — et l'*Abréviateur universel*.

L'*Etoile*, le *Frondeur*, le *Républicain français*, le *Mercure universel*, le *Journal du Soir* des frères Chaigneau, furent rayés de la
liste sur les observations faites par des membres du Conseil des
Cinq-Cents.

L'*Historien*, l'*Analyse des Journaux*, le *Journal des Dames*, le
Journal des Spectacles, le *Courrier des Départements*, la *Correspondance politique et littéraire*, le *Belge français*, l'*Auditeur national*,
l'*Abeille*, les *Annales universelles*, la *Gazette des départements*, le
Portefeuille, De tout un peu, le *Tableau de la France et de l'Europe*,
le *Journal de France, politique et littéraire*, le *Journal du département de l'Yonne* et le *Journal du département de l'Aube*, furent
renvoyés à la commission pour un plus ample informé.

La résolution est envoyée au Conseil des Anciens, et celui-ci nomme immédiatement une commission de cinq membres pour l'examiner. On demande que cette commission fasse son rapport à la séance du soir, et l'on n'écoute qu'impatiemment quelques observations de Lecouteulx sur les inconvénients que pourrait avoir cette précipitation.

Girot-Pouzol. La résolution ne demande pas un long examen. Personne ne peut douter que les journalistes n'aient été les instruments de la faction royaliste. Il faut donc, sans délai, lui arracher les armes ; le maintien de la tranquillité publique l'exige.

Lecouteulx. Que peut-on craindre ? Le Directoire a fait saisir les journalistes dangereux ; ils sont tous paralysés. La commission, d'ailleurs, pour prononcer sur leurs écrits, a besoin de les examiner. (*Quelques murmures.*)

Creuzé-Latouche. Tous les journaux dont les auteurs se trouvent atteints par la résolution sont suffisamment connus, et j'avance qu'il n'est pas nécessaire d'examiner leurs ouvrages ; mais ils sont arrêtés ou en fuite, leurs presses sont saisies : un léger retard est donc sans danger.

Lacombe Saint-Michel. Il est un de ces journalistes qui met en feu tout le Midi. Ses partisans pourraient l'avertir par le courrier de demain ; il prendrait la fuite et continuerait ses ravages. Eh ! faut-il du temps pour prononcer sur les journalistes qu'on nous désigne comme coupables ? Qui de nous ne connaît pas leurs provocations sanguinaires ? Qui de nous ignore qu'ils ont constamment prêché l'assassinat, la destruction du gouvernement républicain, le retour de la royauté ?

Le rapport eut lieu le lendemain, et la résolution fut approuvée presque sans discussion. Voici comment s'était exprimé le rapporteur, Rossée :

Quand nous avons vu la résolution qui déporte tant d'individus dont les veilles étaient consacrées à empoisonner l'opinion publique, après avoir reconnu que rien n'était plus instant que d'arrêter les efforts des ennemis déclarés de la liberté, nous nous sommes rappelé d'abord ces journaux des premiers jours de la liberté, qui la servirent avec autant de gloire que de succès, et nous n'avons pu nous défendre de quelque intérêt envers des hommes qui pouvaient marcher sur les traces de ces apôtres de la liberté, que béniront les générations futures, heureuses par le génie et le courage de ces vertueux écrivains. Quand la plus brillante carrière était ouverte à cette magistrature morale, nous avons vu avec douleur que ceux qui en étaient investis n'y étaient entrés que pour la déshonorer ; que, séduits par le plus infâme motif, ou entraînés par les plus criminelles espérances, ils n'avaient pas rougi de sacrifier la gloire à l'or que leur jeta un *plénipotentiaire*.

...Nous désignons ceux dont la plume, dirigée par la calomnie, traçait chaque matin des proscriptions sanguinaires ; nous désignons ces éternels et féroces provocateurs d'assassinats, ces dégoûtants folliculaires qui essayaient de faire oublier l'atrocité d'un article par les plus calomnieuses caricatures, ces êtres, enfin, dont la bouche sanglante présentait au lecteur la double image d'un meurtrier et d'un bouffon. Ah ! que ceux-là fuient le territoire de la République ! Malheur au peuple chez lequel ils respireront !

Quelques jours après, un arrêté du Directoire, pris en vertu de la loi du 19 fructidor, déclarait que le montant des abonnements adressés aux journalistes condamnés à la déportation resterait déposé au bureau des postes, sans que les associés ou successeurs de ces condamnés pussent retirer ces fonds.

L'exécution du décret de déportation rencontra
de nombreuses difficultés, qui la firent traîner en
longueur ; Bailleul, dans son rapport au Conseil
des Cinq-Cents sur la conjuration du 18 fructidor,
fait un reproche au gouvernement de la mollesse
avec laquelle elle est poursuivie :

Nous ne pouvons ici ne pas rappeler le plus puissant mobile
de ces coupables trames, les journaux, qui chaque jour portaient
aux extrêmes frontières les conseils de rébellion et de mort ; et
c'est encore ici que nous devons nous accuser. Ne savions-nous
pas que les auteurs de ces affreux libelles étaient des royalistes
salariés, des échappés de séminaires, ce que la théologie et la
perfidie sacerdotales ont vomi de plus impur ? Ne savions-nous
pas qu'ils avaient fait de la contre-révolution leur domaine ? Ne
connaissions-nous pas la rage qui les dévorait, et qu'après avoir
provoqué la journée de Vendémiaire dans leurs écrits, ils avaient
encore été les principaux agents de la royauté dans les sections?
Et nous ne prenions aucune mesure ? Il fallait Fructidor pour
qu'ils fussent déportés ! Mais, que dis-je? sur combien de ces
êtres atroces a-t-on exécuté la loi ? Ils sont encore dans le sein
de la République ; ils se promènent librement ; ils écrivent, ils
endoctrinent, ils m'écoutent peut-être, quand un vaisseau aurait
dû les porter sur la terre qu'habitent les tigres ! Gouvernement,
tu réponds de l'exécution des lois !

« La violence de ce morceau, dit l'auteur du
18 fructidor, prouve celle du sentiment qui l'a
dicté. On voit qu'ici l'auteur a sa querelle particulière à venger. Bailleul est en effet un des hommes qui ait le plus à se plaindre des journalistes,
non parce qu'ils l'ont durement traité, mais parce
qu'ils n'ont jamais daigné l'attaquer sérieusement.

Ce fut toujours par le ridicule, l'épigramme légère et l'offensant mépris, que les malins lui firent éprouver leur animadversion. Ils le fustigeaient en riant, ils le faisaient tourner sous leur fouet comme un sabot, et Bailleul enrageait plus d'un pareil traitement que s'ils l'eussent mis en sang. Il prend sa revanche aujourd'hui; mais il n'a pas l'esprit de la prendre gaîment. En se fâchant comme un sot, en menaçant comme un furieux, en frappant comme un lâche sur des hommes abattus, il a justifié tout ce qu'ils avaient dit de lui lorsqu'ils étaient debout, et même tout ce qu'il leur plaira d'en faire lorsqu'ils seront relevés. »

Deux ans après, le Conseil lui-même demandait encore au Directoire compte de l'exécution des lois rendues contre les auteurs d'écrits séditieux.

Mais s'il était généralement facile de saisir les *presses, caractères et instruments* servant à l'impression des journaux, il n'était pas aussi aisé d'atteindre les rédacteurs, que l'on ne connaissait pas la plupart du temps, ou qui s'étaient prudemment soustraits aux recherches de la police.

Dans l'arrêté du Directoire du 18 fructidor, il n'y avait de désignés nominativement que Isidore Langlois et Lunier, pour le *Messager du Soir;* Gallais et Langlois (des Gravilliers), pour le *Censeur des Journaux;* P. N. de Barle, pour la *Gazette fran-*

çaise; Cretot, pour le *Postillon des Armées ;* Maille et
Jolivet, dit Barallère, pour le, *Journal général de
France ;* Richer-Sérizy, pour l'*Accusateur public ;*
Bertin d'Antilly, pour le *Thé ;* La Harpe, Fontanes
et Vauxcelles, pour le *Mémorial ;* Beaulieu, pour le
Miroir ; Suard, pour les *Nouvelles politiques ;* et Barruel-Beauvert, pour les *Actes des Apôtres.* Pour les
autres journaux, il est dit seulement : l'auteur et
l'imprimeur. Il y a même des feuilles dont l'adresse
est restée en blanc.

Nous avons vu que le Conseil des Cinq-Cents
n'était pas beaucoup plus éclairé sur le personnel,
et même sur l'individualité, des journaux qu'on lui
demandait de condamner. Aussi est-il probable qu'il
se commit plus d'une erreur. Je lis dans le compte-
rendu d'une des séances suivantes :

> Le rédacteur de l'*Echo* écrit que son journal est né avec le
> Cercle constitutionnel, qu'il a toujours défendu les principes de
> la liberté, et que c'est sans doute par erreur qu'il a été compris
> dans le nombre des journalistes condamnés à la déportation. —
> On assure qu'il existe un autre journal portant le titre d'*Echo,*
> mais qui n'est que l'écho du royalisme, et que c'est de celui-là
> que la commission a entendu parler.

Et là-dessus on passa à l'ordre du jour.

C'est seulement le 12 fructidor an VII que l'exécution de la résolution contre les journalistes est en
quelque sorte régularisée et complétée par la désignation nominative de ceux qui étaient condamnés

à la déportation. Voici la teneur de l'arrêté pris à cet effet :

Le Directoire exécutif,

Vu la loi du 19 fructidor an V, qui frappe de déportation les propriétaires, entrepreneurs, directeurs, auteurs et rédacteurs des journaux désignés par cette loi ;

Vu l'arrêté du Directoire exécutif en date du 3 frimaire an VII, rendu pour l'exécution de la loi du 19 brumaire précédent, concernant les individus frappés par les lois des 19 et 22 fructidor un V ;

Vu les tableaux formés par les administrations centrales des départements de la Seine, de la Seine-Inférieure, de la Dyle et du Rhône, en conformité de l'arrêté du Directoire exécutif du 3 frimaire an VII, des individus reconnus pour avoir coopéré à la rédaction, ou pris part à l'entreprise des journaux désignés par la loi du 22 frimaire an V ;

Vu pareillement l'arrêté du Directoire exécutif du 28 nivôse an VII ;

Après avoir entendu le rapport du ministre de la police générale,

Arrête ce qui suit :

Art. Ier. Seront déportés, comme propriétaires, entrepreneurs, directeurs, auteurs, rédacteurs, des journaux ci-après désignés, savoir :

Mémorial. Les nommés Laharpe, Fontanes, Bourlet de Vauxcelles :

Messager du Soir. Langlois (Isidore), Lunier, Porte ;

Le *Miroir.* Beaulieu, de Tallerac, Bridel-Sourignères ;

Nouvelles politiques nationales et étrangères. Boyer, Xhrouet ;

L'Observateur de l'Europe. Robert ;

Perlet. Perlet, Lagarde, Fontanilles ;

Le *Petit Gauthier ou la petite Poste.* Lucet ;

Le *Postillon des Armées ou Bulletin général de France.* Nicole ;

Le *Précurseur.* Duval ;

La *Quotidienne.* Marchand, Geoffroy, Riche et Ripert ;

Rapsodies du Jour. Villers fils, Montmignon, Daudoucet;

Le *Thé*. Bertin d'Antilly;

La *Tribune publique*. Le Blanc, Dupré;

Le *Véridique*. Poujade, Ladevèze;

L'*Argus*. Lefebvre-Grandmaison, Fontcharraux dit le Romain;

Annales catholiques. Sicard;

Actes des Apôtres. Barruel-Beauvert;

L'*Accusateur public*. Richer-Sérizy, Migneret l'aîné;

L'*Aurore*. Grosley, Lassale, Grimaldy;

Le *Censeur des Journaux*. Gallais, Langlois;

Courrier de Lyon Pelzin;

Courrier extraordinaire. Caillot, Denis;

L'*Anti-Terroriste*. Brouillet, Meilhac;

Courrier républicain. Fleschelles frères, Poncelin, Auvray;

Le *Déjeuner*. Tulot, Detain;

L'*Echo*. Wasselin;

L'*Eclair*. Bertin de Vaux, Neuville;

L'*Europe littéraire*. Guth.

Gazette française. Fiévée, Debarle;

Gazette universelle. Rippert;

L'*Impartial bruxellois*. Brackeniers;

L'*Impartial européen*. Morneweck;

L'*Invariable*. Royou;

Le *Journal des Colonies*. Chotard, Daubonneau, Chausson, Colas;

Le *Journal général de France ou le Gardien de la Constitution*. Jollivet-Barallère, Teulières.

II. Le lieu de leur déportation est déterminé à l'île d'Oléron, aux termes de l'arrêté du 28 nivôse an VII.

III. Les individus dénommés en l'article premier qui se se-raient soustraits à la déportation, ou n'auraient pas fait leur déclaration dans le délai prescrit par la loi du 19 brumaire der-nier, seront portés sur la liste des émigrés, conformément à la même loi.

IV. Leurs biens seront séquestrés en exécution de l'art. 2 de la loi du 22 fructidor an VI.

V. Le ministre de la police générale prendra de nouveaux ren-́seignements pour découvrir les propriétaires, entrepreneurs, directeurs, auteurs, rédacteurs, des journaux : le *Spectateur du Nord,* le *Tableau de Paris,* le *Cri public,* les *Frères et Amis,* le *Défenseur des vieilles Institutions,* le *Journal des Journaux,* le *Grondeur* et l'*Abréviateur universel ;* ainsi que 'tous autres individus frappés par les lois des 22 fructidor an V et 19 brumaire dernier, et omis dans le présent arrêté.

On peut conjecturer d'après cette dernière disposition la cause, ou du moins l'une des causes qui retardèrent si longtemps l'exécution de la mesure qui frappait les journalistes. Dans tous les cas, on ne saurait attribuer ces délais à des sentiments plus modérés envers la presse.

Il faut dire aussi que le ton des journaux avait singulièrement baissé à la suite du coup d'Etat. Avec le régime de la loi du 19 fructidor, il n'y avait plus, en réalité, de liberté de la presse. La crainte de partager le sort des feuilles supprimées sans aucune forme de procès par le Directoire avait produit sur les journaux un effet semblable à celui de la censure. Ils se bornaient au compte-rendu des séances du Corps législatif et à quelques nouvelles ; et encore n'osaient-ils pas tout raconter : ils se donnaient bien garde, par exemple, de parler de ce qu'ils supposaient pouvoir déplaire au Directoire. Quant aux opinions, on les gardait pour soi.

« Les journalistes, dit un contemporain, frappés du double timbre de la poste et de la peur, étaient

couchés ventre à terre devant l'autorité suprême,
qui les méprisait autant depuis le 18 qu'elle les
avait redoutés auparavant. — Il faut cependant,
ajoute le même écrivain, excepter de la sévérité de
cet arrêt le *Censeur dramatique,* par M. Grimod de
la Reynière, qui continua d'écrire, après le 18,
avec le même courage, le même esprit et la même
décence. L'existence de cette feuille, quoique étrangère à la politique, contrastait trop évidemment
avec tout ce qui existait alors pour ne pas choquer
l'œil des despotes. C'était une espèce de monument
antique qui s'élevait au milieu des ruines générales.
Une ordonnance émanée du Luxembourg le 22 pluviôse vint le renverser à côté des autres (1). »

Cependant, la première émotion passée, la parole n'avait pas tardé à revenir à la presse, à la
presse jacobine surtout. Un certain nombre des
journaux supprimés avaient reparu sous un autre
titre, et reprenaient peu à peu leurs allures aggres-
sives. Mais le gouvernement veillait, la loi du 19
fructidor à la main, et, bien décidé à en finir avec
son ennemi, il se montra sans miséricorde. Le 26
frimaire an VI, il prenait l'arrêté suivant :

Le Directoire exécutif, ouï le rapport du ministre de la police
générale ;

Considérant que plusieurs journalistes, complices de la conju-

(1) *Le 18 fructidor, ses causes et ses effets.*

ration royale, et frappés par la loi du 22 fructidor dernier, après s'être soustraits aux effets de ladite loi en substituant de nouveaux titres à leurs feuilles justement proscrites, n'ont pas cessé d'attaquer, soit directement ou indirectement, les mesures du gouvernement les plus propres à consolider l'édifice républicain;

Considérant qu'il existe parmi ces journalistes un système combiné et suivi pour pervertir l'esprit public; que ce système est lié à celui de diffamation contre les lois et les institutions républicaines; que l'un et l'autre ont des rapports immédiats avec le vaste plan de meurtres, de vols et de brigandages, que l'on cherche à établir sur toute la surface de la République, et qu'ils se rattachent visiblement aux manœuvres ourdies par l'étranger pour opérer la désorganisation générale du corps politique;

Considérant enfin qu'il est temps de mettre un terme aux projets sinistres de ces journalistes, dont les écrits calomniateurs et perfides ont été la cause ou le prétexte de tant de malheurs, de tant de crimes, et dont les opinions continuent de lutter contre l'affermissement de la République, et de compromettre sa sûreté et sa tranquillité intérieure;

En vertu de l'article 35 de la loi du 19 fructidor an V, arrête :

ART. Ier. Les journaux intitulés : l'*Echo de l'Europe,* ci-devant *Messager du Soir;* le *Courrier de l'Europe,* sortant des mêmes presses que l'*Echo;* la *Petite Poste du soir;* l'*Indiscret,* successeur de la *Boussole* et de la *Toilette;* la *Gazette nationale de France;* le *Diurnal,* ou *Précurseur;* le *Correspondant français;* la *Gazette européenne,* ci-devant *Gazette française;* le *Correspondant politique;* les *Annales politiques,* ou l'*Eclair;* le *Courrier du Jour,* ou le *Véridique,* sortant des mêmes presses que l'*Eclair;* le *Babillard;* le *Frondeur;* le *Bulletin de la République,* ci-devant la *Quotidienne;* l'*Aviso;* les *Tablettes républicaines,* ci-devant le *Mémorial,* sont prohibés.

II. Les scellés seront apposés sur les presses qui servent à les imprimer et sur les registres d'abonnements.

III. Le ministre de la police est chargé de l'exécution du présent arrêté, qui ne sera pas imprimé.

Dès le mois précédent les scellés avaient été apposés sur les presses du *Nouvelliste*, qui remplaçait, dit-on, les *Nouvelles politiques*, et l'on avait donné pour motif à cette mesure que les auteurs avaient négligé les formalités qu'exigeait la surveillance attribuée au ministère de la police.

Le 18 pluviôse la *Poste du Jour* est supprimée pour avoir annoncé l'arrestation de Marmontel comme si ce dernier eût encore été représentant du peuple, quoique la loi du 10 fructidor eût annulé sa nomination, et de manière à faire croire qu'on avait arrêté un membre du Corps législatif sans l'accomplissement des formalités prescrites par la Constitution.

Le 22 germinal,

Le Directoire exécutif, considérant que les journaux intitulés le *Journal des Hommes libres de tous les Pays*, ou le *Républicain*, et l'*Ami de la Patrie*, ou *Journal de la Liberté française*, sont les échos habituels d'une faction désorganisatrice ; que, de concert, ils tendent à égarer l'opinion, soit en déversant la calomnie et des doutes perfides sur les intentions et les travaux du Corps législatif et du Gouvernement, et sur les fonctionnaires publics les plus républicains et les plus irréprochables, soit en appelant la confiance sur des individus justement repoussés par l'opinion publique, et dont les efforts ne tendent qu'à entretenir l'esprit de division et de discorde parmi les citoyens ;

En vertu de l'article 35 de la loi du 19 fructidor an V, arrête :

Les journaux intitulés *Journal des Hommes libres* et l'*Ami de la Patrie* sont prohibés. Les scellés seront apposés sur les presses servant à les imprimer.

Le même mois, suppression de la *Feuille universelle*.

Le 16 floréal, la *Feuille politique* est prohibée, et des poursuites sont ordonnées contre les rédacteurs et l'imprimeur. — Même mesure contre le *Cercle, ou Journal des Arts et des Plaisirs,* pour avoir imprimé, entre autre choses : « Les ours de Berne ont déclaré la guerre aux Jacobins de Paris..... Quand on livrerait à ces animaux sauvages quelques centaines de Jacobins par décade, ce ne serait qu'un acte de justice... C'est mon vœu, et je ne doute pas qu'il ne soit partagé par tous les bons citoyens. »

Notons, en passant, un acquittement prononcé le même jour par le jury en faveur du rédacteur du *Tableau de Bordeaux,* qui avait été emprisonné pour avoir classé les électeurs par *Album* et *Nigrum.*

Le *Moniteur* du 20 messidor mentionne la suppression de quinze journaux, qu'il ne nomme pas, et celui du 23 enregistre un arrêté qui en prohibe encore *plusieurs*, sans autre désignation.

Enfin, le 28 fructidor, les scellés sont apposés sur le *Journal des Francs,* « qui n'est que la continuation des *Hommes libres.* »

Des réclamations s'étaient élevées à plusieurs reprises contre ce régime, si contraire aux principes républicains. Les premières attaques partirent du

Conseil des Cinq-Cents, et Lucien Bonaparte nous a laissé dans ses Mémoires, sur cet épisode de l'histoire de la presse, des détails pleins d'un singulier intérêt. Il y avait dans le Conseil une opposition constitutionnelle, qui prenait pour but de ses attaques la personne des Directeurs, tout en défendant l'institution; elle ne refusait pas son concours aux mesures indispensables au service public, mais elle n'accordait rien qu'au prix de la plus amère censure. Ce fut cette opposition, dont Lucien faisait partie, qui prit en main la cause de la presse.

Une commission avait été chargée d'élaborer un projet de loi sur cette matière épineuse. Elle était composée de Daunou, Lucien, Cabanis, Berlier, Genissieux et Andrieux. Elle fit son rapport le 8 fructidor an VI. Elle proposait une loi pénale basée sur le jugement par le jury des délits publics de la presse. « Liberté entière de s'expliquer sur les actes de l'autorité publique, pourvu que l'écrit ne dégénère pas en provocation à la désobéissance; répression rigoureuse des imputations dirigées contre l'honneur ou la probité des personnes, à moins qu'on ne se porte dénonciateur civique, ou qu'on n'en produise la preuve par écrit : tel est essentiellement, disait le rapporteur, Berlier, le but que la commission s'est proposé; telle est, à ce qu'il lui a semblé, la seule, la vraie théorie d'une bonne loi sur cette matière. »

A la promulgation de cette loi, l'action préventive de la police directoriale devait cesser.

Jusque là tout le monde était d'accord ; mais fallait-il assigner un terme fixe à la promulgation de la loi ? La majorité de la commission, formée de Daunou, Lucien, Berlier et Genissieux, s'était décidée pour l'affirmative : elle était impatiente d'enlever à la police sa dictature, dont le terme allait expirer. Elle avait donc inséré dans l'article 2 que cette dictature cesserait au bout de trois mois, délai fixe dans lequel le Conseil s'engageait à terminer la loi pénale.

La discussion fut orageuse. Cabanis et Andrieux déclarèrent qu'ils n'avaient pas voté cet article 2, et en demandèrent la suppression. « Si on admet cette mesure, s'écriait Cabanis, avec une rare franchise, les journaux royalistes quitteront bientôt le masque qui les couvre, et certainement dans l'état actuel des choses, comme le mécontentement est porté à un grand point, les journaux royalistes auront un grand succès. » Sur quoi, André du Bas-Rhin observait que, le 18 fructidor, le Corps législatif était en majorité composé de conspirateurs.

Les directoriaux voulaient proroger d'un an la dictature de la police : ils firent rejeter l'article 2, et triomphèrent de l'opposition. « Mais, remarque Lucien, notre loi pénale attribuait au jury le jugement de tous les délits publics de la presse pério-

dique ! Trente-huit ans ont passé depuis cette
séance : quel progrès avons-nous fait dans les garanties constitutionnelles ? Est-ce en avant que la
France a marché ? »

La question se représenta à quelques mois de
là ; mais cette fois une partie de l'opposition constitutionnelle se rangea du côté du gouvernement.

« Notre conscience d'opposition, dit Lucien, fut
mise à l'épreuve dans la question capitale de la
liberté de la presse, que l'on agita vers la fin du
mois à plusieurs reprises. On voulait mettre à
l'ordre du jour la loi pénale proposée par la Commission dont je faisais partie, afin de détruire la
dictature de la police sur les journaux. J'avais pris
à ce projet de loi une part active ; mais comment
se refuser à l'évidence ? comment repousser la demande des directoriaux ? Les feuilles royalistes et
jacobines pouvaient-elles, sans péril, recommencer
leurs diatribes contre le gouvernement, au milieu
de la guerre et des insurrections de la Belgique ?
Pour ma part, je crus devoir céder, et je votai
l'ajournement de notre projet de loi pénale. Les
républiques anciennes, au moment d'un grand danger, ne se contentaient pas de mesures partielles
de dictature : elles se résignaient à la dictature générale et absolue d'un seul homme : *Caveant con-
sules ne respublica detrimentum capiat.* — Nous
abandonnâmes au gouvernement, jusqu'à la fin de
l'année, la censure des journaux.

» Enfin on revint une troisième fois sur ce chapitre brûlant au commencement de prairial. On demanda le rapport de la loi de censure, et on mit en discussion le projet de loi sur les abus de la presse. Le Directoire se crut perdu si on lui enlevait sa dictature sur les feuilles périodiques. Il rassembla ce qui lui restait de courage pour se défendre sur ce terrain difficile ; le peu d'amis qui ne l'avaient pas abandonné se réunirent. Bailleul publia un pamphlet fort adroit pour atténuer nos accusations. Enfin, des deux côtés, on soutint, pendant plusieurs séances, pour ou contre la liberté de la presse, une lutte acharnée, qui avait commencé dès les premiers jours du mois, et que, depuis, nous avons vue se renouveler vingt fois dans nos assemblées représentatives. Parmi les orateurs, Creuzé-Latouche pour la censure, et Chénier contre, prononcèrent d'éloquentes harangues ; mais Lecointe-Puyraveau fut surtout remarquable, et ses paroles avaient ébranlé plus d'une opinion. Il avait su mettre en évidence la distinction que Cabanis avait déjà fait valoir à la tribune.

Je fais, dit-il (séance du 9 prairial), une grande différence entre la liberté de la presse et l'indépendance des journaux. Saisissez bien cette idée, je vous prie : elle est essentielle aux développements dans lesquels je vais entrer. — Jetons nos regards en arrière : nous verrons la liberté de la presse profanée par des hommes qui s'en emparèrent pour la déshonorer par les plus licencieux excès, en confondant l'indépendance des journaux avec le droit d'émettre sa pensée. — Observez ce qui s'est passé : vous verrez que cette licence tolérée a été constamment le présage de quelque grand mouvement dans l'Etat. Toujours les factions ont signalé par la témérité de la presse les excès auxquels elles allaient se porter ; *souvent les conspirateurs ont ainsi annoncé d'avance leurs projets.* Sous la Législative, sous la Convention, un homme dont on ne peut prononcer le nom sans rougir demanda non la liberté de la presse, mais l'indépendance des journaux, et se livra dans ses écrits aux plus violents excès ; vainement fut-il par décret déclaré en démence, vainement parut-il devant un tribunal : la voix de la calomnie fut la plus forte ; les plus fermes républicains en furent les victimes, et les amis de Marat lui-même finirent par craindre les traits empoisonnés de sa plume. — Je dois vous rappeler ce que la liberté des journaux a fait depuis : rétablie dans ses droits, elle a commencé par caresser la Convention, qui lui avait rendu la vie, et a fini par provoquer son égorgement ; c'est elle qui arma les factions de vendémiaire ; elle fut l'arme la plus terrible des réacteurs ; elle a amené les horreurs du gouvernement révolutionnaire, et puis ensuite les horreurs de la réaction. Tant d'excès amenèrent enfin leur remède ; le 18 fructidor vint luire sur la France : les journaux furent assujettis, et, dès lors, le calme a régné, les passions se sont calmées ; nous n'avons plus eu de secousses, plus d'agitation.

Quelques voix alors s'écrièrent : *Plus de liberté...* et Lecointe-Puyraveau reprit avec force :

Représentants, vous voulez la liberté ; mais vos ennemis veulent la licence. Déjà n'annonçait-on pas que cette discussion même serait le signal de troubles et de désordres ? Je puis me tromper, mais la machination journaliste qui cherche à vous surprendre peut être fatale, et vous saurez la déjouer. Quand nous éprouvons des revers, quand tous les ennemis publics s'agitent, une arme puissante doit-elle leur être remise ? Rapportez la loi du 19 fructidor, et à l'instant les quarante trompettes du royalisme, brisées à cette époque, vont faire retentir encore leurs funestes concerts ;

vous aurez une foule de journaux vendus au royalisme, d'autres
aux partis exagérés, dont nous ne voulons pas, sans doute, échauf-
fer les espérances ; l'étranger aura les siens, et soufflera parmi
nous la discorde, les préventions, l'esprit de parti. Vous parlez
des dilapidateurs ; — mais ces dilapidateurs ont de l'or ; et doutez-
vous qu'avec de l'or on n'ait des journaux disposés à marcher dans
la ligne qu'on leur trace ? Un mal plus grand nous attend si l'indépendance des journaux est rétablie : *nous verrons partout se
former une opinion factice qu'on nous donnera pour l'opinion de
la majorité.* Ainsi les Jacobins, les sociétés mères, les sociétés
affiliées, s'affichaient les organes de l'opinion publique. Ce n'est
pas l'opinion publique que vous fera connaître l'indépendance
des journaux : vous n'y verrez tracée que l'opinion des partis.

« Ainsi nous parla, dit Lucien, l'un des républicains les plus sincères. Beaucoup de bons esprits
pensaient comme Lecointe et Cabanis. Ce n'était
que dans un temps calme, disait-on, qu'un bon citoyen pouvait affaiblir le gouvernement. Les feuilles
périodiques devaient être considérées, non comme
des livres, mais comme des prédications dans la
rue ; leur dépendance ne peut nuire à la propagation de la véritable opinion publique, dont les
représentants du peuple sont les seuls organes autorisés. En effet, jamais on n'avait pensé à soumettre à la censure le compte-rendu des discours
prononcés aux tribunes législatives. Ces discours
n'étant pas sujets à la censure, la dépendance des
feuilles ne met de limite qu'aux publications politiques d'individus *non accrédités par le peuple*, et
qui peuvent même n'être ni citoyens, ni Français :

car rien ne peut empêcher un ministre étranger de créer et de soutenir cent journaux, qui prêcheront sur nos places publiques le renversement de nos lois, et ne pourront être punis qu'après avoir fait un mal qui se reproduira le lendemain. Le châtiment tardif de l'incendiaire n'aura pas empêché l'incendie.

» Toutes ces raisons ne purent nous arrêter. Nous répondîmes que les journaux n'exprimaient une opinion publique factice que dans ces tristes temps de censure où la presse ne répète, sous mille formes diverses, que la leçon des ministres. Un journal libre et non salarié, ne pouvant se soutenir que par l'adhésion d'un grand nombre d'abonnés, représente véritablement l'opinion d'un grand nombre de citoyens ; et la réunion de toutes ces opinions collectives, si elle n'est pas l'opinion publique, est du moins ce qui s'en approche le plus après la votation universelle. — Quant à ce que le châtiment après coup n'empêchait pas le mal d'avoir produit son effet, je répondais que l'efficacité des peines que nous proposions devait rassurer tout le monde ; que notre projet de loi équivaudrait presqu'à la censure pour faire disparaître les abus ; que, pour calmer les alarmes des citoyens, il fallait leur rendre la liberté d'exprimer leur pensée ; que l'opinion des tribunes nationales ne suffisait pas à un peuple libre, puisque même la conduite des députés était soumise au jugement non-seulement de leurs commettants, mais à celui de tous les Français, qu'ils fussent ou non électeurs.

» Ces réponses n'étaient pas sans force en théorie. La censure préalable exclut la liberté politique ; lorsqu'on est réduit à recourir à cette arme funeste, on doit être bien près de l'état de siége : un péril imminent peut seul justifier ces deux mesures. — Mais, théorie à part, de quel côté était la bonne foi dans la discussion ? Pensions-nous que notre loi répressive, substituée à la censure, suffirait à l'autorité directoriale ?... Pensions-nous que les peines proposées dans notre projet étaient suffisantes ?... Non, certes, non. Nous sentions, au contraire, que notre loi serait illusoire, et c'est pour cela qu'elle nous convenait. Nous voulions briser un pouvoir exécutif qui perdait la République, et il nous fallait désarmer ce pouvoir ennemi que nous avions condamné. La passion du moment l'emporta, dans nos esprits, sur les raisons de nos adversaires ; et, dans ces jours de crise, le Directoire fut privé de la surveillance préventive des journaux. Cet exemple prouve que l'opinion absolue doit parfois céder en pratique à l'opinion relative. Je dis *doit céder,* car je votais alors comme je voterais encore en pareil cas. Nous agissions en bons citoyens en désarmant le gouvernement qui nous perdait ; mais si le gouvernement eût été bon, notre conduite eût été celle d'ennemis du peuple. Ces détails ne seront peut-être pas inutiles pour aider à juger les hommes publics en temps de crises révolutionnaires. Celui qui a navigué dans la tempête juge plus sainement les manœuvres de ces heures où il s'agit de la vie. Aussi, parmi les mesures prises en France après l'horrible machine infernale (sauf l'atteinte portée au jury, que rien ne peut excuser), la loi qui, sans décréter la censure, établit contre la licence des feuilles périodiques des peines extrêmes de répression m'a-t-elle paru sage, convenable, patriotique, et complétement justifiée par les événements. La censure étant hors de question, les peines doivent être assez fortes pour n'être pas illusoires. On eût pris dans une république, en pareilles circonstances, des mesures au moins aussi sévères. La tâche des gouvernements n'est pas tellement facile aujourd'hui, qu'on doive les juger sans indulgence, lorsqu'on ne veut pas les renverser :

Non ignara mali, miseris succurrere disco (1).

En résumé, l'ensemble du projet fut repoussé comme trop imparfait, et renvoyé à la Commission ; mais la suppression de la censure des journaux fut votée, et cette résolution fut approuvée par les Anciens, malgré leur désir d'augmenter l'autorité du Directoire. « Cette condescendance des Anciens, dit

(1) *Mémoires de Lucien Bonaparte,* t. i. p. 262, 272 à 280.

Lucien, s'explique par un désir de conciliation qui
leur parut avantageux au bien public, et par leur
espérance de discuter bientôt un nouveau projet de
répression. Mais leurs bonnes intentions n'empê-
chèrent pas les maux que la licence de la presse
produisit à cette époque. Dans plusieurs départements, à Bordeaux, à Lille, à Lorient, à Rouen, à
Amiens, des troubles sérieux suivirent la suppression de la censure, et la réouverture des clubs », qui
s'était faite à la faveur du mouvement de prairial.

Dès lors, en effet, les feuilles royalistes et jacobines se livrèrent sans frein à leurs passions, les
dernières surtout. « Depuis l'entrée du second tiers
aux Conseils, dit l'historien du 18 fructidor que
nous avons déjà plus d'une fois cité, toutes les
opinions avaient changé en France. La certitude
que la grande majorité des élections était bonne
avait donné une telle *énergie de parole* à tout le
monde, que chacun, dans la conviction intime de
son âme, se croyait un héros, et prêt à renverser
l'autorité tyrannique qui cherchait à se conserver
dans son poste malgré la vindicte publique. Imbus
de ce sentiment, la licence des conversations sur le
gouvernement des triumvirs était à son comble.
Les journalistes, échos de l'opinion, pour vendre
et débiter leurs pamphlets hebdomadaires ou journaliers, trempaient leurs plumes du fiel le plus
acerbe. »

17.

Les journaux jacobins, surtout, se faisaient remarquer par leurs violences, et entre tous le *Journal des Hommes libres*, écho de la société populaire qui avait ouvert ses séances au Manége, et qui en prit le nom. Avilir et déconsidérer le Directoire, tel était le but de ce club et de son organe, et ils y travaillaient à l'envi. Sièyes était plus particulièrement l'objet de leur haine, depuis surtout qu'il les avait démasqués dans la solennité du 10 août. « Le Directoire connaît le but de ces hommes, avait-il dit.... Ce qu'ils veulent, c'est enivrer le public de défiances, c'est porter la confusion et le découragement dans les esprits ; c'est pousser les Français au désespoir ; c'est maîtriser tout dans le trouble.... *c'est gouverner*, en un mot, à quelque prix que ce soit.... *Français, vous savez comme ils gouvernent !* »

A cette accusation le journal jacobin répondait avec l'audace d'un parti qui semble assuré d'un triomphe prochain : « Le Directoire a levé le masque et sanctionné ostensiblement le massacre des républicains.... L'horrible discours de son président, au 10 août, est une inconcevable augmentation de hardiesse contre-révolutionnaire, comparé à ses discours précédents.... Le Directoire ose affirmer que nous avons violé la Constitution.... *Il en a menti ;* c'est un odieux calomniateur. »

Et ce grossier démenti était répété par toutes les feuilles jacobines. « S'il se trouvait, dans notre langue, disaient-elles, un mot plus expressif, nous nous ferions un devoir de l'employer. Sièyes est plus coupable que ne furent Carnot et Merlin : s'il ne change pas de système, il faudra contre lui un 18 fructidor ou un 30 prairial. »

Les auteurs de ces feuilles incendiaires faisaient en même temps distribuer les pamphlets les plus impudents. Un de ces pamphlets, intitulé *Changement de domicile,* plaçait le Conseil des Anciens à Montmartre (où étaient jadis les fourches patibulaires). Les Anciens perdirent patience ; ils dénoncèrent au pouvoir exécutif le pamphlet et le *Journal des Hommes libres.* En communiquant leur arrêté au Conseil des Cinq-Cents, ils ne doutaient pas de son concours. Leur attente cependant fut trompée : malgré un discours de Cabanis plein de hautes pensées, les Cinq-Cents passèrent à l'ordre du jour.

Le Directoire alors se décida à faire poursuivre le journaliste et le pamphlétaire devant les tribunaux, et il obtint contre eux une condamnation. Mais ces poursuites n'arrêtèrent point les manœuvres des partis, ni les écarts licencieux de leurs organes. A la nouvelle du désastre de Novi et de la défection de la flotte batave, ils ne connurent plus de limites ; ils osèrent imprimer que Moreau et Macdonald avaient livré l'armée d'Italie aux Russes, que les Directeurs avaient livré la flotte du Texel aux Anglais ; ils appelaient le peuple à se sauver lui-même.... Le Directoire, pressé d'ailleurs par le Conseil des Anciens, qui lui avait adressé un message pour lui demander compte de l'exécution des lois portées contre les auteurs, imprimeurs, etc., d'écrits provoquant le renversement de la République et de la Constitution de l'an III, se détermina tout à coup à une mesure vigoureuse : le 17 fructidor il fit arrêter les rédacteurs de onze journaux et apposer les scellés sur leurs presses. Il en informa immédiatement les Conseils par un message, en même temps qu'il adressait une proclamation aux Français.

Dans son message, le Directoire rappelle d'abord celui qu'il a reçu des Anciens : lorsqu'il lui est parvenu, il se livrait aux mêmes sollicitudes ; la nécessité de comprimer l'audace, de punir le crime des écrits révolutionnaires, était l'objet de ses plus sérieuses délibérations ; puis il continue :

Les alarmes manifestées par les représentants du peuple au moment où le pouvoir exécutif les avait conçues de son côté sont le garant de l'heureuse harmonie, de la salutaire intelligence, qui règnent entre les premières autorités de la république. Ce concert des pouvoirs peut apprendre à nos ennemis ce qu'ils doivent redouter de la vigilance active et de l'inflexible sévérité de tous les magistrats républicains.

Mais, en même temps, cette conformité de vues, cette identité de pensées, cette coïncidence d'inquiétudes, a prescrit au Directoire un examen plus réfléchi, une méditation plus profonde, sur l'état de la République, une résolution plus énergique à l'égard de ceux qui ont conjuré contre elle.

Le Directoire a vu les efforts extérieurs de la coalition ; il en a jugé la puissance : il a calculé ses moyens de résister, et il n'a pas été effrayé. Il a dit : La République doit vaincre, parce qu'il sentait d'une manière digne du peuple français l'immensité de ses moyens, l'étendue de ses ressources, l'ascendant de ses forces.

Mais quand il a voulu réunir ces moyens, rassembler ces ressources, faire agir ces forces, il les a trouvés atténués, affaiblis, divisés, par l'action funeste d'un pouvoir dont il a fallu rechercher les leviers, les points d'appui et les agents.....

Le Directoire trouve toujours la cause du mal dans la corruption de l'opinion publique, et cette altération funeste, cette corruption mortelle, c'est à l'abus de la liberté de la presse, c'est à la distribution perfide d'écrits empoisonnés, à la publication des maximes subversives de la liberté, de la propriété, et du gouvernement qui les protège, c'est à la propagation des idées contre-révolutionnaires, aux prédictions des apôtres du royalisme, qu'on doit l'attribuer.

Il n'est pas possible de se le dissimuler : une vaste et atroce conjuration existe contre la République ; elle éclate sur tous les points, elle frappe tous les yeux ; elle attaque toutes les autorités, menace tous les vrais républicains.....

Les témoins, ce sont les cadavres des républicains égorgés au midi, massacrés à l'ouest, menacés de tous les côtés ; les preuves, ce sont les insurrections qui éclatent dans un département, lorsqu'elles sont à peine étouffées dans un autre ; les journaux incendiaires, les libelles exécrables, dont on inonde la République.

. . . .

Les écrivains audacieux se divisent toujours en deux bandes, dont les suggestions, les inspirations, produisent les mêmes effets ; ils marchent séparés, mais ils se rejoignent à un point désigné ; ils suivent deux routes opposées, mais le tombeau de la Constitution est le lieu de leur commun rendez-vous, la mort du gouvernement est le mot de ralliement de leurs cohortes impies.

Les uns prêchent ouvertement le mépris des lois républicaines et le retour à la royauté. Les autres, en parlant de la République, en se proclamant ses apôtres privilégiés, ses défenseurs exclusifs, l'attaquent dans ses éléments, et veulent arriver à sa destruction par l'anéantissement des pouvoirs qui la maintiennent, des lois qui la conservent, de la constitution qui l'établit.

Les uns, comme la *Quotidienne*, le *Miroir*, et autres journaux frappés par la loi du 24 fructidor, prodiguent aux législateurs, aux directeurs, aux généraux, aux membres des administrations civiles et militaires, toutes les injures, tous les outrages ; ils reprochent à la République les crimes de la tyrannie, aux républicains les atrocités que les rois ont fait commettre ; ils ont commandé les forfaits, ils les ont payés, et ils en accusent ceux qui en ont été les victimes.

Les autres, comme le journal que les hommes libres s'indignent de voir porter leur nom, calomnient, dénoncent, outragent les plus vieux soldats, les plus chauds amis, les plus dévoués adorateurs de la liberté et de la République.

Pour eux nul législateur n'est vertueux, nul magistrat n'est patriote, nul administrateur n'est pur ; le général qui vient de rallier une armée est un traître.

A leurs yeux, nulle loi n'est bonne, nulle détermination n'est utile, nulle mesure n'est salutaire. Selon leur jugement, la législature est sans énergie, sans lumière, le Directoire sans courage, les citoyens sans dévouement, la patrie sans enfants.

A les croire, on ne peut espérer le salut public que d'une régénération à leur manière et qui n'est que destruction ; ils appellent par leurs vœux et leurs regrets les temps qui ont précédé le régime constitutionnel.

Citoyens représentants, le Directoire exécutif n'a pu s'y tromper : les agents véritables, immédiats, de la conjuration qui cause les communes alarmes, sont dans la double bande de ces écrivains parricides ; les causes de nos troubles intérieurs sont dans la nomenclature odieuse de leurs écrits venimeux.

Portez-vous par la pensée dans ces départements où la distance rend la vérité plus lente à arriver, où le défaut de lumières la rend plus difficile à saisir.

Le royalisme, d'un côté, y accuse le régime républicain de tous les sacrifices, de toutes les privations, que les rois nous imposent par les dangers dont ils nous entourent.

Ceux qui se parent des couleurs du patriotisme présentent en d'autres termes les mêmes pensées, font entendre les mêmes clameurs ; ils reprochent au gouvernement la durée des maux et des périls auxquels ils l'empêchent de remédier.

Ce concert d'accusations contre les autorités légitimes sème l'épouvante, le découragement, détruit le patriotisme, et mène les citoyens, abusés, abattus, à l'erreur par la calomnie, au crime par le désespoir.

Que peut contre ce torrent dévastateur la faible digue qu'opposent les lois et les tribunaux ? Les lois sont impuissantes, et, dès lors, les tribunaux sont sans action. Qu'importe à ces conspirateurs de toutes les livrées une dénonciation qui ne frappe que leurs noms, et laisse subsister et envenime encore leurs écrits ; une accusation devant un tribunal dont ils insultent l'autorité par leur audace, dont ils évitent l'atteinte par l'absence, dont ils braveraient la condamnation par la fuite ! Il fallait prendre un parti qui, en préparant la punition du crime, suspendît l'action et ses suites.

Dans cette position difficile, le Directoire a cherché quelles résolutions lui étaient commandées par l'état de la patrie, quelles résolutions lui étaient permises par la loi.

Il a cru trouver la règle de ses devoirs et la borne de son autorité dans l'article 45 de la Constitution, qui dit :

« Si le Directoire est informé qu'il se trame quelque conspiration contre la sûreté intérieure et extérieure de l'Etat, il peut décerner des mandats d'amener et des mandats d'arrêt contre ceux qui en sont présumés les auteurs et complices. »

Convaincu que la conspiration existe, que ses plus dangereux agents sont ceux qui veulent, préparent, provoquent la destruction du gouvernement établi, qui sèment la division entre tous les citoyens, déchirent toutes les réputations, calomnient toutes les intentions, ameutent tous les partis, raniment toutes les factions, réchauffent toutes les haines, menacent tous les pouvoirs, discréditent toutes les mesures, découragent tous les agents, avilissent la représentation nationale, énervent l'autorité exécutive, insultent à la nation entière, le Directoire a décerné des mandats d'arrêt contre les auteurs et imprimeurs du *Bulletin officiel des Armées coalisées,* de la *Parisienne,* de la *Quotidienne,* du *Courrier de Paris,* du *Démocrate,* du *Miroir,* de la *Feuille du Jour,* du *Nécessaire,* des *Hommes libres,* du *Grondeur,* du *Défenseur de la Patrie* faisant suite à l'*Ami du Peuple.* Il a ordonné que les scellés seraient apposés sur les presses et les cabinets des auteurs et imprimeurs de ces journaux.

Citoyens représentants, la loi autorisait, les circonstances commandaient l'acte préservateur que le Directoire vous annonce ; il a dû arracher à quelques mains corrompues et parricides, à une poignée de conjurés audacieux, les armes funestes qui assassinaient la patrie...

La Constitution avait prévu le danger, elle avait préparé le remède : le Directoire en a fait usage. Les prévenus sont sous la main de la loi ; elle prononcera.

Cependant une loi sur les abus de la presse aurait prévenu le retour des maux dont le Directoire vient d'arrêter le cours.

En attendant que cette loi soit rendue, l'opinion publique ne sera plus journellement pervertie...

L'acte de rigueur qu'annonçait ce message fut hautement approuvé par le Conseil des Anciens, qui l'avait provoqué ; on y exprima vivement le regret d'avoir révoqué la loi de censure de fructidor avant d'avoir promulgué une loi de répression. Mais il en fut autrement au Conseil des Cinq-Cents ; le message y souleva de violentes protestations.

Je ne puis m'empêcher, s'écria Briot, d'exprimer ici l'indignation vive et profonde que m'ont inspirée et le style du message et les intentions de ceux qui l'ont dicté... Quoi ! c'est au moment où l'on vient parler de concorde à cette tribune, où vous vous êtes montrés disposés à étouffer toutes les haines, que l'on vous propose de sanctionner par un lâche silence l'arrêt inconstitutionnel et dangereux que le Directoire vient de prendre. Quoi ! c'est après le 30 prairial que l'on vous annonce l'acte de tyrannie le plus indécent !... Quoi ! des mandats d'arrêt sont décernés contre les écrivains politiques qui sont indépendants par la Constitution, et qui ne peuvent être frappés que par la loi ! Il suffira donc d'être écrivain politique pour être mis en état d'arrestation, si les principes dont vous faites profession ne plaisent pas au Directoire ?... Si un homme est arrêté parce qu'un numéro de son journal déplaît au Directoire, où en sommes-nous ?... Il ne faut pas que le Corps législatif garde le silence sur cet acte de tyrannie... Je demande l'impression du message et du rapport, et le renvoi à une commission pour en faire un rapport dans trois jours.

Engerrand soutient qu'il ne faut pas confondre la liberté de la presse avec sa licence; que les journaux contre-révolutionnaires font plus de mal à la République que les armées coalisées. C'est par la licence des journaux, dit-il, que la diète de Pologne fut avilie et déconsidérée, que la division fut soufflée entre les divers partis, et les puissances voisines en profitèrent pour se partager ce beau pays. Que cet exemple nous serve de leçon. Je demande l'ordre du jour sur la proposition de Briot, et que la commission de liberté de la presse soit tenue de faire un rapport dans trois jours

Cette proposition fut adoptée. « Tous les bons esprits, dit Lucien, sentaient que priver le gouvernement de censure et de loi pénale, et le livrer à la rage impunie des partis contraires, c'était le réduire à l'impuissance. L'application aux journalistes d'un article constitutionnel dirigé contre les cas de conspiration était sans doute forcée; mais il y avait moins d'inconvénients à forcer l'application d'un article qu'à laisser le pouvoir à la merci des royalistes et des Jacobins. Le rapport cependant n'eut pas lieu, l'attention de l'Assemblée ayant été détournée par de plus graves préoccupations. La mesure annoncée par le message du Directoire n'en eut pas moins son cours : onze nouveaux journaux, comme nous l'avons dit, virent leurs rédacteurs arrêtés et leurs presses mises sous les scellés.

C'était le 17 fructidor an VII, presque le jour anniversaire du coup d'Etat ; c'en fut comme le complément pour la presse.

On est assez généralement porté à croire que c'est Bonaparte qui tua la presse. On voit dans quel état la lui livrait le Directoire : le Consulat la trouvait agonisante ; il ne fit que lui donner le dernier coup.

Un arrêté du 17 janvier 1800 réduisit à treize le nombre des feuilles politiques (1). Cette mesure,

(1) On trouve dans le *Moniteur* un relevé des journaux, tant quotidiens que périodiques, expédiés de Paris par la poste pour les départements, du 1er germinal an VIII au 30 floréal an IX. Ce relevé, qui ne comprend pas les journaux distribués dans Paris, ni les périodiques expédiés par d'autres voies que la poste, présente les résultats suivants :

En germinal an VIII, dix-neuf journaux quotidiens, presque tous politiques, envoyaient chaque jour dans les départements...................... 49,313 n°°

Vingt et un journaux périodiques, de sciences, arts ou littérature, en expédiaient. 4,365

En tout.................... 53,678 n°°

Au 30 floréal an IX, le nombre des journaux quotidiens était réduit à seize, qui expédiaient dans les départements 33,931 numéros.

exorbitant pour le temps qui courait; mais ce qui l'était davantage, c'était la prohibition pour l'avenir de créer aucune feuille nouvelle.

Les consuls de la République, dit cet arrêté, considérant qu'une partie des journaux qui s'impriment dans le département de la Seine sont des instruments dans les mains des ennemis de la République; que le gouvernement est chargé spécialement par le peuple français de veiller à sa sûreté, arrêtent ce qui suit :

I. Le ministre de la police ne laissera, pendant toute la durée de la guerre, imprimer, publier et distribuer que les journaux ci-après désignés : — le *Moniteur universel*; — le *Journal des Débats*; — le *Journal de Paris*; — le *Bien-Informé*; — le *Publiciste*; — l'*Ami des Lois*; — la *Clef du Cabinet des Souverains*; — le *Citoyen français*; — la *Gazette de France*; — le *Journal des Hommes libres*; — le *Journal du Soir*, par les frères Chaigneau; — le *Journal des Défenseurs de la Patrie*; — la *Décade philosophique*;

Et les journaux s'occupant exclusivement des sciences, arts, littérature, commerce, annonces et avis.

II. Le ministre de la police fera incessamment un rapport sur tous les journaux qui s'impriment dans les autres départements.

III. Le ministre de la police veillera à ce qu'il ne s'imprime aucun nouveau journal, tant dans le département de la Seine que dans les autres départements de la République.

IV. Les propriétaires et rédacteurs des journaux conservés par le présent arrêté se présenteront au ministre de la police pour justifier de leur qualité de citoyen français, de leur domicile et de leur signature, et promettront fidélité à la Constitution.

V. Seront supprimés sur-le-champ tous les journaux qui inséreraient des articles contraires au respect dû au pacte social, à la souveraineté du peuple et à la gloire des armées, ou qui publieraient des invectives contre les gouvernements et les nations amis ou alliés de la République, lors même que ces articles seraient extraits des feuilles périodiques étrangères.

M. Thiers, qui le premier a compris le parti que l'historien pouvait tirer des journaux, mais qui cependant est loin de leur avoir fait dans son *Histoire de la Révolution* la place qu'ils méritaient — car il en parle à peine — a donné de cette mesure une explication plausible.

« Le premier consul, dit-il, qui avait déjà supporté avec peu de patience les attaques des journaux royalistes lorsqu'il était simple général de l'armée d'Italie, commençait à s'inquiéter maintenant des indiscrétions que la presse commettait à l'égard des opérations militaires (1), et des attaques virulentes qu'elle se permettait contre les gouvernements étrangers. S'appliquant d'une manière toute particulière à réconcilier la République avec l'Europe, il craignait que les feuilles républicaines, fort déchaînées contre les cabinets, surtout depuis le refus des offres de la France, ne rendissent vains tous ses efforts de rapprochement. Le roi de Prusse notamment avait eu à se plaindre de quelques journaux français, et en avait exprimé son déplaisir. Le premier consul, qui voulait effacer partout les traces

(1) Ces indiscrétions avaient également fourni un prétexte au Directoire dans la guerre à outrance que nous l'avons vu faire aux journaux. Le 17 vendémiaire an VII, il supprimait le *Propagateur*,« considérant que les journaux qui, ainsi que venait de le faire cette feuille, annoncent, d'une manière vraie ou fausse, les mouvements des bâtiments de guerre, des convois de la République et des troupes de terre et de mer, ou rendent compte soit des préparatifs militaires qui se font dans les ports, sur les côtes ou partout ailleurs, soit des différentes opérations militaires ou maritimes non encore consommées, éveillent l'attention de l'ennemi, appellent ses forces, et trahissent des intérêts que la prudence et l'amour de la patrie devraient faire soigneusement respecter par tous les sincères amis de la République. »

de la violence, et qui n'était pas retenu, d'ailleurs, à l'égard de la liberté de la presse, par une opinion publique ferme et arrêtée, telle que celle qui existe aujourd'hui, prit une décision par laquelle il supprima une grande quantité de journaux, et désigna ceux qui auraient le privilége de continuer à paraître. Ces dispositions devaient demeurer en vigueur jusqu'à la paix générale... »

Ces raisons, sans doute, ne sauraient excuser un pareil abus de pouvoir, elles l'expliquent seulement. Mais M. Thiers fait précéder cette explication de considérants qui ne me paraissent pas également justes, et dans lesquels il fait, en vérité, par trop bon marché de la presse révolutionnaire.

« Un peu avant la clôture de la session, le premier consul prit, à l'égard de la presse périodique, une mesure qui aujourd'hui ne serait rien moins qu'un phénomène impossible, mais qui alors, grâce au silence de la Constitution, était une mesure tout-à-fait légale, et, grâce à l'esprit du temps, à peu près insignifiante. La Constitution, en effet, ne disait rien à l'égard de la presse périodique, et il paraîtra étonnant qu'une liberté aussi importante que celle d'écrire n'eût pas même obtenu une mention spéciale dans la loi fondamentale de l'Etat. Mais *alors* la tribune, tant celle des Assemblées que celle des clubs, avait été pour les passions révolutionnaires le moyen préféré de se produire, et on avait tant usé du droit de parler qu'on avait tenu peu de compte du droit d'écrire. A l'époque du 18 fructidor, la presse fut un peu plus employée, mais particulièrement par **les royalistes**, et elle excita contre elle un tel soulèvement chez les révolutionnaires qu'elle leur inspira depuis un médiocre intérêt. On souffrit donc qu'elle fût proscrite au 18 fructidor, et que dans la rédaction de la Constitution de l'an VIII elle fût omise, et livrée dès lors à l'arbitraire du gouvernement (1). »

J'en demande pardon à l'illustre historien, mais tout cela me paraît dit avec une bien grande légèreté ; il y a dans ce jugement autant d'hérésies que de mots. Qu'entend-il par cet *alors?* Est-ce l'époque dont il parle, 1800 ? Mais alors il n'y avait plus de clubs, et la tribune nationale n'avait pas, que je sache, un grand retentissement. Veut-il parler de l'époque révolutionnaire en général , comme le donne à penser la phrase relative au 18 fructidor ? Mais, dans ce cas, je lui demanderais ce qu'étaient les clubs en 89 et 90. Et la Constituante elle-même, qu'était son influence comparée à celle de ces feuilles innombrables devenues le pain du peuple ? Qu'était-ce que la tribune nationale auprès de celle des *Révolutions de Paris,* pour ne citer qu'un exemple, autour de laquelle se groupaient deux cent mille souscripteurs, un million d'auditeurs avides ! Et

(1) *Histoire du Consulat et de l'Empire*, t. 1.

son retentissement, que nous sommes loin de nier, la tribune n'en était-elle pas redevable à ces milliers d'échos qui en répercutaient les moindres voix jusqu'aux extrémités de la France ? Sièyes, dans un rapport demeuré célèbre, disait, avec autant d'éloquence que de raison, « que la solution du problème des grandes républiques avait été donnée par la découverte de l'imprimerie; que cet art avait procuré aux grands empires une tribune d'où l'orateur pouvait, en un moment, se faire entendre à vingt-quatre millions d'hommes aussi facilement que Cicéron et Démosthènes pouvaient être entendus de ceux qui remplissaient le Forum ou l'Agora; que l'imprimerie était pour l'immensité de l'espace ce qu'était la voix de l'orateur sur la place publique de Rome et d'Athènes; que par elle la pensée de l'homme de génie se portait à la fois dans tous les lieux avec la rapidité de l'éclair; qu'elle allait, pour ainsi dire, frapper l'oreille de l'universalité de l'espèce humaine. »

Si l'on n'avait pas réglementé la presse, était-ce par mépris pour sa faiblesse ? N'était-ce pas, au contraire, parce qu'on n'osait s'attaquer à cette puissance redoutable, et aussi parce qu'on avait intérêt à la ménager ? Je n'ai point à expliquer ici le silence de la Constitution du 22 frimaire à l'égard de la presse; je me bornerai à dire qu'on n'en saurait argumenter contre ses droits imprescriptibles, contre une liberté proclamée jusque-là la première et le fondement de toutes les autres, une liberté, en un mot, qui n'a pas besoin d'être reconnue. On n'en saurait argumenter davantage contre l'importance, contre la puissance de la presse révolutionnaire ; et Beaulieu, si bien placé pour en juger, était évidemment dans le vrai, quand il écrivait « que les journaux doivent occuper une grande place dans l'histoire de la Révolution, et qu'ils en ont été, sans contredit, le véhicule le plus actif (1). »

Pour ce qui concerne le 18 fructidor, nos lecteurs savent quel fut, avant et après cette journée, le rôle de la presse des deux partis, et surtout si elle fut un peu plus employée alors qu'elle ne l'avait été jusque-là.

Quoi qu'il en soit, nous convenons avec M. Thiers que « cette mesure, qui paraîtrait si extraordinaire aujourd'hui, fut accueillie sans murmure et sans étonnement, parce que les choses n'ont de valeur que par l'esprit qui règne. »

« La liberté de la presse, a dit un journaliste moderne (2), s'était dévorée par ses propres excès. On frémit encore à se rappeler le langage vicieux, les barbarismes sanglants, les lâches dénonciations, les vœux atroces et infâmes de ces feuilles de proscription et de mort que les écrivains terroristes jetaient chaque matin aux coupe-têtes et aux tricoteuses des

---

(1) *Essais historiques sur la Révolution*, t. II, p. 24. — (2) J. Janin.

faubourgs. La presse, cette toute-puissance qui a besoin d'être si respectable et si sage, s'était si fort vautrée dans le barbarisme et la fange, elle s'était tellement attaquée à toutes les personnes et à tous les devoirs, qu'il n'y eut pas une seule réclamation quand le premier consul écrasa du talon de sa botte cette hydre aux mille têtes renaissantes. »

L'hydre n'est là, bien entendu, qu'à cause de ses mille têtes renaissantes, et uniquement pour l'image ; car personne ne sait mieux que l'illustre critique auquel j'emprunte cette citation combien elle est bonne mère, cette hydre aux mamelles intarissables, et nul ne la verrait écraser avec plus de déplaisir. La vérité est que la France était énervée par ces dix années de fiévreuse agitation, d'émotions poignantes ; qu'elle n'était pas éloignée d'attribuer à la presse une partie des excès, des maux, dont elles avaient été marquées ; qu'enfin elle avait soif de calme, de repos. Après toutes ces vaines agitations à la poursuite d'un bonheur qu'elle n'avait pas rencontré, elle sentait, pour me servir des expressions de Montesquieu, « le besoin de se reposer, fût-ce même dans un gouvernement plus absolu que celui qu'elle avait renversé. »

« Au commencement de la Révolution, dit avec infiniment de justesse M. de Monseignat, sur les pas duquel j'ai souvent marché dans cette rapide esquisse, sans pourtant que je partage entièrement sa manière de voir, le pays, excité par le souvenir récent des abus de la royauté, avait applaudi avec passion à toutes les innovations qui abaissaient le pouvoir royal ; maintenant était venu le temps où, après avoir passé par les périls et les horreurs de l'anarchie, il accueillait, avec un égal transport, tout ce qui tendait à réprimer le pouvoir populaire. Telle est, en effet, la mobilité du peuple : aujourd'hui vous le voyez, dans son ardeur pour la liberté, lui sacrifier l'ordre sur lequel reposent sa prospérité et son bien-être ; demain il se précipite dans le pouvoir absolu comme dans un port, sans plus de souci pour ses droits dont il était si épris la veille... N'avait-on pas fait, d'ailleurs, et assuré à l'avenir, cette conquête de l'égalité civile, la plus chère de toutes à l'esprit français ? N'avait-on pas un gouvernement comme la France les aime, actif, brillant, et qui offrait au peuple des nouveautés fécondes et glorieuses ? De nobles distractions, dignes de la France, étaient offertes à l'esprit public. Le canon grondait, à défaut des idées ; on avait de grands événements, des spectacles, des bulletins, des triomphes, du bruit, de la gloire : on était content, et on s'apercevait à peine que l'on commençait à glisser sur une autre pente. »

La presse de la Révolution, comme tous les acteurs de ce drame passionné, où la mesure était si

difficile, comme la Révolution elle-même, offre un
mélange de bien et de mal, qui fait qu'elle a été
applaudie par les uns et que les autres l'ont ana-
thématisée. A quelque point de vue qu'on se place
cependant, à moins d'être complétement aveuglé
par la passion, l'on ne saurait nier qu'elle n'ait
grandement servi la cause de la liberté, et ses torts
ne peuvent faire oublier la part décisive qu'elle eut
dans l'œuvre régénératrice de 89.

Il ne faudrait pas d'ailleurs les exagérer, ces torts
de la presse révolutionnaire. Il y en a qui sont en
quelque sorte dans l'essence même du journalisme. Le journaliste est placé en sentinelle, et
chargé de crier *Qui vive !* à la simple apparence du
danger. La prudence ombrageuse est une loi de la
guerre des partis. Une seule chose est inexcusable,
c'est le mensonge calculé sur les faits et la calomnie systématique sur les personnes ; on n'én a que
trop d'exemples. Quant aux alarmes vaines, aux
soupçons, aux contradictions, il faut en prendre
son parti, et faire une distinction entre le journaliste et l'historien.

« Le public, dit Camille Desmoulins, est bien
injuste de nous reprocher de varier continuellement
dans notre témoignage ; il ne veut nous considérer
que comme des historiens. L'historien est sans intérêt, parce qu'il raconte des événements passés :
on peut asseoir un jugement certain quand la toile

est baissée, et parler des acteurs qui ont quitté
leur rôle. Mais le journaliste, qui a un bout de
rôle dans la pièce, et un intérêt si fort qu'il pourrait bien figurer tragiquement à la catastrophe, le
journaliste qui suit le cours d'une révolution dont
il est témoin, et de l'issue de laquelle dépend la
liberté non-seulement de sa patrie, mais du monde
entier, le journaliste ne peut pas se regarder tellement comme un historien obligé scrupuleusement à
révéler tout ce qu'il sait, qu'il ne se regarde encore
plus comme chargé, en dirigeant toujours l'opinion vers le même but, de changer la manœuvre
selon les vents. Il est historien, et il doit la vérité
à ses lecteurs ; mais il est aussi censeur, et, tant
que la vérité ne lui est pas démontrée, il est une
mesure d'éloge et de blâme qu'il lui est permis de
distribuer, et dont il doit faire le frein des uns et
l'aiguillon des autres. »

On doit appliquer à la presse révolutionnaire ce
que M. de Cormenin dit quelque part de l'éloquence révolutionnaire : « Il ne faudrait pas la juger à distance par les règles du goût, ou la peser
avec une froide raison, et sans tenir compte ni du
trouble de ce temps, ni des revirements extraordinaires de l'opinion, ni des mortelles inimitiés des
partis, ni des réactions du dehors, ni de l'exaltation des âmes, ni de la nouveauté et de la grandeur des événements, ni des dangers imminents de
la patrie. »

Il faut faire la part de l'entraînement des circonstances, il faut tenir compte de ce qu'il y a de sincère et de désintéressé dans ces mouvements spontanés qui entraînent les hommes à épouser le fanatisme de leur parti. Chaque époque, dit encore M. de Monseignat, a ses courants d'idées sur lesquels on est porté et on vogue, presque sans s'en apercevoir ; et les hommes respirent les doctrines de leur temps, religion ou impiété, soumission ou révolte, comme ils respirent l'air lui-même. Cependant, nous le répétons, au-dessus de ces influences passagères, qu'une volonté ferme et honnête doit savoir maîtriser, plane toujours la loi souveraine de l'éternelle justice, et, si elles doivent être admises comme une circonstance atténuante, elles ne sauraient être la justification de ces violences de plume auxquelles les écrivains de la presse périodique se laissent si facilement emporter dans la fièvre de l'improvisation, et qui ont trop souvent dans la rue leur retentissement et leur contre-coup.

—

NOTICES

SUR

LES PRINCIPAUX JOURNAUX ET JOURNALISTES

NOTICES

LES PRINCIPAUX JOURNAUX ET JOURNALISTES

—

Nous avons vu quel rapide et prodigieux développement la presse avait pris pendant les premières années de la Révolution ; j'en ai esquissé à grands traits le rôle et le caractère général. Nous allons maintenant passer en revue les principaux journalistes, et biographier les feuilles les plus marquantes, celles qui ont joué un rôle, exercé une influence, ou encore qui appelleront notre attention par une physionomie originale, par quelque particularité saillante.

Je ne saurais, dans cette galerie, m'astreindre à un classement méthodique ; j'essaierai cependant d'y mettre un certain ordre. Ainsi il y aura, si l'on veut bien me permettre cette comparaison, le côté gauche, par lequel nous commencerons, et le côté droit, et j'aurai égard, autant que possible, au

48.

droit de primogéniture. Mais il arrivera plus d'une
fois que des circonstances de diverse nature, la
valeur ou la dimension d'un tableau, parfois même
la forme du cadre, ou bien l'intérêt d'un rapprochement, le piquant d'un contraste, nous feront
aller de droite à gauche et confondre les rangs. Ce
sera, d'ailleurs, un moyen de rompre la mono-
tonie et de prévenir la fatigue qu'occasionne toujours assez promptement l'exploration d'une galerie
de tableaux, si riche et si variée qu'elle soit.

Ici encore je serai amené à faire de fréquentes
citations; je les ferai en toute impartialité, et j'y
mettrai d'autant plus de circonspection que j'avan-
cerai davantage dans les temps modernes. Je n'entends certes pas aliéner mon libre arbitre; mais
je dirais volontiers ce que disait un jeune et brillant écrivain en abordant l'étude d'une des plus
grandes figures du journalisme révolutionnaire,
de Camille Desmoulins : « C'est surtout par de
nombreux extraits de ces feuilles peu connues,
contrôlés par quelques jugements contemporains,
que nous voulons exposer leur valeur politique et
leur mérite littéraire. Nous mettrons sous les yeux
du lecteur les pièces mêmes du procès, lui laissant
porter son jugement sur l'homme et sur l'écrivain.
Peut-être, en ce temps de passions politiques, est-
ce le procédé le plus sûr et le plus loyal pour raconter les événements et les hommes de notre Révo-

lution ; outre la défiance que doivent inspirer à l'historien son insuffisance à juger des questions si délicates, et l'intérêt même de son amour-propre bien entendu, il doit redouter, en pareil cas, jusqu'à ses convictions les plus sincères : car c'est encore le présent que la passion approuve ou condamne dans le passé (1). »

(1) Eugène Despois, *Liberté de penser*, t. IV, p. 497.

Ses premiers essais. — Le Courrier de Provence.

Mirabeau ne fut pas, rigoureusement parlant, le premier en date des journalistes de la Révolution, encore moins en fut-il le premier en importance; cependant il mérite de figurer à leur tête par l'énergie avec laquelle il enleva, en quelque sorte d'assaut, la liberté de la presse, et c'est au *Courrier de Provence* que se rattachent les premiers épisodes de l'histoire du journalisme révolutionnaire.

Nous n'avons pas à raconter la jeunesse orageuse de l'illustre tribun ; tout ce que nous dirons, c'est que par sa vie avantureuse, sinon par sa naissance, il appartint à cette Bohême littéraire dont nous avons parlé. De bonne heure il fut obligé de demander à sa plume les ressources que lui refusait sa famille, et ses travaux littéraires furent longtemps les seuls moyens d'existence sur lesquels il put compter. Loin de s'en plaindre, il s'en faisait honneur, car, à ses yeux, la première des profes-

sions était celle des hommes de lettres, pourvu
qu'ils comprissent bien leur mission :

Ah! disait-il, s'ils se dévouaient loyalement au noble métier
d'être utiles! Si leur indomptable amour-propre pouvait composer avec lui-même et sacrifier la gloriole à la dignité! Si, au lieu
de s'avilir, de s'entredéchirer, de détruire réciproquement leur
influence, ils réunissaient leurs efforts et leurs travaux pour terrasser l'ambitieux qui usurpe, l'imposteur qui égare, le lâche qui
se vend ; si, méprisant le vil métier de gladiateurs littéraires, ils
se croisaient, en véritables frères d'armes, contre les préjugés, le
mensonge, le charlatanisme, la superstition, la tyrannie, de
quelque genre qu'elle soit, en moins d'un siècle la face de la terre
serait changée !

Le journalisme devait forcément l'attirer; cependant il éprouva d'abord quelque répugnance à se
lancer dans cette carrière, ou du moins, en y en-
trant, il aurait voulu rester parfaitement maître de
choisir les sujets, soit de ses compositions, soit des
articles qui rendraient compte de nouvaux ouvrages. Mais cette condition faisait naître des difficultés, contre lesquelles il « se hérissait en scribe in-
docile » ; ce sont ses termes. « Hélas! oui, je le sais
trop, la même circonstance qui apprend à chanter aux perroquets et autres oiseaux et oisons af-
famés et babillards comme moi pourra me forcer
incessamment à céder, et à m'enfoncer dans ce
bourbier des folliculaires. Travailler sous la dictée
des autres, sur l'esprit des autres, n'est cependant
pas, selon moi, un bon régime, pour peu que l'on

ait d'esprit ; mais enfin la nécessité est une loi à laquelle on ne peut se soustraire, et je vois bien que, d'ici au moment où je recueillerai le patrimoine qui ne peut me manquer, il me faudra, de gré ou de force, exploiter ce filon ingrat (1). »

Quelques mois après, il écrivait à M. de Montmorin, depuis ministre :

Je n'ai pas du tout les idées vulgaires sur la considération ; je n'en donne qu'à ce qui en mérite, à la vertu, aux talents, et nullement à tout l'entourage factice de la société. Sevré depuis longtemps des illusions auxquelles m'appelait le hasard de ma naissance, accoutumé à être moi, à n'être que moi, à ne m'estimer que par moi, je tâcherai de mériter toutes les places et de me consoler de n'en avoir aucune, si votre bonté ne peut quelque jour parvenir à vaincre ma destinée. En vérité, les Anglais nous valent, voire même un peu plus ; eh bien! il n'est pas chez eux un homme de mérite, un homme public, un talent constaté, qui n'ait travaillé longtemps à ces écrits périodiques, à ces feuilles volantes que notre ininstruction dédaigne, et qui, en tous lieux, ont produit de grands changements dans les choses, de grandes révolutions dans les idées, de grands effets sur les hommes. Je ne puis pas me trouver humilié de faire ce que l'élite de l'Angleterre a toujours fait, ce qu'elle fait encore, et je ne croirai pas avoir été inutile à mon pays, même en ce sens, si l'exemple d'un homme dont le nom, ni le talent, ni la manière, ne sont subalternes, y détruit ce déraisonnable et nuisible préjugé.

Il forma dès lors le projet d'une feuille hebdomadaire, qu'il intitulait le *Conservateur*, et dont l'objet aurait été de recueillir et rassembler un choix de morceaux d'élite, enfouis dans des ouvrages an-

_____
(1) *Mémoires*, t. IV, p. 302, 303.

ciens que faisait oublier, ou du moins négliger,
l'accroissement journalier, et dès lors très-mar-
qué, des produits de la presse. Voici, du reste,
comment il expliquait lui-même son projet, dans
une lettre à un ami :

Vous savez quel est le plan de journal que je conçois, et qu'on
ne veut pas comprendre. Il serait fait sur l'idée assez neuve,
peut-être, et qui, selon moi, n'est pas sans utilité, de s'occuper
des vieux livres, comme les journaux ordinaires s'occupent des
nouveaux. Abréger et choisir est assurément aujourd'hui le besoin le plus urgent des sciences et des lettres. Conserver est
d'une utilité moins prochaine peut-être, ou plutôt moins abon-
dante. Mais cependant, à mesure que le goût de l'érudition passe,
que la manie d'écrire devient plus contagieuse, que l'ardeur de
publier et la précipitation avec laquelle on publie, la manie ou
la nécessité de sacrifier au goût du jour, aux coryphées du temps,
à la prétention d'être exempt de préjugés, ce qui n'est guère,
au fond, que substituer des préjugés à des préjugés ; à mesure,
dis-je, que toutes ces maladies nous gagnent et s'aggravent, nous
négligeons trop les efforts de nos devanciers, qui, quand il serait
vrai que nous les surpassions par le talent de mettre en œuvre,
n'en devraient que mieux appeler nos regards, afin du moins de
monter avec élégance ce qu'ils ont lourdement enchâssé. Je dis
donc que cet article rendra quelque chose, et j'invoque à cet
égard vos recherches, nos philologues du XVIe siècle, nos savants
du XVIIe, nos recueils, nos compilations de tous les temps,
excepté de celui où l'on n'a plus fait de livres qu'avec des cen-
tons bien ou mal cousus, et des tragédies qu'avec de vieux
hémistiches.

Vous savez qu'un autre de mes projets est de donner successivement un travail sur les collections académiques, et notamment
sur les Mémoires de l'Académie des Inscriptions et Belles-Lettres,
qui, réunissant les mémoires intéressants, mais les réunissant en
les amalgamant, en les fondant, en les éclairant, élaguant et cri-

tiquant l'un par l'autre, tire de ce chaos tout ce qui peut intéresser les philosophes, les gens de lettres et les gens du monde,
sans les accabler sous le poids d'une érudition fastidieuse. C'est
encore là un travail dont le besoin est senti et l'utilité incontestable.

J'admettrai encore la politique spéculative, les finances, etc.,
et le peu que je prendrai de littérature récente, c'est mon affaire.
Je dis *politique spéculative*, car, bien qu'on m'en sollicite beaucoup, je ne ferai point ce que Linguet a si ridiculement appelé
des *Annales* : le métier de houzard ne peut plus me convenir ; il
n'est pas même, en ce genre, absolument compatible avec
le respect de soi-même : car n'y a-t-il pas une extrême témérité
à donner des nouvelles de ce qui se passe au loin et des jugements sur ces nouvelles, tandis que l'expérience journalière nous
démontre qu'il est si difficile de savoir ce qui se passe chez soi ?

C'est au commencement de 1786 que Mirabeau
lança le prospectus de ce journal, qu'il présentait
comme un dépôt également précieux pour les sciences et les lettres, comme intéressant les philosophes
et les citoyens qui cultivaient l'économie politique.
Il n'était pas dit, remarquent avec leur malice habituelle les *Mémoires secrets,* quand paraîtrait ce nouveau recueil, mais bien qu'on pouvait envoyer son
argent à M. Hermann, propriétaire du *Nouvelliste
politique* de l'Allemagne, à Cologne. Du reste, l'auteur espérait qu'on ne soupçonnerait pas que le
nom de Mirabeau pût servir de caution à aucun
brigandage typographique ou littéraire.

Les souscripteurs ne s'étant pas rendus à toutes
ces belles raisons, Mirabeau, si l'on en croit Mallet
du Pan, aurait jeté son dévolu sur le *Mercure.*

« Peu de temps après la révolution ou plutôt la contre-révolution hollandaise, dit Mallet, quelques Français vagabonds, dont on stipendiait en Hollande les pamphlets contre le prince et la princesse d'Orange, chassés par la peur et les hussards prussiens, retombèrent sur les bras du gouvernement ; ils se coalisèrent avec Mirabeau pour me faire enlever le *Mercure,* et se l'approprier ; ils fatiguèrent le département des affaires étrangères d'horreurs et d'impostures contre moi ; ils me peignirent, Mirabeau en particulier, comme un anglomane effréné, qui trahissait le gouvernement en écrivant contre ses vues : l'intérêt des ministres exigeait qu'ils m'arrachassent la plume et qu'elle fût remise aux mains fidèles de Mirabeau et de ses associés. Ces manœuvres échouèrent devant la justice du ministre ; il n'écouta point les préventions qu'on lui avait inspirées, et il respecta ma propriété. Je me plais à lui en témoigner publiquement ma reconnaissance au moment où il n'est plus en place. »

Mirabeau, voyant que le poste du *Mercure* lui échappait décidément, obtint du ministre l'autorisation de publier une feuille où, sous le titre peu exact d'*Analyse des Papiers anglais,* il se mit à juger la politique de toute l'Europe, en dépit des réclamations de Panckoucke, qui se plaignait de cette violation de son privilége. Dans cette feuille, Mira-

beau fait une guerre acharnée à Mallet, sous prétexte que c'est à lui qu'il faut attribuer la mauvaise
issue de la révolution hollandaise, mais un peu
aussi, on peut bien le supposer, par ressentiment
de la fermeté avec laquelle le rédacteur du *Mercure*
avait défendu sa maison ; il ne laissait échapper
aucune occasion de l'attaquer, l'accusant hautement
de trahir le gouvernement, « aux gages de qui il
était. »

Il fut puissamment aidé dans cette lutte par un
jeune écrivain qui devait être, avec lui, le premier
champion de la presse révolutionnaire ; nous voulons parler de Brissot de Warville. On lit dans les
Mémoires de ce dernier :

« Mirabeau voulait publier une feuille sous le
titre d'*Analyse des Papiers anglais*. C'était un masque à la faveur duquel il répandait dans le public
des vérités hardies ; mais il ne connaissait malheureusement ni la langue anglaise, ni l'état de l'Angleterre. Je lui offris gratuitement d'être son collaborateur pour cette partie, et il accepta avec son
amabilité ordinaire. Hardi dans l'attaque, il eut de
violentes disputes avec Mallet du Pan sur le procès
d'Hastings et sur la situation des Anglais dans les
Indes orientales, et mes études sur ce sujet lui furent utiles. Je composai aussi, contre Mallet, plusieurs lettres qui ont été publiées sous le nom de
Mirabeau. Je dois rendre une justice à notre adver-

saire : il savait bien l'histoire, il était instruit des
matières sur lesquelles il écrivait, tandis que l'instruction manquait entièrement à Mirabeau, dont
quelques ouvrages sont surchargés des notes d'un
érudit. »

Mirabeau, en effet, si l'on en croit Brissot, qui
l'a beaucoup pratiqué, était loin d'être aussi stu-
dieux, aussi instruit, aussi laborieux, que pourraient le faire croire les nombreux ouvrages qui
ont paru sous son nom. Les plaisirs, les intrigues,
absorbaient la meilleure partie de son temps.
« D'autres pensaient, écrivaient, imprimaient à sa
place. Il ne prêtait que son nom ; ce nom qui, par
la bizarrerie de ses aventures, par l'audace de son
caractère, fixait, entraînait toujours l'attention, ce
nom avait un grand prix, et c'était une sage et
utile spéculation que de l'acheter. Cette vente était,
dans Mirabeau, le produit d'un calcul encore plus
politique que pécuniaire. Il fallait en imposer au
peuple par un grand nom. Qu'importait le moyen
par lequel il y parvînt ? Qu'importaient les satires ?
Il avait trouvé le secret de les étouffer, ou au moins
de créer le doute : c'était de ne pas répondre. »
Habile metteur en œuvre, Mirabeau avait, comme
il le disait lui-même, un talent particulier pour
accoucher les hommes à idées ; bien pénétré de
leurs pensées, il les faisait siennes, et leur imprimait son cachet original.

Nous aurons l'occasion de revenir sur l'*Analyse des Papiers anglais*, à l'article Brissot.

Mirabeau, d'ailleurs, se montra de tout temps l'un des plus ardents champions de la liberté de la presse. Dès sa jeunesse il avait proclamé à cet égard les principes qui furent ceux de toute sa vie.

La politique qui interdit la liberté d'écrire et de publier ses pensées est aussi mauvaise comme *politique* qu'elle est barbare comme *loi*.

Elle est mauvaise, parce qu'elle doit inspirer la plus grande méfiance contre les intentions du gouvernement ;

Parce qu'elle doit établir entre le peuple et ses chefs la confusion de la tour de Babel ;

Parce qu'elle rend inévitables les fautes des ministres, qui ne sont ni éclairés, ni conseillés, ni redressés, et qui ne craignent plus ni la critique, ni les plaintes, ni le jugement sévère de l'opinion publique, qui ne peuvent plus se manifester.

Les lois des Douze Tables furent exposées un an entier aux yeux de tous avant d'être promulguées : tous les accueillirent et les respectèrent.

Cette politique est barbare, car comment qualifier autrement la constitution d'un Etat où le roi peut toujours faire la guerre à la nation, sans que la nation puisse jamais être instruite de ses droits, des injustices qu'elle endure, des vexations dont elle est la proie, sans qu'il soit possible de se plaindre des ministres, de détromper le maître, de lui lier les mains, s'il devient un tyran?

Qu'est-ce qu'une constitution où les satellites du despote peuvent toujours séduire et tromper une partie des citoyens, tandis qu'il n'est jamais permis à leurs compatriotes éclairés de les détromper (1)?

Il écrivait en 1788 .

(1) *Essai sur le Despotisme*, p. 255.

Le vrai remède à tous ces maux, c'est la *liberté de la presse,* née de cet art tutélaire de l'imprimerie, ce dépôt impérissable des connaissances humaines, qui doit être à jamais la consolation des sages, la lumière des peuples, l'effroi des tyrans. Sans la liberté de la presse, il ne peut exister ni instruction ni constitution. Et qu'on ne vienne pas objecter la licence qui peut en résulter : les restrictions en ce genre, ainsi que dans tous les autres, ne gênent que les honnêtes gens, comme la contrebande ne sert que les fripons : il en est de cette précieuse liberté comme de la lance célèbre qui seule pouvait guérir les blessures qu'elle avait faites.

Et cette liberté, il la voulait pour tous comme pour lui-même, et il en parle dans son intimité comme dans ses écrits, ainsi que le prouve une lettre familière qu'il écrivait à sa sœur, madame du Saillant, le 20 mai 1790 :

Tu as raison, ce libelle est infâme ; mais c'est le mal d'un bien qui compense tous les maux possibles. Et ne me parle pas de renoncer au bien à cause du mal, car ceux qui réclament contre la liberté de la presse, sous prétexte des abus qui peuvent en résulter, ressemblent beaucoup au sénat de Carthage, qui, par un décret insensé, défendit aux Carthaginois d'apprendre à écrire et à parler grec, parce qu'un traître avait écrit en grec à Denys qu'une armée carthaginoise partait pour attaquer les Syracusains.

A la fin de 1788, il aborde de front la question et la traite magistralement dans un brochure *Sur la Liberté de la Presse,* imitée de l'anglais de Milton (1), et qui lui fut probablement inspirée par l'arrêt du

_____

(1) Avec cette épigraphe, en anglais : Tuer un homme, c'est tuer une créature raisonnable ; mais étouffer un bon livre, c'est tuer la raison elle-même.

Conseil du 15 juillet qui, en promettant les Etats-Généraux, avait invité les citoyens à fournir tous les avertissements, observations et conseils qui pourraient être utiles.

Encouragé par cette interpellation jusqu'alors sans exemple, du moins en matière politique, un libraire de Strasbourg, Levrault, avait imprimé un précis des procès-verbaux des assemblées provinciales ; cette publication, expressément autorisée d'abord, avait été peu après interdite. C'est à cette occasion que Mirabeau s'écrie :

Le roi, par cela même qu'il a consulté tout le monde, a implicitement accordé la liberté de la presse, et l'on redouble toutes les gênes de la presse !

Le roi veut connaître le vœu de son peuple, et l'on étouffe avec la plus âpre vigilance les écrits qui peuvent le manifester !

Le roi veut réunir les esprits et les cœurs, et la plus odieuse des tyrannies, celle qui prétend asservir la pensée, aigrit tous les esprits, indigne tous les cœurs !

Le roi veut appeler les Français à élire librement des représentants pour connaître avec lui de l'état de la nation et statuer sur les remèdes qu'il nécessite, et ses ministres font tout ce qui est en eux pour que les Français ne s'entendent pas, pour que les mille divisions dont la nation inconstituée est viciée depuis plusieurs siècles viennent se heurter, sans point de ralliement, sans moyen d'union et de concours ; pour qu'en un mot, l'Assemblée nationale soit une malheureuse agrégation de parties ennemies, dont les opérations incohérentes, fausses et désastreuses, nous rejettent, par la haine de l'anarchie, sous la verge du despotisme, et non un corps de frères dirigés par un intérêt commun, animés de principes semblables, pénétrés du même vœu, qui fasse naître un esprit public fondé sur l'amour et le respect des lois !

L'auteur blâme d'autant plus l'esclavage de la presse, qu'il a pour effet d'entretenir certains préjugés qui s'effraient de sa liberté.

Car tel est le plus fatal inconvénient de la gêne de la presse, de rendre, par l'ignorance et par l'erreur, des cœurs purs, des hommes timorés, les satellites du despotisme, en même temps qu'ils en sont les victimes ; et, par exemple, une foule d'honnêtes gens, oubliant que le sort des hommes est d'avoir à choisir entre les inconvénients, seraient sincèrement alarmés de la liberté de la presse, grâce à la prévention qu'on a su leur donner contre quelques rares abus échappés aux écrivains qui ont paru les apôtres intéressés de cette liberté...

C'est donc à eux surtout qu'il importe de s'adresser. J'ai cru qu'il serait utile de mettre sous leurs yeux une réfutation de leur argument, poursuivi dans toutes ses conséquences morales par un homme qu'on n'a point accusé d'être un philosophe.

Après cet exorde, Mirabeau suit l'auteur anglais en le commentant ; puis, le quittant, il déclare, avec le marquis de Caseaux que c'est à une complète liberté de la presse que l'Angleterre « doit cette prospérité qui étonne, cette richesse qu'on envie, cette puissance encore capable de tout maintenir, quoiqu'elle ait maladroitement tenté de tout subjuguer :

C'est à cette épée de Damoclès, partout, en Angleterre, suspendue sur la tête de quiconque méditerait dans le secret de son cœur quelque projet funeste au prince et au peuple ; c'est à ce principe, inculqué dans toutes les têtes anglaises, que celle d'un seul homme ne renferme pas toutes les idées, que le meilleur avis ne peut être que celui qui résulte de la combinaison de tous, qu'il n'a besoin que d'être déclaré pour être senti, et devenir aussitôt une propriété générale.

Enlevez à l'Angleterre cette précieuse liberté dont elle jouit, et bientôt cette nation florissante ne sera plus qu'un objet de pitié pour tous ceux dont elle excite l'envie et mérite l'admiration. Transportez, au contraire, peu à peu, la liberté de la presse en Turquie; inventez, car il n'existe pas, inventez un moyen d'en faire parvenir les fruits jusqu'au Grand-Seigneur par d'autres mains que celles d'un visir, et bientôt nul visir n'osera tromper son maître. Tout visir consultera la voix du peuple avant de faire tonner la sienne, et bientôt la Turquie, riche de toutes les · facultés de son territoire et de son immense population, sera plus puissante et plus respectée que cette Angleterre si puissante et si respectée aujourd'hui.

Enfin il termine ces pages éloquentes, que l'on voudrait reproduire en entier, par cette apostrophe aux hommes qui vont composer les Etats-Généraux :

O vous qui bientôt représenterez les Français, vous qu'on n'aurait jamais assemblés si, dans la main des hommes, le malheur de semer le désordre et la ruine, et de rester sans pouvoir, ne suivait pas inévitablement le pouvoir de tout faire; vous qu'on assemble pour tout régénérer, parce que, s'il reste encore quelque chose à détruire, il ne reste plus d'hommes crédules à tromper; vous qui répondrez, non pas à la France seule, mais à l'humanité entière, de tout le bien que vous n'aurez pas procuré à la patrie !... tremblez, si, semblables aux rois, ou plutôt à leurs ministres, vous croyez tout savoir ou pouvoir tout ignorer sans honte, parce que vous pourrez tout commander avec impunité! Obligés de tout savoir, pour décider sur tout, quand l'Europe vous écoute, comment saurez-vous tout, si tous ne sont pas écoutés? Comment saurez-vous tout, si un seul homme éclairé, le plus éclairé peut-être, mais le plus timide, croit se compromettre en parlant? Que la première de vos lois consacre à jamais la liberté de la presse, la liberté la plus inviolable, la plus illimitée, la liberté sans laquelle les autres ne seront jamais conquises, parce que c'est par elle seule que les peuples et les rois peuvent connaître leur droit de l'obtenir, leur intérêt de l'accorder; qu'enfin votre exemple imprime le sceau du mépris public sur le front de l'ignorant qui craindra les abus de cette liberté.

On voit avec quels sentiments, avec quels principes arrêtés, Mirabeau arrivait aux Etats-Généraux, et l'on ne s'étonnera pas qu'il se soit tout d'abord préoccupé d'avoir un journal à lui, de se donner ainsi un appui et une arme dont il connaissait si bien la puissance sur l'opinion publique. Plusieurs jours avant la réunion de la grande assemblée de la nation, il lança dans le public le prospectus d'une feuille qu'il intitulait : *Etats-Généraux,* et il en fit paraître le premier numéro sans se soucier autrement de l'autorisation du gouvernement, abrogeant ainsi, de son autorité, toutes les lois restrictives de la liberté de la presse.

Dans ce premier numéro, daté du 2 mai 1789, Mirabeau parle d'une cérémonie commune aux trois ordres, présentés ce jour-là même au roi, avec des différences de cérémonial qui blessèrent justement la susceptibilité du tiers-état. Il raconte la procession qui, depuis l'église Notre-Dame de Versailles jusqu'à l'église Saint-Louis, réunit les députés des trois ordres, « ou plutôt, dit-il, *les représentants de la nation.* » Il critique le discours indigeste, décoloré, intempestif, prononcé par l'évêque de Nancy pendant la messe du Saint-Esprit, « discours fait, comme les tragédies modernes, avec des hémistiches. » — « Jamais, ajoute-t-il, plus belle occasion ne fut plus complétement manquée. »

Dans un deuxième numéro, portant la date du 5 mai, Mirabeau rend compte de la cérémonie d'ouverture des Etats-Généraux. Il mentionne brièvement le discours du roi et celui du garde des sceaux ; mais il insiste davantage sur celui du contrôleur général des finances, et il s'en explique avec amertume. Il se plaint de ce que « l'*Assemblée nationale* n'y ait pas même entendu parler du droit inaliénable et sacré de consentir l'impôt, de ce droit que depuis plus d'un an le roi a reconnu solennellement à son peuple. » Il blâme sévèrement « la longue et immorale autant qu'impolitique énumération des ressources par lesquelles le roi aurait pu se passer d'assembler la nation. » Il critique encore diverses autres théories ou assertions de Necker ; mais il réprouve surtout dans son discours « une longue apologie du mode de délibérer et d'opiner *par ordre,* où le ministre, regardé comme la colonne du peuple, a nettement sacrifié les principes à de futiles formules de conciliation, qui, certainement, ne lui ramèneront pas les ordres privilégiés, qui jettent l'alarme dans les communes, et ne peuvent attirer que désordre et confusion sur les premières séances de l'Assemblée nationale. »

Mais, ajoute Mirabeau,

M. le directeur général a dit encore qu'il était des matières sur lesquelles la délibération *par ordre* était préférable, comme il s'en trouverait peut-être où la délibération *par tête* vaudrait mieux. Or la faculté de délibérer *par ordre* dans certains cas et *par tête* dans d'autres est un prétendu moyen de conciliation absolument dérisoire, puisque, ces deux modes étant diamétralement opposés, si l'un est essentiellement bon, il faut de toute nécessité que l'autre soit essentiellement mauvais. On suppose aux citoyens une grande ignorance, ou l'on connaît soi-même bien peu les principes, quand on fait dépendre des circonstances le vice ou l'efficacité de ces deux modes de délibération.

Sur le tout c'est au moins une très-grande inconvenance qu'un ministre du roi ait, dans l'Assemblée des représentants de la nation, effleuré cette question, qui ne peut être soumise qu'à la discussion parfaitement libre et à la décision complétement absolue des Etats-Généraux en assemblée générale. L'autorité du roi lui-même ne peut s'étendre qu'à faire délibérer, préliminairement à toute séparation de l'assemblée des députés, si les membres qui la composent doivent se diviser. Réunis à la voix du monarque, les députés offrent la représentation nationale, autant du moins qu'une convocation provisoire peut la donner. Présidés par lui, ils ont, et ils ont seuls, le droit de régler la forme de leurs délibérations. Mais le roi a incontestablement celui d'empêcher que cette grande question : *Les ordres doivent-ils se séparer ou rester unis ?* soit résolue avant d'être jugée. Elle le serait s'il souffrait que les députés commençassent par se séparer. L'état naturel de toute assemblée est évidemment la réunion de ses membres; ils sont essentiellement unis tant qu'ils ne se séparent pas. Pour décider si les députés se sépareront, il fallait certainement les réunir; mais certainement aussi il serait absurde de les séparer pour savoir s'ils resteront unis...

Espérons que le ministre des finances comprendra enfin qu'il n'est plus temps de louvoyer; qu'on ne saurait résister au courant de l'opinion publique, qu'il faut en être aidé ou submergé; que le règne de l'intrigue, comme celui du charlatanisme, est passé; que les cabales mourront à ses pieds, s'il est fidèle aux principes, noncée chez Lejay fils, libraire à Paris, a cru devoir marquer particulièrement son improbation sur un écrit aussi condamnable au fond qu'il est répréhensible dans sa forme. A quoi voulant pourvoir, ouï le rapport, et tout considéré, le roi étant en son conseil, de l'avis de M. le garde des sceaux, a supprimé et supprime ledit imprimé, comme injurieux, et portant avec lui, sous l'apparence de la liberté, tous les caractères de la licence ; défend à tous imprimeurs, libraires, colporteurs et autres, de vendre, publier ou distribuer ledit imprimé, sous peine d'interdiction de leur état ; ordonne, Sa Majesté, à toutes personnes qui pourraient en avoir des exemplaires, de les porter au greffe du Conseil pour y être supprimés ; fait, Sa Majesté, très-expresse inhibition et défenses, sous peine d'interdiction, et même de plus grande peine, s'il y échet, au nommé Lejay fils, libraire à Paris, et à tous imprimeurs, libraires et autres, de recevoir aucune souscription pour ladite feuille périodique ; comme aussi d'imprimer, publier ou distribuer aucun numéro qui pourrait en être la suite.

« Cette mesure d'un gouvernement pusillanime, qui, épouvanté de la marche rapide de la Révolution, cherchait en vain à s'appuyer sur les fondements ruinés de l'édifice féodal, en s'efforçant encore de comprimer le développement énergique de l'esprit humain, cette mesure, dit Brissot, indigna tous les citoyens. Elle froissait plus ou moins les intérêts de tous les ordres, et tranchait une question sur laquelle les Etats-Généraux allaient avoir à prononcer. C'était le premier combat qui allait se livrer entre la liberté et le despotisme, entre les représentants de la nation et le pouvoir exécutif. Il s'agissait de décider si les journaux avaient le droit prospectus d'ouvrages périodiques pour lesquels il n'a été accordé aucune permission, a résolu de réprimer un abus aussi contraire au bon ordre qu'aux règlements de la librairie, dont Sa Majesté entend maintenir l'exécution jusqu'à ce que, d'après les observations qui lui seront présentées par les Etats-généraux, elle ait fait connaître ses intentions sur les modifications dont ces règlements peuvent être susceptibles. A quoi voulant pourvoir, ouï le rapport, le roi étant en son conseil, de l'avis de M. le garde des sceaux, a ordonné et ordonne que les règlements rendus sur la police de la librairie seront exécutés selon leur forme et teneur, jusqu'à ce que, par Sa Majesté, il en ait été autrement ordonné; fait en conséquence, Sa Majesté, très-expresses inhibitions et défenses à tous imprimeurs, libraires ou autres, d'imprimer, publier ou distribuer aucun prospectus, journal ou autre feuille périodique, sous quelque dénomination que ce soit, à moins qu'ils n'en aient obtenu une permission expresse de Sa Majesté; défend pareillement, Sa Majesté, à tous imprimeurs et libraires, de recevoir aucune souscription pour lesdits ouvrages périodiques publiés sans permission, sous peine d'interdiction de leur état, et même de plus grande peine, s'il y échet.

Le lendemain, un nouvel arrêt supprime le n° 1er des *Etats-Généraux*, et fait défenses d'en publier la suite.

Le roi, par son arrêt du 6 de ce mois, en ordonnant l'exécution des règlements de la librairie, a défendu l'impression, publication et distribution de tous prospectus, journaux ou autres feuilles périodiques qui ne seraient pas revêtus de sa permission expresse ; mais Sa Majesté étant informée qu'on a osé répandre dans le public, en vertu d'une souscription ouverte sans aucune autorisation, et sous la forme d'un ouvrage périodique, un imprimé portant le n° 1er, et ayant pour titre : *Etats-Généraux*, daté de Versailles du 2 mai 1789, commençant par ces mots : *Avant de parler de la cérémonie*, et finissant par ceux-ci : *Le simple récit des faits exige trop de place ;* dont la souscription est an-

L'assemblée du tiers-état de la ville de Paris réclame *unanimement* contre l'*acte* du Conseil du 7 présent mois qui supprime le journal des Etats-Généraux, n° 4, et en défend les suites, et qui prononce des peines contre l'imprimeur, *sans néanmoins entendre par l'assemblée approuver ni blâmer le journal.*

Elle réclame en ce que cet acte du Conseil porte atteinte à la liberté publique, au moment où elle est la plus précieuse à la nation ;

En ce qu'il a violé la liberté de la presse, réclamée par la France entière ; en ce qu'il la viole à l'époque où la nation, qui a les yeux ouverts sur ses représentants, a le plus grand besoin de connaître toutes les délibérations de la grande assemblée où ses droits se discutent et où s'agitent ses destinées ;

En ce que cet acte, émané du Conseil dans le temps même de l'assemblée des Etats libres et généraux, décide une question qui lui était réservée par le roi lui-même, dans le résultat du Conseil du 27 décembre dernier ;

En ce qu'enfin cet acte rappelle, au premier moment de la liberté nationale, une police et des règlements qui avaient été déjà suspendus par la sagesse et la bonté du roi.

En conséquence, l'assemblée du tiers-état a unanimement résolu que le présent arrêté, lequel sera signé de tous les membres assistants à l'assemblée, et présenté pour la signature à tous les membres qui s'y rendront, sera porté à messieurs des chambres du clergé et de la noblesse, qui seront invités à s'unir à messieurs de la chambre du tiers-état pour faire révoquer ledit acte du Conseil du 7 mai présent mois, et pour procurer à l'*Assemblée nationale* la liberté provisoire de la presse, et notamment celle d'imprimer tous journaux et feuilles périodique contenant, jour par jour, les actes et délibérations desdits Etats-Généraux, sans préjudice des peines qui pourront être infligées aux auteurs coupables de calomnies.

« Je ne crois pas, dit Bailly dans ses Mémoires, que personne ait encore remarqué que les Etats-

Généraux soient ici désignés, pour la première fois, sous la dénomination d'Assemblée nationale (1). Sur les observations qui furent faites, et par les raisons que j'ai dites, on ajouta : *Sans néanmoins entendre par l'Assemblée approuver ni blâmer le journal.* La noblesse, en adhérant à l'arrêté du tiers-état, fut plus sévère sur le journal, et porta l'inquiétude plus loin sur le caractère connu de Mirabeau : *Au surplus,* dit son arrêté, *l'ordre de la noblesse improuve les feuilles publiées de ce journal, comme tendantes à semer la division entre les ordres, quand l'union est le seul gage du salut public* (2).

» Le clergé, toujours plus politique, qui ne regrettait peut-être pas beaucoup l'arbitraire du gouvernement, et qui, par ces raisons, restait fort en deçà des deux autres ordres, exposa que, les anciens règlements, dont l'arrêt du 7 mai presse l'exécution, n'ayant pas été révoqués, la chambre du clergé ne pouvait réclamer contre cet arrêt. L'arrêté

(1) Dans un acte public, c'est possible ; mais nous avons entendu Mirabeau tout à l'heure (p. 434) employer à deux reprises cette même expression.

(2) La noblesse, du reste, se prononçait pour la liberté de la presse. A la communication du Tiers elle avait répondu par la communication de ses cahiers, dont la rédaction était achevée, et où cette liberté était déjà réclamée au nombre des lois constitutionnelles ; et elle arrêta de plus que les Etats-Généraux seraient priés de prendre en considération l'arrêt du Conseil dont il s'agit.

Ces derniers détails nous sont fournis par la gazette manuscrite dont nous avons parlé ci-dessus (p. 37); elle ajoute : « Ceux qui désapprouvent la solennité de cette réclamation se fondent principalement sur ce que l'arrêt du Conseil en question réserve spécialement aux Etats-Généraux le droit de statuer sur la liberté de la presse, demandée par la nation comme la base de toutes les libertés, dont aucune ne saurait exister sans une loi qui la règle ; et les gens qu aiment les formes prétendent que, jusqu'à ce que de nouvelles lois sur cette matière soient portées, les anciennes lois doivent être mises en vigueur, dès que le danger de n'en suivre aucune se montre trop ouvertement.

du clergé suivait la rigueur des principes, mais ces principes n'étaient pas applicables, et les arrêtés des deux autres ordres étaient dictés par la nécessité des circonstances et par l'utilité publique.

» On délibéra de donner à l'arrêt la dénomination d'acte, parce qu'on crut y apercevoir un ménagement convenable : les arrêts du Conseil étaient considérés comme l'expression de la volonté du roi ; on ne voulut considérer celui-ci que comme une résolution du Conseil, contre laquelle il pouvait être permis de s'élever. Cet acte était d'autant plus extraordinaire, que, par le résultat du Conseil du 27 décembre 1788, le roi avait réservé aux Etats-Généraux à statuer sur la liberté de la presse ; que, par la déclaration du mois de novembre précédent, qui annonce ces Etats, il invite les provinces, les états, les villes, les académies, et même les particuliers, à communiquer leurs lumières. Depuis ce temps, tous les écrits, quels qu'ils fussent, avaient été soufferts par une tolérance manifeste ; cette tolérance continuée était devenue une véritable liberté. Ce n'était pas au moment de l'ouverture des Etats, lorsqu'un député écrivait, lorsqu'il se proposait de publier le journal des délibérations, qu'il fallait retirer cette tolérance et abandonner les principes jusqu'alors suivis. Cette marche incertaine du gouvernement est ce qui a le plus nui dans le cours de la Révolution. Cette incertitude dévoilait sa faiblesse, excitait des mécontentements, et a été la source de toutes les défiances qui ont agité et qui agitent encore les esprits.

» Il est dit dans l'arrêté qu'il a été pris unanimement. Cela est vrai, à un seul membre près. Lorsqu'on fut aux voix, je remarquai bien qu'un seul, M. Marmontel, ne se leva pas. Il était au second rang, et par conséquent caché par ceux qui se levèrent. Je ne dis rien, mais, malgré l'unanimité apparente, quelqu'un, et sans doûte par malice, demanda la contre-partie, qu'alors on ne demandait pas toujours. Le président fut obligé d'obéir, et M. Marmontel eut le courage de se lever seul. Quoique je ne fusse pas de son avis, j'admirai sa fermeté, qui lui fit honneur à cet égard ; mais le mécontentement sur le fond de son opinion me fit préjuger qu'il ne serait pas député (1). »

Quoi qu'il en soit, l'importance de cette intervention de la municipalité n'échappera à personne; elle est justement signalée par les auteurs de l'*Histoire parlementaire,* qui s'expriment ainsi en parlant de la délibération que nous venons de transcrire :
« Cette pièce, que nous reproduisons textuellement (leur texte, cependant diffère sensiblement de celui de Bailly, qui est plus développé), parce que nous croyons que c'est à son point de départ surtout qu'il faut montrer le mouvement révolutionnaire, cette

(1) Mémoires de Bailly, t. ɪ, p. 40.

pièce nous révèle plus nettement l'état de l'opinion
qu'une multitude d'anecdotes dont nous pourrions
encombrer notre relation. Elle nous montre qu'il
existait une puissance d'opinion prête aux derniers
excès de la résistance. Nous verrons bientôt qu'il y
avait ailleurs une puissance d'intérêts qui se préparait à toutes les violences de la colère et de la conservation. L'Assemblée, placée entre ces deux forces, les possédant, en quelque sorte, représentées
dans son sein, joua un rôle de médiateur; elle sauva
les vaincus de la destruction. »

Mirabeau, nous avons à peine besoin de le dire,
ne demeura pas impassible sous le coup qui le frappait. Il protesta éloquemment contre ce qu'il regardait comme un *scandale public,* qui, disait-il, tendait à consommer avec plus de facilité le crime de
la mort politique et morale de la nation. Il fit plus :
il promit de continuer son journal, et il tint parole (1). Toutefois il crut devoir en changer le titre ;
il l'intitula : *Lettres du comte de Mirabeau à ses Commettants,* se couvrant, de cette façon, du manteau
de l'inviolabilité parlementaire, et plaçant la censure dans l'alternative de s'abstenir, ou de s'inter-

---

(1) « Si je faisais un livre sur l'art militaire, écrivait quelque part Mirabeau, le
chapitre intitulé : *De l'enthousiasme,* ne serait pas le moins étendu. Si j'écrivais
un traité de politique, je traiterais à fond de l'*art d'oser,* non moins nécessaire
pour faire réussir les entreprises civiles que les opérations militaires, et aussi
pour donner la mesure de celui qui entreprend : car ce sont les bornes plus ou
moins reculées du possible qui constatent les différences entre les hommes. »

poser entre l'élu et les électeurs, ce que les circonstances rendaient difficile et périlleux. Ecoutons
gronder le volcan :

Nommé votre représentant aux Etats-Généraux, je vous dois
un compte particulier de tout ce qui est relatif aux affaires publiques. Puisqu'il m'est physiquement impossible de remplir ce
devoir envers vous tous autrement que par la voie de l'impression, souffrez que je publie cette correspondance, et qu'elle de-
vienne commune entre vous et la nation : car, bien que vous
ayez des droits plus directs aux instructions que mes lettres
pourront renfermer, chaque membre des Etats-Généraux devant
se considérer, non comme le député d'un ordre ou d'un district,
mais comme le procureur fondé de la nation entière, il manque-
rait au premier de ses engagements, s'il ne l'instruisait de tout
ce qui peut l'intéresser ; personne, sans exception, ne pourrait
s'y opposer, sans se rendre coupable du crime de lèze-majesté
nationale, puisque, même de particulier à particulier, ce serait
une injustice des plus atroces.

J'avais cru qu'un journal qu'on a annoncé dans son prospectus
comme devant être rédigé par quelques membres des Etats-Généraux pourrait, jusqu'à un certain point, remplir envers la
nation ce devoir commun à tous les députés : grâce à l'existence
de cette feuille, je sentais moins strictement l'obligation d'une
correspondance personnelle ; mais le ministre vient de donner le
scandale public de deux arrêts du Conseil, dont l'un, au mépris
avoué du caractère de ses rédacteurs, supprime la feuille des
Etats-Généraux, et dont l'autre défend la publication des écrits
périodiques.

Il est donc vrai que, loin d'affranchir la nation, on ne cherche
qu'à river ses fers ! que c'est en face de la nation assemblée
qu'on ose produire ces décrets auliques, où l'on attente à ses
droits les plus sacrés, et que, joignant l'insulte à la dérision, on
a l'incroyable impéritie de lui faire envisager cet acte de despotisme et d'iniquité ministériels comme un provisoire utile à ses
intérêts !

Il est heureux, Messieurs, qu'on ne puisse imputer au monarque ces proscriptions, que les circonstances rendent encore plus criminelles. Personne n'ignore aujourd'hui que les arrêts du Conseil sont des faux éternels où les ministres se permettent d'apposer le sceau du roi : on ne prend pas même la peine de déguiser cette étrange malversation. Tant il est vrai que nous en sommes au point où les formes les plus despotiques marchent aussi rondement qu'une administration légale!

Vingt-cinq millions de voix réclament la liberté de la presse ; la nation et le roi demandent unanimement le concours de toutes les lumières : eh bien! c'est alors, qu'après nous avoir leurrés d'une tolérance illusoire et perfide, un ministère soi-disant populaire ose effrontément mettre le scellé sur nos pensées, privilégier le trafic du mensonge, et traiter comme objet de contrebande l'indispensable exportation de la vérité.

Mais de quel prétexte a-t-on du' moins essayé de colorer l'incroyable publicité de l'arrêt du Conseil du 7 mai? A-t-on cru de bonne foi que des membres des Etats-Généraux, pour écrire à leurs commettants, fussent tenus de se soumettre aux règlements inquisitoriaux de la librairie ? Est-il dans ce moment un seul individu à qui cette ridicule assertion puisse en imposer? N'est-il pas évident que ces arrêts proscripteurs sont un crime public, dont les coupables auteurs, punissables dans les tribunaux judiciaires, seront bien forcés, dans tous les cas, d'en rendre compte au tribunal de la nation? Eh ! la nation entière n'est-elle pas insultée dans le premier de ces arrêts, où l'on fait dire à Sa Majesté qu'elle attend les observations des Etats-généraux : comme si les Etats-généraux n'avaient d'autres droits que celui de faire des observations !

Mais quel est le crime de cette feuille qu'on a cru devoir honorer d'une improbation particulière ? Ce n'est pas sans doute d'avoir persifflé le discours d'un prélat qui, dans la chaire de la vérité, s'est permis de proclamer les principes les plus faux et les plus absurdes ; ce n'est pas non plus, quoiqu'on l'ait prétendu, pour avoir parlé de la *tendance de la feuille des bénéfices ;* est-il personne qui ne sache et qui ne dise que la feuille des bénéfices est un des plus puissants moyens de corruption ? Une vérité si triviale aurait-elle le droit de se faire remarquer ? Non, Messieurs : le crime véritable de cette feuille, celui pour lequel il n'est point de rémission, c'est d'avoir annoncé la liberté, l'impartialité les plus sévères ; c'est surtout de n'avoir pas encensé l'idole du jour, d'avoir cru que la vérité était plus nécessaire aux nations que la louange, et qu'il importait plus, même aux hommes en place, lorsque leur existence tenait à leur bonne conduite, d'être servis que flattés.

D'un autre côté, quels sont les papiers publics qu'on autorise? Tous ceux avec lesquels on se flatte d'égarer l'opinion : coupables lorsqu'ils parlent, plus coupables lorsqu'ils se taisent, on sait que tout en eux est l'effet de la complaisance la plus servile et la plus criminelle; s'il était nécessaire de citer des faits, je ne serais embarrassé que du choix.

Sous le duumvirat Brienne et Lamoignon, n'a-t-on pas vu le *Journal de Paris* annoncer comme certaine l'acceptation de différents bailliages dont les refus étaient constatés par les protestations les plus énergiques? Le *Mercure de France* ne vient-il pas tout récemment encore de mentir impudemment aux habitants de la capitale et des provinces ? Lisez l'avant-dernier numéro, vous y verrez qu'à Paris, aux assemblées de district, les présidents nommés par la municipalité se sont *volontairement* démis de la présidence, et l'ont *presque tous* obtenue du suffrage libre de l'assemblée; tandis qu'il est notoire qu'ils ont opposé la résistance la plus tenace et la plus indécente, et que, sur le nombre de soixante, à peine en compte-t-on trois ou quatre à qui les différentes assemblées aient décerné l'honneur qu'on leur accorde si gratuitement dans le *Mercure.*

Vous trouverez encore dans ce même journal de perfides insinuations en faveur de la délibération par ordre. Tels sont cependant les papiers publics auxquels un ministère corrupteur accorde toute sa bienveillance. Ils prennent effrontément le titre de papiers nationaux; on pousse l'indignité jusqu'à forcer la confiance du public par ces archives de mensonges; et ce public, trompé par abonnement, devient lui-même le complice de ceux qui l'égarent.

Je regarde donc, Messieurs, comme le devoir le plus essentiel de l'honorable mission dont vous m'avez chargé, celui de vous prémunir contre ces coupables manœuvres : on doit voir que leur règne est fini, qu'il est temps de prendre une autre allure ; ou, s'il est vrai que l'on n'ait assemblé la nation que pour consommer avec plus de facilité le crime de sa mort politique et morale, que ce ne soit pas du moins en affectant do vouloir la régénérer. Que la tyrannie se montre avec franchise, et nous verrons alors si nous devons nous roidir ou nous envelopper la tête.

Je continue le journal des Etats-Généraux, dont les deux premières séances sont fidèlement peintes, quoique avec trop peu de détails, dans les deux numéros qui viennent d'être supprimés, et que j'ai l'honneur de vous faire passer.

On voit que Mirabeau ne cachait pas son jeu. Le ministère recula devant une lutte dangereuse, et la presse fut ainsi affranchie de fait avant de l'être en droit.

Il serait difficile aujourd'hui de se faire une juste idée de l'effet que produisit cette mâle protestation de Mirabeau. C'était la première fois qu'un écrivain luttait ouvertement avec l'autorité; c'était aussi la première fois qu'un journaliste revendiquait avec cette hardiesse les droits de la nation et la liberté de la presse. Aussi le premier numéro des Lettres eut-il un immense succès. Cette correspondance prit bientôt un grand développement. Mirabeau y rendait un compte exact de ce qui se passait dans l'Assemblée, et l'assaisonnait de ses réflexions, de ses critiques, de ses éloges, de ses conseils. Il y re-produisait les motions importantes, les discours remarquables, et ceux du rédacteur y avaient toujours, cela va sans dire, la meilleure et la plus large place.

Les Lettres (du 10 mai au 25 juillet) sont au nombre de 19. Elles paraissaient à des intervalles irréguliers, et leur volume n'était pas non plus toujours le même : quelques-unes ne se composaient que de 16 pages (in-8°), d'autres allaient jusqu'à 40 et 50. La dix-neuvième raconte le grand drame de juillet, et contient en entier la fameuse adresse de Mirabeau au roi pour le renvoi des troupes.

Elle se termine par les réflexions suivantes, qui ont particulièrement trait au meurtre de Foulon et de Berthier :

Que l'on compare le nombre des innocents sacrifiés par les méprises et les sanguinaires maximes des tribunaux, les vengeances ministérielles exercées sourdement dans le donjon de Vincennes, dans les cachots de la Bastille, qu'on les compare avec les soudaines et impétueuses vengeances de la multitude, et qu'après on décide de quel côté se trouve la barbarie... Si la colère du peuple est terrible, c'est le sang-froid du despotisme qui est atroce ; ses cruautés systématiques font plus de malheureux en un seul jour que les insurrections populaires n'immolent de victimes pendant des années.

Voyez combien de causes avaient préparé les matériaux de cette explosion ! Tous les dénis de justice, toutes les insultes, tous les scandales ; des ministres chéris exilés ; le rebut du mépris public inauguré à la tête de ceux qui les remplacent ; le sanctuaire des lois profané ; l'Assemblée nationale compromise et menacée ; des troupes étrangères, de l'artillerie ; la capitale au moment d'être assiégée ou envahie ; les apprêts d'une guerre civile, que dis-je !

d'une boucherie où tous les amis du peuple, connus ou soupçonnés, devaient tomber, surpris, désarmés, sous le glaive des soldats ; et, pour tout dire en un mot, deux cents ans d'oppression publique et particulière, politique et fiscale, féodale et judiciaire, couronnés par la plus horrible conjuration dont les fastes du monde garderont à jamais la mémoire... voilà ce qui a provoqué le peuple ! Il a puni un petit nombre de ceux que le cri public lui désignait comme les auteurs de ses maux ; mais qu'on nous dise s'il n'eût pas coulé plus de sang dans le triomphe de nos ennemis, ou avant que la victoire fût décidée. On craint souvent le peuple en raison du mal qu'on lui fait ; on est forcé de l'enchaîner parce qu'on l'opprime, et ses persécuteurs le calomnient pour calmer leurs remords. Ceux qui s'étaient arrangés pour ne redouter aucun tribunal tremblent devant le sien : il existe trop de coupables pour qu'il ne reste pas beaucoup de terreurs. Si les scènes qui se sont passées à Paris avaient eu lieu à Constantinople, les hommes les plus timorés diraient : « Le peuple s'est fait justice. La mesure était au comble ; la punition d'un vizir deviendra la leçon des autres. » Cet événement, loin de nous paraître extraordinaire, exciterait à peine notre attention... Dans ces moments de rigueur, les gouvernements ne font que moissonner les fruits de leurs propres iniquités. On méprise le peuple, et l'on veut qu'il soit toujours doux, toujours impassible ! Non ; c'est une instruction qu'il faut tirer de ces tristes événements : l'injustice des autres classes envers le peuple lui fait trouver la justice dans sa barbarie même... Ses cruautés sont loin d'atteindre aux solennelles férocités que les corps judiciaires exercent sur des malheureux que les vices des gouvernements conduisent au crime. Félicitons-nous que le peuple n'ait pas appris tous ces raffinements de la barbarie, et qu'il ait laissé à des compagnies savantes l'honneur de ces abominables inventions !

Les mêmes maximes sont ramenées sous la plume de Mirabeau par l'assassinat du malheureux boulanger pendu à la porte de sa boutique comme accapareur :

Il y a une grande différence, pour les suites éloignées, entre les vices qui s'introduisent peu à peu dans le gouvernement et les excès auxquels s'abandonne quelquefois un peuple égaré. Nous n'avons pas dessein de faire ici le tableau d'un gouvernement corrompu, ni de démontrer que ses abus, ses violences, ses déprédations, sont par leur nature sans frein et sans limites. Les hommes puissants et intrigants, qui profitent des désordres, ont assez d'art pour les masquer : les maximes d'État, les mystères du cabinet; servent de voile à leur conduite, d'asile à leurs attentats. Chacun désigne les coupables, chacun connaît les spéculateurs, mais personne ne peut les poursuivre; on n'en conçoit pas même la pensée : malheur à l'insensé qui oserait en former le projet ! Dès que les lois sont aviles, dès que les grands trouvent ignoble de s'y soumettre, le même esprit germe bientôt dans toute la nation : quiconque n'a pas assez de crédit pour obtenir une *dispense* de la loi se regarde, et il est regardé, comme appartenant à la dernière classe des humains.

Quel remède peut guérir une administration dépravée? Il en est un seul, une grande révolution : il faut renverser la constitution et la reconstruire.

Mais les torts du peuple, ses excès, ses fureurs même, n'en traînent point ces graves inconvénients. Le moment du repentir ne tarde jamais : honteux des violences commises par un petit nombre des siens, sa sensibilité tourne au profit de sa raison : il reconnaît la nécessité d'un frein; il applaudit aux punitions sévères du législateur; et l'on doit souvent à un mal passager l'avantage durable d'une bonne loi...

Or, il faut se rappeler que ce fut Mirabeau qui, dans ces circonstances, proposa une loi contre les attroupements; mais il la voulait entourée de toutes les garanties possibles contre les abus qu'on pourrait en faire.

La plus nombreuse et la plus saine partie de l'Assemblée nationale, dit-il dans son journal, n'a pas osé se refuser à faire une loi pour les circonstances, de peur qu'on ne l'accusât de se montrer indifférente au trouble et au désordre. Mais la condescendance des patriotes n'a pas été jusqu'à la faiblesse. Nous avons vu précédemment les efforts énergiques qu'ils ont opposés pendant trois jours à tous ces projets d'une dictature plus ou moins déguisée. Il était question aujourd'hui de rédiger la loi même : cette rédaction était d'autant plus importante, que c'est presque toujours sous des formes spécieuses et dans les moyens destinés à réprimer le désordre que se cachent les instruments de la servitude et les armes que l'on tourne ainsi contre la liberté. Aussi la sévérité, les précautions, la défiance, qu'on a mises à l'examen des dispositions de cette loi, suffiraient pour démontrer combien les droits d'une nation sont mieux défendus par une Assemblée de représentants qu'ils ne le seraient par le peuple lui-même, s'il exerçait le pouvoir législatif...

Mirabeau ne voyait dans ces excès populaires que l'effet d'une effervescence naturelle, qui tomberait d'elle-même dès que la cause aurait disparu.

Les maux que nous annoncent journellement des bruits alarmants, disait-il souvent à propos des troubles des provinces, sont heureusement passagers ; l'état général des choses, la disposition constante des esprits, offrent encore un superbe champ à l'espérance, une riche perspective de prospérité... Le triomphe des ennemis de la patrie, qui, en fomentant le trouble, s'applaudissent de leurs horribles menées, est souvent changé en dépit et en confusion...

Voici comment il s'exprimait à l'occasion des désordres graves dénoncés à la tribune :

Le passage du mal au bien est souvent plus terrible que le mal lui-même ; l'insubordination du peuple entraîne des excès affreux : en voulant adoucir ses maux, il les augmente ; en refusant de payer, il s'appauvrit ; en suspendant ses travaux, il prépare une nouvelle famine. Tout cela est vrai, trivial même. Mais quand on ajoute que le despotisme valait mieux que l'anarchie, et de mauvaises lois que nulle loi, on avance un principe faux, extravagant, détestable.

Nous ne ferons pas une comparaison méthodique de la licence et de la tyrannie : toutes deux sont fécondes en malheurs, toutes deux dénaturent l'homme, toutes deux le familiarisent avec les attentats, avec le sang ; mais il ne s'ensuit pas que leurs conséquences soient égales.

L'histoire ne nous montre aucune nation qui ait persisté dans un état d'anarchie : le besoin, l'inquiétude, le malheur même, ramènent aux lois ; le peuple, puni de ses propres excès, ne tarde pas à en rechercher le remède. La licence étant préjudiciable à tous, le volonté générale tend de toute sa force à la faire cesser; elle n'est donc jamais qu'un orage, qu'une crise passagère. Il est possible qu'une main habile profite de la lutte des partis pour les enchaîner les uns par les autres ; mais il est contre la nature des choses que la licence soit un état permanent.

La tyrannie, au contraire, forge en silence des chaînes que les peuples ne peuvent plus rompre : le temps, les vices, les préjugés, les abus, tout lui sert, tout contribue à l'affermir ; plus elle a fait de mal, plus elle a de moyens d'en faire. Ses maux sont terribles ; ils sont sans limites, ils sont sans remède, parce qu'ils ne tombent que sur ce qu'on appelle la *canaille*, et que le gouvernement est bon pour tous, excepté pour la partie de la société qui ne mérite aucune attention, c'est-à-dire pour les dix-neuf vingtièmes du genre humain. Ainsi, des nations peuvent vieillir dans la servitude ; mais elles périssent dans la licence, ou elles réforment le gouvernement.

Tel sera le sort de la France : elle ne périra point, elle ne sera point subjugée, elle deviendra libre; le désordre actuel hâtera le moment de sa liberté, parce qu'il déterminera les classes privilégiées à faire des sacrifices nécessaires.

Deux jours après, avait lieu la fameuse séance de la nuit du 4 août.

Pour qui connaît les grandes Assemblées, disait Mirabeau le lendemain de cet abatis dans la forêt des abus, les émotions dramatiques dont elles sont susceptibles, la séduction des applaudissements, l'émulation de renchérir sur des collègues, l'honneur du désintéressement personnel, enfin cette espèce d'ivresse noble qui accompagne une effervescence de générosité ; pour qui réfléchit sur le concours de ces causes, tout ce qui paraît extraordinaire dans cette séance rentre dans la classe des choses communes. L'Assemblée était dans un tourbillon électrique, et les commotions se succédaient sans intervalle. Pourquoi délibérer quand on est d'accord ? Le bien commun ne se montrait-il pas avec évidence ?... Il n'était pas besoin de dissertation ni d'éloquence pour faire adopter ce qui était déjà résolu par le plus grand nombre, et commandé par l'imposante autorité des mandats de la nation.

Les dix-neuf lettres de Mirabeau à ses commettants furent réimprimées dès 1791. « Nul écrit, dit la *Chronique de Paris,* en annonçant cette réimpression, ne fait mieux connaître le temps de la Révolution, nul ne peint plus énergiquement, ni avec plus de sagacité, les événements, et ceux qui en étaient les moteurs secrets, et ceux qui devaient en être les victimes. »

Quand la chute de la Bastille eut achevé de désarmer le gouvernement et renversé les derniers obstacles qui pouvaient entraver encore la liberté de la presse, tout subterfuge devenant dès-lors inutile, Mirabeau donna à sa feuille une existence plus régulière, et l'intitula définitivement *Courrier de Provence*. Il fit précéder le 1er numéro (n° 20) de cet avis :

Je m'étais, à l'ouverture des Etats-Généraux, associé des amis éclairés qui devaient vous exposer, disait-il à ses commettants, toutes les opérations de notre Assemblée, moins en gazetier scrupuleux et didactiques qu'en historiens et hommes d'Etat. Vous savez qu'une volonté des ministres frappa dès sa naissance ce journal trop libre et trop vrai. Il fallut le courage de se nommer ; j'adressai mes *Lettres à mes Commettants*. Les proscripteurs, les Sylla de la pensée, n'étant plus à craindre aujourd'hui, je vais rendre ce journal à mes coopérateurs et joindre leurs efforts aux miens. On n'y trouvera pas sans doute cette pesante exactitude qui tient compte de tout le matériel d'une séance et qui en laisse échapper l'esprit, ni ces détails minutieux que la curiosité fait supporter jour à jour, et sur lesquels il est impossible de se traîner le lendemain ; mais les matières seront discutées, tous les discours d'effet seront rapportés, et les orateurs caractérisés ; enfin, ce qui peut intéresser dans ces temps sera principalement l'objet de cette collection. Sous le titre de *Courrier de Provence,* elle fera suite aux *Lettres à mes Commettants,* et commencera par le n° 20.

Le *Courrier de Provence* était annoncé, à la suite de cet avis, comme devant paraître trois fois par semaine ; chaque numéro devait se composer d'une feuille au moins, et le prix, de 12 livres d'abord, fut porté successivement à 15 et 18 livres par trimestre.

Cette feuille volumineuse, dont quelques numéros ne comprennent pas moins de 80 pages, n'est pas à proprement parler un papier-nouvelle. Mal-

gré les divisions annoncées par le prospectus, il n'y
est guère question que de ce qui se passe dans l'Assemblée nationale. Cependant ce n'est pas un aride
procès-verbal des séances; c'est un compte-rendu
fort bien fait, très-détaillé, et entremêlé de réflexions ou de remarques souvent fort piquantes.
Quelquefois Mirabeau faisait précéder ce compte-
rendu d'un coup-d'œil rapide sur la question à
l'ordre du jour, et dans cette sorte d'introduction,
qui avait pour objet de préparer le lecteur et de
former son opinion, l'on reconnaît toujours la main
du maître. Cependant la voix de Mirabeau ne domine pas dans le journalisme comme à la tribune :
non que le succès du *Courrier de Provence* ne fût
grand, — il n'eut, dit-on, jamais moins de vingt
mille abonnés; seulement il était lu avec plus de
curiosité que de passion, et son influence n'était
pas proportionnée à sa publicité. Mirabeau y répétait tout ce qu'il disait à la tribune, il le remplis-
sáit jusqu'à l'indiscrétion de son exubérante per-
sonnalité. Ses discours, il les insérait *in extenso ;*
ses motions, il les y développait outre mesure. On
ne compterait pas les plans et les projets acceptés
de toute main et qu'il publiait comme siens. Le
Courrier de Provence, ainsi fait, n'eut bientôt plus
d'intérêt général ; une fois les premiers mois passés, il n'ajouta plus rien à l'importance de son auteur; dans l'avenir il n'ajoutera rien à sa renom-

mée : la gloire de Mirabeau est dans son éloquence parlée (1).

Il y a beaucoup de ressemblance entre le style de Mirabeau journaliste et le style de Mirabeau orateur. Afin de faire mieux sentir l'analogie des procédés, je donne ici le discours qu'il prononça pour obtenir un vote de remerciements en faveur de Bailly et de Lafayette, et un article inséré à quelque temps de là dans le *Courrier de Provence,* sur les inconvénients et les avantages comparés du despotisme et de la liberté.

N'oublions pas que cette improvisation, qui peint si admirablement l'époque, et que je reproduis d'autant plus volontiers qu'elle ne se trouve littéralement ni dans le *Moniteur,* ni dans le *Point du Jour,* est de la fin d'octobre 1789.

Vous savez dans quelle situation et au milieu de quelles difficultés vraiment impossibles à décrire se sont trouvés ces deux vertueux citoyens. La prudence ne permet pas de dévoiler toutes les circonstances délicates, toutes les crises périlleuses, tous les dangers personnels, toutes les menaces, toutes les peines de leurs positions, dans une ville de sept cent mille habitants, tenue en fermentation continuelle à la suite d'une révolution qui a bouleversé tous les anciens rapports ; dans un temps de troubles et de terreurs, où des mains invisibles faisaient disparaître l'abondance, et combattaient secrètement tous les soins, tous les efforts des chefs pour nourrir l'immensité de ce peuple, obligé de conquérir, à force de patience, le morceau de pain qu'il avait déjà gagné par ses sueurs.

(1) Eugène Maron, *Histoire littéraire de la Révolution.*

Quelle administration ! Quelle époque, où il faut tout craindre et tout braver, où le tumulte renaît du tumulte, où l'on produit une émeute par les moyens qu'on prend pour la prévenir ; où il faut sans cesse de la mesure, et où la mesure paraît équivoque, timide, pusillanime ; où il faut déployer beaucoup de force, et où la force paraît tyrannie ; où l'on est assiégé de mille conseils, et où il faut les prendre de soi-même ; où l'on est obligé de redouter jusqu'à des citoyens dont les intentions sont pures, mais que la défiance, l'inquiétude, l'exagération, rendent presque aussi redoutables que des conspirateurs ; où l'on est réduit, même dans des occasions difficiles, à céder par sagesse, à conduire le désordre pour le retenir, à se charger d'un emploi glorieux, il est vrai, mais environné d'alarmes cruelles ; où il faut encore, au milieu de si grandes difficultés, déployer un front serein, être toujours calme, mettre de l'ordre jusque dans les plus petits objets, n'offenser personne, guérir toutes les jalousies, servir sans cesse, et chercher à plaire, comme si l'on ne servait point !

Ne craignons donc point de marquer notre reconnaissance à nos collègues, et donnons cet exemple à un certain nombre d'hommes qui, imbus de notions faussement républicaines, deviennent jaloux de l'autorité au moment même où ils l'ont confiée, et lorsqu'à un terme fixé ils peuvent la reprendre ; qui ne se rassurent jamais ni par les précautions des lois, ni par les vertus des individus ; qui s'effrayent sans cesse des fantômes de leur imagination ; qui ne savent pas qu'on s'honore soi-même en respectant les chefs qu'on a choisis ; qui ne se doutent pas assez que le zèle de la liberté ne doit point ressembler à la jalousie des places et des personnes ; qui accueillent trop aisément tous les faux bruits, toutes les calomnies, tous les reproches. Et voilà cependant comment l'autorité la plus légitime est énervée, dégradée, avilie ; comment l'exécution des lois rencontre mille obstacles ; comment la défiance répand partout ses poisons ; comment, au lieu de présenter une société de citoyens qui élèvent ensemble l'édifice de la liberté, on ne ressemblerait plus qu'à des esclaves mutinés, qui viennent de rompre leurs fers, et qui s'en servent pour se battre et se déchirer mutuellement.

On s'étonne toujours de trouver des hommes qui ne manquent ni de justesse dans l'esprit, ni de droiture dans les sentiments, et auxquels on ne saurait inspirer un amour sincère de la liberté. Leur conscience est sans cesse timorée de tous les pouvoirs qu'on attribue au peuple; le présent les attriste, l'avenir les glace d'effroi ; les inconvénients s'accumulent sous leurs yeux, mais les avantages ne les frappent jamais.

Il paraît que leur pyrrhonisme sur la liberté politique tient à quelque fausse association d'idées, à des faits mal observés, mal interprétés. Le gouvernement absolu s'est peint dans leur cerveau avec des accessoires de calme, de paix, de subordination ; le gouvernement libre s'y est lié, au contraire, avec des réminiscences d'excès, d'indiscipline et de tumulte : ils sont persuadés que la liberté ne se maintient qu'au sein des orages, et que ceux qui en jouissent marchent sur une terre volcanique qui menace à chaque instant d'éruption et de secousses.

Les pays gouvernés despotiquement présentent de loin une surface assez calme : le souverain parle, il est obéi. Il en résulte un ordre apparent, une tranquillité extérieure qui séduit au premier coup d'œil. Or ce premier coup d'œil est celui qui séduit une multitude d'hommes. Les révolutions de ces pays sont fréquentes, il est vrai, mais soudaines. La cour en est le théâtre, et le peuple y intervient rarement; le lendemain, tout est rentré dans le premier état : autre raison, pour des spectateurs superficiels, de penser que dans ces contrées serviles la paix est un dédommagement de la liberté.

Mais combien ces apparences sont trompeuses ! Sous le despotisme, on n'écrit point, on communique peu, on ne s'informe pas du sort de son voisin : on craint d'avoir une plainte à faire, une tristesse à livrer aux soupçons, aux interprétations, un mécontentement à laisser percer. Personne n'ose compter les victimes; mais est-ce à dire qu'il n'y en ait pas ? Pèse-t-on ces larmes silencieuses, ces calamités ignorées dont les ravages sont d'autant plus terribles que rien ne les arrête ? Tient-on registre des assassinats judiciaires, des vengeances secrètes, des spoliations, des meurtres clandestins, des victimes dévouées aux tourments des prisons d'Etat ? La paix publique semble exister, mais c'est une illusion : dans une multitude de lieux à la fois, des milliers d'individus isolés éprouvent, dans l'intérieur de leurs maisons, dans leurs relations avec des hommes plus puissants qu'eux, tout ce que la guerre civile a de plus terrible. Rapprochez par l'imagination tous ces êtres malheureux, tous ces esclaves opprimés ; donnez à tous les murmures sourds, à tous les désespoirs concentrés, la voix qui leur manque, et dites, si vous l'osez, que le despotisme est un état de paix !

Le tableau des pays libres est bien différent. Point de voiles mystérieux qui couvrent les iniquités de l'administration ; tout y est connu. Là, de peur de passer pour un adulateur du pouvoir, on se fait presque un honneur d'un esprit chagrin. Ce mécontentement, qui n'est pas le malheur, est un des caractères de la liberté. L'homme libre désire une perfection qu'on n'obtient jamais ; il est, en matière de gouvernement, un sybarite blessé par des feuilles de rose. On n'attend pas les maux réels pour se plaindre, mais on s'étudie à les prévenir. Une opinion fait un schisme, tout homme doué de grands talents devient une puissance et forme un parti ; mais tous se contiennent les uns par les autres, tous fléchissent devant la loi. Au lieu que dans les Etats despotiques on fait beaucoup de mal et peu de bruit, dans les Etats libres on fait beaucoup de bruit et encore plus de bien : car, au sein de toutes ces guerres d'opinion, on est en paix dans l'intérieur des familles ; chacun recueille les fruits de son industrie, moissonne où il a semé, jouit sans crainte, se livre sans inquiétude aux charmes de la confiance, exploite, selon ses talents, tous les filons de la richesse publique.

On dit souvent : Tel peuple est libre, et cependant il n'est jamais tranquille. Mais ne jugez pas à distance ; approchez-vous, observez mieux. Vous accusez la liberté d'une inquiétude dont le principe est dans le défaut de liberté même. Le reproche que vous lui faites ne tombe que sur les mauvaises lois, sur une constitu-

tion vicieuse. Rendez la liberté plus pure, plus solide, plus générale, vous détruirez le germe funeste des dissensions et des
troubles. Quand les aristocrates d'une république se plaignent de
l'esprit inquiet des citoyens, c'est la fièvre qui accuse le pouls de
la fréquence et de la vivacité des vibrations...

Enfin, nous croyons devoir reproduire, en terminant, la fameuse réponse faite par Mirabeau au
marquis de Brézé, au sortir de la séance royale
du 23 juin 1789, réponse à laquelle les historiens
ont fait subir tant de variantes. La voici telle qu'on
la trouve rapportée dans les *Lettres* de Mirabeau
lui-même. Après avoir raconté la séance, et fait
connaître les ordres du roi pour que les députés
eussent à se séparer, Mirabeau ajoute :

M. le marquis de Brézé est venu leur dire : « Messieurs, vous
connaissez les intentions du roi » Sur quoi un des membres des
communes, lui adressant la parole, a dit : « Oui, Monsieur,
nous avons entendu les intentions que l'on a suggérées au roi ;
et vous qui ne sauriez être son organe auprès des Etats-Généraux,
vous qui n'avez ici ni place, ni voix, ni droit de parler, vous
n'êtes pas fait pour nous rappeler son discours. Cependant, pour
éviter toute équivoque et tout délai, je vous déclare que, si l'on
vous a chargé de nous faire sortir d'ici, vous devez demander
des ordres pour employer la force, car nous ne quitterons nos
places que par la puissance de la baïonnette.

Le *Courrier de Provence*, bien qu'il n'ait guère
vécu plus de deux ans, est un des journaux les
plus volumineux qu'ait enfantés la Révolution.
L'abondance des matières, et la prolixité de Mirabeau, surtout, ont presque toujours fait doubler,

tripler, quadrupler le nombre de pages promises par le prospectus, si bien que les 350 numéros dont se compose ce journal sont arrivés à former dix-sept volumes, d'environ 600 pages chacun. Il embrasse toute la durée de l'Assemblée constituante, et finit avec elle, le 30 septembre 1791. Il avait survécu six mois à son fondateur.

Nous avons entendu Mirabeau, tout à l'heure, nous parler de ses coopérateurs. Il écrivait peu lui-même, en effet, pour le *Courrier*, croyant faire assez de la remplir de ses discours et de ses motions ; mais il inspirait une réunion d'écrivains qui s'étaient groupés autour de lui, comme font les ambitieux de second ordre autour des hommes désignés au pouvoir par la supériorité du talent, et qui semblent les dispensateurs futurs des emplois et de la fortune. Duroveray, Clavière, Cazaux, Dumont, Méjan, Lamourette, Chamfort, subjugués par un ascendant supérieur, avaient mis leur plume au service de l'ambition de Mirabeau, et travaillaient à sa grandeur pour en faire l'échelle de leur propre élévation (1). Un avis inséré dans le 103ᵉ numéro

(1) Je lis dans une lettre de P. Manuel adressée à la *Chronique de Paris*, le 11 février 1793 :

« Quel est le lâche qui a osé, sous le masque de la Révolution, livrer à mon ami Gorsas deux hommes qui, trop philosophes pour être prêtres, avec autant de franchise dans leurs mœurs que de politesse dans leurs manières, modestement, derrière Mirabeau, soutenaient son génie. Plus d'une fois il ne fut que l'organe de Dumond et de Reybaz : oui, ce sont les complices de sa gloire. Ils ne s'attendaient pas que le mirmidon Marat, qui a attendu dans une cave la mort

prévenait les souscripteurs de changements surve-
nus dans l'administration, et quelques jours après
les *auteurs* du journal annonçaient que « M. de Mirabeau y prenait toujours le même intérêt, quoiqu'il ne remplît pas cette tâche en entier » (celle
d'auteur). Mirabeau ne fut plus, dès-lors, pour le
journal qu'il avait fondé, qu'un drapeau et une
renommée. Mais le *Courrier de Provence*, s'il ne fut
plus rédigé par lui, continua à l'être pour lui, et
on le voit jusqu'au bout rempli de sa bruyante individualité.

Un dernier hommage à la mémoire du précurseur des journalistes de la Révolution.

Cette liberté de la parole, qu'il avait en quelque
sorte déchaînée, Mirabeau n'avait pas tardé à en
comprendre les dangers, cependant il ne cessa de
la respecter et lui demeura fidèle. Quand, entré en
vainqueur dans la place, il se retourne pour recommencer le combat et défendre la brèche contre ceux
qui voulaient y entrer après lui, il s'inquiète de
l'extrême licence de la presse, il s'en indigne et
s'en effraie ; il y revient à plusieurs reprises dans

d'Hercule pour grimper sur sa massue, lui disputerait sa place dans le temple
des dieux. Pourquoi pas ? A Rome, le *crepitus ventris* avait bien son autel. »
Marat regardait Mirabeau comme le plus redoutable ennemi de la liberté.
« Quoiqu'il ne manque pas d'éloquence, disait-il, c'est toutefois à ses vastes poumons qu'il doit ses succès, l'ascendant prodigieux qu'il a sur nos députés, qui se
contentent d'*opiner de la culotte*. Aussi lui ai-je souhaité cent fois une coque-
luche éternelle ; sa santé est, à mes yeux, une vraie calamité publique. » (*L'Ami
du Peuple*, n° 134, 15 juin 1790.)

les notes qu'il adresse au roi et à la reine ; il fait remarquer l'influence qu'elle exerce, provocante quant aux masses, dissolvante quant aux pouvoirs institués, subversive quant à l'ordre public ; mais, disons-le à son honneur, on ne voit pas qu'il ait jamais proposé de la faire taire, soit par la corruption, soit par la force.

FIN DU QUATRIÈME VOLUME.

TABLE

—

FIN DE LA TABLE.